GUYNEMER

« Une vie »
Collection dirigée par Georges Duby

Jules Roy

GUYNEMER

L'ange de la mort

Albin Michel

22, rue Huyghens, 75014 Paris

ISBN 2-226-02315-1

Si le cuivre s'éveille clairon
il n'y a rien de sa faute.

Arthur Rimbaud
(lettre du 15 mai 1871 à Paul Demeny)

à l'ex-sergent pilote de chasse Louis Risacher,
as de la guerre 1914-1918,
dernier témoin vivant du dernier combat de Guynemer
le 11 septembre 1917.

En 1915, la sucrerie était moins grande. Aujourd'hui, l'usine a presque tout bouffé ; le village de Vauciennes, sur la limite entre Crépy-en-Valois, dans l'Oise, et Villers-Cotterêts, dans l'Aisne, n'existe plus. En ce temps-là, dans le secteur postal 16, les vieilles demeures étaient des fermes, le plateau couvert de moissons et de betteraves s'étendait dru, à perte de vue, à l'infini. Comme une désolation. Même en avril, quand on y passe de nos jours, il y a là quelque chose de désespéré.

Le mercredi 9 juin 1915, en pleine guerre, le caporal Guynemer a débarqué à la gare de Crépy-en-Valois du train venant de Paris. Pour bagage, une cantine. Le tracteur de l'escadrille est là pour les permissionnaires. Les yeux un peu écarquillés, tombant de la lune, ne sachant où mettre les pieds, le caporal annoncé depuis la veille avance prudemment vers le bureau de la MS 3. Il a les souliers cirés, des bandes molletières, le képi un peu bahuté, un ceinturon anglais à double bande de cuir lui barre la poitrine : à Paris, on lui a dit que c'était ce qui se portait. « Vous êtes dans l'aviation ? Eh bien, voilà... » Un *Sam Brown Belt*, ce qu'il y a de mieux. On l'examine de loin puis de près. Un peu ahuri, il salue tout le monde en claquant les talons, d'une main très fine, trop fine, à la tempe droite, ah ! il est bath. Sans le savoir il a mis son ceinturon à l'envers, la lanière du baudrier passe sur l'épaule gauche au lieu de la droite. « Il était très, très, très chic », dira Védrines.

Des avions sortent du hangar, d'autres se posent, les mêmes qu'à Avord ou presque. En août 1914, cette escadrille s'appelait la BL 3 parce qu'elle volait sur Blériot, un de ses pilotes avait franchi le Rhin pour la première fois. En octobre, elle comptait un combat aérien avec Tissot et l'adjudant Bégou. En mars 1915, un montagnard d'Annecy, chasseur de chamois et de coqs de bruyère, familier des cimes et des abîmes, le lieutenant Brocard promu capitaine presque tout de suite, un saint-cyrien dont les parents sont instituteurs, en a pris le commandement. Elle s'appelle alors la MS 3, parce qu'elle est équipée de Morane-Saulnier parasols à moteur Gnome-Rhône de 80 CV, excellents appareils de reconnaissance. Brocard, colosse à moustache, est un implacable qui veut du résultat. Pour lui, il n'arrête pas de le répéter, trois choses comptent : la discipline, la patience, le cran. Brocard, c'est un nom de jeune chevreuil ; l'homme est plutôt un vieux cerf coriace, un dur à cuire, avec penchant pour les coups de corne. Solide sur pattes, large poitrine, regard sans pitié, belle gueule.

Ce jour-là, peut-être à cause du ceinturon Sam-Brown, le caporal ne lui fait pas bonne impression. Heureusement, les blancs-becs sont confiés à un vieux de 34 ans, Védrines, une vedette. Jules Védrines, que tout le monde appelle Julot, ancien mécano, metteur au point, champion des premières courses aériennes, a gagné la course Gordon-Bennett aux Etats-Unis en 1912. Tombé avec son avion baptisé « La Vache qui rue » à la MS 3 où il vient d'être promu adjudant, il accomplit ce qu'on appelle des missions spéciales. Parigot, titi au grand cœur, pilote phénoménal considéré par certains comme incapable et indiscipliné, il a une bonne tête, un front intelligent, un regard doux. Il respire la joie. A l'apparition du caporal Guynemer, il a été frappé par cet enfant maigre, pâle et tragique. Il pense : « Un fils à papa. » Il dit à Brocard : « C'est un gosse », reprenant d'emblée, sans le savoir, le terme de la famille et de partout. Brocard répond, très pète-sec : « Il est à vous. » Et Védrines : « On va rigoler... »

Il scrute ce regard presque bigleux de timidité et de rage, et emmène le caporal s'installer.

Le caporal Guynemer se sent mieux qu'à Avord, mieux qu'au collège, il a une chambre, Védrines le présente aux autres pilotes, tous des anciens. Le lendemain, jeudi 10 juin 1915, il va voler, c'est dans l'ordre, on ne laisse pas traîner un bleusaillon. La légende veut qu'il ait cassé du bois tout de suite. Voilà à quoi tient une destinée comme la sienne. Parfois à une larme, à un rien. Au premier tour, intimidé, ému, le caporal manque de se planter et reste en bout de terrain, on va le chercher, il a cabossé quelque chose. Oh! pas grand-chose, une roue peut-être, ces engins sont si délicats. Il sait pourtant piloter? Il est breveté? Cela signifie qu'il a tout à apprendre. Védrines va à lui, le rassure, le remet en selle sur un autre avion, le caporal repart, ouvre les gaz et décolle sous l'œil froid de Brocard. Il fait beau, l'avion s'éloigne en ronronnant, tourne au-dessus de Villers-Cotterêts et de son château, va jusqu'à Crépy-en-Valois, distingue peut-être Compiègne dans le nord-ouest puis débouche de nouveau sur le plateau où les hangars de toile — les bessonneaux — ressemblent à de grosses tortues grises; il tourne par la gauche comme on le lui a appris à Pau et à Avord, vise son terrain tout droit, sans fioritures, s'approche, touche des roues durement, bondit, percute encore, rebondit et s'affaisse enfin dans un craquement. Merde!

Il aurait donc, comme à ses débuts à Avord, « cassé du bois » deux fois de suite à son arrivée à l'escadrille, un baptême que certains à la MS 3 trouvent comique. Védrines dira plus tard : « A l'atterrissage, l'avion était brisé... Je ne savais trop que penser. Guynemer prend un autre avion et lui fait subir le même sort... » Plus au nord, dans la France occupée, Immelmann, qui deviendra le fameux as de guerre allemand, multiplie aussi les maladresses. Lorsqu'il se pose sans dommage, son chef d'escadrille pousse un soupir de soulagement et de mépris.

Là, Brocard fulmine. Le caporal, convoqué par lui, ressort du bureau « pâle, désemparé, avec son allure de petite fille », tandis que Brocard interpelle Védrines : « Tu me fous ce p'tit con-là à la porte*... »

---

* *La Guerre aérienne*, octobre 1917. « Ses débuts », par Jules Védrines.

I

Le Capricorne

LE 24 DÉCEMBRE 1894, 89 rue de la Tour à Paris, des cris de joie. « Enfin un garçon !... » s'exclame le père en frisant sa moustache. Georges Marie Ludovic Jules Guynemer naît, fils de Paul Achille Anatole âgé de trente-quatre ans, profession : ancien officier, et de Julie Noémi Doynel de Saint-Quentin, âgée de vingt-huit ans, sans profession.

Pourquoi Paris, alors que les parents habitent au-dessus des Andelys, dans les enroulements grandioses de la Seine ? Mystère des principes : chez les Guynemer, chaque fois qu'on peut, on naît et on meurt à Paris, comme s'il n'y avait de sages-femmes et de croque-morts que là. Chaque branche de la famille y possède son appartement ou son pied-à-terre dans le huitième ou le seizième. Seul Paris est digne des Guynemer arrivant au monde ou le quittant. Eux qui veulent descendre des croisades et de Charlemagne, il leur faut une chapelle au cimetière Montmartre. Ils l'ont toujours.

Ces Guynemer-là, tous deux domiciliés au Thuit, qu'on orthographie aussi Thuye, châtelains, n'ont pas encore d'appartement à Paris. Sont-ils en meublé ? La rue de la Tour est bourgeoise, bien habitée et bien-pensante, les 85, 87, 89 et 91 se suivent à peu de distance. L'ancien 89 est-il un des immeubles cossus à six étages de ce temps-là, ou le discret, l'ancien et charmant hôtel à trois étages entre eux ? Est-il dans la villa Guibert qui ouvre là, plus embourgeoisée encore, plus riche, où une plaque signale que le poète Jean Richepin, né à Médéa (Algérie) mourut ? Mystère. « C'est vieux, ces choses-là », vous répond-on. On ne sait plus et on se méfie des enquêteurs. Tout est clos. On n'entre pas au 89 dont la porte est barrée par une grille. Qui croirait que Guynemer est né là ?

Dans son lit, Julie Noémi Doynel de Saint-Quentin, épouse Guynemer, a un regard d'orgueil. Elle a déjà donné deux filles, Odette et Yvonne, à son mari. C'est une personne de rang, les Doynel sont solidement établis dans le Calvados, non loin de Caen : ils y ont manoir et fermes. Le nom des Saint-Quentin, allié depuis peu au leur, a ajouté château et terres à l'ensemble du fief. Julie est belle, imposante, brune aux yeux noirs, son mari l'adore, on l'appelle souvent Junon. Quand elle se relèvera de ses couches, son port de reine resplendira. D'une reine qui s'ennuie un peu ? Une déesse. Elle ne s'occupe de rien, laisse tout faire aux autres, sauf les enfants. Trois suffisent peut-être.

Quel jour tombe Noël, cette année-là ? Paul Guynemer va aux offices avec ses filles et revient au chevet de Junon. Le petit, mignon, un peu grêle, a les yeux de sa mère, répète-t-on. Le 27, les représentants de la famille partent en troupe déclarer la naissance à la mairie du seizième arrondissement. On insiste pour rencontrer un officier d'état civil. L'adjoint au maire, Léon Isabey, est là, il voit l'enfant dans ses langes, l'acte en fait foi, en présence d'Auguste Saint-Ange Guynemer, grand-père paternel, domicilié « au Thuit près des Andelys (Eure), âgé de soixante-neuf ans, ancien sous-préfet, chevalier de la Légion d'honneur », et du frère de la mère, Louis Eugène Doynel, « âgé de quarante-quatre ans, comte de Saint-Quentin, député du Calvados, demeurant à Paris, rue Galilée, 25 ».

L'heureux père insiste pour que le tilde, le signe en forme de S couché qui se met au-dessus du n espagnol, figure bien sur le nom de Guynemer. Dans les archives de la mairie, le signe se trouve en effet, au-dessus du nom, en marge du registre et dans l'acte lui-même, mais pas dans la signature de ces messieurs : Paul, le père, et Auguste Saint-Ange, le grand-père. Leurs signatures se ressemblent. Celle de Paul plus classique, celle de l'ancien sous-préfet plus liée, plus horizontale, plus « détachée » de l'homme et en même temps plus souple, avec un jambage en zigzag : le sous-préfet remet son épée au fourreau d'un coup sec.

Pourquoi ce tilde ? On ne sait pas. Il a disparu, comme sans doute il était venu à l'origine, par une transmission d'erreur de scribe. Est-ce bien sûr ? Ne serait-ce pas une première trace à relever ? Mme Guynemer née Doynel de Saint-Quentin tenait beaucoup, paraît-il, à ce tilde. Sans doute se jugeait-elle ainsi anoblie par son mari. Le *ne* de Guynemer devrait se prononcer *gne*, « Guygnemer ». Le héros n'en fera jamais cas sauf, bizarrement, sur ses cartes de visite, ni personne dans les registres de l'armée. Détail sans importance ?

Une image du capitaine un peu las, en 1917, m'obsède. N'y aurait-il pas dans ce chevalier quelque noblesse *tra los montes* ? N'a-t-il pas pour ancêtre, selon M. Henry Bordeaux, un Achille né en 1772, engagé à quinze ans dans les armées de la République ? Je ne sais ce qui me pousse à m'attacher d'emblée à cet Achille qui, en 1806, devient secrétaire du général Junot en Espagne et a pour frère un Auguste qui, à huit ans, arrache sa maîtresse d'école à un tribunal révolutionnaire présidé par Robespierre. En 1811, il gagne l'épaulette sous les ordres du colonel Hugo, déjà père de Victor, il est prisonnier à Guadalajara d'où il s'évade avec deux camarades grâce à une jeune Castillane éprise de lui, qui lui fourre une corde de soie dans un pâté. L'amour ! En 1813, il sera chevalier de la Légion d'honneur à la Bidassoa, olé ! Si les Guynemer, comme ils disent, ont les Flandres pour origine, pourquoi ne pas remonter un peu plus loin ? N'y aurait-il pas de l'hidalgo chez Achille et chez Georges ?

Hidalgo, *hijo de algo*, fils de quelque chose. En Espagne, un hidalgo a de la branche, par opposition au *pechero*, individu soumis à la taille et aux corvées. Hidalgo, Guynemer ? Pourquoi pas Don Quichotte ? Don Quichotte aussi est long et maigre, efflanqué, souffreteux en apparence, il se bat contre les moulins à vent et a une grande idée de soi. Dans la guerre de Quatorze, il se serait engagé dans l'aviation de chasse, il aurait eu un mécanicien pareil à Sancho Pança. Il y a l'hidalgo de naissance et de rang, l'homme riche qui reçoit le titre de chevalier, et l'*hidalgo de carta*, le moins riche, *señor de pendon y caldera*, de bannière et de chaudron, le fanion et la popote. Le regard noir de la belle Julie Doynel de Saint-Quentin, épouse Guynemer, n'a cependant rien de castillan ni d'andalou. Alors, ce tilde ?

De Guynemer il reste des signes. De vie, de mort. On connaît les dossiers et les monuments, mais les traces qui vont nous rendre l'enfant et l'homme ? Et s'il n'avait ni père ni mère, ni sœurs ni rien ? S'il était né de génération spontanée ? Il a un père, une mère, des sœurs, il a eu des ancêtres. Et quel nom ! Venu on ne sait d'où et qui s'en va vers quoi ? Un nom qui court, qui sonne, qui claque, un nom de vague éclatant sur un rocher. Trois syllabes dont une muette, Guynemer, comme Lancelot ou Perceval, ou pourquoi pas ? le roi Arthur. Pour moi, il n'a ni père ni mère ni rien, quoi qu'il fasse, dise ou écrive. Il ne descend que de l'Arioste ou du *Roland furieux*. Il est arrivé au monde plus encore par hasard que chacun de nous ; l'armée et l'aviation ne l'ont eu aussi que par hasard, il devra tout à son énergie désespérée, à son œil, à ses réflexes.

On ne naît pas sans raison une veille de Noël, vigile du jour où un Sauveur est donné aux hommes, où l'hémisphère nord se redresse sur son axe et roule, à travers l'hiver, dans des espaces d'espérance et d'été : il y a un signe dans les étoiles. L'enfant, le prince charmant qui naît le 24 décembre 1894, à 10 h 30 du matin, 89 rue de la Tour, à Paris, seizième, ne peut pas être comme tout le monde.

Coutume vieillotte en usage dans les familles chrétiennes, le 30 décembre, l'abbé Schlosser, vicaire de la paroisse Notre-Dame-de-Grâce de Passy ou encore de l'Annonciation, ondoie l'enfant à domicile : l'ablution sainte, par autorisation spéciale de François-Marie-Benjamin Richard, cardinal-archevêque de Paris, à condition que le baptême soit administré dans l'espace de trois mois.

Il le sera, avec du retard.

La ville des Andelys ne fait pas tellement cas du hameau d'où est parti l'enfant-roi. La famille en parle peu et presque personne, chez les admirateurs de Guynemer, ne connaît le château du Thuit. Presque un an après l'ondoiement, l'enfant est baptisé là, après que sa mauvaise santé l'a déjà conduit en Suisse et dans le Midi. Le baptême a lieu le dimanche 27 octobre 1895, dans la petite église biscornue et déglinguée du Thuit. Le parrain est le comte d'Aubigny, oncle de l'enfant, ministre plénipotentiaire de France ; la marraine, la comtesse Eugène de Failly, tante de l'enfant. Ont signé aussi l'acte les parents, le comte amiral Forget, la comtesse de Saint-Quentin, le vicomte de Moüe,

M. de Noüey et d'autres dont le photocopieur a effacé les noms, du beau monde. Le curé, J. ou S. Jivay ou Sivay, enrobe son nom en boucles savantes et enveloppantes qui laissent deviner ronds de jambe, circonlocutions, phrases moelleuses de futur chanoine à bon vin de messe.

Le train ne passe pas par Les Andelys, ce qui l'écarterait trop de la voie droite, et file sur Rouen, patrie de Flaubert. En février, au sortir d'un froid sibérien, je me précipite sur le quai, comme si Guynemer était là. On le croirait. Dans la voiture qui nous conduit à l'hôtel, on se presse pour lui faire place. J'entends une jeune femme dire : « Il était Capricorne, n'est-ce pas ? Une sorte de chimère ailée, un héros mythique au-delà du mythe, méconnu des siens en tant que mythe peut-être. N'était-il pas blême ?... »

D'où cette jeune femme tient-elle cela ? D'une de ses amies, fidèle admiratrice du héros ? Des livres d'astrologie ou de son intuition ? On se met à parler de Paul Guynemer, le père, et du soupir de soulagement qu'il a poussé quand on lui a dit que c'était un garçon. A sa place, on se serait plongé dans la lecture des prophètes qui relatent, la veille de Noël, la longue filiation du Christ ; on aurait aimé savoir ce que signifiait cette date, pour un fils : 24 décembre, 10 h 30 du matin. En secret, on se serait mis en quête d'un bon astrologue à qui on aurait discrètement demandé de tirer l'horoscope de l'enfant. Une idée pareille, courante de nos jours, ne pouvait germer dans l'esprit d'un homme soucieux des convenances comme lui : est-ce qu'on tire l'horoscope chez les Guynemer ? Et pourquoi pas, cher monsieur ? Etes-vous sûr que personne dans votre famille n'a jamais été voir un mage ou une magicienne ? Lui, Paul, « ancien officier », comme le précise l'acte de naissance, se considère comme trop chrétien pour écouter de pareilles sornettes. Il va à la messe, il aime qu'on prie en famille, le soir, cela dépend surtout de Junon qu'il admire, il veut que les enfants soient élevés dans la crainte de Dieu, surtout les filles, surtout les siennes qui font déjà preuve d'un esprit trop vif pour leur âge. Lui, en quelque sorte disponible et vacant, qui, depuis quatre ans qu'il a quitté l'armée, s'attache à des sujets d'étude sérieux, se propose de remonter dans la lignée où un Guynemer, Willemer ou Guygnemer fut corsaire pendant les croisades et écumait les mers pour le roi, il va étudier le recueil des titres d'une abbaye près de Rouen, il va se lancer dans des monographies de seigneuries locales et s'inscrire à une société savante. Un horoscope, l'idée ne lui en viendrait pas, le mot lui apparaît comme vague diablerie, cartomancie, et bien que ce ne soit pas la même chose, chiromancie, sorcellerie. Dieu n'a-t-il pas dit pourtant dans la Genèse en parlant des astres : « Qu'ils soient des signes » ?

C'est un Capricorne qui apparaît avec la carte du ciel. Au moment où Georges Marie Ludovic Jules Guynemer vient au monde, il est Capricorne ascendant Verseau, avec la Lune dans le Sagittaire, et je cite ce qui est dit de ses congénères dans une célèbre collection : « Le tempérament est avide de s'élever, le besoin de prestige domine le souci d'efficacité, l'énergie se mobilise pour une expérience à longue portée, une entreprise de grande envergure, une passion dominatrice qui discipline l'existence... »

Ah ! si j'avais pu ainsi éclairer le bon M. Paul Guynemer ! Il est midi passé, la journée brillante est presque douce, et nous avons traversé la Seine sans que je m'en aperçoive, les prairies givrées et les villages glissent avec leur église, leur auberge, leur station-service. Encore la célèbre collection : « Il est ascétique, consciencieux, rigoureux, exigeant, intransigeant, il regarde le but à atteindre et y consacre sa vie. C'est un passionné à froid... » Et aussi, on le sait déjà du héros, il est blême, mais il change souvent de teint. Certains l'ont vu blafard, gris, sombre ou clair selon les heures...

Qu'est-ce qu'un héros national mort depuis bientôt soixante-dix ans ? Pour l'ardente admiratrice qui nous guide, il vit toujours, sa gloire resplendit, mais pour d'autres il s'agit d'un mythe. Au restaurant, un feu joyeux flambe dans la cheminée. Le fleuve est presque à notre hauteur, à le toucher si nous étendions la main, des mouettes se posent de l'autre côté des vitres, une péniche chargée de sable les chasse un moment, le soleil étincelle sur l'eau verte, des peupliers dénudés marquent la rive d'en face, au loin. Mme Bovary est peut-être dans la salle en train de déjeuner avec son clerc de notaire, une terrine de foie de canard dans son assiette.

Les tables de concordance des astres ne commencent pas,

d'habitude, avant le siècle. Il a fallu à Hermine, la doctoresse en astrologie que j'ai consultée, remonter de six ans dans les profondeurs du temps et dans les archives magiques. « Le Soleil en Capricorne, c'est le signe du pouvoir sacré du brahmane et la cote la plus élevée. L'ascendance Verseau accentue son côté humanitaire et fraternel, la Lune dans le Sagittaire lui prodigue un monde intérieur secret. De la situation des maisons de son ciel, je retiens que le sujet né le 24 décembre 1894 à 10 heures et demie du matin à Paris est une sorte d'illuminé qui a trouvé sa voie en se dominant. »

On croirait naviguer sur la Seine avec l'enfant Guynemer. Dans le recueil consacré au Capricorne, Léautaud, né dans le signe, a un mot qui marque l'écrivain qu'il fut : « Je ne suis pas porté à l'émotion... » Froid et passionné, cachant une hyperémotivité presque maladive, l'enfant Guynemer n'aura rien de moins calme que son cœur et rien de plus assuré que son esprit. Il y perdra en sympathie, en élan, en chaleur, en spontanéité, il y gagnera en maîtrise. Projeté sur le drame et les événements, il y rassemblera l'empire de lui-même. Ce type d'homme dur et sec peut se comparer à un roc, il dispose d'une énorme réserve d'énergie qui l'aidera à ne jamais dévier.

Morphologiquement, c'est un être étiré, à la poitrine étroite et aux épaules tombantes, d'une minceur extrême mais d'une résistance que rien ne laisserait supposer. Tout le monde s'y trompera, parce qu'on le jugera toujours incapable physiquement de ce qu'il veut faire. Dans sa démarche, il paraîtra distant et glacé, ses gestes seront sobres, son regard cachera ce qu'il ressent. Voilà ce qu'une analyse sérieuse d'horoscope aurait pu apprendre à M. Paul Guynemer, le père.

Sur le regard, il y a erreur. Le regard ne cachera jamais rien.

De Château-Gaillard en ruine sur un étranglement de la roche, on commandait jadis le trafic du fleuve et l'entrée de la ville. Le vent souffle. Le col relevé, je regarde la coulée tranquille et puissante des eaux entre les falaises écorchées, râpées, écornées, parfois velues. La journée est de gloire. « Là-bas, c'est le Thuit », dit le sénateur qui montre quelque chose au-delà du fleuve, vers les bois qui dominent les lointains. Sur l'eau cuivrée, plus froide que l'air, il ne manque que les lourdes embarcations de Richard Cœur de Lion. C'est un lieu royal.

Sur les cartes, Thuit s'écrit avec un i et un t. Le sénateur-maire dit qu'ici on l'écrit parfois avec un i grec et que cela signifie friche en langue viking. Nous descendons la rive droite de la Seine et grimpons allégrement la route en lacet qui escalade la falaise du Val-Saint-Martin où l'on n'est qu'à 16 mètres au-dessus du niveau de la mer et où ne coule qu'un misérable ru entre le bois de la Hogue (dont personne ne sait ce que veut dire le mot) et le bois de Thuit, tous deux fort beaux, d'une centaine d'hectares chacun, l'ancien domaine Guynemer. Tout en haut, à plus de 100 mètres au-dessus du fleuve, ondule le riche plateau du Vexin normand, dans un large anneau de la Seine. C'est là.

Achille, notre luron de l'expédition d'Espagne, l'arrière-grand-père de l'enfant, et qui possédait un château à Falaise, « Long-Pré », vient au Thuit par hasard en 1841 et tombe amoureux du lieu. Coup de foudre. Il a fait fortune à Rouen dans les assurances maritimes. « Honorablement », précise M. Bordeaux. Comme si on pouvait, en si peu de temps, faire fortune sans magouille ni cavalerie. Achille doit avoir envie d'établir sa lignée, quelle lignée ? ou de s'établir, lui, avec ses souvenirs. Il n'est pas tellement vieux, il approche de la cinquantaine, il possède sûrement un hôtel à Rouen et un appartement à Paris. Au Thuit, des ruines. Le chancelier de Maupeou a vécu là, il y a élevé une demeure princière, la Révolution l'a perdu, il n'a rien voulu laisser après lui, il a tout fait raser. Achille investit dans la terre ce qu'il a gagné par les mers. Il rebâtit en plus modeste le château de Maupeou et fixe là son fils Auguste Saint-Ange, marié à Louisa Lyon, une Ecossaise au cœur indomptable qui lui plaît.

Les grilles à fer de lance se dressent à l'entrée depuis deux siècles et demi. Sinon, Achille les aura replantées, pour l'allure que ça donne. Un hidalgo n'habite pas n'importe où, on n'entre pas chez lui comme dans un moulin.

Pas un Guynemer au cimetière, ni homme ni femme. Achille est mort en 1866, à Paris, rue Rossini, près du boulevard Haussmann, en plein dans la banque. Le maire lui en veut un peu d'avoir quitté le Thuit, oh ! un peu seulement. A la mairie, le capitaine trône dans son portrait.

Le chancelier est resté l'orgueil du village (quatre-vingt-quatre habitants) qui lui a dédié sa rue principale. On parle encore de lui avec respect comme d'un Premier ministre de Louis XV. Sur une gravure du XVIIIe, le château du chancelier apparaît assez considérable. Dans la cour, un carrosse attelé de deux chevaux, deux laquais, un suisse avec sa canne, des bassets gambadant devant une dame à crinoline, et un seigneur. En briques roses du pays, le château d'Achille est le même en réduction, si étriqué qu'il faudra l'agrandir : ce sera à peine une demeure de notable.

Par une terrasse au sud et le panorama qu'on devine déjà, à travers le parc, une allée oblique conduit à un balcon en contrebas, à l'aplomb de la falaise. Par là, l'enfant, dès qu'il a pu marcher, a dû s'aventurer. Tout à coup, à 100 mètres au-dessous, une Seine immense surgit de l'infini et déroule d'énormes anneaux jusqu'au-delà de l'horizon noyé dans la brume. J'entends les cris de la nurse anglaise apeurée et des sœurs que je vois accourir jusqu'ici, découvrant enfin l'enfant : « Eh bien, pourquoi ne répondez-vous pas ? Cet endroit est dangereux... » et le ramenant d'une main ferme en évitant les regards de la mère. Le ciel de cristal resplendit. Lente, puissante, charmeuse, féline, femelle de jaguar peut-être, ou reptilienne comme un boa de l'ère tertiaire, la Seine coule-t-elle avec les péniches qu'elle entraîne ou est-ce le paysage tout entier qui glisse ? Où sommes-nous ? Sur une île du temps fendant un flot tranquille, cédant à la poussée de cette force liquide qui a déjà enlacé la Cité et Notre-Dame de Paris avant de s'étaler ici sans bruit, comme de soi, porteuse du mot éternité qu'on a sur les lèvres et qui nous saisit aux jointures de l'âme dès que quelque chose dépasse nos habitudes et l'ordinaire. C'est le fleuve que Flaubert invoquera si souvent, dont il remontera ou descendra allégrement ou férocement le cours, selon qu'il se ruera à Paris vers Louise Colet ou qu'il se repliera en hâte sur Croisset, en aval d'ici. Les péniches dérivent, la falaise s'en va et nous avec et, avec nous, les forêts. Bientôt tout sera couvert de jonquilles, de violettes et de pervenches, ce sera le paradis. A travers ce qui semble une entrée dans le cosmos, le fleuve emporte les tombes désarticulées d'à côté et le souvenir du vieil et toujours jeune Achille. On ne sait plus où l'on est, on s'accroche dans le vide à on ne sait quoi pour échapper au vertige, la nurse avait raison de gronder le chétif et fragile enfançon, mais lui, à l'âge qu'il avait, découvrait le monde, et, au-delà, le miroitement où les royaumes de la terre peuvent apparaître.

Pas un nuage, sauf dans les extrêmes, quelque chose qui ressemble à un ourlet d'écume, comme un jusant de notre fameuse et aveugle éternité, mais est-ce bien sûr ? A l'infini, ces anneaux se confondent avec le métal en fusion d'étoiles suspendues, comme arrêtées. Ce ne sont pas les flots de boue du Mékong ni du Yang-tsé-kiang emportant bêtes et gens par milliers à la moindre crue, c'est la Seine civilisée, moirée, irisée, qui avance paisiblement. Nous voguons dans une coquille d'émeraude qui se soulève doucement. Le vent, les nuages, les eaux composent une navigation à travers ce qui ne change presque pas. Comment se rappeler ce qu'en dit Flaubert en voisin ? Il s'agit bien de Flaubert qui, à la fin, devait haïr son fleuve ! Notre jeune Capricorne qui aborde la vie s'emplit les yeux, l'âme et les poumons — ah ! les poumons si délicats dans tous ces bancs de vapeurs... Quelque chose, quoi ? un souffle venu d'où ? lui fait soudain battre le sang à cadence précipitée.

Le chancelier a-t-il ressenti cela quand il a décidé de s'établir là, sur ce trône de nuées ? Et Achille ? Achille n'a pas résisté à ce nouveau coup de foudre qui lui rappelait les yeux noirs de Guadalajara. Son arrière-petit-fils ne parlera jamais à qui que ce soit de ce balcon, et cependant, le jour où la tentation de quelque chose de violent et d'immense se présentera à lui, ne faudra-t-il pas se rappeler le Thuit ? Un jour, ce sera comme si l'enfant, qui aura baigné dans le merveilleux, se jetait dans le vide du haut de cette falaise. Pour atteindre quoi ? Pour aller où ?

Des bois, des eaux, ce qu'on devine sur la terrasse, voilà le Thuit. L'enfant qui n'est pas en très bonne santé traînaille un peu partout avec ses sœurs et s'emplit l'âme d'infini. A présent, sous les hangars, il y a des moissonneuses à céréales et des moissonneuses à maïs ; dans les maisons de maître avec de belles cheminées brûlent de grands feux, la crème et le calva coulent à flots. Nous sommes en Normandie. La crème, on la convertit en bons du trésor, en biens de toutes sortes, en ces fabriques merveilleuses de lait et de veaux que sont les vaches, en bouteilles de bon vin. Les bas de laine se gonflent, la prospérité éclate, déborde, s'étale, on essaie pudiquement de la cacher, n'oublions pas qu'il y aura bientôt un demi-siècle, les Alliés ont tout ravagé au moment du débarquement. Les plaies sont pansées mais la liberté coûte cher.

Achille a été maire du Thuit. Achille tout court, comme on l'appelle ici. C'est un nom qui sonne bien. Ce n'est pas celui du grand Achille, mais celui de son fils Auguste Saint-Ange qui ne signe que d'un A, ce qui amène un peu de confusion. Le 15 mars 1892, Auguste-Achille fut élu maire et son fils Paul conseiller. « C'était une vieille famille française », oui, oui, une vieille famille que M. Bordeaux, pour montrer d'où vient le génie de notre sang, a tendance à bondieuciser : il colle des abbés et des saints partout, un Guynemer tient l'étrier de Roland, un autre assiste au retour de Charlemagne à Aix-la-Chapelle après Roncevaux. Il y a des Winemarus et des Guillever en Palestine, en Flandre, à Gand puis en Bretagne, il y a ce corsaire qui écume la Méditerranée pour le roi, et il est très possible que tout soit vrai. Les hobereaux défrichent et guerroient. Quand ils ne guerroient pas, ils s'instruisent de leurs origines, veulent pouvoir se compter, lissent leurs plumes ou les hérissent. Paul, le père de Georges, a déniché des Guynemer, avec ou sans tilde, officiers, frocards, marins, et s'enorgueillit d'appartenir à une race de petits seigneurs et petits chevaliers qui deviennent sous-préfets, notaires, professeurs, que sais-je ? et se débrouillent parce qu'ils sont économes et savent gérer leurs affaires, ils font fortune dans les assurances ou ailleurs. Les Guynemer sont riches et le montrent. Ils ont leurs armes : trois merlettes sur sable gravées sur leur argenterie, les trois femelles vues de profil, tête à dextre et sans bec, donc inoffensives.

En Normandie, plus qu'ailleurs, avoir du bien est honorable : les manoirs, les fermes, les actions et obligations confèrent de la sécurité. On est pour les choses concrètes et même pour l'aristocratie, pour ce qui est solidement bâti, sûr, solidement assis. On ne cède pas aux rêves ni aux illusions, on laisse ça aux gens de passage. Prudemment, avec un sourire à peine esquissé, on peut remarquer que cela donne quelquefois, par hasard, dans toutes les provinces, un rejeton insolite. Tout à coup, parmi un nombre considérable de potiches sur les cheminées et à travers les salons lambrissés des manoirs où des douairières s'ennuient, naît une plante bizarre (M. Henry Bordeaux lui-même a osé cette comparaison) : la lignée des Guynemer aurait produit cette plante fibreuse étrange, qu'il appelle l'aloès et qui est l'agave, longtemps incertaine dans son développement, inquiétante même, qui a besoin de vingt ans pour hisser hors d'elle-même avec beaucoup de mal une tige impudique et une fleur, une sorte de hampe agrémentée d'ornements rugueux, vaguement décoratifs, pas du tout ce qu'on a l'habitude de cultiver dans nos pays froids. Ainsi, dans les Ardennes, la famille Cuif — comparaison qui peut sembler osée et incongrue — a-t-elle fourni, parmi l'ensemble de ses membres terriens et culs-terreux, un poète, et quel poète : Arthur Rimbaud ! Oui, mais là surgit un officier, le père, qui se conduit comme un aventurier et disparaît dès qu'il s'aperçoit que, par erreur, un jour de cuite peut-être, il s'est allié aux Cuif !

Les Guynemer semblent plus prédisposés à engendrer un héros. Mais les Doynel, les Saint-Quentin ? Ah ! Les Lyon, voilà un bon repère ! Louisa, la femme d'Auguste Saint-Ange, écossaise, fille de Sir George Bowes Lyon (prononcer *bouzelaïne*), s'appelle en vérité Antoinette Adélaïde Désirée, a-t-on idée ? « Portant en famille le prénom de Louisa », voilà ce qu'elle décide quand on la reconnaît apparentée, d'assez loin mais tout de même, avec la famille régnante d'Angleterre. Elle donnera à Yvonne, la sœur de Georges, sa chevelure rousse flamboyante et à Georges sa noblesse ombrageuse, son orgueil. C'est quelqu'un, Louisa. Les Lyon ont pour armes une licorne et un lion batifolant (rugissant peut-être), et ils possèdent une belle fortune, encore qu'en Ecosse il faille souvent se noyer dans le whisky pour se consoler de payer les droits de succession.

Sur le plateau du Vexin, on a envie de soupeser la terre, qui est la plus chère de Normandie et forme un glacis plat comme la main, tout en labours. Par vent froid, c'est un désert sans une âme, avec des bois sur la route vide et droite qui ramène buter sur le portail du chancelier. L'œuvre d'Achille, ce sont les granges basses et ventrues, les écuries, les communs. Un peu plus à l'ouest un pavillon plus travaillé et assez orné, où devait loger le fils quand le père habitait le château, on imagine Junon en grand chapeau et robe couleur rouille au bras de Paul, déambulant non sans mélancolie ou avec ennui dans les allées du parc où le jardinier brûle du bois mort, tandis que l'enfant qu'on appelle déjà « le gosse » entraîne ses sœurs contempler les anneaux de la Seine.

Pas si vite. S'il n'est plus au berceau, après une entérite et un séjour en Suisse et dans le Midi, il est encore minuscule, tient à peine debout, on l'entoure de soins et de précautions. Quel âge a-t-il sur l'image qui date déjà mais le révèle ? Six mois ? Un an ? On a dû le conduire chez le photographe, à moins que le photographe n'ait été appelé au Thuit à l'occasion du baptême, le 27 octobre 1895. Un léger vêtement lui laisse la gorge, les bras et les jambes nus. On l'a assis sur une sorte de pouf où il se tient très droit, sur ses gardes, sans qu'on puisse distinguer ce qui est derrière lui : une fenêtre peut-être. Sa mère le rassure, mais il se méfie de ce personnage inconnu à boîte sur pied, qui lui parle et qu'il tient à distance. Comment ? Par quoi ? Par la force d'un regard qui scrute avec férocité ce qu'il a devant lui, prêt à déchirer qui l'attaquerait. Ce regard d'enfant est un regard de prédateur. Il menace. De plus, il y a là une beauté qui intimide : ce grand front, ce nez droit, cette petite bouche amère et coupante sous la lumière qui subjugue. A lui seul, ce regard aurait dû inciter le père à interroger les astres...

Les lacets à belvédère ramènent au fleuve. L'hospice possède un tableau dont Achille a fait don. Là, on nous regarde comme si nous dégringolions d'un monde nouveau, j'ai l'impression d'entrer dans un monde terrifiant, vaguement grignoteur et familier, absent à tout, à Guynemer comme à nous. Sous la coupole de la chapelle soutenue par huit fausses colonnes doriques à droite de l'autel en faux marbre gris, le tableau de mauvaise peinture (1,50 m × 1 m) « offert à l'hôpital des Andelys par M. Achille Guynemer en 1859 » représente, portant sa croix, un Christ sinistre, sombre, douloureux, qui inspire pitié et horreur, et au-dessous, ce texte de l'Evangile : « Car je vous ai donné l'exemple afin que ce que j'ai fait à votre égard vous le fassiez aussi. » La prière qui aussitôt jaillit d'instinct, c'est : « Gardez-m'en bien, Seigneur... » En réplique, à droite, un autre tableau, aussi médiocre, du Sacré-Cœur. Au-dessus, un nuage peuplé d'anges et surmonté par la face de Dieu le Père, une rotonde d'où tombe une lumière de pluie ; au sol, des bancs où l'on ne s'assied qu'accablé, un harmonium et une chaire d'où ne doivent s'échapper que des motets et des paroles de deuil. Quelle pensée a donc poussé Achille à assombrir plus encore cet asile de pitié ? Dans l'esprit de l'époque, les malheureux devaient savoir que leur malheur pouvait être encore plus grand, que Dieu le Fils en avait bavé plus qu'eux, et que, devant un exemple si haut, toute récrimination serait malvenue.

Depuis des siècles, Les Andelys sont presque un fief d'outre-Manche. Une île du fleuve, l'île du Château, appartient à des Anglais. On s'est beaucoup marié entre fils d'Albion et jeunes filles d'ici, rien d'étonnant à ce qu'Auguste ait épousé la belle, l'ardente Ecossaise Louisa Lyon. On se souvient d'elle qui venait en ville en conduisant un tilbury attelé de quatre mules blanches. Cette Louisa est fantastique. Il faut l'entendre, dans une lettre, réprimander vertement sa nièce Irène parce qu'un prétendant voudrait qu'elle ajoute un *de* au nom de Guynemer : « On m'en a conté de belles sur tes idées plus qu'aristocratiques. Un monsieur qui vient vous dire : "Mademoiselle, vous êtes charmante, ravissante, appétissante et tout ce qui s'ensuit, vous avez une fort belle dot et vous avez déjà été demandée par des gens qui me valaient bien, j'en conviens, cependant comme je suis né baron et que je vous élève jusqu'à moi, je vous prie de vouloir bien, pendant vingt-quatre heures seulement, faire précéder votre nom de famille d'une petite préposition ; ce nom que vous allez abandonner comme une vieille robe est très honnête, très honorable sans doute, mais les gens de ma caste sont habitués à des noms ronflants et ne comprendraient pas que je m'allie à un nom aussi simple." Voilà, cher amour blond, ce qu'un gentleman qui se croit galant homme parce qu'il a un titre, a osé te dire en trois mots que j'ai développés afin de te les faire comprendre... Et tu as supporté qu'on fît pareille insulte à la famille de ton père qui, si elle n'était déjà noble de nom, le serait dix fois par l'honorabilité transmise de père en fils ; il est bien peu de familles, ma chère petite, dans lesquelles on puisse comme dans la nôtre porter fièrement son nom, tous ces grands blasonnés n'ont pas tous blason sans taches (...) »

Par sa mince écriture filée et sans rature, cette lionne de Louisa vaut bien Mme de Sévigné, et elle n'écrit pas dans sa langue maternelle : « Enfin tu veux avoir un écusson supporté par des caniches, avec des merlettes, ayant un tortil de baron au-dessus et n'importe quoi au-dessous, tu en veux mettre sur tes oreillers, sur tes draps, sur tes chemises même ; tu veux transpirer dans du linge armoirié et essuyer tes larmes dans de nobles mouchoirs, car tu pleureras d'ennui si tu épouses un monsieur si méticuleux, il sent le vieillot d'une lieue, et si ce n'est un parvenu ce doit être un feuillet détaché de quelque vieux manuscrit (...), il en est encore aux disputes de préséance, te permettra-t-il de t'asseoir devant lui ? J'en doute... N'oublie pas, ma toute belle, de mander ton mariage à Sa Sainteté et d'aller faire une visite à Sa Majesté le comte de Chambord (...). »

Louisa Guynemer était presque toujours habillée de mauve ou de violet. Quant à Junon, elle venait parfois aux Andelys à bicyclette, ce qui était considéré à l'époque comme un peu scandaleux. Une femme honnête à bicyclette... En ce temps déjà lointain où jeunes gens et jeunes filles usaient du nouveau moyen de locomotion, on montait la côte à pied, mais dans la longue descente, quelle griserie ! Les Guynemer menaient grande vie, avaient beaucoup de voitures, voyageaient beaucoup, allaient jusque dans le Midi avec leurs équipages de mules blanches et de chevaux entiers. En les voyant passer, on disait : « Voilà le cirque Guynemer. » Ils ont eu la première automobile des Andelys ; la rumeur dit aussi qu'ils avaient mauvais caractère, se disputaient beaucoup, et étaient souvent brouillés entre eux, sans quoi ils habiteraient encore le Thuit, mais ce ne sont plus que des souvenirs de souvenirs. En 1870, après le désastre, les Guynemer ont fui l'invasion et se sont réfugiés à Londres. Les Allemands demandaient avec arrogance aux domestiques du château : « Où sont les chevaux ? » Il leur fallait des chevaux, leur armée en avait grand besoin. A Croisset, Flaubert loge dix soldats allemands et trois officiers et, à Rouen, quatre Prussiens et, chaque soir, il est obligé de desservir la table « dans le chagrin et l'abjection », écrit-il. Louisa Guynemer, elle, exigera des Allemands qu'ils rendent les chevaux qu'ils avaient osé réquisitionner à un sujet britannique, et ils obtempéreront. Les chevaux seront conduits en Angleterre, en grand équipage.

En ce temps-là, Paul, fils de Louisa, n'a que dix ans mais les malheurs de la patrie l'aident à trouver sa vocation : il sera officier.

II

Un père démissionnaire

EN OCTOBRE 1880, voilà Paul Achille Anatole, fils d'Auguste Saint-Ange et de Louisa, à l'école spéciale militaire de Saint-Cyr. Il sera un fana. L'année d'avant, — comment ne pas parler de Flaubert, si près de Rouen ? — Flaubert s'était mis dans de sales draps. À cinquante-neuf ans, ruiné pour sauver sa nièce, il acceptait avec humiliation une pension et une place fictive de bibliothécaire. Cet hiver-là, Flaubert avait eu du mal à tenir avec ses poêles et Rimbaud avait juré de quitter l'Europe pour ne plus jamais connaître de saison aussi rigoureuse. Rimbaud n'arrêtera pas de voyager et ira en Abyssinie à la recherche d'or ou d'on ne sait quoi. Le bon, le merveilleux Flaubert s'est défendu du froid en parlant littérature avec des amis, mais, le 8 mai, il meurt subitement.

À sa sortie de Saint-Cyr en 1882, solidement campé sur ses jambes, trapu, Paul Guynemer se fait photographier harnaché d'une sabretache, chaussé de bottes souples à œillets, le torse pris dans une longue vareuse à brandebourgs avec couverture roulée en travers. Il est coiffé d'un képi bas marqué au numéro du régiment auquel il appartient, le 127e de ligne, à Péronne et, bigre ! à Sedan. Il a sur les manches un galon torsadé en trèfle. Prêt à partir pour la guerre, l'air décidé, avec un bon visage large et une petite moustache, il se plante devant un décor de terres labourées, l'étui revolver au côté, le sabre droit devant lui : c'est la tenue de campagne des officiers. Il n'y a guère plus de dix ans que l'armée française a été écrasée par l'armée prussienne. Sedan résonne encore lugubrement, on ne parle que de la revanche mais on n'a pas oublié la Commune et on se méfie du pouvoir civil.

II

Un père démissionnaire

EN OCTOBRE 1880, voilà Paul Achille Anatole, fils d'Auguste Saint-Ange et de Louisa, à l'école spéciale militaire de Saint-Cyr. Il sera un fana. L'année d'avant — comment ne pas parler de Flaubert, si près de Rouen ? — Flaubert s'était mis dans de sales draps. A cinquante-neuf ans, ruiné pour sauver sa nièce, il acceptait avec humiliation une pension et une place fictive de bibliothécaire. Cet hiver-là, Flaubert avait eu du mal à tenir avec ses poêles et Rimbaud avait juré de quitter l'Europe pour ne plus jamais connaître de saison aussi rigoureuse. Rimbaud n'arrêtera pas de voyager et ira en Abyssinie à la recherche d'or ou d'on ne sait quoi. Le bon, le merveilleux Flaubert s'est défendu du froid en parlant littérature avec des amis, mais, le 8 mai, il meurt subitement.

A sa sortie de Saint-Cyr en 1882, solidement campé sur ses jambes, trapu, Paul Guynemer se fait photographier harnaché d'une sabretache, chaussé de bottes souples à œillets, le torse pris dans une longue vareuse à brandebourgs avec couverture roulée en travers. Il est coiffé d'un képi bas marqué au numéro du régiment auquel il appartient, le 127e de ligne, à Péronne et, bigre ! à Sedan. Il a sur les manches un galon torsadé en trêfle. Prêt à partir pour la guerre, l'air décidé, avec un bon visage large et une petite moustache, il se plante devant un décor de terres labourées, l'étui revolver au côté, le sabre droit devant lui : c'est la tenue de campagne des officiers. Il n'y a guère plus de dix ans que l'armée française a été écrasée par l'armée prussienne, Sedan résonne encore lugubrement, on ne parle que de la revanche mais on n'a pas oublié la Commune et on se méfie du pouvoir civil.

C'est l'époque où les officiers ne répondent aux invitations qu'en s'y rendant bottés et casqués. A Versailles où a lieu une cérémonie en l'honneur de Hoche, un régiment de cavalerie défile en présentant la croupe des chevaux aux autorités.

Ce ne sera pas le shako du cyrard qui séduira Julie Doynel de Saint-Quentin mais le képi du lieutenant Paul Guynemer, du 120e de ligne, car il a changé de régiment depuis sa sortie de l'école.

Un jour d'été de 1890, en juin ? en juillet ? en permission chez ses parents au château de Long-Pré à Falaise, patrie de Guillaume le Conquérant, il se présente au château de Garcelles (Calvados) près de Caen, chez les Saint-Quentin. Pour rien, une simple question de relations mondaines, une visite protocolaire, un hommage. Et là, coup de foudre. Le jeune officier a, devant Julie de Saint-Quentin, un éblouissement qui n'a rien à voir avec le soleil.

Julie a vécu à Garcelles depuis sa naissance. Elle y a fait ses études. De taille altière, elle sait monter à cheval et diriger une maison, c'est une princesse élevée et considérée comme telle. Du premier coup d'œil, le lieutenant est vaincu, K.O., et elle, qui a six ans de moins que lui, en perd la respiration. Ces choses-là ne se discutent pas. Elle lui apparaît comme la femme de sa vie. Il lui semble un gentleman digne d'elle.

Julie, fille de la comtesse de Saint-Quentin née de Quincey, on la retrouve dans le trésor de Garcelles, sous les combles où les archives des familles sont rangées. Dans la roture, c'est vite serré, les archives, les actes de naissance, les images de baptême ou de première communion. Dans l'aristocratie ou la riche bourgeoisie, il y en a tant que tout finit par se mêler un peu, il arrive même qu'on ne sache plus, parmi les billes des aïeux, qui est qui : ils se ressemblent tous. Voici Julie posant chez le photographe, assise, lointaine, avec une robe à volants rassemblés sur ses genoux, telle qu'elle apparut à Paul : elle rêve, elle laisse tomber son épaisse chevelure d'ébène dans le dos. Quand on est lieutenant au 120e de ligne, il y a de quoi vous laisser pantois. Il a trouvé son double, sa moitié, pas n'importe qui et pas n'importe où. On ne se demande pas comment il aurait pu lui résister, on ne voit pas comment un jeune officier vigoureux et plein de sang ne tenterait pas sa chance avec les ancêtres qu'il a auprès d'une demoiselle Doynel de Saint-Quentin qui a de la branche et qui vous trouble. Il ne va pas lui jeter une déclaration enflammée en plein cœur, encore moins se lancer à l'assaut de cette citadelle sur qui veille une mère imposante. Et pourtant, il est né Scorpion, il subit des enthousiasmes irrésistibles. Respectueux des usages, pot-au-feu et popote malgré lui, notre lieutenant, pas du tout hussard ni dragon, encore moins étalon lâché dans les grasses prairies normandes, il l'avouera, il n'est plus lui-même, il n'a jamais éprouvé ce bien-être, ce bonheur inouï. Est-elle libre ? L'a-t-elle attendu ? N'aurait-elle pas déjà donné sa parole à un stupide hobereau du voisinage ? Il s'informe délicatement, il se sent humble, à son grand regret il doit s'en retourner, ô miracle ! on le retient, on insiste pour qu'il ne parte pas si vite, on s'informe de son présent, de son avenir, et c'est peut-être de ce jour-là que date sa décision de quitter l'armée, alors que Julie se voit peut-être femme de capitaine, de colonel, ou générale. Il laisse entendre qu'il n'y a rien à attendre d'une armée dont les cadres supérieurs ont à peu près tous été formés sous l'Empire, et où on n'avance pas quand on va à la messe. Pour lui, le chic (un mot à la mode) serait de...

Il hésite. Ce chic est chevaleresque, car il y a des officiers d'opinion républicaine dans les états-majors (« mon Dieu, nous sommes donc tombés si bas », murmure Mme de Saint-Quentin), les officiers qui mettent leurs enfants chez les jésuites sont mal vus, il va donc démissionner, la mort dans l'âme. Par son silence et une rougeur subite aux pommettes, Julie semble approuver. Quand on pense que le lieutenant Paul Guynemer, avec un tilde sur le n, aurait pu rester à Falaise ou ne pas oser venir... La vérité est que le lieutenant Guynemer s'ennuie : ses camarades noceurs ou superficiels ne pensent qu'à trousser les filles et à user le temps avant de coudre un troisième galon sur leurs manches, l'instruction des jeunes recrues n'est pas drôle, les années s'étirent entre les camps d'instruction et les séjours en garnison — en fait quelle est sa garnison ? — pas Metz tout de même ? pas Saint-Avold où le régiment pousse des détachements ? Autant partir pour cause d'amour plutôt qu'avoir à briser son épée plus tard, quand on continuera d'attaquer l'armée dans des livres comme ce *Sous-Offs* qui vient de paraître. Plus rien ne va dans le pays, peut-être est-ce le fond de la conversation avec Mme de Saint-Quentin qui juge le jeune officier très sérieux, ce qui est un bon point pour lui, tandis que Julie le regarde de moins en moins à la dérobée et multiplie les attentions.

En France et dans l'Eglise, c'est la médiocrité. Le cardinal-archevêque de Paris doit insister pour obliger ses prêtres à porter la tonsure. La France se traîne. En 1891, le général Boulanger se suicidera sur la tombe de sa maîtresse, n'est-ce pas pitoyable pour un homme qui a failli renverser la République ? Au fond, le lieutenant Paul Guynemer était désespéré du nouveau métier des armes. Ne rêvait-il pas d'aventures ? Condamné à l'inaction, pour lui comme pour Vigny, la destinée militaire sera une méprise. Il aurait pu dire comme l'auteur de *Servitude et Grandeur militaires* : « Avec une indifférence cruelle, le gouvernement ne me donna qu'un grade pendant treize ans... » Des fumées de gloire et de sacrifice s'achevaient dans l'amertume. Il a eu des aïeux aux croisades, il ne tient pas non plus à faire carrière en Afrique ou en Asie où les climats sont éprouvants. Il ne veut pas que sa famille souffre de vivre dans des conditions médiocres ici et là, encore moins aux colonies où l'éducation des enfants pose des problèmes. S'il se marie, il quittera l'armée, il vivra avec sa femme au Thuit, à Falaise, où elle voudra. Julie l'approuve : la vie de garnison ne lui dit rien.

Après la tasse de thé et la tranche de cake, le lieutenant part comme un fou, relate l'événement à ses parents et les informe de ses intentions. Auguste se met sur son trente-et-un et va demander la main de Mlle de Saint-Quentin pour son fils. Puisque les jeunes gens sont épris l'un de l'autre, les choses iront tambour battant. En quelques mois tout est réglé. Les jeunes gens ne se quittent plus. Les visites d'étiquette entre familles ont lieu. Coup de foudre donc, pour les femmes et pour les lieux, comme Achille, coup de foudre comme Auguste avec Louisa Bowes Lyon, n'épouserait-on chez les Guynemer qu'en coup de foudre ? Insistons sur ce coup de foudre, admirons-le d'autant plus qu'il nous étonne chez un personnage si peu conforme à la fantaisie qu'on a peine à y croire.

Le contrat repose sur le régime de la communauté réduite aux acquêts. Les futurs époux réservent à chacun d'eux et excluent de la communauté les biens apportés dans la corbeille de mariage et ceux qui leur sont constitués en dot. Apport du futur époux, dot du père, dot de la mère, titres au porteur, valeurs diverses, avancement d'hoiries, imputation sur les successions, espèces, rentes, l'ensemble est estimé pour le futur à plus de 130000 francs. Tout va de pair. Pour Mlle de Saint-Quentin à plus de 180000 francs. A l'époque, une fortune qui permettra aux époux de vivre de leurs rentes jusqu'au terme de leur existence. Si Dieu le veut. Un gros tas d'or.

« Notre mère, écrira sa fille Yvonne, était une jolie femme, brune, mince, grande, très élégante. Son prénom Diane lui allait à merveille. Sous ses apparences éblouissantes de déesse, elle cachait une grande douceur et une source inépuisable de tendresse pour les siens*... » Marchons pour la bonté et la tendresse, mais Diane n'a jamais été son prénom. Parce qu'elle en impose, on la surnommera Junon.

Le mariage a lieu. Il n'en reste pas grand-chose. M. Bordeaux n'a pas parlé du Thuit et parle à peine de Paul Guynemer. Les autres biographes ne sortent pas des conventions d'une grande bourgeoisie teintée d'aristocratie. On a de l'argent, on peut faire ce qu'on veut pourvu que les traditions soient sauves. Seules traces, les enfants, les domiciles. Personne dans la famille n'a considéré ce mariage comme tellement important. Il y a sûrement des photos du cortège, de la traîne de la mariée, de sa couronne de fleurs d'oranger, mais où ? chez qui ?

Au bas du contrat de mariage établi le 23 septembre 1890 à Paris, le futur a signé « lieutenant démissionnaire du 120e régiment de ligne, demeurant à Paris avenue d'Antin, n° 67 ». Il y a une rue d'Antin, une cité, une impasse d'Antin, pas d'avenue. Paul Guynemer a respecté les termes de la convention qui le lie pendant dix ans à l'armée, et c'est vrai, il en a assez, il a autre chose de mieux à faire, il a été déçu, on ne saura jamais exactement de quoi. Peut-être ne veut-il pas participer à ce qui se prépare, aux inventaires des églises et au départ des congrégations ? On comprendrait. Avec l'empire colonial que la République se taille, il a beau dire, Lyautey était pourtant plus royaliste que lui, et il a servi sous les armes avec ardeur. On ne comprendrait plus si le lieutenant n'était pas tenté par des remises en

* Yvonne de Villiers de La Noue. Interview d'*Icare*, n° 43, p. 60.

question et des déchirements de conscience : Paul Achille Anatole est Scorpion avant tout.

Voyage de noces. Paul et Julie embarquent d'abord pour une ambassade en Egypte où on les attendait (on rêvera d'ambassade toute la vie, on ne sera vraiment à l'aise qu'avec des ambassadeurs), quinze jours de soleil alors que l'Europe est en plein hiver. De là, une autre ambassade aux Indes, quelle féerie ! Alors s'offre la tentation de revenir par Singapour et par San Francisco. Le tour du monde, pourquoi pas ? L'argent ne manque pas, il suffit de signer des billets pour sa banque.

De retour, on s'installe au Thuit chez Auguste et Louisa, comme il était d'usage en ce temps-là, dans un décor plus grandiose, plus sauvage que Garcelles, et avec moins de richesses qui s'étalent. Paul invite sans doute le gratin du lieu et de Rouen, de Paris peut-être. Lui qui s'attellera plus tard à des monographies, celle de sa propre famille ne l'a pas tenté, est-ce parce qu'il a un style éteint et risque de s'embrouiller dans l'écriture ? Aujourd'hui, il semblerait qu'on n'aime pas tellement parler de lui, on ne sait rien de lui. Peut-être s'est-il montré trop discret ? Quant à Julie-Junon, elle sourit et se tait, ou tient des propos d'une banalité extrême. Elle sait qu'elle est belle de la beauté de l'époque, taille de guêpe, de la poitrine, un chignon, un visage régulier, impassible pour ne pas offrir de champ aux rides. Impérieuse aussi, très Julie de Saint-Quentin plus que Doynel, très au-dessus de tout, très entourée par les domestiques et, plus tard, par ses filles, ne se baissant jamais pour ramasser un mouchoir, très Julia matrona, peut-être un peu dédaigneuse du menu fretin ? Elle doit bien penser cependant. Quoi ? On ne sait pas. Elle a l'intelligence de laisser supposer. Junon, épouse de Jupiter et fille de Saturne, qu'on a toujours tendance à représenter hautaine, jalouse et vindicative, ce qui n'est pas le cas, Junon, reine du ciel sévèrement drapée, garde toujours une attitude majestueuse. C'est aussi la déesse de la lune et des enfantements, donneuse de bons conseils. Diane chasseresse aussi ? On peut déduire qu'en sa présence, l'officier démissionnaire écarte toute raison. Sait-on pourquoi on aime ? Quelqu'un a-t-il défini les règles de l'amour ?

Paul Guynemer, mari sublime, n'a jamais eu qu'un désir :

être agréable à sa femme et faire de son fils un homme. Il restera toute sa vie plein de dignité et de fierté. Avec Diane ou Junon, ils forment un couple solide, avec tout le sérieux qu'on a pour la noblesse quand on appartient soi-même à la petite. Ils auront d'abord deux filles : Yvonne, puis Odette.

Le mauvais caractère des Guynemer explique qu'ils changent souvent de maison. Comment une vieille famille comme la leur n'a-t-elle pas un toit où toute la lignée se retrouverait à certaines dates ? Auguste, le grand-père, qui, à la mort de l'arrière-grand-père Achille en 1866, a hérité du Thuit, ne tient pas tellement à partager avec son fils Paul. Le château est assez vaste pour qu'un ménage dispose d'une aile à lui seul, ou encore le père pourrait jouir du château et le fils du pavillon, ancien d'ailleurs, plus beau, mais incommode ? Au temps d'Achille, on se supportait mal aussi entre père et fils. L'officier devenu hobereau reçoit et va jusqu'à donner des chasses à tir, moins sur les conseils de Junon que pour éblouir Junon. Pour Auguste, ce n'est pas le bon moyen de modérer les revendications des métayers et des fermiers ! Le jour des chasses, Auguste fait abattre des arbres par ses bûcherons. Cela se pardonne-t-il ?

On peut supposer qu'entre père et fils et peut-être mère et bru, les relations deviennent difficiles et peut-être détestables. Il se dit même que Paul Guynemer aurait fini par habiter avec Julie et ses enfants une maison au bord de l'eau. Le père juge peut-être le fils vaniteux et incapable, le fils Paul considère le père Auguste comme un tyran. Le père, voulant priver le fils de biens qu'il ne doit qu'à la faveur du ciel, roule dans sa tête et ses propos son intention de vendre le domaine. Après réflexion et sans doute avis de son épouse adorée, le fils ne cache pas qu'il l'achètera. Le père furieux menace alors de déshériter le fils. Entre les deux hommes la guerre paraît inévitable.

Les Guynemer sont impérieux, ils ont des opinions fermes sur tout, c'est ce qu'on entend quand on enquête où ils ont vécu. Ils ont gardé la réputation de gens qui se moquaient des snobs sans se douter qu'ils pouvaient en être, eux aussi, par leur souci de se montrer, de ne fréquenter que des gens convenables, d'aller où seulement des gens de leur rang peuvent paraître. De caractère difficile, ils prennent facilement la mouche. La sœur de Paul, Euphrasie, avec qui Paul est brouillé et qu'il ne voit jamais, mariée à un ambassadeur de France, encore un, lancera un jour, en Prusse, lors d'un dîner, comme on se rendait à table ou qu'on en sortait : « Ici, les princes sont des goujats ! » parce qu'on lui marchait sur sa traîne, ou peut-être pour se venger de 1870.

De Paul, qui a toutes les apparences d'un homme grave et sage, on dit qu'il est un pince-sans-rire, ce qui n'est pas opposé au snobisme, qu'il a l'esprit caustique et l'humour britannique. Auguste ne pardonne pas à son fils de transformer le domaine en lieu de chasse. Paul ne comprend pas qu'on prive le nom des Guynemer du lustre que le passé, la fortune, la beauté et l'apport des Saint-Quentin lui confèrent. Pour Auguste, maire du Thuit, qu'est-ce que les Saint-Quentin ? D'abord il entend commander. Paul n'est que conseiller municipal et encore doit-il cette modeste charge au prestige du père. Tout se complique. Le fils désespère de devenir un jour le maître. Le père s'enfonce de plus en plus dans la conviction que son fils ne sera jamais frappé par l'amour sauvage qui a jusqu'à présent uni les propriétaires au lieu lui-même et au merveilleux. Les ombres qui pèsent là sont parfois redoutables.

Excédé, peut-être humilié, le fils quitte assez vite Thuit pour Garcelles.

« Georges, Odette et moi, nous avons passé notre petite enfance au château de Garcelles, propriété de nos grands-parents maternels, à dix kilomètres de Caen. Nos parents s'aimaient. Ils vivaient dans une harmonie totale et nous rendaient heureux*... »

Cette Normandie-là n'a rien de commun avec celle de *Madame Bovary*. Flaubert ne la reconnaîtrait plus, elle a rajeuni, et lui, classique, ne scandalise plus. Tout y est neuf puisque tout a été détruit par le débarquement allié en 1944, la banlieue de Caen est devenue une immense zone de supermarchés et de pavillons modern-style, type boîtes à chaussures, sans prairies et sans vaches. Dans le peu de campagne qui reste, du blé, des betteraves, du lin, se hérissent des lignes de force aux pylônes gigan-

* Comtesse de Villiers de La Noue, interview d'*Icare*, n° 43, p. 60.

tesques. Et puis soudain, comme en plein désert, Caen, une ville romaine, noble, superbe, orgueilleuse, dont le cœur restauré de pierre rose semble intact. Plus au sud, les terres redeviennent grasses, et parmi les belles demeures encore debout, le château de Garcelles. Il ne commande pas, il est là, il en jette. Loin de se cacher, il se montre. Une route traverse sa terrasse nord : d'un côté la masse large, haute et symétrique du château, de l'autre l'église au toit pointu, coquette, mignonne. La route est la départementale 41 par où le lieutenant Paul Guynemer est arrivé la première fois : elle unit la nationale 158 de Falaise à Caen et la nationale 13 de Caen à Lisieux. Entre les deux, sous Bourguébus, un bourg rigolo au nom latin, cette départementale indiscrète, sans murs pour abriter le château des regards.

C'est là qu'a eu lieu le coup de foudre entre Paul et Junon à 150 kilomètres du Thuit, qui serait, pour un vrai seigneur, une bicoque. Seulement au Thuit, le bois et le décor, tout est de haute époque. Garcelles, c'est la Normandie basse, plate, loin de la Seine et des bouleversements de tous genres qu'elle soulève sur son parcours de souveraine pas pressée. Le Thuit regorge de mystère et de splendeurs, j'y aperçois Louisa conduisant son attelage de mules blanches, Junon à bicyclette en robe mauve et chapeau, voilette et longue écharpe flottant au vent ; j'y vois l'enfant de qui on a du mal à supporter le regard, tandis qu'à Garcelles, où le débarquement allié est passé — quelques crânes de femmes ont été rasés à la Libération —, tout est de frais reconstruit en ça m'suffit, tout y est neuf.

Le village, détruit en 1944, est pimpant, mais si vous êtes étranger, n'ayez pas de grands besoins. Vous pourrez acheter un journal et téléphoner de la cabine, si toutefois vous n'avez pas besoin de parler hors du département, sinon passez votre chemin. D'ailleurs, à Garcelles, il n'y a rien à voir, sinon le château, de la route. L'église sans curé, neuve aussi, est en béton avec un toit d'ardoises et un clocher où les cloches sonnent. Bombardé, ébranlé, lézardé, en partie atteint, le château a tenu bon et a été restauré par le dernier des Saint-Quentin, l'ambassadeur. Les cyclamens sauvages et les pervenches fleuriront au printemps, mais avouons-le, Garcelles ne dit pas grand-chose, même avec son solide XVIIe sans fioritures, fier d'exister encore, tolérant cette départementale dont le tracé doit dater de la Révolution, et qui le coupe presque en deux.

Entrons. Découvrons l'intérieur, une splendeur de lumière, d'équilibre et de proportions. Evidemment, les temps aussi ont changé, les cuisines ne sont plus au sous-sol, il n'y a plus de domestiques. Dommage. Un maître d'hôtel solennel et bon enfant ne serait pas de trop, une soubrette impertinente non plus, ni un valet pour rentrer les bûches. Tant pis. Les buffets Formica de la nouvelle cuisine jurent avec les portraits des aïeux généraux d'Empire, procureurs royaux et femmes du monde, parfois avec l'éclat d'une belle fleur ou d'un beau fruit, ou avec des visages pensifs et un peu tristes qu'on n'arrête pas de regarder comme s'ils pouvaient inspirer, mais ils sont passés, ils ne sont plus. Et le héros ? Et lui ? Là, c'est un peu le vide de lui qui émeut. Des couronnes de lauriers se ternissent doucement dans les armoires vitrées. Le héros en quête de qui nous sommes a vécu ici une partie de son enfance, ses yeux se sont posés partout, et il a quitté Garcelles sans savoir qu'après le collège il n'y reviendrait plus. C'est sa mémoire qu'on frôle ici plus que sa présence : il ne trône pas, il ne trône jamais, ce n'est pas son genre. On dirait même qu'il s'efface, il faut le chercher pour trouver trace de son passage. Est-on certain qu'il n'y a plus quelque part, à la cave ou dans le grenier, un objet qui lui ait appartenu ? Une relique ? Non, il n'y en a pas. Garcelles n'est qu'un lieu de paix et de bonheur. A l'église si proche, les cloches sonnent l'angélus, le château ouvre sur une prairie où paissent des moutons et des poulains, les bois sont pleins d'oiseaux, il n'y a pas, comme au Thuit, ces chemins interdits qui mènent à des abîmes, à des emmêlements tragiques de nuages et d'eaux, à des vertiges sidéraux. La lumière entre partout et sous les combles qui sont la brousse des enfants, quel enchantement ! Le héros en quête de qui nous sommes ne parlera non plus jamais de Garcelles. C'est vrai qu'à l'époque où il vivra, tout ira si vite, et lui plus vite que tout.

Sa nièce allume du feu dans le salon du bas, elle sort des albums de photographies et de coupures de presse, elle se souvient de sa propre mère et de ses grands-parents. Lui, elle ne l'a connu qu'à travers les autres et un lourd rideau de gloire. Les albums ne sont pas très en ordre, on les a si souvent prêtés.

En les feuilletant, on croirait qu'il est là, qu'il va rentrer, et que ce ne sera pas un vieil homme sec, mince et un peu chancelant, mais un adolescent, un collégien déjà sergent.

« Nous étions, a écrit sa sœur Yvonne, un peu en admiration devant ce garçon aux traits fins, aux beaux yeux sombres, aux cheveux noirs, longs et bouclés. Tout petit, il montrait un sens très clair de la musique. A quatre ans, il jouait du violon. Ce don était sans doute héréditaire : un grand-père, pianiste de talent, jouait à quatre mains avec Liszt. »

Première nouvelle. Jamais entendu parler de ce don pour la musique qu'Yvonne suppose héréditaire. « ... Mon grand-père, pianiste de talent, jouait à quatre mains avec Liszt. » Seconde nouvelle : de quel grand-père s'agit-il ? d'Auguste sûrement, pas d'un Saint-Quentin ? Pas de musiciens chez les Doynel qui n'ont su que faire fructifier leurs terres. Liszt serait venu ici, il aurait joué de ce piano ? Pourquoi n'a-t-on jamais parlé de Liszt dans la famille des uns et des autres ? Yvonne n'est plus là pour répondre. Plus rien de Liszt, aucune trace de Liszt chez les Guynemer, et l'enfant n'a plus touché de violon parce que son père a jugé que le temps consacré à la musique était du temps perdu. De son fils il ne veut surtout pas faire un artiste. L'enfant est d'une santé fragile, il prend facilement froid, dès l'automne on le couvre de lainages ; peut-être vit-il dans une atmosphère trop douillette ? trop féminine ? Sa mère, deux sœurs, la gouvernante allemande, la femme de chambre. Le père a décidé de l'éduquer à l'anglaise : les douches froides et les chambres sans feu sont contre-indiquées, mais on se dit « vous », on vient dîner habillé, on se tient droit, un enfant ne parle que si on lui adresse la parole ou demande l'autorisation de poser une question, mais surtout, surtout, on n'a pas le droit de pleurer. Pas de violon, pas de sanglots longs, pas de larmes.

Sur toutes les photos de l'enfant debout avec ses jouets et de l'enfant au col marin, l'extraordinaire visage. Plus haut, dans la galerie, un peu à l'écart (il faut monter un étage pour les voir) un grand portrait de lui, l'astre, et la vitrine de ses décorations, alors que, quand Mme Fonck vous reçoit, tout est là, dans l'entrée, la gloire — la gloire ? — frappe de plein fouet. Oui, mais c'est à Paris, dans un appartement des beaux quartiers. Question de classe, question de pudeur, question de famille, c'est assez difficile à dire. Le dessin de lui par sa sœur Yvonne, le jour où il sera promu capitaine, tirons-le d'une commode, admirons-le. En revanche, et encore qu'elle soit du Thuit, l'Ecossaise Louisa Bowes Lyon peut occuper là une place d'honneur. Elle est fière de son autre nom Guynemer, et elle a raison. Où se situe la gloire ? Que vaut-elle ? Où est-elle ? Existe-t-elle encore ? Que faut-il en faire ? Pour un poète, surtout s'il a été longtemps méconnu, c'est facile. L'orgueil qu'on en tire à le lire ne blesse personne, il est pur. La gloire de Rimbaud n'illumine que ceux qui le cherchent, il n'y a de rue Rimbaud qu'à Charleville et à Djibouti. A Paris, une villa, mais s'agit-il du vrai ? Est-ce qu'il y a seulement une avenue Flaubert à Rouen ? Et à Marseille d'où Rimbaud est si souvent parti et où il est mort ?

Paul Guynemer quittera Garcelles, mais pour être chez lui et non plus chez les autres. Plus de châteaux, plus de manoirs non plus. Il fera bâtir la maison dont il rêve. Toute simple, pense-t-il, honorable sans plus, là où les enfants pourront aller au lycée avant de poursuivre leurs études à Paris, le garçon en tout cas. Il trouve un terrain, en bordure de la forêt domaniale, à Compiègne, ville chargée d'histoire, comme il les aime. Jeanne d'Arc y fut capturée, des noces royales furent célébrées au palais, une abbaye y abrita peut-être le saint suaire, les fêtes qu'y donna Napoléon III scintillent encore dans les mémoires et, l'été, les orchestres répandent des flots de musique dans le parc. Le roi y avait ses haras. Des fanfares de cavalerie y retentissent, des carillons s'y envolent toutes les heures et quelle belle bibliothèque pour les monographies !

Pour lui, sa femme et ses enfants, loin des autres Guynemer, il aura là un hôtel cossu, très bourgeois, très douillet, dans une cité mondaine, élégante, bien fréquentée, un peu snob. Junon y sera à sa place.

Auguste, le grand-père, meurt le 26 avril 1900, à Paris naturellement, sans que la menace de déshériter son fils ait été mise à exécution. Louisa vendra le domaine en 1902 et vivra dans un bel appartement du seizième, où elle recevra ceux qu'elle aime. Uniquement.

En 1903, Paul Guynemer installe sa famille à Compiègne.

III

Intelligent, orgueilleux, dissipé...

Je vécus, étincelle d'or de la lumière nature :
De joie je prenais une expression bouffonne
et égarée au possible.

Arthur Rimbaud.

LES GUYNEMER sont à deux pas du rond-point qui marque l'extrémité nord-ouest de la forêt domaniale de Compiègne, rue Saint-Lazare, au 101 ; maintenant au 112. Aujourd'hui, Résidence de la Forêt *** — Restaurant, avec ces mots sur le prospectus : « Au plaisir de vous accueillir ». Dans ce quartier résidentiel et dans la ville, beaucoup d'autres hôtels, plus modestes ou plus riches, se ressemblent, cubes parfaits délicatement coiffés d'un toit d'ardoises, comme à Passy, à Auteuil, à Saint-Cloud ou à Neuilly, partout où la bonne société des conseillers d'ambassade, des gros industriels et des nouveaux émirs s'entoure de grilles, de parcs, et se loge avec ses domestiques et ses voitures. Elégance, charme discret. Pas plus d'un étage, deux à la rigueur. Tout à fait « Belle Epoque ». Du gazon, de vieux arbres, des fleurs. Un potager, mais caché.

Je connais la maison, par tout ce qu'on m'en a dit, par les photos que j'en ai, mais c'est le héros surtout que je cherche, et comment vais-je le retrouver ? A présent, il existe, il tient de la place, Compiègne a beaucoup compté pour lui, c'est sa vraie demeure, telle que son père l'a voulue : très ornée, avec balustres devant les portes-fenêtres du rez-de-chaussée, faux balcons, encorbellements et tout confort. Pour Junon, de quoi entretenir une certaine vie brillante. Encore que le tour du monde dont on parle souvent ne soit pas tellement apprécié dans la bonne société qui se targue plutôt, là comme ailleurs, de ne jamais bouger de chez soi, sauf pour aller à Biarritz, à Deauville, à Paris, en Grèce, et encore, on risque d'attraper là des maladies, ma chère, et de se souiller au contact de populations, je ne vous dis que ça. On évite parfois de baiser une main qui a pu frôler Dieu sait quoi.

A près d'un siècle de distance, rien n'a changé, tout a changé. L'hélice du moteur Hispano n'est plus à la même place, mais au fond et en haut du corridor d'entrée, les trophées de guerre ont disparu des marches de l'escalier assez raide qui mène à l'étage. Est-ce un hôtel trois-étoiles ou une pension de famille ? « Nous sommes en travaux, nous ne recevons pas. » Contre la grille une grande plaque de marbre : *Ici vécut de 1903 à 1914 le capitaine aviateur Georges Guynemer héros légendaire tombé en plein ciel de gloire le 11 septembre 1917.* Le dallage est le même. Salle à manger avec verrière sur le jardin, salon, cheminée où brûle du feu, hautes glaces, vaisseliers, placards arrondis.

Après avoir été vidée et pillée en 1944, la maison a été vendue. « Les murs sont bons », dirait M. Bordeaux. En effet, ils semblent intacts, peut-être même pas repeints, avec les moulures très ornées des plafonds, des portes coulissantes entre les pièces du bas. La réception s'embarrasse d'espèces de reproductions de tapisseries à la Licorne. Sur une table, des photocopies de *L'Illustration* de 1917 et du tableau de Farré. Pub de l'hôtel à présent : « Calme, air pur, promenades en forêt, cuisine très soignée ou régimes étudiés, ambiance de très grand standing. » On cède même des chambres « à demeure ». La nouvelle propriétaire se montre dévorée de zèle guynemérien : dans une vitrine, assiettes, plats, saucières, soupières à l'effigie du dieu, poster sur le trottoir en plus de la plaque de marbre.

A table, là où la famille s'asseyait, on servira une cuvée maison, un petit bordeaux comme son père en buvait peut-être. Depuis le temps, je me sens un peu des siens, je ne suis pas sûr de ne pas souffrir. Il a sa chambre « pour lui tout seul au premier étage. C'est là qu'il dévorait des livres d'aventures, les seuls qui lui plaisaient. On allait, ma sœur et moi, le border dans son lit chaque soir*... ».

Après la gouvernante allemande dont on s'est séparé, il a d'abord eu son institutrice privée — toutes les familles huppées

* Yvonne de Villiers de La Noue.

ont la leur — puis on l'a mis au lycée où il a mal travaillé. Comme son père, qui n'a pas une petite idée de lui-même, a été élevé à Paris au collège Stanislas, le chétif et poussif petit Georges ira aussi à Stanislas. Il a trop longtemps porté une robe et des boucles, son père l'a déjà emmené chez le coiffeur pour qu'il ait allure de garçon et lui a appris à tirer au pistolet. On doit lutter pour qu'un enfant, toujours malade et trop dorloté, devienne un homme. L'horoscope aurait-il changé quelque chose à son éducation ? « Stan' », dans le langage du bahut, a toujours été une pépinière de vedettes, un séminaire de destinées. C'est le pied à l'étrier. Encore faut-il un cheval. Stan' en est un bon.

La maison d'éducation de la rue Notre-Dame-des-Champs a été fondée au commencement du siècle dernier par trois prêtres du diocèse de Paris et constituée par ordonnance royale en 1821 dans les locaux de l'hôtel Fleury et de l'ancien hôtel de Mailly, puis de l'hôtel de la princesse Belgiojoro : petit collège de la onzième à la sixième, grand collège de la cinquième à la philo et classe préparatoire à Normale sup et X, Centrale, Mines, Saint-Cyr, Navale et Institut agronomique. En octobre 1906, M. Guynemer père accompagne son fils qui n'a pas encore douze ans et entre en cinquième. Un uniforme bleu marine à boutons d'or, deux palmes croisées à chaque extrémité du col officier, ceinturon de cuir avec boucle en cuivre au grand S en relief. Un visage décidé, innocent, volontaire.

Pauvre petit, il ne sait pas ce qui l'attend. Il ne s'en plaindra jamais. Ce n'est pas tout à fait le prytanée militaire pour la discipline, mais c'est le séminaire pour l'éducation religieuse. Jours ordinaires : lever à 5 heures, 5 heures et quart prière et lecture de piété, 5 heures et demie étude, 7 heures et demie déjeuner et récréation, 9 heures trois quarts étude, 11 heures et demie dîner, récréation, 1 heure étude, 2 heures classe, 3 heures récréation, 4 heures et quart goûter, 5 heures étude, 6 heures et demie à 6 heures trois quarts récréation, étude encore, 7 heures trois quarts prière et lecture de piété, 8 heures souper, 8 heures et demie coucher.

Contrairement à ce qu'on peut croire, les élèves se font très bien à cet emploi du temps de bagnards. D'abord ils sont en troupe, ce qui les amuse ; ils prennent ça comme un jeu et sont bien encadrés. Le dimanche, on se lève aussi tôt, messe basse à 6 h 45, grand-messe à 8 heures, sortie de faveur à 11 heures, dîner, récréation, promenade et goûter jusqu'à 5 heures, étude puis dîner, le coucher n'est qu'à 9 heures mais, petite gâterie, on se lève une demi-heure plus tard le lundi et le vendredi, car le jeudi il y a messe à 7 heures, sortie et grande promenade.

Dès la rentrée, retraite pendant trois jours : sermon, salut, messe, classe, étude, conférence, classe encore, et, pour finir, sermon et salut du Saint-Sacrement. Le dimanche, messe de communion et grand-messe ; l'après-midi vêpres, sermon de clôture, salut et sortie. Une ou deux fois par semaine, le petit Georges écrit à son père à qui il dit « vous ». Des lettres sur le papier à en-tête du collège aux armes enguirlandées de rameaux de chêne et d'olivier et soutenues par la devise : « Français sans peur, chrétien sans reproche ». Il s'applique, son écriture s'affermira.

De 1907 à 1913, elle ne changera plus, déjà bien charpentée ; un graphologue dirait qu'elle est ferme, décidée, qu'elle dénote de l'esprit de suite dans les idées et que, si en octobre 1906, dans le « Je » qui commence parfois une phrase, le J est majuscule, en 1907 il sera minuscule mais plus affirmé. Que raconter à son « cher papa » quand on a douze ans ? L'orthographe est incertaine, les événements de la vie sont minuscules :

« *Il y a un type qui a poussé un autre type qui m'a poussé, et j'ai laissé tomber mon encrier qui s'est envolé : coût 200 points ! hi ! hi ! J'avais déjà écrit l'autre jour, mais comme ce n'était pas l'heure, M. l'abbé en passant m'a pris ma lettre et l'a mise gentiment au panier. J'ai fait un sale nez. Bonne-maman m'a écrit et m'a dit que mes boutons de manchette étaient en cornaline etc., et me demande si je désire quelque chose dans ce genre-là. Il y a bien quelque chose que je voudrais mais ça ne se fait pas en cornaline, ce sont des répétitions d'allemand parce que je veux être le premier de ma classe...* »

Il a de l'esprit, et Bonne-Maman, c'est la fière, la superbe Louisa au tilbury enlevé par quatre mules blanches, la veuve d'Auguste, hélas, qui vit dans son grand appartement de la rue François Ier (où son petit-fils n'aime pas trop aller) : on ne s'y amuse pas, on y mange mal, on lui dit encore « vous ». L'orgueilleuse Ecossaise traite aussi les enfants à la britannique, sans effusions, style Guynemer. Oui, mais elle ajoute que cet enfant-là n'est pas comme les autres. Elle a un faible pour lui. Il lui ressemble, croit-elle.

Les lettres à Compiègne ne manquent ni d'humour ni d'ambition, papa sera content, « *M. l'abbé m'a dit c'est bien Guynemer, il faut continuer. Il faut dire ça à maman.* » Il écrira moins par la suite, ou bien les lettres ont-elles été perdues dans la débâcle de 1944 ? « *Il m'est arrivé quelque chose d'ennuyeux dimanche, vous reconnaîtrez bien là votre imbécile. On est allés aux Invalides. On était dans une salle avec les 4e. Je croyais que les 5e étaient encore là, il n'y avait plus que les 4e. Je me suis promené avec eux et puis M. Galguin* est venu et m'a trouvé. Je suis rentré à Stan' avec lui. En rentrant M. Chesnet* (sic) *m'a dit : "Vous me ferez 300 verbes (je n'en ai encore fait que 31), vous aurez une note de discipline en conséquence si ce n'est pas une note de blâme. Et vous serez aux arrêts pendant toute la semaine"...* »

Nous trouvons là sa bête noire, l'abbé Chesnais, préfet de division qui le suivra jusqu'en 1914 et écrira sur lui après sa mort tant de pages édifiantes à l'intention de M. Bordeaux. L'abbé verra juste mais ne dira pas tout. Il insistera sur son goût de la bagarre, son adresse au tir (on s'entraîne à Stan' comme dans tous les collèges et lycées de France où l'on prépare la guerre), il parlera de ses yeux étincelants sortant de leurs orbites, de sa voix sèche et rocailleuse (rare détail que nous ayons de sa voix), de sa nervosité, de son caractère tranchant.

Expédié souvent à l'infirmerie pour une raison ou pour une autre (il en invente sûrement), il s'y sent bien. Les religieuses le gâtent. Là, comme ailleurs, extrêmement habile de ses mains et possédé par la passion du bricolage, il démonte et remonte tout. Des plombs sautent ? Il répare. Plus tard, on trouvera son nom griffonné ou gravé à l'intérieur des interrupteurs électriques. Déjà, chez lui, il savait tout retaper, même les jouets mécaniques qu'il rabibochait quand il n'en inventait pas d'autres.

Sa constitution désespère les moniteurs de barre fixe, on l'appelle *caoutchouc* parce qu'il tombe sans se faire mal, ou encore *aluminium* parce que la case de son bureau, où il serre ses petits secrets d'écolier, déborde d'objets métalliques ; il a vite des enne-

* Un surveillant probablement.

mis : les pions, qu'il déteste. Ses camarades se souviennent de ses doigts, de ses cahiers parfois, de ses traits, maculés d'encre. Pas ses lettres à son père, propres, bien architecturées, si « honnêtes ». Comme il doit éviter de prendre froid, on lui recommande de bien se couvrir, il porte un manteau à col relevé et un cache-nez bleu où il enfouit son visage quand il lance soudain un cri d'animal dans le silence de l'étude. Si on l'interroge, il feint de s'étonner. Son espièglerie apparaît parfois dans les lettres à son cher papa ; c'est un farceur, un chahuteur qui ne sait qu'inventer pour ridiculiser certains maîtres. « Intelligent, orgueilleux, trépidant d'impatience, cabochard, cauchemar des professeurs », c'est ainsi que le directeur des études l'épingle. On le découvre farouche ennemi du conformisme dont on lui a donné chez lui des indigestions. Au collège, il se rattrape, multiplie les bêlements ou les jappements dans la ménagerie imaginaire qu'il fourre sous sa table, lance des boulettes de papier mâché sur la tête des profs, frotte de savon le tableau noir, fabrique des engins de fil et de papier qui s'égarent à travers la classe. Partout on parle d'aviation, des fragiles machines de bois, de fil de fer et de toile qui s'escriment à s'envoler sur le terrain d'Issy-les-Moulineaux et à Bagatelle. On raconte que Chanute s'est mis à courir contre le vent dans un truc de son invention, s'est élevé à deux mètres du sol et a plané comme une mouette. On raconte que Santos-Dumont, à croupetons presque à ras de terre sur sa « Demoiselle », a mis son moteur en marche, qu'il est parti, qu'il a roulé et a fini par chavirer. Pourquoi ne pas pousser de ce côté quand on va à Meudon ? En octobre, un pilote assis sur des sangles, les pieds sur des bouts de bois, s'est déplacé sur la pelouse, a mis les gaz, on ne voyait plus l'hélice tellement elle tournait vite, parfois ça décolle, ça grimpe à des quatre et cinq mètres. Il paraît que de l'autre côté de l'Atlantique, deux Américains, les frères Wright, ont volé plusieurs minutes ; le journal *L'Auto*, qu'on se passe, donne tous les détails, parle d'un pylône de lancement, d'un aéroplane qui marche à l'envers, la queue devant.

Le nez dans son foulard, le petit Guynemer imite le bruit du moteur.

La première année, élève dissipé, il ne se passionnera que

pour ce qui l'intéresse : l'allemand, l'arithmétique, les sciences appliquées. Peu à peu, comme tous les potaches, il s'enhardira et organisera de grands coups sans mettre le cher papa dans la confidence. Dans ce monument d'ennui qu'est le collège, où rien n'est laissé au hasard, où tout est consacré à l'étude, à la prière, aux punitions, sauf à Noël peut-être, où on se couche à 7 heures pour se lever à 11 heures et demie afin d'assister à la messe de minuit et surtout au réveillon, il faut sauter sur les rares plaisirs de la vie en communauté. Une fois par semaine, longue promenade dans les bois de Meudon où le collège possède un domaine de six hectares, petite guerre sous la surveillance d'un malabar. On tombe la veste, on forme des camps, Guynemer se distingue, non par sa force mais par sa ruse et son agilité. Quand on en est à décider qui a gagné, il ne cache pas son mépris pour les chefs qui ont manqué d'audace ou d'imagination. A Stan' où l'on n'est pas spécialement belliqueux, quoique : « *M. Chesnet* (sic) *nous a sonné la charge avec un clairon...* », on garde le souvenir de quelques bagarres homériques où le vainqueur n'est pas toujours le plus musclé.

Chahut et infirmerie. « *J'ai collé de l'infirmerie l'autre jour, on doit y être très bien, j'avais mal au cœur, mais solidement, on m'a donné une tasse de thé qu'on a mis sur votre note... Le jeudi, nous avons été au cinématographe, c'était de la blague, on avait mal aux yeux en sortant.* » Cette lanterne magique qui vit, le voyage dans la lune, l'arroseur arrosé, ne l'amusent pas. « *L'autre jour on enuyait* (sic) *Chaumot, on lui cognait dessus. Il était à quatre pattes et on le traînait. J'étais aux arrêts**. *Je me suis lancé à fond de train la tête en avant, Chaumot est tombé sur le dos, les deux jambes en l'air. (...) j'ai à moitié défoncé celui qui l'ennuyait (...) J'ai recommencé le lendemain.* » Le collège est un révélateur. Le voilà soudain tel qu'il est, tel qu'il sera, tel qu'on l'attend, pareil à l'arrière-grand-père Achille, ou au corsaire. Le père démissionnaire a-t-il rougi de fierté ? Il oublie de dire à son cher papa qu'il a lancé des machines de guerre en carton pour embêter le professeur, mais il termine beaucoup de ses lettres par : « *Je suis très heureux au bahut, je n'ai pas fait le pitre, je ne tourne presque pas ma bouche, je ne me mords pas mes lèvres...* » C'est donc qu'il avait

* Au piquet dans la cour probablement.

l'habitude de le faire à Compiègne, le pitre ? Avec l'institutrice, puis au lycée déjà ?

A la fin de la première année, il décroche un premier prix de version latine, un premier prix d'arithmétique et quatre accessits. Notes de l'élève Guynemer : « Sans ordre, batailleur, léger, peu ardent. » Certains professeurs sont moins sévères que l'abbé Chesnais : « Bien doué, a des idées originales », note M. Robineau. Communication aux parents : « Georges a fait des progrès et se corrige un peu, il est encore bien désordonné et brouillon. » « Georges est intelligent, un peu capricieux et volontaire. Il a travaillé assez bien ; malheureusement, il a été souvent absent. » La maladie interrompt encore ses études. Il retourne à Compiègne, on l'envoie en Suisse avec une nurse. Mauvaise santé persistante, intelligence claire, vive, juste. Léger, brouillon, désordonné, insouciant, ne travaille pas, indiscipliné, bavard, orgueilleux, tels sont les qualificatifs qu'on lui décerne. Défonceur, ce n'est peut-être pas à donner en exemple, on ne le félicite pas pour ça.

Les années passent. Il s'habitue. Il aime son collège et ses camarades : « Ses farces sont de courte durée et ne portent pas préjudice au travail des autres », un mot de l'abbé Chesnais dans le livre de piété de M. Bordeaux. C'est le contraire. Ses farces, de mieux en mieux montées, prennent de plus en plus d'ampleur, il devient peu à peu la vedette de sa classe et de sa division — un public en or. Grondé, admonesté, puni, il se soumet quand il ne manifeste pas, par une grimace, qu'il s'en moque ou s'en arrange. « *Je ne fais pas le pitre, je ne tords pas ma bouche...* » Mais si, mais si. Il aime rire, on s'étonnera qu'avec la guerre son bel humour ait disparu et qu'on le décrive « réservé », « réfléchi », « pas du tout rigolo », à part un pied de nez parfois. C'est qu'il s'agit de choses autrement sérieuses : violence, frénésie, sentiment de l'honneur, ces termes qui s'appliquent déjà à lui en récréation lui appartiendront toujours. Frénésie surtout. Son copain Jean Krebs (qui sera tué comme observateur en avion, en 1917) l'emmène visiter les usines Panhard dont son père est le directeur, à Ivry. Il touche à tout, glisse sous les voitures, se met derrière le volant, manie les leviers, la passion de la mécanique s'empare de lui, il interroge, apprend la conduite du véhicule, le fonctionnement du moteur, intrigue pour visiter le Grand-Palais au moment du Salon de l'automobile et s'y égare.

Est-ce au passage d'un ballon dirigeable, le *Capitaine Ferber* ou l'*Adjudant Réau,* au-dessus du collège, en 1909 ou 1910, ou d'un Blériot qui va prendre le départ du circuit européen en 1911 ? Un lundi matin, un camarade lui raconte une rencontre avec un pilote et lui montre des photos. Il est comme fou. Il abandonne les jeux, le patinage, ne parle plus que de ça, et comme il est très fort en maths (il tient cela de son père qui aurait participé aux essais du fusil Lebel), il découvre lui-même les principes du vol, construit des appareils en papier, un planeur qu'il essaiera à Corbeil. A cette époque, Wilbur Wright était à Pau et volait avec un autre aviateur à cheveux blonds et à visage rose, en manteau de fourrure. Pendant ses vacances de Pâques, à Compiègne, il se fait conduire à moto par un copain au champ de courses de Corbeaulieu, et un pilote qui n'a pas encore son brevet va l'emmener. Ça y est. En route vers l'ailleurs dont il rêve dans une immensité qu'il ne devine pas si courte, sans que, chez lui, personne ne soupçonne rien. Malzassard*, un ami de la famille, le hisse derrière lui sur une monture d'illusion qui s'ébranle et se met au trot. Quelle est la race du cheval ? Un Farman « Cage à poules » ou un Farman HF 20 ? De celui-là, le HF 20, la voilure supérieure munie d'ailerons conjugués a deux plans qu'on rabat pour ranger l'appareil au hangar, une double et mince poutrelle les assemble à l'arrière et supporte l'empennage avec les gouvernails de profondeur et de direction. Tout à l'avant, dans une sorte de balcon en porte à faux, au-delà du moteur Gnome de 80 CV qui leur tourne dans le dos, pilote et passager dominent le paysage. Figure de proue, le passager Guynemer surplombe le vide. Deux courts patins sur roues permettent de se poser partout, à condition de ne pas tomber sur un sol trop tourmenté. Quant au Farman « Cage à poules » type 7, c'est une sorte de tapis volant ou une sorte de cerf-volant à roues de bicyclette, une sorte de quoi exactement ? de poulailler étiré,

* Il y aura plus tard — bientôt — une photo du sergent Guynemer devant un Nieuport A2 dédicacée « en aimable souvenir à Malzassard qui m'a donné le baptême de l'air ».

reposant sur un couple de doubles roues et agrémenté de plans divers qui jouent un rôle dans la sustentation ou la direction? Le constructeur a eu la prudence de munir aussi cette chose-là de patins très relevés vers l'avant, pareils à une robe à traîne à l'envers, pour l'atterrissage. Farman HF 20 donc, ou Farman « Cage-à-poules » ? A moins que ce n'ait été un Deperdussin monoplan déjà proche de l'avion de chasse avec ailes gauchissables légèrement échancrées près du fuselage.

En avant du pilote et juste au-dessus des ailes, le passager ne voit rien à la verticale du terrain survolé. Qu'importe! Inutile de fouiller dans les albums de silhouettes et les notices de constructeurs. Toutes ces machines délicates et mystérieuses de la préhistoire se ressemblent, il ne manque que la chauve-souris à vapeur de Clément Ader, encore plus ahurissante que ces cabanes volantes (ou destinées à voler), ces huttes de bûcherons désireux de se protéger du soleil ou d'une ondée de printemps. Allongés ou assis en plein vent, en plein ciel, les équipages confiaient leurs os à de misérables baguettes de bois, des lambeaux de toile battante et des assemblages de fils de laiton, mais rien n'était plus beau, et cette époque qu'on a jugée légère se jetait dans une aventure où il fallait être fou pour penser qu'on avait quelque chose à gagner. On risquait sa vie pour rien, pour le plaisir, le cri de la jeunesse d'alors, le cri des hommes qui en avaient déjà assez de l'existence qu'on leur mitonnait avec le gaz et l'électricité. Pour y échapper, ils se ruaient dans leur progrès à eux, sur ces trucs-là. Ainsi s'envoleront les premiers aviateurs militaires de 1914 pour reconnaître les mouvements des armées allemandes. Ainsi, à califourchon sur ces cages à poules, ils ramèneront les renseignements grâce auxquels Joffre remportera la victoire de la Marne.

Ce jour-là, le jeune Guynemer doit peut-être s'accrocher au tapis volant pour décoller du sol; son regard s'emplit et se grise de ce qu'il cherche. Ce grand mot d'espace n'est jamais qu'une prairie qui glisse puis se détache de vous, s'éloigne et vous quitte, une haie d'arbres qu'on effleure, quelque chose de vague, d'imprécis, d'inaccessible comme le bouillonnement des eaux et des brumes de la Seine quand l'enfant les contemplait d'un belvédère. A travers des sillages d'or, une lessive bat au vent de l'imagination. Cocteau qui n'a que vingt-cinq ans sera bientôt le premier à le dire. Ah ! quelles machines irréelles, avec les petites ruses des pilotes pour mieux s'envoler ou se poser sans trop de dégâts ! Cet engin-là doit ressembler au biplan des Wright qui a tant fait rêver le frêle angelot Guynemer (à moins que ce ne soit un diablotin génial), qui fabrique avec du papier, de la colle, des rondelles d'élastique et des brindilles rapportées de Meudon des machines pour provoquer le chahut dans les classes et peut-être des vocations pour Polytechnique. L'engin qui pétarade au-dessus de la campagne de Compiègne a un moteur qui tourne comme il peut et une hélice qui se visse dans l'air, tire l'équipage et le hisse déjà au point qu'on aperçoit les tours des églises et le palais. Que la maison Gnome invente un nouveau mode de propulsion, des sièges cannés, qu'un ingénieur ajoute des cordes à piano pour retenir les plans entre eux ou des poutrelles d'aluminium pour mieux souder l'empennage au fuselage, le vent jouera dans les fils des haubans et chantera. L'âme des jeunes gens aussi, l'âme des poètes, l'âme de Rimbaud, s'il était né un peu plus tard...

Il n'a le temps de rien se demander, notre cavaleur, que c'est fini. Le tapis volant s'est posé, le moteur hoquette, les roues ont tenu, l'atterrissage a été une merveille, un silence monumental tombe du ciel, il n'y a plus qu'à recommencer, qu'on ne vienne pas lui raconter d'histoires sur l'héroïsme des hommes volants, ces fous, ces supermen des inventions célestes. A la Comédie-Française, M. Edmond Rostand en mitonne tout un plat, c'est *Prométhée*, c'est *Le Cantique de l'aile*. Il est vrai qu'il a de bons comédiens. Le jeune Guynemer, avec un peu de bricolage, va arranger tout ça. On dit aussi que Maurice Farman vole malgré le vent. Et pourquoi pas ? Le préfet de division devrait emmener ses élèves au champ de manœuvre d'Issy-les-Moulineaux où s'exercent tous ces messieurs. Quelquefois l'un d'eux rate son coup, l'hélice mord le sol avant les roues, le pilote pique en avant comme un jockey quand son cheval bute dans une haie. Plus de 60 à l'heure. Quel est le fin du fin ? Moteur à l'avant ou moteur à l'arrière ? Ne pas demander ça à l'abbé Chesnais, ou le lui demander pour l'inquiéter ?

Longue est la liste des anciens dont Stanislas s'honore : Edmond Rostand, René Doumic, de Gaulle même, et de ceux qu'on cache : Gamelin, un peu Anatole France, mais qui sait encore, de nos jours, que le général Gamelin qui conduisit l'armée française à la débâcle en 1940 est un ancien de Stan' ? A présent, en serre-tête et tenue de vol, une hélice derrière lui, les bras croisés, le regard vers le ciel, le héros Guynemer occupe un haut-relief dans l'entrée du collège entre deux médaillons de bronze dédiés à d'autres anciens : le général Gouraud et le capitaine de vaisseau Lherminier. Lherminier n'est même pas dans le petit Larousse.

La seule photo de groupe où il apparaisse date de 1909-1910. Il est en seconde C bleue. Il a quinze ans. La classe a une vingtaine d'élèves groupés autour de l'abbé Henri Petitmangin, agrégé de lettres, en douillette avec col de taupe par-dessus le rabat. Ce professeur qui appuie fermement du poing droit sur un livre a un beau visage sévère et serre une grosse serviette de cuir sous le bras. Elégante soutane, raie sur le côté. Trois rangs d'élèves en uniforme, vareuse militaire boutonnée jusqu'en haut, sauf deux externes. Toujours frêle, mignon, Guynemer est assis au premier rang, le troisième à droite, à côté de son ami Jean Constantin, tous deux un peu penchés l'un sur l'autre. Constantin, l'œil clos, pensif, doux. Guynemer plus vif, le front dégagé, prêt à s'esclaffer, peut-être le plus mince de tous, si petit à côté de colosses comme Ramadier ou Marcilhacy.

A cette époque, il écrit à son papa : « *Ce cher et auguste Toto* est vraiment plein d'attention : hier en revenant de l'exposition du mobilier, j'ai pris le tramway parce que j'avais un point de côté et je me suis trouvé en compagnie de mon honoré directeur. Arrivé au collège, il m'a demandé de mes nouvelles, m'a fait tirer la langue (il ne m'a pas tâté le pouls !), m'a demandé mon poids et a décidé que je me pèserai tous les lundis. J'ai commencé ce matin : avec mon caleçon, mes chaussettes et mon gilet de flanelle, je pèse 43,200...* » Il ne pesait pas plus à la maison, il ne pèsera jamais guère plus, même capitaine et superstar. Un si léger support pour ce qu'on considérera comme un si grand héros ! En 1911, il semble qu'avec l'ancienneté une certaine autorité émane de lui. « *Hier, notre préfet** s'est fait conspuer. Aussi aujourd'hui nous avons pris le*

* Qui est Toto ? Le directeur ?

** Probablement le malheureux abbé Chesnais.

train jusqu'à l'Etoile, de là nous sommes allés à pied jusqu'au pont de Suresnes par de grands détours par le bois de Boulogne ; puis arrivés, demi-tour à droite et nous voilà repartis sans une minute de repos pour l'Etoile (...). Le préfet d'ailleurs a déclaré à un surveillant qu'il était dégoûté de la promenade, et nous donc (...). J'ai oublié de vous dire que si ma dent du haut repousse, vers vingt et un ans on sera obligé de me la supprimer ! C'est bien la peine d'attendre si longtemps. » L'essentiel, c'est qu'il soit premier en maths et en version latine. Il demande au cher papa des lacets, du sucre, il a trois paires de chaussures, il a assisté à une séance de cinéma présentée par des missionnaires du Liban, on lui a arraché une nouvelle dent de lait rebelle. Bonne-Maman l'emmène parfois à l'hippodrome de Clichy, il envoie des timbres à Compiègne, certains l'appellent monseigneur, il se demande pourquoi, et surtout, surtout il ne fait pas le pitre.

Là, il ne dit pas la vérité. C'est toujours un farceur, un bagarreur. Est-ce parce que chez lui on se répand trop en civilités et en mondanités ? Il dit ce qu'il pense et se moque, ne prend rien au sérieux, colle des pantins dans le dos des pions et pousse des rugissements dans les moments de silence. N'aurait-il pas tendance à l'insubordination ? Ne serait-il pas sans le savoir un subversif ? Revenons en arrière comme pour un ralenti. « *Je me suis lancé à fond de train la tête en avant, Chaumot est tombé sur le dos, les deux jambes en l'air...* » Quand c'est arrivé, il était pourtant aux arrêts dans la cour, il n'a pas résisté, il n'a demandé la permission à personne. Pour lui, au-dessus des professeurs, des règles et du maintien, il y a ce qu'une âme bien née ne supporte pas. Ce que Louisa lui répète de ses aïeux, d'Achille, peut-être d'Auguste, peut-être de l'écuyer de Roland s'il a vraiment tenu l'étrier à son prince, il le doit surtout à son père, son mentor, qui lui a enseigné qu'on ne doit pas se laisser marcher sur les pieds. Décidément, c'est un *hijo de algo*, un fils de quelque chose. De quoi ? « Ce penchant pour la violence s'expliquait par son manque de force physique qui le faisait enrager. C'est par réaction qu'il cherchait querelle sans souci de la taille et du nombre... » cette réflexion a posteriori, quel dommage que l'abbé Chesnais ne l'ait pas eue avant que Guynemer soit as des as. Comment deviner qu'un galopin qui sème l'indiscipline deviendra un seigneur ? Comment pardonner l'insolence d'un potache ?

Il y a des signes qui n'ont de sens qu'après, sinon où irait-on? Que deviendrait la société? Comment serait-il possible de diriger un collège?

L'année du bac, il doit s'arrêter trois mois. Revenu à Compiègne, il suit des cours dans une institution privée; en juillet, il est reçu bachelier. Malade de nouveau l'année de préparation à Polytechnique, il reste à Paris chez la grand-mère Louisa, puis voyage avec sa mère et ses sœurs. Le père désespère de voir son fils jamais réussir au concours d'entrée de l'X. L'X, parce qu'il est très doué pour les maths, et parce qu'avec la santé qu'il a, il ne peut briguer Saint-Cyr, et comme rien ne s'arrange, il perd son temps. Son père l'interroge sur ce qu'il compte devenir. Réponse stupéfiante et accablante : « Aviateur. » Scandale et désolation du père : les aviateurs sont des fantaisistes, des mécanos; ce n'est pas sérieux, pas brillant non plus. Des artistes, c'est comme la musique et le violon. Ça mène à quoi? Il faut voir la tête de ces gens-là, Santos-Dumont est un métèque, un rastaquouère, un bambocheur, l'argent qu'il a lui vient d'où? Ce Santos a, dit-on, sa table chez Maxim's, mais est-ce avec une table chez Maxim's qu'on arrive à quelque chose? Et même, Santos quoi donc? ou même Pégoud, ou même Garros, on ne le devient pas tout de suite, il faut risquer sa vie sur des engins loin d'être au point. « Tu n'as pas réfléchi, mon petit... »

Réponse du fils, Capricorne, avec tout le respect qu'il doit : « Pardonnez-moi, mon père, vous vous trompez. A Corbeaulieu, j'ai déjà volé. » On tombe des nues, on n'y comprend rien. Cet enfant nous cache des choses, vous ne saviez pas? Hé non, dans la famille, personne ne savait, personne ne sait ce qui se passe à l'intérieur d'un jeune homme ou d'une jeune fille, et il en est ainsi depuis le commencement des temps. A propos de quoi avons-nous parlé, un moment, de Rimbaud? A propos des familles qui produisent des génies tellement hors d'elles qu'ils en deviennent incongrus : la famille des Cuif, une famille de ploucs, donne le plus grand poète du siècle; la famille des Guynemer, une famille de bourgeois petits aristocrates ou de petits aristocrates bourgeois, donne Guynemer, le seul, l'unique qu'on connaisse, de qui on a essayé d'enfermer l'âme au Panthéon, mais, qu'on se rassure, elle n'y est pas. Ils brûlent la vie, les aviateurs;

s'ils se tuent, on les emporte sous les fleurs, mais n'allons pas trop vite, patience !

Une année chez Bonne-Maman pour raison de santé et des voyages avec ces dames, ça ne vous mettrait pas la puce à l'oreille ? N'aurait-il pas été, par hasard, renvoyé ? Oh ! avec des tournures de phrases pour Monsieur son père : « Peut-être ne serait-il pas imprudent de penser que votre fils manque de dispositions pour Stanislas, peut-être d'autres maisons que la nôtre seraient-elles mieux adaptées à son tempérament... » Pas d'archives. Soit qu'elles aient été perdues, soit qu'on les ait détruites comme si cela pouvait nuire à sa réputation. A moins que le sac de la maison de Compiègne en 1944, en l'absence des propriétaires, par les Allemands puis par la Résistance, n'explique tout. Pourquoi une partie des lettres du fils à son père entre 1906 et 1911 aurait-elle échappé au brigandage ? Pourquoi pas les lettres du collège ? Or, pas de notes de collège ni d'ailleurs dans les archives, alors que M. Bordeaux a eu la chance de disposer de tout : « ... la famille de Guynemer a bien voulu me confier ses lettres, ses carnets de vol et mille récits précieux de son enfance, de son adolescence, de ses victoires. Je l'ai vu moi-même dans les camps... » Il ne serait pas impossible que M. Guynemer père ait cru servir la mémoire du héros en cachant un moment que son fils ait pu être renvoyé deux fois du collège pour indiscipline et que, la première fois, ç'ait été grâce à l'intervention de la grand-mère Louisa, « bienfaitrice du collège », qu'on l'ait repris.

S'il est un lieu où l'on se montre circonspect, c'est bien le cabinet du directeur de Stanislas. On ne sait plus. « S'il fallait conserver toutes nos archives... » Il y a longtemps, deux guerres sont passées par là, l'institution a traversé de nombreuses épreuves, et puis est-ce tellement important ? Il y a un dossier de l'élève Guynemer : ses notes s'y trouvent. Pas toutes peut-être ? Qu'il ait été renvoyé du collège n'est pas invraisemblable. C'était un élève difficile et de mauvaise santé, son année de première s'arrête pour maladie après le premier trimestre. Il a critiqué ses maîtres avec sévérité, il se montrait parfois acerbe mais franc. Un peu gamin.

Comment reprocher à un enfant puis à un jeune homme d'être « un peu gamin » ? C'est qu'il s'agit dans les collèges religieux de choses sérieuses : les problèmes de la destinée de l'homme et de son salut. Comment accréditer le renvoi d'un élève devenu, comme de Gaulle, une gloire ? N'oublions pas qu'en 1909, de Gaulle et lui ont pu assister ensemble au banquet de la Saint-Charlemagne. Les seuls documents qu'on divulgue sans hésitation, avec le classement et les appréciations des professeurs, sont les notes qu'a laissées l'abbé Chesnais, préfet de division. Sur des feuillets détachés d'un cahier d'écolier, l'abbé, d'une écriture timide et presque sans ratures, s'est appliqué à gratifier son élève Guynemer d'observations judicieuses qu'on pourrait considérer comme divinatrices si elles n'avaient été rédigées après coup. Il a parfaitement relevé l'ardeur belliqueuse de ce bagarreur. Si, après lui, on va plus loin, si on demande : « Aurait-il provoqué un scandale ? aurait-il été renvoyé ? » Motus.

A son dernier retour à Stanislas, en 1913, l'année où il devrait se présenter à Polytechnique, ce clown, ce farceur (seul, avec quelques camarades, à savoir à quel point il l'est), jette une grenouille à la tête (ou derrière la tête) de son professeur (professeur de quoi ?).

L'élève Guynemer a souvent provoqué du chahut. Un an ou deux plus tôt, il a soulevé du grabuge par le système téléphonique qu'il avait installé dans la classe avec des bobines de fil, des boîtes de conserve, des allumettes, des épingles et des élastiques, des objets d'ébonite et tout un micmac de complicités. Si grand est le nombre des machines qu'il a lancées, des pantins qu'il a collés au plafond ou devant la chaire des profs, des boules puantes et des ballons gonflés d'eau qu'il a fait exploser, si varié le nombre des cris de bête qu'il a poussés que sa réputation est établie. Il ne mesure pas toujours la gravité de ses moqueries, mais là, l'incident devient majeur : une grenouille de laboratoire à la tête d'un prof ! Tempête de rires et premier coup de théâtre : le prof se rebiffe et le gifle. Second coup de théâtre : l'élève Guynemer se lève, blanc de rage, et paf ! réplique par une autre gifle. Vraie gifle ou pas, celle-là, qui atteint le prof, est un geste grave. Echange de gifles entre prof et élève.

Silence sidérant. Abasourdissant. A Stan', cela ne s'est jamais vu. Consternation. Atmosphère tragique, la classe, sous le choc, retient son souffle. Une seconde, deux secondes de prise de conscience. Très pâle, le prof gagne la porte à pas rapides et s'en va, on suppose, chez le préfet de division. La classe bruit sourdement. L'élève Guynemer, les dents serrées, range livres et cahiers dans son bureau et s'en va aussi, comme un automate, les yeux lançant des éclairs. Où veut-on qu'il aille ? Là où il se réfugie d'habitude : à l'infirmerie, où l'on ne s'étonne pas de le voir, où probablement on le fait asseoir dans la salle d'attente. Blême, le teint plus gris que jamais, le regard halluciné. On lui parle, il ne répond pas. Une sœur lui tend un verre d'eau de fleur d'oranger. Il y a un très long moment de silence, puis des pas, un abbé, Chesnais peut-être, puis l'élève Guynemer chez le concierge demande Compiègne au téléphone, met brièvement son père au courant et parle d'une réparation par les armes.

Mot terrible ? La référence d'où je l'ai tiré m'a paru si évidente que je ne l'ai pas notée. Elle est griffonnée de la même main qu'une note sur le rapport de l'abbé Chesnais qu'on m'a montré au collège ; l'incident est donc relaté par l'abbé Chesnais lui-même sur le dossier Guynemer. Est-ce le père ou le fils qui parle de réparation par les armes ? J'ai noté : « Le père indigné (non pas, chose étrange, de la gifle qu'a rendue son fils au professeur, mais bien de celle que son fils a reçue) demande une réparation, au besoin par les armes. Le fils : « *Je suis un jeune homme. On ne donne pas impunément un soufflet à un jeune homme.* » A qui s'adresse-t-il ? Il récite là probablement, en l'adaptant lui-même, un des articles du code de l'honneur tel que son père le lui a enseigné. Nous ne sommes pas dans un collège d'Etat mais dans une institution religieuse où l'on ne se bat pas, mais où cependant on s'exerce aux armes, où l'élève Guynemer fait de l'escrime avec furie. « Malheur à qui lui fait des farces », a écrit à propos de lui l'abbé Chesnais. Lui peut jouer des farces aux autres, parce que ses farces à lui sont sans méchanceté. Sans méchanceté, la grenouille à la tête du professeur ? Simple geste de potache que le professeur a mal pris ? La gifle que le prof lui flanque, il ne l'a pas volée, mais lui, un Guynemer, un hidalgo fils d'hidalgo, personne ne peut le moquer impunément. Après la méchante tournure de l'incident, les gifles échangées, l'humiliation infligée au professeur par l'élève et la réplique du professeur, nous voici dans le cas où, selon les usages de l'époque, une réparation par les armes s'impose. Est-ce lui qui le fait dire au père par le concierge, ou le père qui le dit au concierge pour son fils ? Je lis sur la note gribouillée par moi au collège une appréciation déjà citée de l'abbé Chesnais : « Il est d'une grande nervosité qui lui donne une parole rapide, sèche, martelée, tranchante... » Dans les moments où il se croit offensé, je suppose.

Sur la même note, je lis toujours (de mon écriture difficile) : « Malade, à l'infirmerie où il passe son temps à fabriquer avec du papier à lettres et une pelote de fil d'Alsace, de petits avions qu'il lance à travers la chambre. Il s'amusait quand l'avion atteignait la cornette de sœur Octavie, si gentille... » C'est alors que je tombe sur une lettre de M. Guynemer père au directeur du collège en date du 3 novembre 1917, document accablant que je commence à recopier puis que je demande au directeur adjoint de bien vouloir photocopier, ce qu'il accepte aussitôt. La voici. Elle est sur papier bordé de noir (Georges est mort depuis deux mois), elle tient trois feuillets de treize centimètres de large sur quatre.

Compiègne (Oise)
Téléph. 3 - 24
Monsieur le Directeur,

J'ai lu une lettre de vous à M. Bordeaux destinée à servir à l'étude du caractère de Georges et que je vous demande la permission de rectifier. Sans en grossir l'importance il est certain que les anecdotes n'ont de valeur que si nous prenons soin de ne pas laisser dévier la chronique.

Or, faisant allusion à un épisode de la dernière année, vous écrivez :

1°- que mon fils frappé s'est réfugié dans l'infirmerie,

2°- que de là il m'a écrit une plainte,

3°- que lui et moi pendant 1 h 1/2 avons joué dans votre bureau une scène du *Cid* (héroï-comique forcément).

Or, voici la vérité :

1°- Mon fils frappé a rendu la gifle à son professeur. C'est le trait saillant de toute l'histoire et même celui qui fait que vous vous la rappelez.

2°- L'enfant ne m'a pas écrit. C'est vous qui m'avez fait appeler par téléphone.

3°- J'ai eu avec vous une entrevue qui allait tourner d'une

façon très regrettable sans l'entrée providentielle de M. le Censeur. Elle a duré de 20 à 25 minutes. Mon fils n'y assistait pas et je l'ai fait appeler ensuite dans le jardin.

Vous voyez la différence des deux anecdotes. Dans la 1re, un enfant qui ne rend pas le coup et qui se plaint. C'est un pleutre. Dans la 2e un enfant qui rend vivement le coup et ne se plaint pas, celui-là est un homme.

Vous ajoutez que vous avez pu à grand-peine faire comprendre au père et au fils (2 enfants évidemment) qu'il s'agissait d'une gaminerie. Cependant, j'ai une lettre de vous écrite en 1916* et où, faisant allusion à cet « incident » de la vie du collège, vous me dites : « Je conviens que c'est vous qui aviez raison de ne pas vouloir que ses sentiments fussent froissés. »

Je ne veux rien exagérer, mais simplement rétablir l'exactitude de vos souvenirs ; car s'il vous plaisait de raconter encore l'anecdote, je connais assez votre bonne foi pour être assuré que vous me sauriez gré de l'avoir fait.

Veuillez agréer, Monsieur le Directeur, l'assurance de mes sentiments très distingués.

P. Guynemer.

Lettre d'un père endolori par un deuil tout récent** et qui se montre presque outrageant dans ses allusions. Lettre terrible et méprisante, calligraphiée, certainement après un ou deux brouillons, d'une petite écriture à la fois sobre et ornée de scribe d'état civil, avec quelques termes simplifiés (« Ds » veut dire dans, « vs », vous), quelques répétitions, une dernière phrase pas très claire et une allusion blessante : « C'est le trait saillant de toute l'histoire et même celui qui fait que vous vous la rappelez. » Mais voilà que l'admiration mitigée que j'avais pour Paul Guynemer augmente soudain dans des proportions considérables, voilà une lettre tapée ! Pour lui, l'élève qui rend sa gifle au professeur est un homme. On ne peut pas partager ce jugement, on peut même

* Document qui n'existe peut-être plus et qu'en tout cas je n'ai pu consulter.

** La lettre est du 3 novembre 1917, le capitaine Guynemer a disparu le 11 septembre.

le trouver ridicule et injuste, n'empêche ! Ce père Scorpion, indigné qu'un simple professeur ait osé porter la main sur son zigoto de fils, appartient à l'antique, croit-il. Ce n'est pas du Corneille, c'est du Montherlant et pas du meilleur. Quant au courage civique de ces messieurs de Stanislas, il est aussi digne d'éloge.

Ainsi, bien avant l'incident, les admonestations et adjurations répétées du père à son fils encore enfant sur la morale n'ont pas été vaines. L'éducation du jeune Guynemer prend soudain un ton tragique et l'ancien officier démissionnaire fait très « demi-solde d'Empire ». Il ne défend pas seulement ses convenances à lui, mais son fils lui-même et l'idée qu'il se forge de l'honneur. C'est un hidalgo évidemment mais un hidalgo un peu primitif.

Suite de l'incident : le directeur alerté par le préfet de division réunit le conseil de discipline. Le professeur a-t-il fait preuve d'assez de compétence et d'autorité pour qu'un incident de cette gravité ait pu avoir lieu ? L'élève Guynemer serait-il d'un tempérament exagérément frondeur et violent ? Décision du conseil : l'élève Guynemer ne peut rester au collège. Le directeur téléphone au père de venir chercher l'enfant. Le père vient peut-être le jour même. Rien n'est dit de définitif dans une conversation « héroï-comique », aucune « réparation par les armes » n'est envisagée. La version officielle sera : l'élève n'a pas rendu la gifle au professeur, non par lâcheté mais par respect pour la dignité du maître. Quant à l'élève, il n'a pu supporter l'affront subi devant ses condisciples.

Pourquoi, puisque le temps a passé et qu'il s'agit à présent de Guynemer-le-héros (ce qui change tout), ne pas admettre ce qui est ? Après tout, cela s'est passé en un éclair, personne ne peut être tellement sûr de rien. Pourquoi ne pas parler d'une gifle « rendue » au professeur ? C'est qu'il s'agit des convenances, et que, Guynemer ou pas, un élève ne « rend » pas sa gifle au professeur. Là, il s'agit de l'honneur de l'enseignement religieux, encore qu'un professeur qui gifle un élève s'expose, lorsqu'il a un Guynemer en face de lui, à des risques sérieux. Les convenances exigent, sinon de mentir, du moins de farder la vérité. Ces choses-là s'étouffent dans le silence, et, en 1913, c'est certainement ainsi qu'on a eu l'intention d'agir. Qu'une guerre éclate peu de temps après, il devient difficile d'en savoir davantage. De nos jours, gifler un professeur serait peut-être, pour un élève, peccadille ou même louable. Les convenances n'existent plus ou vont dans un autre sens, mais, en ce temps-là, c'est le ciel qui tombe sur la tête.

Sa sœur Yvonne a évoqué cette gifle comme un incident sans gravité. Si les bons pères de la rue Notre-Dame-des-Champs avaient gardé sous le coude la lettre de M. Paul Guynemer (ou tout simplement s'ils l'avaient détruite), il nous manquerait un éclairage : foncer tête baissée pour porter secours à Chaumot, ce n'est déjà pas mal, mais gifler un prof, ça promet.

M. Bordeaux n'a pas cru décent de le dire. Pour lui, il n'est pas sûr que cette gifle à un prof soit à inscrire au crédit du héros. Moi, si. Mais du héros seulement, c'est-à-dire de quelqu'un qui agit par impulsion réfléchie ou irréfléchie. Pas du gentleman.

1. 19 juillet 1915, la première victoire. Le caporal Guynemer et le mécanicien Guerder devant leur Morane Parasol, à la Carrière-l'Evêque (Aisne). *(Photo E.C.P. Armées.)*

2. Fin 1915. Le sergent Guynemer pilote un BB Nieuport, équipé d'une mitrailleuse Lewis, tambour de 32 cartouches. *(Photo Harlingue-Viollet.)*

IV

Miracle à Pau

AVEC L'AFFAIRE de la gifle, celui que, dans la famille, on appelle « le gosse » ou « le p'tit Georges », devient soudain un homme. Son père est fier de lui. Il a grandi de vingt-deux centimètres en un an. Un homme... Enfin. Quel dommage qu'il ait une santé si délicate ! Il a dû être opéré de l'appendicite, il se tient mal. « Rapproche tes pieds », répète son père. Si seulement il pouvait enfin se présenter à Polytechnique. Ses études sont perpétuellement interrompues par la maladie. Nous sommes en 1913.

Depuis la défaite de 1870, la France vit dans l'esprit de la revanche. *L'Almanach du Drapeau* prêche la religion de la patrie jusqu'au fond des chaumières. Le ministre de l'Instruction publique a préfacé en 1885 un manuel de tir à l'usage des écoles primaires, des lycées et des bataillons civiques. Partout, on apprend par cœur « La dernière classe » d'Alphonse Daudet où l'on ne parle que de l'Alsace-Lorraine. L'ancien officier démissionnaire ne serait pas mécontent que son fils brille là où il n'a pas réussi quinze ans plus tôt, à une époque où il ne se passait rien. Aujourd'hui, après les ravages de l'affaire Dreyfus, la guerre menace, Déroulède enflamme les cœurs. Oui, mais cette mauvaise santé, cette constitution physique si fragile...

En 1914, le docteur a conseillé le Midi, on s'est installé à Anglet, près de Biarritz où les souvenirs du Second Empire sont encore chauds. On ne se sent pas dépaysé quand on vient de Compiègne, l'air atlantique est plus vif que celui de la Côte d'Azur, plus revigorant, la vie mondaine d'un autre niveau, les gens y sont mieux élevés. M. Guynemer père n'a pas l'impression que son fils pense encore à l'aviation. Son fils s'est intéressé à Garros, il aurait voulu aller à Buc, près de Versailles, voir Pégoud se lancer dans des acrobaties fantastiques, des virages, des piqués, des vols sur le dos et même une boucle, son premier looping avec un Blériot, qu'un Russe, le lieutenant Nesterov, avait réussi avant lui sur un Morane. Ces gens sont fous. M. Guynemer père se souvient que, un an plus tôt, quelqu'un qui se disait « inventeur » s'était jeté de la première plate-forme de la tour Eiffel avec un « costume parachute ». Il s'était écrasé comme une omelette. Mais M. Guynemer père connaît mal son fils. Pour le fils, l'aviation est une nouvelle manière d'être ; elle en est aux balbutiements, on ne la connaît pas, il en parle à ses sœurs avec passion. Blériot avec la Manche, Garros avec la Méditerranée, Védrines avec les courses, des cracks ! Marc Pourpe, vainqueur de Le Caire-Khartoum et retour, serait, paraît-il, le fils de Liane de Pougy, une cocotte que le jeune Guynemer prend pour une duchesse. Peu importe. Monsieur son père ne tient pas Pégoud et Védrines en haute estime, il se méfie des garçons qui se moquent de tout et sortent du peuple (« du peuple, ô mon Dieu... »). S'il savait que Nesterov a été puni pour avoir exposé sa vie « bêtement », il approuverait. Monsieur son père n'aime pas non plus les gens qui jettent l'argent par les fenêtres et mènent une vie de patachon, mais l'aviation devient une mode, une toquade de gens du monde. A Paris, partout, sauf à Biarritz peut-être, en phaéton, en limousine, en torpédo, des noceurs en peau de bique emmènent de belles filles frissonner au vent des hélices.

A Anglet, au-dessus de la plage des Basques si grande, si lisse, où les rouleaux puissants de l'Océan grondent sourdement, les Guynemer occupent depuis le printemps une riche demeure avec jardin à hortensias, la villa Delphine. « Une bicoque », écrira le petit Georges à sa grand-mère l'Ecossaise, sa confidente. On dirait, elle et lui, qu'ils se sentent de sang royal. Il ajoute que la mer ne lui plaît pas du tout, trop de vagues trop fortes, pas de varech comme en Bretagne, pas de crevettes ni de crabes, pas de bains non plus, et pour approcher un bateau de pêche ou un chalutier, il faut descendre jusqu'à Saint-Jean-de-Luz. Tout l'ennuie. Il s'ennuie. Mortelles vacances, quand tout à coup, le 2 août vers 3 heures de l'après-midi, le tocsin sonne et le tambour municipal annonce à tous les carrefours que la mobilisation est décrétée en France. Des affiches tricolores sont collées partout.

Un brusque espoir l'emporte. Il va avoir vingt ans, il est grand, il mesure plus d'un mètre soixante-dix, il est mince, et beaucoup plus solide qu'on ne dit. Au moment où la nouvelle l'a frappé, il allait chez des amis, en pantalon blanc et manches de chemise, raquette sous le bras. A Biarritz, le tennis est le grand chic. D'abord cloué sur place, il retourne en courant à la villa Delphine. « *Je vais m'engager !...* », s'écrie-t-il un peu essoufflé. On avait déjà parlé des événements, ses cousins germains Guy et René de Saint-Quentin devaient être appelés sous les drapeaux. Un pieux mémorialiste affirme, après M. Maurice Rostand, qu'aussitôt il prie Jeanne d'Arc. Est-ce qu'un jeune homme prie Jeanne d'Arc dans des moments pareils, même s'il est un catholique fervent ? « *Je m'engage* », dit-il à son père. Le père répond : « Je t'envie. » Toujours du Corneille. Les sœurs et la mère se taisent, nous voilà à un moment d'émotion, des colonnes patriotiques s'ébranlent de partout dans le pays, les femmes préparent des vivres, serrent du linge et, déjà, versent des larmes. Récite-t-on ensemble la prière ce soir-là, chez les Guynemer ?

Enfin la vie va changer, on va le prendre au sérieux, lui. Où va-t-il aller, où va-t-il se précipiter, sinon dans l'aviation ? Et quelle nuit passe-t-on quand on n'a pas encore vingt ans et que l'on part le lendemain pour la guerre, qu'on entend des cloches, du bruit, des cris, une lointaine rumeur de foule qui se confond avec la respiration de l'Océan ?

A l'aube, il réveille tout le monde, brusque les adieux et file au bureau de recrutement de Bayonne. Son père l'accompagne-t-il ? Carrioles et automobiles, trains et trams encombrent les routes et les rues de la ville, il se glisse partout, enfiévré, se présente enfin devant les médecins militaires. On l'ausculte, on l'interroge, on le pèse, on lui pince la peau du dos : trop long, trop filiforme, trop maigre, trop chétif. Un homme doit non seulement se servir d'un fusil mais porter le sac, l'équipement, tout le barda. Comment un garçon si frêle pourrait-il vivre à la dure ? L'incorporer serait encombrer les infirmeries. « Ajourné. »

Il reçoit le coup comme une insulte, fuit son père, rentre furibard, le regard étincelant, et se met à haïr la vie, la destinée, ces majors imbéciles, sa déveine, la façon dont vont les choses.

M. Guynemer père craignait la décision du service de santé et ne sait quoi dire. Est-il possible de consoler un jeune homme bien né de ne pouvoir voler au secours de la patrie ? « A Berlin ! A Berlin !... » La fleur au fusil, les soldats s'entassent dans les wagons, les esprits sont sous pression, par les journaux on apprend que l'intelligentsia du Tout-Paris exulte, que les écrivains ou les artistes que l'âge ou une réforme écartent de l'action ne savent plus où se terrer. Les sœurs et la mère s'éloignent prudemment et laissent les deux hommes face à face. Bouillant de courroux, le jeune Guynemer accuserait volontiers son père. Pourquoi lui avoir appris à tirer au pistolet et au fusil, au fleuret et à l'épée ? Et l'honneur, dont Monsieur son père a plein la bouche ? On ne veut pas de votre fils, mon père. On l'ajourne. Monsieur son père mordille sa moustache. Ajourné ne veut pas dire refusé définitivement, ou réformé. Réformé ? Il ne manquerait plus que ça. Rimbaud aussi hait la vie de ne pas être comme il voudrait qu'elle soit. Le jeune Guynemer ne dépasse pas les bornes de la bonne éducation et du respect qu'il doit à son géniteur, mais il lutte contre une société rigide et fermée : « *Vous avez des relations, papa...* » Avant de sombrer dans la tristesse, il essaie d'apitoyer ceux qui peuvent l'aider à tourner les règlements bornés. Si on insiste pour la bonne cause, si on force sur l'intention, est-il impossible de convaincre ces messieurs les majors ? « Après tout... », finira bien par dire l'un d'eux.

Le père prend sa canne, son panama et se risque à l'état-major : pourquoi pas une arme savante, l'artillerie de préférence à l'infanterie, puisqu'il a pour fils un candidat à l'X ? et revient porteur d'un vague espoir. Le fils entraîne ses sœurs à Biarritz chez un tailleur militaire, achète un bonnet de police de « taupe » et une musette. L'artillerie, s'il y est versé, ne le gardera pas longtemps. Par les journaux, on apprend que Garros est venu s'engager dans l'arme nouvelle avec sa Bugatti, qu'on l'a dirigé sur Malzéville avec les transports militaires, mais que son mécanicien suit avec la voiture.

Nouvelle nuit. Avec son bonnet de police de Pipo sur sa table de chevet, il rêve aux frères Wright, à l'Amérique ! Autrefois, l'aventure était la mer, aujourd'hui c'est l'air. Les hommes s'élèvent à peine de l'écorce terrestre, et une guerre, il le pressent, va les précipiter les uns contre les autres. Pour lui qui n'est rien, cette guerre va être sa chance. Monsieur son père se trompe à désirer qu'il aille dans l'artillerie ! Est-ce le lendemain qu'il retourne à Bayonne ? Attend-il seulement que l'intervention de son père ait porté ses fruits ? Cette fois, il est tellement sûr de lui que ses adieux sont déchirants. Les premiers, il les avait escamotés pour couper à l'émotion. Bayonne encore, la caserne où on le reconnaît en échangeant des apartés. Dans la société militaire, célèbre pour son manque de nuances, on ne se perd pas dans les circonlocutions, on dit les choses comme elles sont, les commandements sont lancés à haute voix, on se parle au besoin à coups de canon. « Prenez des forces et du poids, et revenez dans six mois... » Il est abasourdi, et plus encore : scandalisé. Dans six mois ? Ces imbéciles osent plaisanter. Mais la guerre sera finie, monsieur le major. La guerre n'attend pas. « Si, si, mon jeune ami, elle attendra... »

Même rage, même colère, même écrasement. Il n'en peut plus, il est si jeune, c'est un gamin si naïf, il ne sait pas que la guerre a des années devant elle et qu'elle ricane quand elle entend : « A Berlin ! » ou : « *Nach Paris.* » Contrairement à ce que le pauvre enfant croit, elle a tout son temps et même celui des autres. Six mois ? mais, mon petit ami, c'est de six mois de bonheur qu'on vous a gratifié. Il frappe du pied, il voudrait, sans même avoir appris à piloter, mais il sait, il sait ! il pourrait participer aux premières opérations aériennes. Il sait que les constructeurs ont préparé la guerre, il sait que Raymond Saulnier associé aux frères Morane travaille à installer sur ses avions une mitrailleuse qui tirera à travers l'hélice, il sait que les essais n'ont pas été encourageants et que Garros y participe, il sait, il sait. Piloter n'est rien pour lui. Evidemment, on n'a jamais osé parler de cela à la maison, on ne savait même pas qu'il avait volé. Chez les Guynemer on s'intéresse à quoi ? Aux réceptions, au thé. Plutôt aux chevaux, à Compiègne, n'est-ce pas, où les fanfares du régiment de spahis de Senlis en visite éclatent à travers la ville comme des averses de cloches, comme des giboulées d'oiseaux rouges... Est-ce qu'il va, comme on le dit, se réfugier sous les voûtes de la cathédrale de Bayonne ? Est-ce qu'il pleure de rage ?

Il ne s'apitoie pas sur lui-même. Il est furieux. Le jeune Guynemer veut à toute force combattre et mourir pour la patrie, qui parle de mourir ? Il rentre villa Delphine, sombre, silencieux, honteux comme s'il était coupable. Conseil de guerre, consultation de la faculté. Est-ce possible, une apparence aussi chétive ? Les Saint-Quentin sont des natures. Junon est une jument de race à la croupe solide comme Apollinaire les chantera bientôt en faisant rimer luzerne avec caserne, et pourtant... Dans la famille, chez les enfants, il n'y a qu'Yvonne à péter le feu. Odette et le p'tit Georges sont toujours malades, c'est à cause d'eux qu'on est à Biarritz alors que Compiègne est menacé. De qui donc tient-il, ce rejeton mâle, à qui ressemble-t-il ? Voilà la guerre ! Où sont les compagnons de Roland, les pirates, les batailleurs d'Espagne, les sous-préfets à belle moustache ? On se laisserait glisser dans un désenchantement profond s'il n'y avait chez ce garçon ce regard aux sombres éclairs. Un médecin de Biarritz, le docteur de Lostalot, conseille de recourir au maître d'armes Massoutier qui le poussera en gymnastique. Il le recommandera même à un moniteur de l'école de pilotage de Pau, un méridional du nom de Tarascon, qui a eu un accident en 1911 sur un avion qui lui appartenait, ah ! vous voyez, une malheureuse chute après quoi on a dû l'amputer du pied droit. Et il vole, votre Tarascon ? Il a d'abord été versé dans l'infanterie (dans l'infanterie avec un pied en moins !) puis il a réussi à en sortir, le voilà dans l'aviation. Toujours avec un pied en moins ? Oh ! c'est un lion. Personne ne le croirait, il a au moins dix ans de plus que notre jeune ami, oui, oui, il vole depuis longtemps, c'est un fameux pilote. Le gosse Guynemer se perfectionnera donc au fleuret et à l'épée, il s'exercera même à tirer au mousqueton de cavalerie chez le maître d'armes de Biarritz. Il suffit de vouloir, de s'acharner, de prendre du muscle, d'avoir une âme indomptable. Qui dit cela ? Le docteur de Lostalot ou M. Guynemer père ? Allons, il y a de l'espoir.

Le temps coule. On a des nouvelles de la guerre : les armées allemandes déferlent et ce sont les aviateurs (il y en aura douze à rapporter la même chose) qui vont découvrir que von Klück ne marche pas sur Paris. Tout le mois d'août, les libellules militaires jouent à cache-cache avec les uhlans.

De l'âme, le jeune Guynemer en a. A revendre. Le voilà face à la guerre, inutile et infortuné, ajourné à six mois, face à la vie avec un corps en fil de fer et en caoutchouc, et une âme acharnée à s'emparer de ce qui lui échappe. Donc de tout. Son âme de douleur et de feu méprise sa guenille physique. Ajourné à six mois ? Il retourne au bureau de recrutement tous les quinze jours ou tous les mois. Qui peut le comprendre ? Qui peut l'aider ? Ses sœurs, sa mère. Son père tortille une moustache inquiète et voudrait le hisser sur un écu de chevalerie. Plus tard, dans cinq ans, dans dix ans, M. Maurice Rostand chantera en alexandrins héroïques ces tristes moments de Biarritz. Pour l'instant, le cher, le tendre, l'enthousiaste Maurice Rostand n'est pas là. « Nul n'échappe à l'armée que ceux dont le corps est débile », écrira dans quelques années aussi ce voyou de Maurice Sachs. Justement, voilà un corps débile qui ne voudrait échapper ni à l'armée, ni à la guerre, ni à rien. En ce moment, la mort frappe à tous âges, et puis après ? Surtout les jeunes gens, et puis après ? Sans qu'ils s'y attendent et parfois sans même qu'ils s'en aperçoivent, les très jeunes hommes gonflés de vie et beaux de préférence, pareils à des amants qui se morfondent, un peu tremblants, dans l'illusion de leur destin, et qui brûlent de serrer dans leurs bras ce qu'ils croient être leur espérance.

L'ennemi est entré dans Compiègne, un général teuton s'est peut-être installé rue Saint-Lazare, chez les Guynemer, tout près de la forêt, à la corne qu'elle fait en cognant contre la ville ; l'armée allemande va peut-être abattre la statue de Jeanne d'Arc, le grand état-major du Kaiser a dû occuper le palais, c'est ce qu'on dit. Un des cousins germains du petit Georges, un neveu de la belle Junon, est tué sur la Marne, tous les hommes de la famille en état de porter les armes sont partis. Lui est là, il se bat les flancs sur la sinistre plage des Basques déserte, l'Océan roule ses vagues comme si de rien n'était. Les journaux annoncent que cinquante pilotes ont mis leurs personnes et leurs appareils à la disposition du ministre de la Guerre et que le pilote Louis Gaubert vient de remporter la première victoire aérienne avec son observateur, le capitaine Blaize.

Nous sommes déjà en octobre, le temps fuit, vide, inutile. En septembre, Nesterov, qui prétendait avoir bouclé la boucle avant Pégoud, s'est heurté sur le front russe à trois avions autrichiens ; avec son Morane il a éperonné — imagine-t-on cela ? — le baron von Rosenthal, chef d'escadrille, et s'est tué avec lui. Dans l'infanterie, on traite d'embusqués ceux qui veulent passer dans l'aviation où tout est si confortable. On discute encore de l'importance du témoignage que les équipages de reconnaissance ont rapporté de leurs vols au-dessus de la ruée ennemie : le changement de direction de von Klück était-il réel ou pas ? Le général Gallieni y a cru, il a sauvé Paris et Joffre a gagné la victoire de la Marne. Un cavalier de 2e classe qui s'appelle Nungesser tend une embuscade à une voiture allemande bourrée d'officiers, abat les occupants, saute au volant et ramène sa prise : la voiture est une puissante Mors, on la lui laisse, la guerre de septembre-octobre 1914 est un western-spaghetti où chacun joue un rôle héroïque ou burlesque. On se tue déjà mais on ne laisse pas l'ennemi abattu aux chiens errants et aux mouches. On lui creuse une tombe, on y enfonce une croix avec son nom dessus, on coiffe le tout d'un képi ou d'un casque à pointe. Nommé brigadier puis maréchal des logis, décoré de la médaille militaire (c'est dans les journaux), Nungesser se hâte d'entrer dans l'aviation avec sa Mors de luxe et annonce qu'il prendra pour emblème une tête de mort avec tibias croisés.

En fin de matinée et d'après-midi, sur la longue, l'immense plage des Basques grondante et vide, le p'tit Georges, revenu de sa leçon chez le maître d'armes, gonfle ses poumons d'air marin, ce gringalet crache au visage de l'Océan et le provoque. Quelquefois des appareils de Pau survolent la plage, des Farman HF 20, des Farman « Cages à poules » comme celui sur lequel il a reçu le baptême de l'air, à moins que ce ne soient encore des Deperdussin ou peut-être des Morane-Saulnier, ils passent si vite, on les confond un peu — mais pas lui. Sur les Morane-Saulnier monoplans, une espèce de parasol soutient les ailes. En fait, la vraie première victoire aérienne a été remportée par un avion Voisin, en octobre, un peu avant Gaubert. Le pilote s'appelle Frantz, Joseph Frantz, et son mécanicien Quénault, leurs photos ont paru dans *L'Illustration*, le pilote tout en cuir avec un casque à oreillettes, le mécano en bourgeron. Frantz devait, avec ruse, bien se placer pour permettre à Quénault de tirer, s'approcher mais se garder des coups de carabine de l'Aviatik et surtout ne pas perdre contact. Ils l'ont eu d'assez loin au moment où ils pensaient qu'ils ne l'auraient jamais. L'Aviatik s'est cabré, renversé sur le dos, et a pris feu sous leurs yeux émerveillés. A présent, on songe à un trépied pour faciliter les visées, on voudrait installer une mitrailleuse au-dessus du moteur, peut-être une tourelle pour le passager. De Malzéville, Garros est retourné à Paris pour étudier le tir à travers l'hélice. Avec sa Bugatti, il visite toutes les usines et tous les hangars de Morane-Saulnier, de Panhard et Levassor. On bricole un pare-balles pour les pales de l'hélice, on a essayé à la butte de tir un avion ainsi équipé ; à la première rafale, il s'est effondré.

3 kilomètres de long, la plage des Basques. Des vagues géantes et violettes prennent leur élan de très loin et s'affalent dans un monstrueux soupir. Dans trente ans, le surf de Californie perchera sur chacune d'elles un acrobate qui s'accrochera à l'écume de la crête. Pour utiliser cette force inépuisable de la création il suffira de se laisser glisser. L'avion, c'est autre chose, il faut inventer un moteur et des formes, il faut juguler le vent et la pesanteur, on n'escaladera le ciel que dans les vapeurs de pétrole. Le jeune Guynemer le sait, il le vit déjà, il y est, il insulte la force brutale de l'univers.

A la villa Delphine, l'humeur est moins sombre. Compiègne, évacué par les Allemands, est reconquis. En quel état va-t-on retrouver la maison ? N'a-t-elle pas été souillée ? bombardée ? On laisse le gosse libre, on feint de ne pas s'occuper de lui, il n'apparaît qu'à l'heure des repas et le soir ; on l'aperçoit, seul, continuant à faire des armes avec une canne, contre un ennemi imaginaire, sur la plage que survole parfois un avion qui feint de s'y poser, remet les gaz et repart : sans doute un exercice imposé pour les élèves pilotes de Pau.

Nous qui savons ce qu'est devenu cet enfant et où il va, cela nous gêne un peu. On tente d'imiter les siens en exagérant la liberté qu'on lui laisse. On voudrait ne pas connaître la fin de cette vie, on voudrait entendre le récit du déroulement d'un match de football en différé sans connaître le résultat. Comment faire ? Nous savons qu'on aurait pu ou dû — qui, on ? — intervenir à certains moments pour changer le cours des événements, en tout cas pour le modifier, mais personne n'a bougé, personne n'a encore levé le petit doigt et tout va s'accomplir comme dans une tragédie antique, dans une sorte de fatalité.

Après septembre, octobre. Le moniteur de Pau, le fameux Tarascon, a dû être déçu. On l'a vu, on lui a parlé. Le jeune

Guynemer lui a dit : « *Je veux voler, apprenez-moi, que risquez-vous ?* » Sans résultat. L'autre n'a pas répondu. En novembre, la plus belle saison de la Côte, il y a eu des orages puis une grande cavalerie de nuages, puis de vastes plaines mouvantes qui doivent ressembler aux llanos, à la pampa, toutes dorées, ourlées d'azur tendre. On n'ose rien lui dire. A-t-il repassé une troisième ou une cinquième visite à Bayonne, comme certains l'ont laissé entendre, a-t-il été ajourné une fois de plus ? Il n'est pas bon de plaisanter avec ces messieurs du service de santé. Il ne faut pas les agacer mais leur montrer qu'on tient scrupuleusement compte de leurs observations : du muscle à tout prix. A présent, on craint pour les poumons. Loin de prendre du poids, il s'épuise, il se mine, il se ronge, sa poitrine devient plus étroite, il maigrit encore et répète qu'il n'est bon à rien, n'arrivera à rien puisqu'il n'a même pas pu se présenter à l'X. Il ne quitte plus la plage où il aspire et rejette le souffle marin avec rage, il lève à peine les yeux sur les appareils qui, dirait-on, viennent le narguer, mais en voici un qui vire, perd de l'altitude, réduit son moteur qui claque, touche des roues, rebondit, repart, retouche des roues, se pose et s'arrête enfin, en panne, le con.

Dans *L'Archange*, drame héroïque en trois actes en vers, joué au Théâtre Sarah Bernhardt pour vingt-cinq représentations en mai 1925, M. Maurice Rostand, d'une longue tirade — il faut la lire pour y croire — fait surgir le capitaine à la villa Delphine. Georges le reçoit :

Il semble que l'Azur, voyant le paysage,
N'ait peut-être brusqué ainsi l'atterrissage
Que pour vous faire ici arrêter malgré vous...
Vous descendez du ciel et j'y voudrais monter !...

LE CAPITAINE
Ah ! vous voulez monter au ciel ?

GEORGES
Mon âme entière
Veut servir mon pays, mais en quittant la terre...

LE CAPITAINE
Mais la chose est facile, et de votre niveau

Vous n'avez qu'à venir à Pau, — venez à Pau!

GEORGES

A Pau!

De son côté, M. Bordeaux écrit qu'un avion capote sur la plage... Après tout, pourquoi pas? Cela dépend de ce qu'on entend par « capoter » ; pour rétablir cet avion-là, il suffit peut-être de le remettre sur les roues. La vérité est que l'appareil se pose, que le pilote en sort, que Fil-de-fer court à lui, lui offre de l'aider, caresse les ailes, le moteur, la carlingue et, après avoir lié conversation, demande comment on peut devenir aviateur. « Allez donc à Pau. Demandez à voir le capitaine Bernard-Thierry. »

L'avion repart, non sans que M. Maurice Rostand ait tiré la leçon de l'incident :

Mon Dieu, vous m'avez donc, à défaut d'un Archange,
Envoyé tout à coup celui qu'il me fallait.

M. Rostand ajoute une autre scène puis fait intervenir la mère de Guynemer (deux cents vers); le capitaine s'en va quand le pilote vient dire que tout est prêt.

LE CAPITAINE

C'est bien... je viens... Surtout n'oubliez pas les cartes,
le casque, le manteau!

GEORGES

Vous nous quittez trop tôt.

LE CAPITAINE s'inclinant devant la mère

Adieu! Madame...

SA MÈRE

Adieu.

LE CAPITAINE à Georges

Au revoir...

Puis, en lui serrant fortement la main, et plus bas

A bientôt...

C'est du théâtre du siècle dernier, de Sarah Bernhardt justement, de Gémier ou de Lucien Guitry, il arrive qu'on reçoive encore de la littérature de ce tonneau-là écrite par des retardataires. On peut considérer ce sergent pilote comme un ange de grade peu élevé chargé de transmettre un message — une annonciation en quelque sorte ? M. Rostand exige un archange et un capitaine.

Le jeune Guynemer rentre dare-dare à la maison, ameute la famille ébaubie, appelle son père et commande : « *Je vais à Pau demain et vous m'accompagnez !* »

Un alexandrin de plus.

Le lendemain, 22 novembre 1914, Fil-de-fer et son père se présentent à l'aérodrome du Pont-Long près de Pau. Le miracle a été raconté dans toutes les vies de Guynemer. Le capitaine Bernard-Thierry commandant l'école des mécaniciens ne s'est pas fait prier non plus. Résumons. Le père sollicite pour son fils l'honneur (l'honneur, pense le capitaine, pourquoi pas ?) de s'engager en qualité d'élève pilote. Réponse du capitaine : « Hélas, ce n'est pas moi qui désigne les élèves pilotes, mais le ministère de la Guerre. On les choisit parmi les hommes de troupe qui ont achevé leurs classes », c'est-à-dire le début de leur instruction militaire. Le père révèle alors que son fils s'est présenté dans cinq ou six bureaux de recrutement (cinq ou six, donc trois fois plus que nous ne pensions d'abord) et qu'il a essuyé partout un refus pour faiblesse de constitution. Le capitaine se tait. Il sait déjà tout cela par Tarascon. « Il veut voler », répétait Tarascon. « Voler, c'est bien gentil, répliquait le capitaine. Que voulez-vous qu'on fasse de lui si physiquement c'est une cloche ?... »

On revient au point de départ, le sergent pilote n'était qu'un faux ange, un pseudo-annonciateur de bonnes nouvelles, tout rentrait dans le bavardage administratico-mondain de ces messieurs : le père s'excusant de solliciter des conseils et des recommandations, l'autre se confondant en félicitations pour la superbe ardeur du fils et se retranchant derrière la forteresse des règlements et décrets en vigueur. Là-dessus, on prend congé avec civilité. « Or, écrit plus tard le capitaine, ayant accompagné ces messieurs jusqu'à la porte de l'école, je m'aperçus que Georges Guynemer (qu'il devait appeler en lui-même le "jeune homme" ou "le garçon" ou "le petit" car personne ne sait encore qui sera Georges

Guynemer) pleurait. » Le jeune homme, l'enfant, qu'il voit sous les traits d'une fillette. Or, pleurer est interdit dans la famille Guynemer. C'est aussi un des principes de base de l'éducation britannique : « Surtout, surtout, ne jamais pleurer. » Dans l'armée non plus on ne pleure pas. Si quelqu'un pleure, on feint de ne pas voir ses larmes. Et voilà le miracle. Ce n'est ni l'ange sergent, ni l'archange capitaine. Ce sont les larmes. Comme souvent. Lorsque le Christ visite la sœur de Lazare qui vient de mourir, il la voit en larmes, il pleure lui-même, va au tombeau et commande au mort de se lever. Ici le mort est le jeune homme qui veut courir au secours de la patrie, et pour qui on a une indifférence qui tue : que peut-on faire d'un minable comme lui ? Sur le moment, le capitaine, secrètement ébranlé, laisse partir le père et le fils affligés. Le capitaine retourne à ses papiers et tout à coup appelle son planton cycliste : « Saute sur ton vélo, va me chercher les deux messieurs qui sortent d'ici. Ramène-les-moi. »

Suite du miracle. M. Guynemer est venu dans sa voiture (les Guynemer ont leur automobile), il ne faudrait pas qu'il ait déjà filé. A grands gestes, à grands cris, le planton rattrape l'automobile, voilà de nouveau le père et le fils. « Vous connaissez bien un peu de mécanique ? demande le capitaine au garçon qu'il a pris pour une poule mouillée. Vous avez bien quelques notions de ça ?... »

« S'il en a, répond le père, mais il sait tout faire, il sait même conduire ma voiture, je vous le répète : il a été candidat à l'X. » Oui, pense sans doute le capitaine, mais on peut être professeur à l'X et ne rien savoir fricoter de ses mains. En même temps il ajoute peut-être : « Il pourra toujours balayer les hangars... » Le capitaine propose alors de l'engager pour la durée de la guerre *au titre du service auxiliaire*, c'est-à-dire comme quelqu'un à qui on montrera de l'indulgence et même un peu de pitié, parce qu'il n'aura jamais à se servir d'une arme, comme *élève mécanicien*. Il rendra des services à pousser les avions, il respirera l'odeur des gaz brûlés, il aidera les pilotes à enfourcher leurs appareils. Ensuite, ensuite, on verra.

Le père et la fillette, la poule mouillée, acceptent tout. Comme le bureau de recrutement ne peut engager pour l'aviation que des spécialistes, le capitaine, qui ne manque pas de culot (et qui se demandera ensuite plus d'une fois ce qui l'a pris, mais c'est un ange qui l'inspire), signe séance tenante un certificat d'examen professionnel qui est un faux sans en être un, tandis que le père signe de son côté, car le jeune homme n'a pas encore vingt ans, une déclaration dans laquelle il autorise son fils à s'engager « au titre du service auxiliaire comme élève mécanicien d'avion ». Le capitaine, vaguement inquiet, multiplie soudain les précautions, conseille d'acheter une salopette de mécano, un bleu, et de se présenter ainsi au commandant du bureau de recrutement à qui il téléphone aussitôt pour lui annoncer qu'il lui envoie un jeune volontaire à enrôler d'urgence. Dernière recommandation « pour que la supercherie ne soit pas trop flagrante », ce sont les mots du capitaine plus tard quand il racontera l'entrevue historique avec le père noble et son fiston, ce jeune homme, cette fillette a les mains si blanches, si nettes, il faudrait qu'elle ait, qu'il ait un peu — oh ! un peu seulement, pour l'instant — des pattes noires, un peu burinées, vous voyez ?

On a envie de dire au capitaine qu'il n'a rien à craindre, qu'il vient de donner à l'armée une de ses plus grandes figures, à la légende un de ses plus grands mythes, et que lui est passé à la postérité ! Il ne recevra pas de blâme de ses supérieurs hiérarchiques, il ne sera pas muté par mesure disciplinaire pour avoir engagé dans l'armée un indigne et un incapable. Mais, en novembre 1914, ce héros et ce mythe ne sont qu'un potache passionné, une poule transie à regard d'aigle. De l'autre côté de la frontière, des jeunes gens comme Immelmann, comme Boelcke, comme Richthofen et même comme Udet sont de vrais costauds, de vrais casse-cou, de vrais gangsters (mais cet anglicisme n'est pas encore en usage dans la langue française), qu'on engage sans passe-droit ni tromperie comme jeunes soldats du service armé avec livret matricule à état signalétique : taille, poids, couleur des yeux, signes particuliers, alors que ce petit minable à gestes empruntés n'en aura jamais, de livret matricule avec état signalétique. Cela prouve que, si on est un brin rusé, on peut tourner les règlements les plus rigides. Mais que ce capitaine-là pressente que derrière l'allure de notre mauviette il y a Guynemer, simplement parce que ce garçon lui paraît soudain droit comme un poignard piqué sur une table, avec son front flamboyant, voilà qui confond. Des larmes, une intuition de sorcier, du surnaturel partout. Que dit l'horoscope, déjà ? « Ce Capricorne-là se place au zénith du

Zodiaque, ce qui représente le signe du pouvoir sacré à l'origine de tous les pouvoirs temporels qu'il détient. C'est une figure pure et dure comme une lame d'épée. »

En vérité, le capitaine Bernard-Thierry n'a jamais su pourquoi il a, ce jour-là, violé le formalisme et les conventions. Comment expliquer cela autrement que par une tendresse, une faiblesse coupables, ou l'invisible ? Qu'allons-nous supposer là ? L'invisible a soufflé. Sans ce capitaine-là qui fait office de mystère, et ce n'est pas fini, car la fraude, la tromperie, on n'ose pas dire l'escroquerie, risqueront plus d'une fois d'être découvertes, l'armée était privée d'un supercrack.

L'après-midi du même jour, 22 novembre 1914, à 16 heures, le jeune Guynemer, blême, troublé, troublant, tenant à peine sur ses guibolles, engagé suivant les formes dans le service auxiliaire, se présentait de nouveau au capitaine : « Je fis appeler l'officier chargé des ateliers et lui donnai l'ordre de prendre le jeune soldat en charge et de lui faire suivre les cours de mécanicien en dehors de son service journalier aux pistes et aux ateliers. »

Ça y est. Poussons un soupir. Tout peut commencer. M. Guynemer père regagne, avant la nuit, la villa Delphine où il annonce la nouvelle. Tout à coup, la maison semble vide. La mère et les sœurs fondent en larmes. Comment cet enfant si délicat, comment ce petit loup va-t-il s'accoutumer à la vie des camps ? Si les Guynemer se rassemblent ce soir-là pour prier, les mots doivent jaillir facilement des cœurs : « Seigneur, prenez sous votre aile le prince qui nous a quittés pour servir la patrie. Aidez-le, s'il vous plaît, et aidez-nous à vivre sans lui... »

A Stan' où il menait une vie de mignon frère templier, il se trouvait déjà mieux que rue François-Ier, chez sa grand-mère Louisa, l'Ecossaise. Mais à l'école des mécaniciens de Pau, alors ! Une vie de chien, une vie de valet d'écurie et de palefrenier du ciel, la vie rêvée ! Il essuie les avions, les décrotte, les astique, les panse, les étrille, les bouchonne, il couche parfois près d'eux (sans armes, puisqu'il est du service auxiliaire), balaie les hangars comme l'a prévu le capitaine, approche les cavaliers et les montures de près, suit d'un regard critique les décollages et les atterrissages. Chose étrange, un appétit féroce se déchaîne chez ce crevard, lui qui chipote à Compiègne dans la vaisselle aux merlettes des Guynemer, il est à la gamelle et il dévore ; lui à qui sa mère dit « vous », tout le monde le tutoie, et quelles conversations, quel vocabulaire, quelle vulgarité ! C'est T.E. Lawrence engagé comme simple soldat dans la RAF à son retour de Damas, souffrant mille morts et heureux. Mais un T.E. Lawrence qui serait au début de sa carrière, ne saurait rien et qu'on appellerait le gosse, le môme, mon chéri... Les caporaux lui mènent la vie dure, peu importe, il est soldat, il appartient à un atelier, à une équipe ; les mains dans l'huile, il démontera, remontera, ajustera des pièces mécaniques et des commandes, posera des joints de culasse, changera des bougies, vissera des hélices, bloquera des boulons, gonflera des pneus, tendra des haubans, collera de la toile, désossera les appareils accidentés de l'école ; on casse beaucoup et on répare sur place, on retape tout, les plans, les moteurs, le fuselage, l'empennage ; puis, devenu mécanicien de piste, il aidera à faire les pleins, bidon par bidon, et posera des questions sur tout aux moniteurs et aux pilotes. Le 2 décembre dans la chambrée, avec toujours une boule de pain sous le bras, il écrit à sa grand-mère Louisa, d'une écriture soudain presque illisible tellement il est excité : « *Je suis soldat. J'espère aller dans les deux mois au feu...* » Il ajoute, pour entrer dans ses idées à elle et montrer qu'il est un homme, quelques banalités qu'il entend autour de lui sur la race maudite des Teutons, Guillaume Ier et les Hohenzollern. Il n'a pas l'air de souffrir, et pourtant il vit dans l'intimité — c'est-à-dire la grossièreté, l'obscénité — avec des gens sans la moindre éducation, comme il vit peut-être avec les chiens qui aiment la compagnie des soldats parce qu'ils sont encore plus humbles qu'eux. Tous les échos de la propagande. Le 26 décembre 1914, peut-être à l'occasion d'un anniversaire qu'on n'a pas fêté avec lui, sa sœur Yvonne lui écrit : « Je n'ai pas pu tuer un Prussien parce que je suis une femme, mais j'ai sauvé un Français... » Quel Français ? On n'en sait rien. Elle est dans la note.

A-t-il revu le moniteur Tarascon à qui le médecin de Biarritz l'avait recommandé ? Tarascon ne devient-il pas un peu son exemple et son soutien ? L'aide-mécanicien Guynemer ne pense qu'à s'élever : d'élève mécanicien devenir élève pilote. Il supplie encore son père de chercher des protecteurs auprès de ses anciens camarades de Saint-Cyr haut placés. Il y a partout des listes de candidats, il suffit qu'un bureaucrate y glisse son nom, on ne peut pas tout demander au capitaine d'ici, c'est une si petite chose, que d'inscrire aussi le fils de M. Guynemer sur un état d'élèves pilotes. Mais le père n'y croit pas ou n'y tient pas : pilote de ces saletés-là, vous pensez. S'il est inapte, on le verra bien, on l'arrêtera. L'abbé Chesnais, son préfet de division à Stan', s'est souvenu qu'au début de la guerre, son ancien élève Guynemer lui avait dit : « *Devrais-je me cacher au fond d'un camion automobile, je veux aller au front, j'irai.* »

Encore loin de la vie héroïque, nous marchons, dirait-on, dans des couloirs de métro, à moins que ce ne soit à travers des coulisses vides. Un élève comédien vient respirer l'odeur de poussière sans savoir si le rideau se lèvera jamais, et nous aussi, nous allons à pas hésitants, sans savoir si nous déboucherons quelque part en surface. Le jeune soldat délicat du service auxiliaire déguisé en mécano de piste aux mains graisseuses va d'une façon irrésistible vers les machines dont les moteurs tournent. Il les suit d'un regard brûlant, il jalouse ceux qui les pilotent. Quelqu'un qui l'a aperçu à cette époque-là, André George, un homme de connaissance et de conscience, disait de lui : « Physiquement il était aussi malingre et pitoyable que Daniel-Rops... » Doux Jésus ! L'auteur de *L'Âme obscure* enseveli sous sa pelisse, pieux rat malade. L'élève mécanicien fringué dans son treillis ne sait pas s'il réussira, mais sait où il veut aller : aux commandes de ces machines diaboliques que la moindre maladresse transforme en amas d'entretoises et de longerons, d'ailes désentoilées, de roues et d'hélices brisées, mais que l'adresse et l'audace projettent haut, qui volent et s'affrontent ! L'amour de la patrie bat dans un cœur qui ne se connaît pas encore, à moins que ce ne soit le besoin d'imiter les meilleurs et de les surpasser, ou autre chose ? Pour lui, comme pour Rimbaud dans un milieu tout autre, il s'agit, néant soi-même, ignorant tout de tout et dévoré d'une faim d'ogre, d'arriver, par l'inconnu encore en soi, à ce qui est et qui appelle.

L'étrange aussi, c'est que toutes les implorations distinguées de M. Guynemer père à « ses anciens camarades de promotion bien placés » ne serviront à rien, si même elles reçoivent une réponse. Il faut rendre justice à cet homme. Nul plus que lui n'est désespéré que son mordu de fils s'aventure dans une voie qui lui paraît dangereuse et peu convenable : il ne croit pas à l'aviation, il n'a aucune estime pour ces risque-tout, ces fanfarons, cette engeance de casse-cou sans scrupules, il est dans la désolation qu'un gosse à l'âme ardente et au corps maladif se fourvoie là alors qu'il aurait sa place dans une arme savante. Il en est navré. Mais qui sait si l'aviation devenue passion, même si c'est une folie, n'est pas une façon de servir ? Le père déchiré se soumet et fera, l'impossible serait beaucoup dire, ce qu'il pourra pour lever les obstacles. Sur la route hasardeuse où est engagé son fils, déjà, il sent obscurément que les choses vont, non pas dans le sens qu'il espère, mais toutes seules, avec une sorte de complicité inexplicable : cet avion en panne qui se pose sur la plage, ce capitaine attendri qui embrigade un inapte, et lui, le père, qui signe à son fils l'autorisation de devenir élève mécanicien et l'encourage ! Où allons-nous ? Les anciens camarades du lieutenant démissionnaire Paul Guynemer ne se souviennent-ils plus de lui, ou n'aurait-il affaire qu'à des gens mal placés ou mal élevés ? Comme si c'était demander la lune qu'ajouter le nom de Guynemer à une liste ! Un de plus, un de moins pour des choses aussi minimes, aussi insignifiantes !

« Alors, Guynemer, ça va ? » C'est le mot que lui jette le capitaine commandant l'école de Pau quand il rencontre son protégé sur la piste. Le protégé ne montre qu'exaspération, quand ce n'est pas colère à peine rentrée : il veut devenir élève pilote, il demande au capitaine de le prendre comme passager dans un de ses vols, mais personne n'a le droit d'emmener quelqu'un du service auxiliaire : les débiles ne volent pas. Quand, ce jour-là même, 26 janvier 1915, car deux mois ont passé, un coup de téléphone du général Hirschauer, directeur de l'Aéronautique, annonce au commandant de l'école de Pau qu'il va recevoir une nouvelle fournée de cent élèves, le capitaine s'entend demander au général s'il ne pourrait pas ajouter à la liste un cent unième candidat, un sujet d'élite pour qui il a... De quoi donc ? Plus que de l'estime, mon général. Le général n'est pas contre. « Donnez-moi son nom... Epelez-moi. Il est bien dans le service armé ? » demande encore le général. Le capitaine s'entend répondre oui, le capitaine ne sait plus ce qu'il dit, le capitaine fou d'une joie qu'il ne comprend pas fait appeler l'aide-mécanicien crasseux : « Vous êtes élève pilote. Enfilez une combinaison, mettez un casque... »

Il croit conférer le baptême de l'air — un sacrement — à un néophyte qui l'a déjà reçu et se dresse derrière lui, les plumes hérissées. Le moteur rugit, l'avion, peut-être un Caudron G 3 biplan à quatre roues et à forte voilure solidement haubanée, s'ébranle, roule, prend de la vitesse, décolle, s'installe dans l'élément des fluides, vire au-dessus du terrain, frôle la ville de Pau, file sur la campagne, découvre l'immensité, les montagnes couvertes de neige, les vallées, les routes, les villages, la ville de Lourdes, grimpe. *Un combat de pigeons glacés en pleine figure*, écrit Cocteau dans *Le Cap de Bonne-Espérance*. Le capitaine se laisse secouer, emporter, dériver, puis descend, moteur réduit, déroule le rêve trépidant jusqu'au sol avec son élève à l'œil terrible, transi de joie et d'orgueil, et qui croit avoir entendu siffler les astres.

Le capitaine s'en retourne à son bureau, l'air songeur. Le général a dit à propos de l'élève pilote de rabiot : « Vous m'enverrez ses pièces. » Quelles pièces ? Personne n'en a. Guynemer n'a pas de dossier, il n'est peut-être pas tout à fait en situation irrégulière, puisque le capitaine l'a versé dans le service auxiliaire sur un faux certificat d'aptitude professionnelle, mais à présent, nous y sommes, dans l'irrégulier, puisque rien ne pourra jamais prouver que le soldat en additif sur une liste d'élèves pilotes appartient au service armé. Aucun médecin militaire ne verra jamais dans le service armé ce gringalet à poitrine étroite qui ne pèse pas cinquante kilos, tient à peine debout et a eu toutes les maladies, sauf les mortelles. Le capitaine a répondu qu'il enverrait les pièces : livret matricule, certificat d'aptitude médicale au pilotage, état signalétique et des services, et il n'a rien. Seulement une inscription sur le registre des soldats désignés pour le service auxiliaire — moins que rien. Donc, le capitaine n'enverra rien, et personne ne s'en étonnera. A la longue, l'administration s'essoufflera à demander des pièces qui ne lui sont jamais arrivées parce qu'elles n'ont jamais été envoyées et qui ne serviraient plus à rien si elles arrivaient. Qu'importe ! Tout cela a dû se perdre. Quant au général, *de minimis non curat praetor*. Le 26 janvier 1915, le capitaine Bernard-Thierry a risqué gros pour offrir sa chance à quelqu'un dont personne ne voudrait dans une armée qui se respecte. Tout de même une précaution. Le 23 décembre 1914, la veille de son anniversaire, le soldat Guynemer « engagé volontaire » a rédigé, en l'antidatant probablement, sous la dictée du capitaine, une demande d'admission dans le service navigant : écriture d'écolier, plus sage que celle de la dernière année de Stan', signature horizontale où « Georges » est mieux structuré que « Guynemer » et qui se termine en montant à peine, sur une sorte de virgule.

Le 27 janvier 1915, le chef pilote Noë ouvre l'instruction théorique : comment un avion vole-t-il ? Quelques jours plus tard, une équipe de douze apprentis passe sous les ordres du caporal pilote Weiss, et ensuite du fameux Tarascon. Première page de Georges Guynemer, soldat de deuxième classe, sur un carnet de vol disparu, mais qui a laissé des traces :

Mercredi 27 janvier	:	corvée de neige
Jeudi 28 janvier	:	id.
Vendredi 29 janvier	:	conférence et corvée de neige
Samedi 30 janvier	:	conférence à l'aérodrome Blériot
Dimanche 31 janvier	:	id.
Lundi 1er février	:	sortie sur Blériot rouleur, dix minutes.

Le rouleur est un avion Blériot XI, souple et nerveux, avec un moteur Anzani trois cylindres de 25 CV ; on lui a rogné les ailes pour qu'il ne puisse pas s'envoler ; il apprend à l'élève à rouler droit au sol à l'aide du moteur et du palonnier, on l'appelle aussi le pingouin. Rouler en pingouin ne sert pas à grand-chose, on apprend aussi bien à rouler droit sur le Blériot de 50 CV des vols, mais on a commencé, le pli est pris, devient habitude, rite et nécessité, on n'y renoncera qu'après 1930. Impatient de s'arracher à la planète, Guynemer manie l'engin avec dextérité : de bonnes lignes droites sans chevaux de bois, c'est-à-dire sans se laisser embarquer dans de dangereuses trajectoires qui finissent en tourbillonnement et à la casse. Nous sommes toujours à Pau, sous l'œil méfiant de Tarascon. Pour ne pas s'éloigner du gosse, la famille n'a pas regagné Compiègne délivré et reçoit à Biarritz sa photo en aviateur.

Précieuse image, prise peut-être un peu plus tôt, alors qu'il n'est encore qu'élève mécanicien. Il a vingt ans et en paraît cinq de moins : sur son visage de premier communiant repose un énorme képi qui semble noir, marqué du chiffre 1 déjà symbolique, avec une jugulaire en cuir sur la visière. Celui qui le porte sort à peine du collège, droit, menu, fluet, presque transparent, mais terriblement assuré : l'ange de la foi avec un regard perdu. Si on étudie l'image à la loupe, l'œil droit, un peu exorbité déjà, ressemble à un lance-flammes braqué ; la tenue de gros drap à boutons dorés et à revers paraît plutôt une tenue fantaisie comme l'époque en tolérait. La famille Guynemer n'a pas dû laisser son enfant sans un sou, les leggings à courroie et les souliers ne sortent pas non plus des magasins de l'intendance. Sur le bras droit, un insigne ailé brodé d'or sur un brassard. Sérieux, grave. Deux poses : l'une, bras croisés, mains gantées. Sur l'autre, les gants dans la main droite.

Notre élève a vingt ans, Pau ne manque pas de jolies brunes, Biarritz non plus, notre prince en a sûrement rencontré, et même s'il était gardé par ses sœurs, même si toute la famille veillait sur sa vertu, les filles ont dû lui sourire. Cette société fruste dans laquelle il est plongé, n'aurait-il pas envie de s'en échapper parfois avec une compagnie plus douce ? Et maintenant que la famille n'est plus sur son dos, pas une amourette ? pas une passade ? pas un flirt ? A Stanislas, il ne songeait qu'aux farces. Ici, devant le décor du photographe, une toile nébuleuse à fleurs de clématite, le voilà enfant de la patrie, Isaac qui s'offre lui-même en sacrifice. « Pâle comme un ange du Greco », écrira de lui Jean Cocteau qui le croisera plus tard, en 1916 ou 1917 ? Il rappelle une photo de Montherlant déguisé en poilu, à vingt-deux ans, en 1918, visage tendu, capote et casque comme en campagne, masque à gaz dans l'étui, bidon, deux couvertures lui barrant la poitrine d'un X inconfortable, canne ferrée dans la main gauche, devant un décor de fumées d'éclatements d'obus. Montherlant, à l'époque, n'est pas incorporé ou, s'il l'est, c'est aussi au titre du service auxiliaire. La photographie a pour titre *Sous Verdun*. S'agit-il de la même intention, du même héroïsme enfantin devant un service inutile ? Montherlant recevra, après l'avoir tant cherchée, une blessure : des éclats de ferraille au bas du dos. Guynemer joue peut-être les aviateurs, mais il est déjà dans le temple.

La fatalité, c'est l'insaisissable, peut-être l'inévitable, ce que l'horoscope a annoncé ? « Une espèce de don Quichotte qui saura maîtriser la part du rêve pour qu'elle devienne le zénith de son destin ? » Pour la poussière d'astres que nous sommes, il suffit qu'elle s'agglutine et s'agglomère, que Dieu s'en mêle ou délègue quelqu'un : les lettres du père aux généraux n'ont servi à rien mais un simple capitaine est intervenu sans très bien savoir à quoi il obéissait, une espèce de délégué ou quoi encore ? La machine est en route. D'habitude, on en rajoute : il était un enfant prodige, ses camarades reconnaissaient en lui un champion, on voudrait déjà qu'il soit ce qu'il sera. Il n'est qu'un simple soldat de 2e classe, un gentil gosse.

« L'instruction du pilotage n'allait pas toute seule », écrit le capitaine Bernard-Thierry. A deux reprises en effet, Tarascon se plaint que Guynemer est trop nerveux, qu'il a brisé deux appareils d'entraînement parce qu'il n'écoute rien. Tarascon n'est pas le seul à vouloir se débarrasser de ce cancre. Dans l'armée ennemie, des adjudants allemands corsetés dans la suffisance jugent aussi que l'élève Udet n'a aucun don pour le pilotage. « Je décidai de prendre moi-même Guynemer en main, écrit le capitaine Bernard-Thierry. Je l'emmenai trois ou quatre jours de suite et exécutai avec lui plusieurs atterrissages classiques, moteur calé ou au ralenti, lui expliquant avec calme tous les secrets des bons atterrissages. »

Une autre photo. De groupe. Devant un MS Parasol (à moins que ce ne soit un REP, comment s'y reconnaître ? L'appareil est à peine plus haut que les hommes qui le cachent) une dizaine d'élèves pilotes vaguement rigolards encadrent leurs instructeurs aux mines bougonnes. La plus grande fantaisie règne dans le vestimentaire, combinaisons, bottes, molletières, houseaux, leggings, casques, képis, serre-tête, chandails, vareuses, bourgerons. Derrière les épaules de deux camarades, la visière de son képi sur les yeux, un Guynemer effacé pointe le nez. C'est peut-être le jour où il a été « lâché ». Il a écrit à son père qu'il s'est « bien amusé » et qu'il ne s'est pas fait une réputation de prudence. En l'observant toucher des roues et rebondir sans cesse, Tarascon, du sol, a dû crier quelque chose comme : « Il est cinglé, le type ! Il va se casser la gueule ! » Mais non, il joue une farce à son moniteur, à qui, plus tard, quand il le retrouvera en escadrille, il fera, gentiment, en rigolo qu'il est resté, un pied de nez. Il risque gros, car les militaires goûtent peu la plaisanterie. Lui persiste. Quand on blague sur son poids mouche, il parie qu'il montera plus haut, sur le même avion, que celui qui le taquine et le défie. Il a raison, il gagne : il vole au moins 50 mètres plus haut que l'autre. Forcément, il est si léger.

Le Cocteau de cette époque semble le prospecteur et l'inspirateur de l'héroïsme. Il est très bleu-blanc-rouge, fasciné par l'aviation et les jeunes pilotes, il devient en quelque sorte traqueur d'anges. En novembre 1914, il a découvert Roland Garros, mais oui, celui du stade, il leur arrive de dîner ensemble, pas n'importe où, à l'hôtel Meurice, chez Maxim's ou chez Prunier. Avec quel argent ? Peu importe, Garros s'endort parfois sous le piano, rien ne compte, on est en guerre. Garros, né à la Réunion, est beau, courageux, génial, simple ; aimé de la mort, il aime les dames, il donne le baptême de l'air à Cocteau qui se définit comme un aviateur de l'encre « taquinant l'éternité ». D'après le constructeur Voisin, Garros est un oiseau qui ne sait pas comment il vole. Cocteau le voit comme une linotte, avec une ravissante tête. Cocteau, c'est Virgile ; Garros, Dante avec de la moustache, un chandail à col roulé et une casquette retournée, qui chevauche Pégase vers la lune avec une douceur rêveuse. C'est rabâcher que dire que Garros a, chez Cocteau, rue d'Anjou, inventé le tir de la mitrailleuse à travers l'hélice en regardant avec un des Morane, le constructeur, une photo de Verlaine derrière un ventilateur. Rabâchons, c'est encore de l'antique. Raymond Saulnier installe une mitrailleuse Lewis sur le capot d'un avion MS type G de 1913 dont les pales de l'hélice ont été protégées par un déflecteur. Tout s'écroule, nous l'avons dit, mais on s'obstine. On place la mitrailleuse sur un MS Parasol biplace, l'avion sur lequel Guynemer fait ses classes, et ça marche. On changera encore, on inventera un système de synchronisation avec le moteur.

Au printemps, alors que Guynemer vient à peine de quitter Pau pour Avord où un char à bancs va chercher les élèves à la gare, Garros repart pour Dunkerque et le terrain de Saint-Pol-sur-Mer d'où, en 1917, Guynemer s'envolera pour la dernière fois. Près de Dixmude, d'une rafale, il met un Aviatik en torche. Revenu en rase-mottes, fou de joie, il saute de sa carlingue et fonce en Bugatti vers sa victoire : « Ils étaient nus et saignants, écrit-il à Jean Ajalbert. Le passager avait une balle dans la tête. On n'a pas examiné le pilote, trop mutilé. » Douche froide. C'est la victoire d'un chasseur, dont le récit remuera l'élève Guynemer. C'est sûrement pour en faire autant, c'est pour les avoir nus et saignants que l'élève Guynemer s'escrime. Oui, mais il casse du bois et désespère Tarascon.

Cocteau essaiera de retenir Garros. Est-ce qu'on retient jamais le vent qui souffle ou le saumon qui remonte une rivière ? Quelques jours plus tard, Garros en panne se posera dans les lignes ennemies près de Courtrai ; prisonnier, il esaiera en vain de brûler son avion dont la carcasse sera transportée à Berlin ; le secret du tir à travers l'hélice sera découvert. L'ingénieur Fokker trouve le dispositif et l'améliore. Cocteau tombe malade ; au lit, avec sa mère comme infirmière, il commence à écrire *Le Cap de Bonne-Espérance* :

De ta main d'ours Garros
alors
tu me signales quelque chose
et je me suis penché au bord du gouffre...

Guynemer remercie sa grand-mère Louisa des gants qu'elle lui a envoyés : il a presque fini de voler sur Blériot et va passer sur Caudron G2 « dans lequel le vent est très violent ». Le Caudron n'est qu'une chaise soutenue par des ailes et des poutrelles. Ainsi ce madré petit-fils espère-t-il un paletot de cuir et un serre-tête fourré. Louisa est riche. Tout près de passer son brevet, il la rassure : « *Décidément, j'avais la vocation. Des remous, dont le quart de la moitié me donnent le mal de mer lorsque je suis un passager, ne me font absolument rien quand je suis pilote.* » Son écriture se virilise, il traite les boches de « misérables sauvages ». La fournée dont il a été le cent unième oisillon sera bientôt cuite, on en est aux dernières épreuves, à des descentes en vol plané, à de courts voyages en ligne droite, à des navigations triangulaires : Avord-Etampes (ce n'est pas difficile, on passe la Loire), puis Avord-Romorantin-Châteauroux-Avord, enfin des virages à vitesse limite avec un baromètre pour témoin. De mon temps, on ne volait plus sur Caudron G2 mais sur Morane 230 ; les épreuves étaient les mêmes et le chef des moniteurs, un ancien camarade d'escadrille de Guynemer, l'ancien sergent Chainat devenu as et capitaine, n'arrêtait pas de nous engueuler : « Vous ne serez jamais des pilotes, hurlait-il. La seule couronne que vous aurez sera une couronne d'immortelles... » Quelquefois, un élève se perdait dans la verte nature du Berry, son brevet était remis en question, c'était le drame.

Pour Guynemer, un malheur se prépare. Il a encore par insouciance tellement cassé de bois, et si peu de chose suffit pour briser ces jouets qu'il faut manier en artiste, que le capitaine commandant l'école d'Avord téléphone au capitaine commandant l'école de Pau pour l'avertir qu'il ne peut plus continuer à entraîner son protégé. Pour Albert Ball aussi, futur as britannique, qui casse du bois deux fois le même jour, à l'entraînement, l'instructeur furieux décide qu'il ne volera plus, à moins de trouver « une école de pilotage pour enfants en bas âge ». Le capitaine d'Avord dit même qu'il va être obligé de renvoyer l'élève Guynemer à son arme. Et il demande : « Quelle est-elle ? L'infanterie, la cavalerie ? — Il n'a pas d'arme », répond le capitaine de Pau, soudain épouvanté, le délégué du Seigneur, l'homme à qui, peut-être même sans s'en douter, Guynemer doit tant. « Il est dans l'armée par raccroc... »

A la place du capitaine de Pau on dirait plus encore : « par miracle ». Le capitaine de Pau sent la catastrophe au-dessus de sa tête : il a menti, il a peut-être commis des faux en écriture. « Si vous le renvoyez... » Le capitaine commandant l'école de Pau ne sait pas pourquoi il a signé un certificat d'aptitude professionnelle ni pourquoi il a caché au général directeur du personnel de l'Aéronautique que le soldat Guynemer n'appartenait pas au service armé. Par faiblesse, par quelque chose qui ne s'explique pas, il n'osera pas dire « parce que je l'ai vu pleurer »..., on le prendrait pour quoi encore ? Il supplie son camarade d'Avord de laisser l'élève Guynemer obtenir son brevet. « Et s'il se tue ? Et s'il me tue quelqu'un ? » réplique le capitaine d'Avord. « Eh bien, n'ose pas répondre le capitaine de Pau qui se sent de plus en plus coupable, ce sera la destinée. »

Le capitaine d'Avord s'arrange pour que le foutriquet soit vite breveté et plus vite encore expédié.

Dans un autre stage, le maréchal des logis Nungesser fait des étincelles. L'élève Guynemer n'a pas pu ne pas apercevoir sa culotte rouge à bande bleue de hussard et sa crinière fauve, et il a dû en être agacé. « *Descente en plané ininterrompu de 800 mètres. Vue splendide (coucher de soleil)...* » Style de ses lettres à Compiègne, où la famille a réintégré ses pénates dans le bel hôtel intact. M. Bordeaux, enthousiasmé par l'ancien élève de Stan' seul parmi les nuages dans une cage à poules, s'écrie : « Il sera le centaure de l'air ! » L'ancien élève de Stan' écrit aux siens : « *Il ne faut pas être trop téméraire mais le contraire n'est pas admis* », lieu commun digne de *Bouvard et Pécuchet* de son presque compatriote Flaubert, et qui vaut bien les solennelles maximes qu'on lui attribuera plus tard. Du caractère du Capricorne, nous pouvons extraire ces lignes de l'ouvrage *Zodiaque* de l'ex-ambassadeur Régis-Bastide : « Il est impénétrable et il en souffre (...) C'est une belle intelligence un peu froide, implacable, indispensable (...). Voilà quelqu'un qui aime réussir. Qui aime est trop dire, car un Capricorne n'aime rien ni personne (...), la mort n'est pas son empire comme pour le Scorpion, mais sa justification. Elle lui donne en quelque sorte raison contre la vie qu'il a toujours méprisée, qui est inférieure au supra-terrestre, à l'infra-terrestre, au sur-vital, à la surhumanité dont il rêve. Ce grand solitaire ne sera plus seul au royaume des ombres (...). Il sait ce qu'il veut, exactement. Il a l'éternité pour triompher, il ne s'incline que devant la mort (...). »

De mon temps, à Avord, on mangeait beaucoup d'huîtres en buvant du vin blanc de Sancerre, si léger, si gai. Le capitaine Chainat ne se mêlait jamais à nous, sauf pour nous enguirlander. Il nous faisait peur mais nous l'aimions. Il aurait dû nous parler de Guynemer avec qui il avait une victoire en commun. C'était aussi un solitaire, un Bélier, un dur de dur, un bourru, quelqu'un que l'argent n'intéressait pas. En 1918, il avait inventé un carburateur. Le camp d'Avord n'avait pas tellement changé depuis 1915 où il y avait obtenu son brevet de pilote un peu après Guynemer. Les hangars étaient plus grands, on volait sur des Breguet 14 qui nous vomissaient les gaz d'échappement de leur moteur en plein visage. Bourges n'était pas loin, nous y allions à la première demi-journée de liberté, au cinéma plus qu'aux offices de la cathédrale, ou bien nous emmenions dans la campagne de petites amies charmantes, nos marraines du moment, bien qu'on ne fût pas en guerre. Aucun de nous qui ne caresse d'Avord quelque souvenir attendri. Les amours de Guynemer n'auront été là-bas que les Morane-Saulnier Parasol à moteur Rhône 60, les biplans Voisin à quatre roues et moteur Gnome, les Caudron G3 à moteur Rhône 80 et à 28, 25 m^2 de surface portante dont il parle à sa grand-mère : vitesse au sol 135 kilomètres à l'heure à tout casser, montée à 2000 mètres en vingt minutes. Ou les Nieuport 10 AR biplaces. On est un peu triste pour lui.

Le 5 juin 1915, il quitte le camp. Les capitaines respirent : il ne s'est pas tué, il n'a tué personne. A la réserve générale, un peu au hasard, on l'expédie à la MS 3 à Vauciennes, près de Villers-Cotterêts dans l'Aisne. Compiègne est de l'autre côté de la forêt. Il saute de joie, il a été nommé caporal le 8 mai.

Accorde-t-on des permissions de quarante-huit heures à ceux qui en font la demande ? Il passe par Paris, montre ses galons à Louisa folle d'orgueil et, on se demande pourquoi, en vitesse, au galop, à l'abbé Chesnais. Fait-il un détour par Compiègne ? Il est bien possible que sa famille soit devenue sa nouvelle escadrille. Il a hâte de se présenter à elle.

V

Un fils à papa

A L'EST de la forêt domaniale, le paysage change soudain. A une campagne coupée de rivières et de ruisseaux avec maisons pour Parisiens et villas lustrées, succèdent d'immenses plateaux de labours noirs, nus, pareils à une sombre mer calme et pétrifiée. A l'horizon, des clochers, des îles.

Quand on débouche là, en avril, de la fabuleuse Compiègne avec ses tours et sa gloire, on reçoit l'image d'une part morose d'infini. On se voit là, hors des routes, à pied, marchant des journées à travers ce désert sans rencontrer âme qui vive. De cette terre rébarbative, il va pourtant bientôt pousser quelque chose. Pas du blé, il serait déjà haut, mais du maïs, pas encore semé, ou des betteraves, pas encore repiquées.

En juin 1915, tout est vert, dru, touffu, étouffant, en train d'épaissir pour l'été ou l'automne. En septembre de l'année d'avant, quand l'armée allemande a passé là-dessus, la moisson était rentrée, les betteraves étaient sur pied. Von Klück presque aussitôt refoulé a rebroussé chemin sans avoir eu le temps de rien dévaster. Le front s'est établi largement plus au nord. Les champs sont travaillés par les femmes et les chevaux, et les femmes ont l'orgueil de s'en tirer aussi bien que les hommes. Le canon fait parfois trembler la terre, des avions bourdonnent, grosses mouches à peine visibles. La troupe, qui est partout, grouille sur les chemins.

Des nationales d'à présent, ou, plus loin à l'ouest, de l'autoroute du Nord sillonnée de bagnoles rapides et de poids lourds, on a peine à imaginer juin 1915. On est loin de tout ça. Pillé à chaque invasion, de Senlis à Compiègne jusqu'à Soissons, le Valois redevient un domaine royal.

« Guynemer ? Ah ! mais oui, on se souvient. Pas moi, mais ma mère me disait que son avion était sous un hangar là-bas, là où est la sucrerie, tenez, au début... » Une énorme usine avec une haute cheminée déborde du plateau, s'étale. On pourrait croire qu'on fabrique là des briques ou des tuiles. Les logements des ouvriers, des pavillons, sont à l'écart ; les maisons du village s'encastrent de part et d'autre de la route qui se faufile comme elle peut dans un encaissement où se carrent, à coups de coude, l'église et la mairie.

Au-delà de la sucrerie, c'était le terrain au milieu des betteraves, les bessonneaux, le bureau de l'escadrille, Brocard tonitruant : « Fous-moi ce p'tit con-là à la porte » quand le caporal Guynemer qui s'est présenté la veille, le mercredi 9 juin 1915, casse deux avions : il ne sait pas se poser, il est ému. Bonhomme et toujours un peu débraillé, Védrines répète d'une voix douce que ce n'est pas grand-chose, qu'on aura vite réparé, que ce gosse-là ne tardera pas à faire ses preuves, un peu de patience, c'est quelqu'un.

En France, l'aviation militaire compte à peine deux cents appareils de tous genres, de tous types et de toutes marques, à peine deux cents pilotes groupés en une vingtaine d'escadrilles à la disposition de généraux perplexes qui se demandent à quoi employer ces zigotos. Quand on a été versé dans l'aviation militaire et qu'on veut y faire une carrière, expression qui ne convient pas car les pertes y sont sévères, on vole avec ce qu'on a, on s'habille comme on veut, si le casque est trop lourd et ressemble à une casserole de croisade, on ne le met pas, on loge chez l'habitant, la discipline est ce qu'elle est, le métier privilégie quelques fous, quelques excités, quelques héros et beaucoup de farceurs. Est-ce sérieux, cette façon de jouer avec la vie et la mort ? Les usines commencent à travailler. En 1914, les ingénieurs sortiront cinq cent quarante et un avions de combat — l'aviation va combattre ! — et neuf cents moteurs. Rares sont ceux qui ont flairé les possibilités de ce machin-là.

Un journal succinct de l'escadrille — mot magique — relate les vols, les accidents, les visites, les déplacements, les sorties principales, les morts. Peut-on comparer une escadrille à un bâtiment à la mer où tout à bord est consigné ? Il est déjà tellement précieux que ce journal ait été tenu, qu'on l'ait gardé, et qu'après avoir cru, là ou ailleurs, qu'il était perdu, on l'ait reconstitué. Il existe encore. Pour consulter l'original, il faut aller au sanctuaire de la tradition, à Dijon. Des copies apocryphes en existent ici et là, maladroites souvent. Dans l'ordinaire des événements, elles suffisent pour qui n'est pas historien.

L'essentiel de ce qui concerne notre héros tient dans ses lettres et ses carnets de vol. Il écrit beaucoup à sa famille, mais la plupart des lettres conservées dans le cabinet du père ou le secrétaire des sœurs, à Compiègne, zone occupée pendant la Seconde Guerre mondiale, disparaîtront dans le sac de la ville en 1944 et 1945. Les carnets de vol aussi. On se demande qui a osé dérober pareil trésor. Tout le monde savait où était la maison de Guynemer, désertée alors par les seuls survivants de la famille, la mère et Yvonne mariée à M. de Villiers de La Noue : lettres, carnets de vol (traces les plus sûres de sa carrière), vêtements, reliques, trophées, tout disparaîtra. Les Allemands ont occupé la maison, les Français aussi. Qui a pillé ? qui a volé ? Comme notre héros n'a pas tenu de journal personnel, et comme, à l'époque, on n'enregistrait pas la voix, que reste-t-il de lui ? L'honnêteté la plus élémentaire oblige à préciser que les seuls textes échappés au naufrage ont été déjà publiés. L'auteur de cette biographie s'efforcera de se montrer véridique.

Cependant, de nouveaux témoins ont été retrouvés, des visages et des paysages inconnus jusqu'alors se sont révélés. Sur ce qu'on apercevait à travers les années ensevelies, il a fallu imaginer certaines scènes, certains décors et rebâtir comme on restaure un monument ruiné par le temps.

Pour plus de véracité, par souci d'exactitude et pour qu'il n'y ait pas de confusion entre la vérité et son approche, les paroles et écrits authentiques, ou qu'on peut considérer comme tels, de Guynemer ont été repris ici en italiques.

M. Bordeaux, qui a eu la chance de disposer des archives de Compiègne, nous dit que le dimanche 13 juin 1915, « après un ou deux vols d'essai », il effectue une reconnaissance au-dessus des lignes ennemies et rencontre trois avions allemands. On ne s'évite pas, mais on ne se provoque pas, chacun va où il doit, il arrive même qu'on se risque à un signe de la main et que chacun continue son travail. Ce jour-là, il a nargué l'ennemi : « *A bientôt, mon coco...* » car il est prêt, il ne demande que ça. Il a déjà fait monter un support de mitrailleuse sur la tourelle de son observateur. Même si le mot n'existe pas encore en aviation, il peut « chasser », mais rien ne se passe. « *Hier à 5 heures, j'ai virevolté au-dessus de la maison, à 1 700 mètres ou 2 000 mètres. M'avez-vous vu ? J'ai poussé mon moteur pendant cinq minutes pour que vous m'entendiez...* » D'autres fois, il lance un message lesté dans le parc du comte de Foy, à côté, sur un endroit plus dégagé. Il s'enhardit, pique sur le toit de l'hôtel Guynemer, monte en chandelle, tourne sur le dos, se redresse, ses sœurs s'écrient : « C'est Georges ! » Elles giclent sur le perron, le père suit, la mère reste en retrait, abritant son visage d'une main et comprimant les battements de son cœur. « Mon Dieu, c'est le petit... » Au ras des arbres, il sème l'effroi en pleine forêt, remonte vers les lignes, les villages ruinés, les tranchées enchevêtrées et grêlées par les trous d'obus, les bois hachés, le sol labouré. « *On se demande comment il peut y avoir là un homme vivant...* »

Quel bon fils ! Quel bon frère ! Tour à tour il écrit à Odette, il écrit à Yvonne, il écrit à sa mère plutôt qu'au père, pour laisser entendre qu'il s'agit d'enfantillages. Le lundi 14 juin, il va jusqu'à Laon. Le 15, des obus l'encadrent et lui administrent le baptême du feu. « *Aucune impression si ce n'est de curiosité satisfaite.* » Cette fois c'est à l'ancien officier démissionnaire qu'il s'adresse : question de métier. Le 16, il emmène comme observateur un officier et reçoit un éclat d'obus dans l'aile droite ; le 17, il rentre avec huit impacts d'artillerie. « *Coucy a tiré (...) 1 000 coups. On n'entendait qu'un roulement, et partout ça éclatait, dessous, dessus, devant, derrière, à droite, à gauche, car nous descendions prendre des photographies à un endroit qu'ils voulaient nous empêcher de voir. On entendait siffler les éclats, il y en a un qui, d'après les trous de l'aile, a passé dans le champ de l'hélice sans la toucher ; un autre est entré par le même trou, mais sans ressortir, je vais vous l'envoyer ; de plus il y en a un dans le gouvernail et un dans le fuselage...* »

Son observateur a hâte de rentrer, lui pas. Serait-il inconscient ? Nullement. Il est où il a voulu être et où il a failli ne pas être ; il pourrait se morfondre sur la plage des Basques et il pilote

3. Un tourbillon
de folie,
de baisers
et de chants.

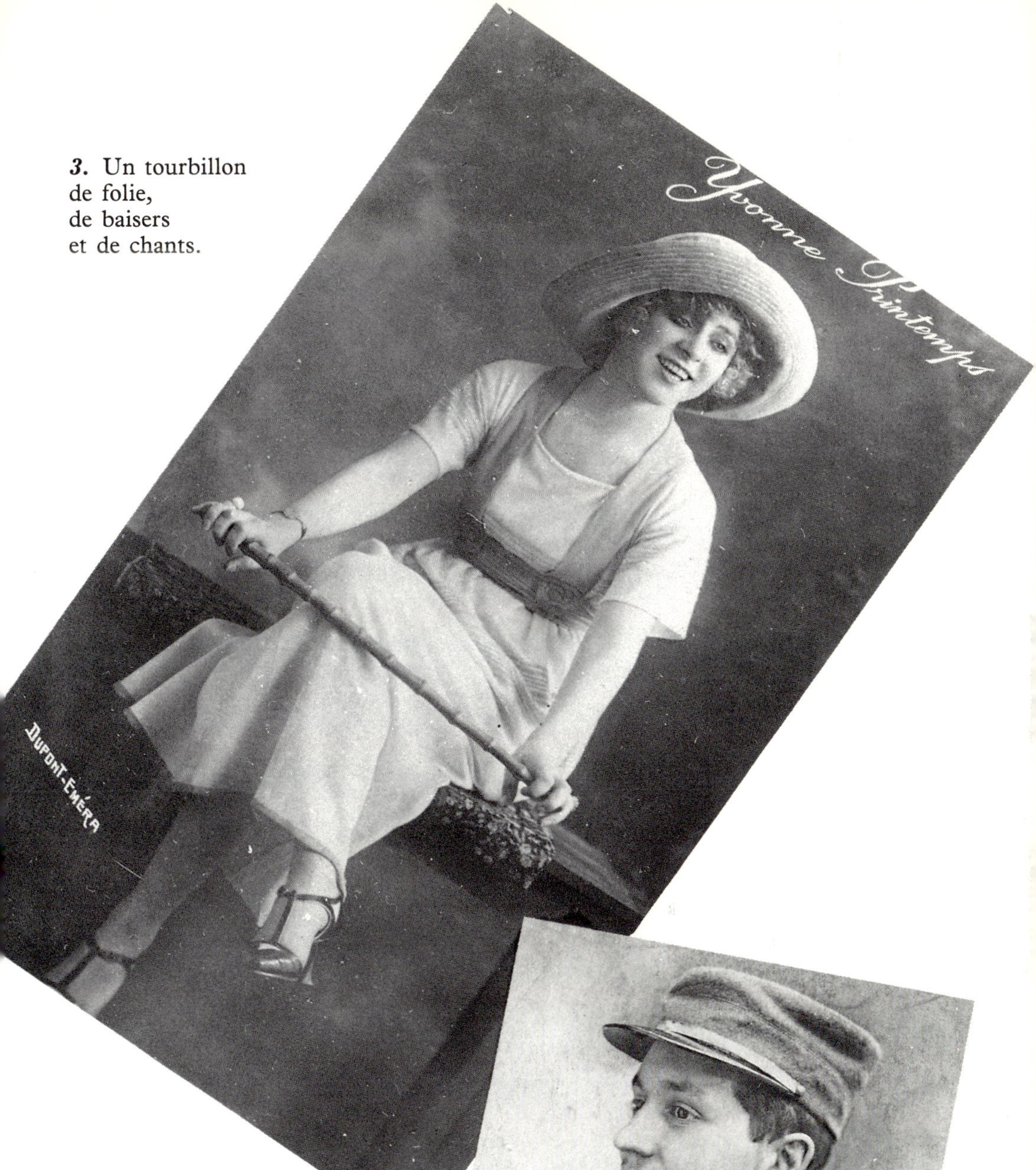

4. Février 1916,
sergent, 21 ans,
sept victoires,
la gloire est là.

(Photo 3 : Collection Viollet. Photo 4 : E.C.P. Armées.)

5. Janvier ou février 1916. Sourire amoureux à la mitrailleuse.
(Photo E.C.P. Armées.)

une machine volante avec un moteur de 80 CV qui paraît de nos jours un jouet, une trottinette, une fragile Vespa, un moustique, il est le maître du ciel, il évolue parmi un feu d'artifice, l'artillerie allemande l'escorte de fleurs blanches et noires, ce sont ses noces avec la guerre, et, comme pour des noces, son avion invulnérable passe sous une voûte d'acier, il se croit prince, roi, salut à l'immortalité ! Védrines, qui braconne chez l'ennemi, n'est pas peu fier d'avoir protégé cet oisillon qui n'a pas encore de vraies plumes, « 48 kilos, un paquet de nerfs », ce gosse qui n'a peur de rien, tonnerre de Dieu ! et revient avec son avion en loques et son observateur défait. Oui, mais il a cassé deux avions le premier jour où il a volé, et il continue, il a du mal à reprendre contact avec le sol. Brocard ne rigole pas avec ces choses-là : il veut des pilotes qui soient des artistes. « Si dans quinze jours, ça ne s'arrange pas... » Il regrette un peu d'avoir cédé à Védrines, de n'avoir pas « foutu à la porte », dès le début, « ce p'tit con-là ». Védrines a encore plaidé sa cause. Il a dû même dire : « C'est un mec », les Parigots emploient le mot depuis 1850. Ce n'est pas le langage de Brocard, mais, pour une fois, un mec, dans la bouche de Julot, il admet. Brocard refoule tous les pilotes qui ne lui conviennent pas ou les vire dans l'observation. Même question qu'à Avord : sur quelle arme le refoulerait-on ? Il n'en a pas. Ah ! si Brocard savait qu'il est du service auxiliaire...

Le 17 juin, catastrophe ! Le journal de marche note : « Le capitaine Brocard descendu, avec balles et éclats dans l'avion, en poursuivant avec le lieutenant Hugel un avion réglant une grosse pièce qui tire sur Villers-Cotterêts. » Descendu, quelle honte ! Brusquement, l'escadrille s'enfièvre : ce qui arrive au capitaine n'a rien de commun avec ce qui arrive au caporal. Brocard a la réputation d'un coup de fusil précis, il donne la mort aux chamois avec rapidité, même au crépuscule, et on vient de l'humilier. Il en a gros sur la patate. Attention. Il ne s'agit pas de plaisanter.

L'escadrille retient son souffle, les durs à cuire répriment un sourire dans leur moustache, ils sont une bonne dizaine qui fument beaucoup, boivent sec le soir à la popote des sous-offs où sont admis, pure faveur, les caporaux pilotes. Guynemer, seul de son grade pour l'instant, s'y fait tout petit, Védrines l'a casé à côté de lui. Védrines, à la veille d'une mission spéciale, n'a pas tellement l'esprit à la galéjade et laisse les gros adjudants aux larges épaules, par exemple Houssemand qui a sa cour autour de lui, raconter des histoires, juger des hommes et des événements. Ces messieurs les officiers ont une table plus distinguée. Dans une bonne, une épaisse odeur de tabac et de vin rouge, on raconte chez les sous-offs que Pégoud a déjà engagé le combat avec des Fokker et des Aviatik. Le Fokker monoplan est inspiré du Morane, l'Aviatik est un biplan biplace à empennage arrondi dont il faut se méfier car il est armé d'une mitrailleuse sur la tourelle, et, malgré l'incident Garros, on prétend que le tir à travers l'hélice est pour bientôt des deux côtés, et alors...

Le gosse se tait, écoute, est-ce qu'il ne se ficherait pas un peu de leurs fioles ? Il rayonne de bonheur, il est fou de joie, fou d'orgueil, lance des éclairs d'envie ou d'ironie, les anciens l'ont adopté, ils ont de la tendresse pour lui, apprécient sa sveltesse, sa politesse, sa modestie — là ils se trompent —, s'étonnent un peu de son teint bistre, c'est drôle, le teint qu'il a, tirant sur l'ardoise parfois, et pas par peur, il ne sait pas ce que c'est, il flanque la trouille à tous ses passagers, et son regard, ce regard... Védrines dit qu'il ne pèse pas lourd, mais que, pour le courage...

Chacun a son zinc. Védrines, pour que le gamin soit en confiance, lui affecte l'avion du sergent Bonnard qui vient d'être muté pour la Serbie. Peut-être parce qu'il ne plaisait pas à Brocard.

Le caporal s'est payé un appareil de poche, un Kodak, il photographie les pilotes, les mécaniciens, les chiens, les gens du village, il emporte même l'appareil en vol, on ne sait jamais. Il se fait un copain, Brou, dont toutes les traces ont disparu, ensemble ils jouent des niches aux anciens comme au bahut : des lits en portefeuille, des chaises soudain bancales, du vin mouillé. Ah ! s'ils étaient de vrais poilus, comme on commence à dire, et avec de l'âge, la vie serait moins drôle. « *C'est calme. On se croirait dans le Midi* », écrit-il chez lui. A cause de l'été sans doute.

Cette ombre fragile, cette apparence transparente, à quelle espèce d'humanité appartient-elle ? Où faut-il classer le caporal Guynemer ? Dans la petite aristocratie dont il est issu ? Il ne fait plus état du fameux tilde à quoi ses propres parents tiennent tant, le tilde a disparu de son état civil. Peu importe le nom qu'il a ou n'a pas et que ce nom soit d'hier ou d'aujourd'hui, par son allure, par ce qu'il ressent, ce qu'il dit et ce qu'il veut, corps et âme, il est noble. Il faut le ranger dans une élite à l'extrême pointe de tout, qui entraîne les autres ; il est le levain de la pâte, le sang qui ne craint pas de se répandre, et, parmi ces hommes pas toujours bien embouchés, ni beaux ni délicats, un page venu apprendre chez un grand le métier des armes. Le grand, c'est Brocard l'intraitable, le « descendu » furieux. Le page veut devenir aussi grand que ceux qui l'entourent, plus grand que Brocard, plus grand que Védrines. Que n'importe qui.

Laissons la chevalerie au Moyen Âge et Roland à Roncevaux. Que chacun donne un nom à son cheval et à son épée (Alexandre donnait bien le nom de son cheval à une ville), c'est le type de toute relation d'homme de guerre avec le danger. Les pilotes de la MS 3 vont bientôt avoir leur écu : une cigogne, comme ils ont déjà leur monture : le Morane Parasol, et bientôt le Bébé Nieuport. Les radars et les ordinateurs de nos jours sont-ils des écuyers, et les missiles qui ont remplacé les mitrailleuses et les canons, quel nom portent-ils ? Et l'ennemi ? Comment s'appellera désormais le Mig qui n'est déjà plus qu'un écho radar ?

Le caporal Guynemer, pas encore fameux ni fabuleux, encore moins mythique et mirifique, pas encore exemple pour le chasseur astronaute de demain, a cependant depuis Avord, après deux petits mois de pilotage, la réputation d'un phénomène : il ne sait pas atterrir sans casser du bois mais il sait déclencher des vrilles et en sortir. Ce n'est pas donné à tout le monde, à l'époque.

Le 17 juin 1915, Brocard qui l'a traité de bousilleur de zincs est donc « descendu ». Ça lui apprendra. Le 19, c'est la cinquième mission spéciale de Védrines pour les Ardennes belges, et, le 22, je lis dans un similijournal de marche tapé à la machine : « Casse de bois par le caporal Guynemer. » Encore ! Quelqu'un a ajouté à la main d'une écriture microscopique et entre parenthèses : *(peu de chose).*

Brocard doit être d'humeur massacrante et va peut-être se décider à se débarrasser de lui. Peut-être, mais le soir du 18 juin, le capitaine commandant l'aviation de l'armée l'a appelé et lui dit : « Vous êtes un rude type, vous, vous ne déparez pas la collection, au contraire. Comme début !... » Le capitaine Gérard lui a demandé depuis combien de temps il était caporal. Commentaire aux siens : « *Y a bon... Le roi n'est pas mon cousin* », ajoute-t-il. Son passager de ce jour-là affirme que son pilote n'exécute jamais une manœuvre pour éviter les tirs dirigés sur lui et ne songe qu'à se placer au mieux pour les prises de vue verticales à déclencher par l'observateur avec l'énorme et lourd appareil photo militaire. Après quoi le pilote passe son minuscule Kodak au passager et lui demande de cueillir les fleurs noires des obus qui éclatent autour d'eux. Ces photos existent dans les albums où la famille collait les documents. « *Toc, toc, deux éclats dans l'aile droite dont un à un mètre de moi (...). Tout à coup fracas effroyable : un obus éclate de 8 à 10 mètres sous l'appareil. Résultat : trois trous, un montant et un longeron abîmés (...).* »

Il est fier de lui, il s'amuse. A l'atterrissage, cet innocent bondit vers l'irascible Brocard, le prend par le bras, l'entraîne de force jusqu'à son appareil, lui met le doigt dans les impacts, exulte, ivre de joie. M. Bordeaux décrit ainsi l'enfant Guynemer trépignant, tel David dansant devant l'arche, et l'impressionnant Brocard, pharaon. Plus qu'un jeune prophète ou un page, l'enfant Guynemer n'a peur de rien, la bataille le grise, ne flaire-t-il pas le sang ?

A la popote des sous-offs, on dit que Garros prisonnier voudrait qu'on l'échange : une lettre de lui a pu arriver en France par la Suisse. On lève les verres à sa santé. Les expériences du tir à travers l'hélice se poursuivent, il paraît que Nungesser — ah ! Nungesser avec sa Mors ! — a dit d'un ton gouailleur au mécanicien de Garros : « Jules, le pilote capable de remplacer ton patron n'est pas né. » Le 22 juin, le soldat Dineaux, passager du sergent Davienne et détaché à une escadrille voisine, est tué d'une balle dans la tête en combat aérien. On se tait. Ce sera peut-être le sort de tous. Le 2 juillet, arrive à l'escadrille, muté de la MF 62 et sortant des dragons, le sous-lieutenant Deullin, un officier de vingt-cinq ans, élégant, d'apparence un peu froide, flanqué d'un chien à qui il montre beaucoup d'égards, un corniaud malin, sombre, au ventre blanc.

On parle toujours, avec des sous-entendus prudents, de Brocard qui s'est fait descendre, et qui en a de plus en plus gros sur le cœur.

Les boches, on n'a que ce mot à la bouche. A la MS 3 comme dans les tranchées de la VIe armée, comme à l'arrière, comme partout, on ne dit pas les Allemands, mais les boches. La haine se crache dans cette aphérèse d'alboche, comme on les appelait en 1870. Aphérèse, nom venant du grec, chute d'une lettre ou d'une syllabe au début d'un mot : boches pour alboches. Insultant ? méprisant ? C'est le temps qui veut ça, le mépris est aussi une arme.

Rien de pire que les boches. A détruire jusqu'au dernier. A écraser comme une carne, une ordure, une saleté. Ça dure depuis des siècles. Aujourd'hui, s'il arrive que le mot s'emploie encore en évoquant le passé, il est adouci. Tête de boche est plutôt un compliment. Ça gêne certains parmi nous, ces vieilles haines enracinées dans les profondeurs des peuples. Que faire ? Que dire ? Nous sommes en 1915, on se bat contre l'envahisseur dans une lutte à mort. Quel autre mot peut employer le caporal Guynemer pour désigner l'ennemi qu'il veut exterminer ? Et eux, comment nous appellent-ils ? Ces saligauds de Frantzmänner, ces gens de rien, ces porcs, cette pourriture, ces Welches... Où qu'on se trouve, et à la MS 3 plus qu'ailleurs avec cet homme de fer et ce tyran qu'est Brocard, on essaie de traquer le boche défait alors qu'il croyait avaler la France d'une bouchée ; on l'a refoulé, on le rejettera, mais il possède des forces colossales. Dans les escadrilles de réserve générale, on monte des expéditions de bombardiers contre la gare de Karlsruhe et les usines de Ludwigshaven. En réplique, les avions boches, plus nombreux et plus agressifs, cherchent la bagarre.

Quand il ne vole pas et qu'on ne profite pas de son humble grade ou de sa jeunesse pour lui coller quelque corvée, le caporal s'approche de son avion, il le regarde, le palpe, le caresse, l'examine, le scrute, le sonde, c'est un ami, le meilleur de tous, un autre lui-même. Plus encore : cette machine d'enfant l'enlève au monde terrestre. Il observe son mécanicien Guerder travailler, parle avec lui métier, se sent aussi capable que lui de démonter un carburateur, de régler un ressort de soupape, de souder un conduit d'essence ou d'huile ou de contrôler une pression, il emploie les mots qu'il faut, il veut un appareil en parfait état, un moteur qui tourne rond et sans arrêt. Oui mais si, chaque fois qu'il sort, il ramène « une machine comme ça, une machine trouée de partout » ? dit Guerder. Ce n'est pas grave quand l'éclat d'obus n'a pas touché une partie essentielle, il suffit de reboucher et de recoller. Déjà, pour un longeron, un hauban, une entretoise, cela oblige à découvrir et à remplacer. Alors, pour le moteur, pour les commandes... Sans Guerder qui vérifie tout, redresse, retape, et qui a dans les mains la seule arme qui permette de se battre, il ne serait rien. Il voudrait, lui aussi, de son poste, avoir une mitrailleuse, ou deux, pourquoi pas ? qui tireraient hors de l'hélice ou à travers l'hélice. L'avion doit être une mitrailleuse volante. Un avion à lui, mis à sa disposition par l'armée, est-ce possible ? Seule différence du sien avec les Morane sur lesquels il a déjà volé : un moteur de 80 CV, et l'hélice n'a plus de cabochon. Il a voulu être où il est, il y est, non sans peine ni hasards. Il grimpe à sa place de pilote, il s'y installe, échange de petits grognements d'aise et des propos insignifiants avec Guerder. Tous deux parlent à cet avion comme à une licorne qu'on aimerait dans le secret : « Ma caille, ma tourterelle, mon petit chat, ma mignonne... » Le caporal n'est plus en école, il n'a plus un canasson de manège monté par tout le monde, mais un cheval à lui, obéissant à la moindre pression des rênes, des genoux et des pieds, son moteur est capable de propulser l'appareil à 120 kilomètres à l'heure, davantage en piqué, combien ? 150, 180, 200 peut-être ? « Oh ! oh ! grogne Guerder, on a vu la toile des ailes se déchirer, la fixation de la voilure se déformer, et alors... » Tout sera de plus en plus sacrifié à la vitesse, la nouvelle mitrailleuse pèsera lourd. On parle d'un nouvel avion, un Nieuport qui atteindrait 160 à l'heure et grimperait à 200 mètres en huit minutes. « Ma caille, ma tourterelle... »

Notre page contemple un tableau de bord qu'aujourd'hui nous trouverions plus que rudimentaire. Barbare, grossier. A gauche, juste sous l'œil, l'indicateur de vitesse Etevé : sur un cadran marqué d'un trait rouge, une simple aiguille, entraînée par une lamelle de métal qu'actionne le vent du déplacement ; à gauche encore, mais à l'abri du minuscule pare-brise, le baromètre altimétrique Richard gradué de 0 à 5000 mètres ne donne que des indications approximatives, mais un bon pilote doit savoir à quelle altitude il se trouve, et lui le sait. Lui sait tout. Il sent plutôt. Il a ça en lui. Au milieu, le compas, la boussole, trop souvent affolée par la magnéto du moteur, la montre qui sert à calculer la position du soleil par rapport aux points cardinaux, la vitesse de navigation et ce qui reste dans les réservoirs (un 80 CV consomme d'ordinaire 35 litres d'essence et 3 litres d'huile à l'heure. A droite le mano de pression d'huile, puis le compte-tours presque toujours détraqué qui sautille ou s'arrête, et alors il faut écouter le moteur. L'oreille, l'œil, l'oreille encore, le doigté, surtout l'instinct pour le p'tit loup, pour l'adorée... Et les manettes : l'admission des gaz, l'air, le contact, les robinets. Il frôle tout, il touche tout, il apprend par cœur la place de chaque chose qu'il sait retrouver sans regarder, il respire l'odeur écœurante d'huile de ricin et l'odeur suffocante de l'essence, il s'en grise, il n'y a pas de plus doux parfum d'Arabie, il ballotte dans tous les sens le manche sans vie qui commande la profondeur et le gauchissement et ne s'animera qu'une fois le moteur en route et l'avion frémissant, il appuie les pieds sur les étriers du palonnier, ô cavale de mon cœur... Morte à l'arrêt, cette machine devient, dès qu'elle s'élance, taureau aux cornes acérées se ruant sur des ombres, soufflant le feu, bête d'assaut, animal de combat avec soi-même et avec l'ennemi. Heureux ceux qu'elle a déjà conduits à la victoire ! Heureux à jamais ! Dans l'étroit habitacle, il dialogue avec lui-même, avec l'engin de mystère et de mort, avec son mécanicien Guerder — une bonne grosse tête de chien fidèle, un peu rude, un peu lourdaud, si timide, si humble, si attaché à son avion et à son caporal. Le caporal a dans les mains une bonne machine, une aile légère et solide avec laquelle il se sent de même corps et de même âme, un fauve. D'ailleurs, en vol, pour ne pas risquer d'être éjecté, il est attaché. L'un et l'autre ils ne forment qu'un.

Un cheval, si c'est un cheval, on le cajole, on le bichonne, on le panse, on le bouchonne, on le brosse, on l'étrille, on lave ses sabots, on bande ses paturons ou ses canons, on caresse ses genoux, ses épaules, on lui flatte l'encolure et les naseaux. On lui parle surtout. Parfois tout bas, en secret. On lui dit ce qu'on ne dit à personne. Un avion aussi comme à un amour ? Un avion n'est pas une bagnole qu'on utilise quand on en a besoin. Ce n'est pas seulement une machine. C'est un système dont l'homme qui le pilote dépend tellement et qui dépend tellement de son pilote qu'ils se transmettent, dirait-on, une part d'eux-mêmes, de leurs nerfs, de leurs tics, et de leurs manies et de leurs habitudes, peut-être de leur cœur ? Comme si un système pouvait avoir du cœur. Un cheval a de la fougue, du courage, de la folie, de l'orgueil. Et l'avion ? Et si c'est un taureau ? Ce qu'il est, l'avion le tient de l'homme. Un avion n'aurait pas de cœur, il pourrait tuer son pilote sous lui, ils pourraient devenir ensemble un tas de débris informes ? Ô ma vie, ô ma douceur... Une aile volante emporte un homme dans les nuages, hors de la terre, loin des camarades, loin des parents, loin des femmes, hors de tout ce qui retient l'homme à une planète habitée pour le projeter à travers l'espace sillonné d'ennemis à éviter ou à détruire ? A quoi peut-on comparer cette aile volante sinon à un cheval peut-être, ou à une licorne ; le moindre claquement de lèvres, la moindre action des mains ou des genoux emportera impétueusement l'équipage vers des hauteurs cruelles. Là, seuls le courage et la déraison pourront être de secours à travers les passions qu'une âme peut connaître. Dans leur commerce, il serait imprudent de croire qu'il ne puisse y avoir de complicité entre l'homme et l'aile volante puisqu'il y en a entre le cheval et le cavalier, et puisque, en cas de fausse manœuvre ou de défaite, c'est le drame. Qu'ils perdent ou qu'ils gagnent, leur sort est lié. Par des gestes caressants, l'homme guidera sa machine volante et, d'une simple pression sur un poussoir, juste à l'instant qu'il faut, tuera.

« Il était donc le bourreau de Dieu ? » se demandera-t-on. En quelque sorte, exécuteur divin, peut-être. Et il détient sa puissance de nous tous, semble-t-il, et d'en haut. Mais le taureau, puisque j'ai parlé d'un taureau soufflant le feu ? Le taureau est plutôt l'ennemi à éviter par des passes, d'abord. A estoquer ensuite.

Nous sommes spectateurs dans l'arène. La porte du toril vient de s'ouvrir.

VI

« C'est qui, le vainqueur ?... »

Le 3 JUILLET, Brocard qui, depuis qu'il a été descendu, assaille méchamment tous les moulins à vent du ciel, saute en peau de bique du premier Nieuport que l'escadrille a reçu ; un 10 CI monoplace, dérivé du 10 A2 biplace, et qu'on appelle d'un mot charmant, Bébé Nieuport, parce que ses ailes ont été rognées pour qu'il aille plus vite. Cet homme en apparence calme, pondéré, qui essaie de se montrer un père, même quand il est sévère et gouverné par des décisions brutales, se laisse aller à une démonstration de liesse inhabituelle. Fou de joie, il crie, il hurle : « J'en ai eu un. Mon premier... » Un quoi ? Un boche, naturellement. Il l'a abattu en flammes, c'est ce qu'il dit.

Seul à bord, armé d'une carabine Winchester et d'un pistolet Mauser, il a rencontré un Albatros ventru au nez pointu, l'équivalent du Nieuport, même vitesse, moins maniable peut-être, il le prend en chasse, le rejoint au-dessus de Compiègne, essaie de le tirer à la carabine comme un chamois mais l'observateur allemand l'assaisonne avec son fusil automatique. Tac, tac, tac, le Nieuport claque sous les balles. Quel saligaud, ce boche ! mais Brocard est enragé, il veut son gibier, s'approche de lui, le force, vide sur lui un chargeur de huit cartouches de sa Winchester tout en essuyant le feu du boche, ne le lâche plus, puis, de plus près, à 30 mètres, au coup par coup, brûle toutes les cartouches de son Mauser. L'autre pique brusquement, Brocard le suit de plus bas que lui pour éviter la riposte de l'observateur qui, soudain, à 100 mètres, se tourne vers lui, lève les bras et, arraché de sa tourelle, vacille et tombe. A 400 mètres, l'Albatros franchit les tranchées allemandes et s'y pose en catastrophe tandis que l'artillerie française le pilonne et le détruit. « Mon premier... », répète Brocard en essayant de dominer son exaltation. Mais quoi, ce n'est pas tous les jours qu'on a son premier. Il en bave.

A la popote, on parlait justement d'un sergent cité au communiqué, Navarre, qui va sur les lignes chercher son zinc boche syncopard, un isolé traînant ses plumes, et vous le descend. « C'est de la chasse. » Le commandant de l'aviation de l'armée, un ancien dragon encore, baron de Tricornot et marquis de Rose, le dit et le répète à ses aviateurs. Et que veut-on que ce soit ? Mais lui a vraiment un regard de papa gâteau qui s'adresse à des fils en bas âge. La veille, 2 juillet, un caporal pilote du nom de Fonck a aussi attaqué à coups de carabine un taxi allemand qui lui a échappé. L'armement n'est pas au point. Depuis la mésaventure de Garros, on travaille avec acharnement à résoudre le problème. En lissant les fortes moustaches dorées qui lui dépassent des joues, le commandant de Rose invente la fonction : « Vous êtes appelés à former la première escadrille de chasse... » Haut de taille, large d'épaules, il harangue ses officiers avec une raideur de seigneur. Ces anciens cavaliers sont indécrottables : toujours de la morgue. Il parle de charger, vole sur un avion blanc et prend pour devise *Qui ose gagne*, que beaucoup piqueront par la suite en croyant qu'ils l'ont inventée. « Allez ! Aux carabines ! »

Le 6 juillet, un dimanche, par très beau temps, Boelcke, jeune pilote allemand d'avion C, emmène le lieutenant Wülhisch qui porte sous sa combinaison son uniforme rouge (encore un hussard !) quand il voit un MS Parasol, très haut. Boelcke s'écarte, s'élève en se dissimulant sur le décor, réussit à se placer derrière le Français, légèrement au-dessous et sur le côté. A 40 mètres, Wülhisch tire, le pilote français se met en spirale, Boelcke ne le lâche pas, 130 dans les piqués, 160 parfois. Wülhisch s'arrête, enrayé. Pendant vingt minutes, le combat les entraîne à 700 mètres et à 20 kilomètres derrière les lignes en territoire occupé. Le Parasol s'écrase enfin dans un bois. Boelcke atterrit dans le voisinage : le pilote français portait sept blessures, l'observateur cinq. Le navigateur était le comte de Bauvicourt, il était tombé sur ses propres terres, il y reste. Ce premier combat du champion que deviendra Boelcke, tout le monde l'a raconté, on ne parle que de ça dans les popotes.

Après l'éclat de Brocard, l'escadrille est en ébullition. Le capitaine a montré l'exemple, le caporal se sent un peu triste. Et lui ? Il n'a ni expérience ni autorité. On parle de la façon dont le capitaine a eu son premier, détruit dans les lignes allemandes. Le capitaine, on le croit sur parole. D'un autre, on douterait. D'habitude, il faut trois témoins oculaires. On ne saura qu'après la guerre que le pilote s'appelait Laus von Allwerden, qu'il était lieutenant, on ne découvrira que six mois plus tard le corps de l'observateur dans la forêt de Laigle, au cours d'une battue aux sangliers, et c'est grâce à un officier d'une escadrille voisine, le lieutenant Chambe, qui deviendra par la suite général et écrira une histoire de l'aviation, qu'on saura que l'infortuné observateur était l'Oberleutnant von Falkenhausen, fils d'un amiral. Brocard, son vainqueur, honorera alors le vaincu par des funérailles militaires.

Avec sa Winchester, Brocard n'a tiré que huit cartouches, parce qu'il ne pouvait pas lâcher ses commandes pour changer de chargeur, et c'est grâce au pistolet Mauser qu'il avait à côté de lui dans la carlingue qu'il a pu achever la bête ; mais avec un pistolet il faut être à quelques mètres seulement... Le nouvel avion, le Nieuport, s'il change les habitudes parce que c'est un biplan et s'il faut le manœuvrer souvent pour surveiller l'espace caché par le plan inférieur, se manie comme une bicyclette, encore mieux que le Morane, et c'est le roi des piqués.

L'adjudant Védrines observe « son gosse » surexcité, piaffant. Lui garde toujours son calme. Il rumine, il machine ses missions spéciales, du minutieux travail d'horlogerie. Védrines dépose un passager loin à l'intérieur des lignes ennemies, d'habitude un douanier ou un agent des services secrets, et va le chercher le lendemain, ailleurs : il faut éviter les pièges, approcher moteur réduit, ne pas se tromper, rouler le moins possible. Védrines est un oiseau, il se posera en 1919 sur le toit des Galeries Lafayette pour gagner 25000 francs et se tuera deux mois plus tard au cours d'un raid. Dans ces missions spéciales, il virevolte comme un héron dans le crépuscule au-dessus des arbres et des étangs, plane, touche le sol de la pointe des pieds, repart à grands battements d'ailes silencieux. Chaque fois, une citation, une palme joliment méritées. Salut, l'artiste ! Le caporal Guynemer brûle de les imiter, lui et Brocard : « Tu m'obéiras », ordonne Védrines. « Il avait trop de sang », dira-t-il plus tard en aparté aux spectateurs. S'il le juge trop nerveux, il l'empêche de décoller. Brocard rabâche sa devise : « Discipline, patience, cran. » Que dirait Byron ? « La patience, la patience ! Arrière ! Ce mot fut créé pour les bêtes de somme, non pour les oiseaux de proie... »

Byron se trompe. Pour les oiseaux de proie aussi.

Brocard a électrisé la MS 3. Seul à bord, il a eu son boche avec un pistolet, au coup par coup. Tous les pilotes de l'escadrille rêvent de rivaliser avec le chasseur de chamois. Eh bien, et le caporal ? Rêver ne suffit pas. Depuis son cassage de bois, depuis sa prise en main en douceur par Védrines, le caporal Guynemer écoute, obéit. Et quelle discipline ! quelle obéissance aveugle ! quelle soumission ! Le caporal exécute toutes les missions qu'on lui confie : reconnaissances ici et là, même lancer de bombes (des obus à ailettes) sur une gare voisine. On fête la médaille militaire d'un pilote et le caporal est désigné pour aller chercher à la popote du Bourget deux bouteilles de vin du Rhin, deux bouteilles seulement ? Les caves de Villers-Cotterêts ou de Crépy-en-Valois sont donc vides ? Au Bourget, il en profite pour essayer un Bébé Nieuport. Une occasion, un peu comme au cirque.

A la fin de la semaine, il interroge Védrines : « Vous avez voulu me mater ? » Védrines acquiesce en rigolant : « C'est terminé, mon p'tit lapin. Demain tu voles avec moi. Par n'importe quel temps. Tu me suis. » Le caporal qui sert d'équipier à Védrines pourra juger les siens par la suite ; il colle à Védrines, répète tous ses gestes, déplace son propre avion pour dégager l'espace caché par la masse du moteur, les ailes ou le fuselage, observe de tous côtés, en haut, en bas, devant, derrière. Derrière surtout, c'est de là que vient le danger. Dessous. Védrines qui n'est pourtant pas chasseur, mais sait se garder, lui apprend à se méfier de tout, à être chasseur chassant, danger pour tout.

A la guerre, on s'entre-tue. On est là pour ça. Ou alors il faut déserter. A la guerre aussi, plus on tue, plus on est honoré. C'est le mot d'ordre : mort aux boches !

Si, dans un équipage, le pilote doit avoir, parce qu'il est le maître, plus que le passager envie de tuer, quelle incommodité pour lui ! A cette époque de la guerre aérienne, c'est le passager qui détient l'arme (une mitrailleuse sur support, de préférence à la carabine ou au pistolet) parce qu'il dispose de plus de place que le pilote. Et puis la mitrailleuse du pilote n'est pas au point ; on ne sait pas encore, à cause de l'hélice, où la mettre ni comment la faire tirer. Brocard, pour se servir de sa carabine et de son pistolet à crosse de bois, a dû jouer l'acrobate : lâcher ses commandes pour braquer son arme à deux mains, tout en contrôlant le manche avec ses genoux. Dans ces conditions-là, comment s'approcher d'un Aviatik qui manœuvre et peut riposter, d'autant plus que ces oiseaux-là sont rusés ? L'Aviatik est armé de trois mitrailleuses : deux fixes pour le pilote, devant lui, et une troisième mobile, sur support, pour le passager, derrière et sur les côtés. En l'état actuel de l'armement, le pilote doit placer le tireur dans une position favorable, sous l'adversaire, pour se soustraire à sa réplique, dans le même sens et à la même vitesse que lui pour éviter le plus possible les corrections de tir. Moins il y aura de corrections de visée et plus près on sera, plus grandes seront les chances. Tuer n'est que la preuve que le but a été touché : la pipe de foire est cassée, la balle en équilibre sur le jet d'eau a sauté.

Dans le tir forain, on appuie sur la détente lorsque la balle est sur le point de s'immobiliser au sommet du jet d'eau ou, avec une correction très faible, en avant du but, s'il avance. Mais le tir forain n'est pas le tir en plein ciel à proche distance d'un avion capable lui-même de vous démolir, alors qu'on est soi-même dans une machine ridicule qui vole on se demande pourquoi, et tient on se demande comment. Et si elle lâche, que devient-on ? Il faut des tripes bien accrochées et un peu d'inconscience. Bref, l'émotion entre en jeu et accélère les battements du cœur. On ne tire pas sur un homme comme sur un lapin ou un sanglier. Si ? Pour Brocard, tout boche est à tuer. Ah ! s'il lève les bras comme le sien, l'autre jour, s'il se rend, c'est autre chose, il est autorisé à se poser, il est prisonnier, on est un peu à Rome, Brocard le traînerait volontiers derrière son char. Bas les armes, le vaincu, même s'il est boche, a droit à des égards dont les aviateurs ne sont pas avares, on cite déjà des gestes, comment dire ? chevaleresques de part et d'autre, nous n'en sommes pas là. Nous en sommes au passager en position de tir, à courte distance de l'ennemi qu'il faut descendre. L'adresse est nécessaire, mais plus encore le sang-froid. De plus, l'avion vibre, le support de l'arme vibre, le passager debout résiste à un violent courant d'air, un ouragan, et vacille sur ses jambes, il chancelle aussi aux mouvements de l'avion, les balles de l'adversaire claquent à ses oreilles ou claquent contre l'avion, et il n'y a pas d'abri possible. Le seul salut serait dans la fuite, mais cela dépend du pilote, et il faut savoir si on attaque ou si on fuit. Si on en a ou si on n'en a pas. Si on en a, on approche et on tue.

Ce sont des réflexions de cet ordre-là, un peu sèches, que le caporal n'arrête pas de tourner et retourner dans sa tête. « Le quatorzième jour, écrit Védrines, il vient me demander s'il peut partir seul en croisière. J'accepte. »

Le lendemain, c'est le 19 juillet, un lundi, la Saint-Arsène. 5 heures du matin, Guerder dort à poings fermés quand Guynemer le secoue : « *Debout, lève-toi, viens comme tu es.* » Guerder s'éveille, grogne, s'ébroue, se trempe le visage dans une cuvette. Il peut venir en bleu, en espadrilles ? « *Prends ton cuir. Vite, filons.* » Tous deux poussent l'avion hors du hangar. A l'escadrille, quand il n'y a pas de mission spéciale, chacun va où il veut, l'escadrille marche au canon. Au tableau d'ordres à côté du téléphone de campagne, rien de particulier sinon un avion allemand signalé sur Cœuvres, entre Vauciennes et Soissons. Même pas l'annonce de cette « croisière » accordée par Védrines. Il fait beau, le matin est éclatant.

Peu de paroles. Par un geste du poing, le caporal demande à Guerder si sa mitrailleuse est en état de marche. Même geste du poing de Guerder : il a tout vérifié. Guerder dispose d'une sorte de tourelle qu'il a dû se bricoler lui-même : à l'intérieur d'un support planté sur un cercle mobile, il peut orienter son arme dans toutes les directions d'une demi-sphère céleste imaginaire. Il peut même faciliter le tir vers le haut ou vers le bas, allonger ou raccourcir la branche du trépied. Ça pèse, une Lewis, et le rouleau-tambour chargeur offre de la prise au vent. N'empêche. Il a des muscles d'acier, Guerder, il est heureux avec son pilote à peine à l'escadrille depuis quelques jours, vif, plein d'ardeur, un gringalet qui semble tenir à peine debout et que, d'un coup d'épaules, par jeu, on enverrait s'étaler ? Pas sûr. Son petit pilote est adroit, léger, subtil, peut-être vulnérable. Guerder se sent un peu, c'est drôle à dire, son père : il le protège. Sa mitrailleuse, ah ! elle tirera ! Au moindre enrayage, il manœuvrera le levier d'armement, il enlèvera le chargeur vide pour en remettre un plein, malheur à qui se trouvera là. Essence. Personne devant ? Personne. Contact. Le moteur lancé tourne rond. Le temps que Guerder saute dans la carlingue derrière lui, le caporal roule quelques mètres puis décolle et grimpe plein nord. A 3800 mètres peut-être, comme il l'écrira quatre jours plus tard à son ami Constantin, son ancien condisciple de Stan' qui sert dans l'artillerie, le caporal voit très vite l'Aviatik, le montre à Guerder, le rejoint, l'approche et, peut-être d'assez loin, par inexpérience, Guerder vide un rouleau (quarante-sept cartouches) sur lui. Raté. Là, c'est le caporal qui écrit à son ancien condisciple Constantin : « *Rencontré un zoiseau nommé Aviatikus infectus. Arrivé dessous j'ai ouvert le feu à 3400 mais cet animal froussard autant que carnassier a piqué illico dans ses lignes...* » Parole, il ne prend pas ça au sérieux.

En 1917, après Guerder, Guynemer regoûtera aussi à ce moment qui a tellement compté pour lui et dont tous les détails n'ont pas été notés sur-le-champ. C'était hier, il se remet à vivre le combat, il était tellement excité. Guerder a tiré un rouleau, puis la mitrailleuse s'est enrayée, ou peut-être était-ce l'émotion ? Le boche se débine. Guerder dans sa tourelle, lui aux commandes, tous deux mi-fiers, mi-penauds, au-dessus de Coucy, à peu près entre Laon et Soissons, Guerder a désenrayé, et, la poisse, Guynemer voit l'Aviatik atterrir vers Laon quand soudain... « *Canonné,* écrira-t-il sur le mode badin à Constantin l'artilleur, *d'ailleurs, oui, Monsieur, à 3700, par une estimable batterie qui m'a jusqu'ici envoyé à domicile dix éclats d'obus en quatre séances...* », il en découvre un autre plus bas, en route vers le sud, comme s'il ne risquait rien, un père tranquille d'Aviatik biplace de reconnaissance au fuselage rond presque blanc et au nez pointu. A Guerder, il le désigne sur la campagne où des lambeaux de brume s'effilochent, on le distingue à peine, il se confond, avec ses ailes bariolées, avec le damier des champs. Guynemer calcule, et il en a le temps (les avions de ce temps-là ne volent qu'à

120 kilomètres à l'heure). Il laisse passer l'Aviatik « *sournoisement* », écrira-t-il à Constantin, fait demi-tour en réduisant le moteur, Guerder engage un troisième chargeur dans la Lewis. Un piqué prolongé pleins gaz et les voilà approchant en catimini par-derrière, par-dessous et à gauche, de l'autre qui ne se méfie pas. C'est toujours du cirque. A 50 mètres de lui, Guynemer s'élève un peu, se met à sa hauteur, Guerder lâche une rafale, une autre, quelque chose saute de l'Aviatik touché, un éclat, mais quoi ? Troisième rafale, une autre encore. Quarante-sept cartouches par chargeur sont vite brûlées, et pour changer le chargeur, ce n'est pas simple ; il faut enlever le rouleau vide, chercher le plein, le soulever, se redresser dans le vent violent, l'engager sur l'arme. C'est peut-être du cirque dans l'approche, mais la fin de ce jeu est la mort. « *Kamarad, ça n'existe pas à cette hauteur-là* », écrit Guynemer à Constantin. L'observateur allemand réplique. A la carabine. Une de ses balles fouette une aile, Guynemer s'approche jusqu'à « *20 mètres* », dira-t-il à Constantin, à distance du gros gibier et, pour un homme, à distance de tuer. 15 mètres peut-être. Une balle érafle la tête et la main de Guerder qui ne sent rien et tire toujours à rafales plus courtes, il ne faudrait pas finir le nouveau chargeur et rester sec, quand Guynemer voit soudain le pilote allemand s'effondrer dans le fuselage et l'observateur lever les bras, ce qui vous suffoque un peu quand vous êtes à 15 mètres, et que l'Aviatik tombe à pic en tournoyant, avec une spirale de fumée derrière lui. Guerder ne sait que penser. Il tape sur l'épaule du caporal qui sourit, le visage soudain éclairé d'une joie dont il n'est pas encore sûr qu'il peut la laisser déborder : c'est vrai ? ce n'est pas vrai ? Guerder aussi se le demande, les yeux écarquillés, ce serait fini ? Cette mitrailleuse encore brûlante aurait tué ? L'Aviatik continue de tomber avec de la fumée derrière lui. Guerder a envie de crier, il n'ose pas, le caporal Guynemer semble trouver le moment si naturel, il est si calme. Quand même, il frétille, ses yeux pétillent.

De ce triomphe-là, nous n'avons que des photos qui nous les montrent, son mécanicien et lui, devant le Morane arrêté dans un champ de betteraves juste au-dessus de carrières où un régiment d'artillerie a fourré ses canons. Les deux roues du train d'atterrissage du Morane ont leurs pneus (moins épais que le poing) un peu boueux car il a dû tomber une ondée dans la nuit, la terre humide est grasse. L'Aviatik s'est écrasé dans les tranchées d'en face, il grille, nos batteries le pilonnent, mais les batteries allemandes ripostent et encadrent le Morane qu'on se hâte de pousser à l'abri dans un creux, c'est si léger, ces machins-là. Les artilleurs ont surgi de tous les côtés comme des rats, et c'est presque une photo de famille que nous avons, sur un plateau de terre rouge, à 5 kilomètres au sud-est de Soissons en un point situé autrefois cote 151 et que, pour ma part, je placerais plutôt, sur l'actuelle carte de France au vingt-cinq millièmes, vers la cote 139,9 au lieu-dit la Carrière-Lévêque, avec l'indication : ferme. A gauche, le commandant adjoint de l'artillerie sous un képi à coiffe, en bottes, dans une vareuse noire à gros galons circulaires et une culotte bleu horizon, regarde, barbu et baba, le caporal pilote très digne, un drôle de rictus sur les lèvres, à peine étonné car il s'y est toujours attendu. Depuis sa photo en élève pilote à Pau, les bras croisés, où il semblait dire déjà : « A nous deux, la gloire... » Après, nous avons en calot, fier comme Artaban, une grosse canne de montagne à la main, le colonel du régiment d'artillerie qui bombe le torse sous sa Légion d'honneur et sa croix de guerre et, un peu à l'écart, Guerder. Est-ce à un épagneul qu'il ressemble, lui, avec sa bouille ronde et rase ? Plutôt à un dogue qui aurait les oreilles tombantes. Il fixe l'objectif de travers et par-dessous comme s'il se méfiait. Le dernier à droite c'est Julot, Védrines, surgi on ne sait comment, comme la foudre, avec ses décorations, son képi noir à galon panaché d'adjudant, son air tranquille et une idée de derrière la tête : « J'en connais un qui va faire une drôle de binette... »

Hilare, le colonel se tourne vers le caporal pas plus haut que lui et si mince, si mince qu'il se pose des questions, le colon : un simple caporal avec ses insignes de grade sous un bouton de vareuse ? Il n'y tient plus, et à Guerder débraillé, nu-tête, son gros casque casserole à la main : « Quel âge avez-vous ? demande-t-il.

— Vingt-deux ans, mon colonel.

— Et celui-là ? dit-il en désignant Guynemer.

— C'est le pilote.

— Quel âge ?

— Vingt ans, répond Guynemer, mais ce n'est pas moi le vainqueur. »

Il n'en revient pas, le colonel. « Vous avez entendu ? s'écrie-t-il devant ses officiers. Ce sont ces gamins-là qui vont gagner la guerre. » Alors, il se tourne vers Guerder en treillis et en espadrilles, tel que le caporal l'a tiré du lit, pas rasé, à peine lavé. « Ce n'est pas lui non plus, dit Guynemer.

— Alors c'est qui ?

— C'est lui, dit Guynemer en désignant Védrines, il m'a tout enseigné. »

Védrines rougit et salue. Il est fier de son gosse et de lui, mais il en était sûr. Guerder roule une cigarette, pour la contenance, et se boutonne enfin, lui, l'exécuteur, le tueur, le brave épagneul.

Derrière eux, les couvrant de ses ailes, le Morane tutélaire intact, prêt à repartir — quoiqu'en manœuvrant au moteur, Guynemer soit entré dans une meule de foin qui a bloqué l'hélice, mais Guerder a aussitôt tout remis en état. Védrines est touché au fond de l'âme. Il savait bien que ce gosse n'était pas un ingrat, il a sauté dans une bagnole dès qu'il a su ce qui venait d'arriver, il a entendu le gosse lui dire qu'il s'était posé là parce que son moteur était en panne, ce qui est faux, le moteur tourne très bien mais la nervosité du gosse expliquait tout. Il n'y a plus qu'à tout raconter aux artilleurs venus en foule de tous côtés, en bottes, en molletières, en leggings, en képis, en bonnets de police ou nu-tête, fiers de leurs aviateurs, tous dingues. D'allégresse.

C'est là que quelqu'un aurait dû intervenir. « Que pensiez-vous à ce moment-là, caporal Guynemer ? »

Mais rien, il ne pensait à rien, il s'est approché à 15 mètres à peu près, moins peut-être, de l'Aviatik, il voyait très bien le pilote en cuir, casque et lunettes de vol, et le recul du coup relever le fusil de l'observateur quand il tirait. « *Plus vite, Guerder, plus vite !* », voilà ce qu'il pensait et ce qu'il criait, mais Guerder n'entendait pas, avec le bruit du moteur. Pas difficile à cette distance pour Guerder, aucune correction : du tir à tuer. « Qu'attendiez-vous, caporal Guynemer ? », demanderait encore l'intervieweur. Le caporal Guynemer attendait ce qui devait arriver. Vous savez, quand on veut, on peut, on s'obstine, on exige, on se faufile, on intrigue au besoin, on finit par figurer sur une liste où votre nom n'est pas, on finit par décrocher un brevet, une affectation où quelqu'un vous a à la bonne, un ancien, un protecteur, une vedette, qui vous aide, vous conseille, vous rassure, vous guide. Qu'est-ce qu'on attend ? Ce qui suit. Qu'est-ce que vous croyez ? Ça se fait tout seul.

Le caporal Guynemer coiffé d'un képi bahuté, forcément puisqu'il devait le serrer dans la carlingue, on ne sait jamais, déjà débarrassé de sa veste de cuir et de son serre-tête, en culotte et bandes molletières comme s'il sortait de la popote après le déjeuner, et calme comme si de rien n'était. Oui, mais ce sourire crispé, et sous son front ces diamants noirs fixes, un peu égarés dans leurs étoiles ? Soudain, le caporal Guynemer découvre la main droite de Guerder ensanglantée. « C'est rien, dit Guerder. Une éraflure.

— *Et ça ?* demande le caporal en prenant l'énorme casque de cuir de Guerder et en enfonçant le doigt dans un trou au-dessus du front.

— Ah ! dit Guerder doucement, c'est ce que j'ai senti. »

Le passe-montagne de Guerder aussi est coupé comme au rasoir. Lui, le caporal, rien. D'après lui, la Lewis n'est pas très bien réglée, sinon ils auraient dû l'avoir plus tôt, l'Aviatik. A cette distance, n'est-ce pas ? Impossible de louper un éléphant.

On leur redemande encore une photo devant le Morane, avec la Lewis sur son support braquée vers l'arrière et vers le haut ; de nouveaux canonniers accourent poser à côté d'eux pour la postérité et se pavanent, jambes écartées, mains sur les hanches ou à la ceinture, képi en bataille, moustache conquérante, quel dommage encore qu'Apollinaire, qui servait à l'époque dans les 75, n'ait pas été là ! Ils ont vu le combat, ils en parlent tous, oh ! ça n'a pas duré longtemps : dix minutes, de 10 h 15 à 10 h 25. Ils étaient sûrs que le Français allait gagner, mais sait-on jamais ? Le soleil est déjà chaud, on s'appuie les uns sur les autres, en bras de chemise ou en bretelles, en se hissant on jette un coup d'œil dans la carlingue, au poste du pilote où se passe le mystère, on tâte la toile du fuselage, on palpe les ailes : « C'est du solide, ça ! » Non, ce n'est pas du solide, ça se brise comme du verre, comme un rien, il suffit d'une mauvaise manœuvre, et en l'air, alors ? En l'air, eh bien il faut savoir, il faut y aller délicatement, comme avec, vous voyez ce que je veux dire ? comme avec votre chérie, et encore, ça dépend...

Il y a un moment de langueur, comme si on était à la noce, il ne manque que des belles pour que des bandeaux de mélancolie passent dans les regards. Ce sont bien des noces pour Guynemer qui semble être ailleurs. Cette fois, le marié est déguisé en guerrier, en pilote vainqueur, les mains dans le dos, une aile dorée à chaque extrémité du col, son mignon p'tit kébour un peu écrasé, et sur son visage qu'il n'a même pas pris le soin d'essuyer, des projections d'huile du moteur, tellement ça a peu duré. Une telle modestie, une telle joie, et ce regard. C'est vraiment un jeune marié un peu gauche. Et perdu d'amour. Et la mariée ? On l'attend. Où est-elle ?

Le colonel les emmène à sa popote, leur fait présenter les armes par la garde et offre le champagne. La nouvelle court sur tout le front de la VIe armée, on les trimbale d'état-major en état-major, on se les arrache, et chaque fois des discours, des applaudissements, voilà notre caporal un peu pompette et pourtant c'est à peine s'il trempe ses lèvres dans la mousse qu'on lui tend, il est vrai que le champagne n'a pas le même goût dans une flûte en cristal que dans un quart de soldat. Guerder qui n'est pas tous les jours à la fête n'en revient pas non plus, il rêve, il n'oubliera jamais cette journée. Après la guerre, il installera son atelier 171, rue du Bateau à Aubervilliers (Seine). Sa maison aura un papier à en-tête : « Décolletage sur tous les métaux de 1 à 70 mm, mécanique générale, tour à façon, pièces d'après dessins, automobile, aviation, électricité. » En lettres capitales, son nom : Charles Guerder, avec vignettes de la médaille militaire et de la croix de guerre. Il est resté modeste, il ne fait pas état de cette première victoire de Guynemer où le tueur, c'était lui.

Le vrai triomphateur, l'homme qui porte tout sur ses épaules, c'est l'adjudant Védrines, ganté, chic, un rien réservé, et qui surveille toujours son gosse du coin de l'œil. On dirait cependant que, même par la taille, mais c'est peut-être parce qu'il est si mince, comme un arbre qui n'a poussé qu'en longueur, Guynemer est plus grand.

Ne va-t-on pas ainsi jusqu'à Compiègne, dès qu'on apprend que le caporal a sa famille là-bas ? Un cortège triomphal débouche rue Saint-Lazare chez les Guynemer. Cela aurait été une révolution, un torrent, cette victoire du gosse. On ne fait que passer, il n'est venu que pour les embrasser ; le père s'attend à tout, mais, dépassé par l'événement, se serait contenté de sourire, de se redresser, de bomber le torse comme le colonel d'artillerie, de montrer un visage radieux et immobile, à n'en croire ni ses yeux ni ses oreilles : quant à Junon, debout, immobile, ses filles la soutenant, tandis que les larmes auraient inondé les visages de tous, serait-ce possible ? On en aurait parlé dans la famille, on parlerait encore de cette visite éclair, et personne n'en a dit mot, sauf M. Bordeaux : « ... Ils finissent par débarquer à Compiègne, conduits par le capitaine Siméon... » Rien d'autre. Bizarre, ce capitaine Siméon, qui est parfois son passager. Doit-on y découvrir une allusion au vieillard Siméon qui chante le *Nunc dimittis* après avoir vu le Christ ?

A la Carrière-Lévêque, Guerder est déjà à côté de son Morane qu'il bouchonne ; il a tout vérifié, tout astiqué, tout est intact, il y a assez d'essence pour rentrer, il a boutonné son bourgeron, défripé son pantalon, mis son képi, et il attend, fidèle gardien, les mains dans les poches de sa veste, à côté du chien d'une batterie, un vague corniaud blanc et jaune aux oreilles longues et basses qui s'est laissé tomber sur le flanc et regarde tout avec curiosité.

A présent, pour gagner la Carrière-Lévêque, il faut passer au pied des collines par un paisible village tout en tournants, Septmonts, son château et son donjon détruits. Un ruisseau coule, la Crise, il donne son nom à un faubourg sud de Soissons et se jette tranquillement dans l'Aisne en pleine ville. Si vous y allez une semaine de juin, passé midi, l'école et la mairie seront fermées. La route qui mène à la Carrière-Lévêque grimpe de 80 mètres et débouche dans la meulière dont sont tirées les pierres de la plupart des vieilles maisons des environs. Les nouvelles, c'est fini, c'est en aggloméré. En juin 1915, les pièces d'artillerie étaient nichées sur le même plateau de pommes de terre et de betteraves qui s'arrête soudain sur un à-pic entamé par les excavatrices. La carrière sert toujours. Pour la première victoire du héros, quel socle à la statue l'on pourrait y élever ! Il pleut à peine. Si un avion de tourisme se pose dans les rangs de betteraves, en évitant les tas de fumier, vous pourrez croire que Guynemer va en sortir. Au plus haut du plateau, la cote 160,2 s'appelle « Mont-Blanc ».

Védrines fait remettre le moteur en route et s'installe aux commandes, Guerder rejoindra par la route, le caporal se fourre derrière, à la place du passager, il est trop nerveux pour piloter. Départ à 2 heures de l'après-midi. Un tour au-dessus des artilleurs pour les remercier et cap sur Vauciennes, à une vingtaine de kilomètres, même pas, au sud-est. L'Aviatik a grillé tout près dans la vallée de l'Aisne, où les tranchées sont creusées de part et d'autre de la rivière. On l'a presque oublié. Les corps qu'on n'a pu retirer sont ceux du lieutenant Werner Johannes, vingt-trois ans, et du sous-officier August Strobel. Le caporal pilote que Védrines ramène à Vauciennes dans les remous du ciel orageux joue au mitrailleur et prend des photos. Sait-il qu'il a failli, la veille ou l'avant-veille, être vidé de l'escadrille ? A la place du passager, il se souvient des nausées que les muflées d'huile de ricin provoquaient en lui jadis quand il n'était qu'un « colis ». Il touche l'épaule de Védrines qui se retourne, il lui sourit ; il possède tout cet espace de guerre, ces versants glauques, ces vastes étendues blondes, les ondulations du Valois, les grandes ombres des forêts. Voici les traces de roues d'avions dans les prairies de Vauciennes, voici les hangars de la sucrerie, voici le château où l'on guette son retour sans savoir encore...

Quel château ? Il se trémousse, fait le pitre, tord la bouche. « Calme-toi, coco », murmure Védrines qui sait que là, il y a une châtelaine qui est folle du caporal.

« Lui qui s'attendait à quitter peut-être l'escadrille le lendemain, écrira Védrines en 1917, y rentrait en triomphateur ; à cette époque, les victoires aériennes étaient rares... » C'est que Brocard, le cerbère sans pitié, tout-puissant maître et seigneur de la MS 3, tient toujours pour un bousilleur de zincs le caporal Guynemer, courageux mais fantaisiste, fumiste et maladroit puisqu'il a encore cassé du bois le 22 juin. « Cette fois, Julot, débarrasse-moi de c'couillon. » Il doit revenir sur son jugement. « Discipline, patience, cran », eh bien, il doit reconnaître que le caporal Guynemer illustre sa devise à lui. Ce qui l'étonne le plus, Brocard, c'est que cette victoire ait été remportée si aisément. Un coup de chance. Oui, mais alors, si ce caporal a de la chance ? Lui, Brocard, a voulu être seul à bord pour ne pas partager, et il lui a fallu une Winchester, un Mauser, le premier Nieuport de l'escadrille et quel roman ! Et ces deux-là, ces deux puceaux qui n'ont jamais rien touché de leur vie, avec leur Morane poussif...

Rendons justice à Brocard. Il a compris. Il refoule ses humeurs et voit le parti qu'il peut tirer de son crack.

« Dis donc Guerder, c'est bien avec le zinc à Bonnard qu'on a descendu notre premier Fritz ?

— Oui. Et Bonnard, qui s'appelle Charles comme moi, l'appelait "Vieux Charles".

— Alors, dit le caporal Guynemer, celui-là et tous ceux qui viendront après, ce sera la même chose : "Vieux Charles". »

L'avion est baptisé, le caporal proposé pour le grade de sergent* et, avec Guerder, pour la médaille militaire et la croix de guerre avec palme. A la popote des sous-offs, il y a fête. Védrines préside, Brocard et les officiers viennent trinquer. Les lettres et les télégrammes de félicitations affluent. Le 26 juillet, en présence du père qu'on est allé chercher, le général commandant la VIe armée décore le fils. Est-ce que la gloire étincelle dans ses yeux ? Le regard qu'il a date peut-être du jour de son baptême au Thuit, ce regard qui transperce et commence à frapper tout le monde. Froid, étrangement dominateur, impérieux, sans bavure, sans pardon, par moments presque indifférent, par moments absent, signe d'une fatalité qu'on pouvait déjà lire sur la photo du Thuit chez cet angelot solitaire, qui semble voir quelque chose, une fumée noire tournoyer au-dessus des enfers et se demande peut-être pourquoi il est là, implacable, face à un événement implacable. N'exagérons pas, mais reconnaissons que le tragique marquait déjà l'enfant et marque le jeune homme. Si peu perceptible, ce tragique, que seul Védrines le voit, et, comme devant un brasier, passe un instant une main devant ses yeux. Védrines l'écrira en 1917 : « C'était son regard qui me faisait comprendre qu'il y avait de l'espoir dans l'avenir de ce môme. »

De l'espoir ? Védrines veut dire qu'on peut fonder certains desseins sur la carrière de ce pilote, peut-être un peu inconscient, un peu fou, mais tellement courageux, tellement volontaire, et qui va beaucoup tuer.

---

* Encore qu'on l'estimât « un peu jeune », dernière rancœur de Brocard.

Il y a du demi-dieu chez lui, du génie, du héros, on ne sait pas encore. Védrines croit en lui. Rien ne l'étonnera.

Entracte. On ne rencontre pas tous les jours un Aviatik qui se laisse descendre. M. Bordeaux écrit qu'il « paie sa gloire toute chaude de quelques jours de fièvre », le journal de l'escadrille signale le 31 juillet son envoi en observation à l'hôpital de Villers-Cotterêts. Le voilà qui veut aussi tâter des missions spéciales. C'est dur mais ça rapporte. Presque chaque fois une palme. Et il veut des palmes. En temps de guerre, c'est au nombre de palmes que se mesure la valeur. Brocard finit par se laisser attendrir. Marchons pour une mission spéciale. Miracolo : il la réussit. Une semaine plus tard il en réclame une autre. « Encore vous ? » s'écrie Brocard, qui ne le tutoie pas encore. Ou par moments. « *Encore moi.* »

Cette fois, la sortie manque d'être tragique. On arrête. Il reprend son train-train, va bombarder Noyon avec des obus à ailettes. L'escadrille mène son bonhomme de chemin. On vole, on casse (il n'y a pas que lui), on revient bredouille. Le canon tonne toute la journée et toute la nuit. On s'y fait, on ne l'entend plus que lorsqu'il y a du silence.

Sa première visite à Compiègne a tellement marqué les siens que personne n'ose en parler. Il va chez lui quand l'envie l'en prend. C'est encore plus facile, maintenant que, depuis le 14 août, l'escadrille a quitté Vauciennes pour Breuil-le-Sec, dans l'Oise, à 30 kilomètres à l'ouest de Compiègne ; une toute petite course, aller en famille. Le voilà sergent à vingt ans, décoré comme un crack, qu'est-ce que ça lui fait ? Et sa première victoire ? Rien. Il a déjà dit la même chose après son premier vol à la première sortie où il a été encadré par les batteries. Il est né pour ça. Le lion qui se découvre lion en égorgeant une gazelle n'a pas l'impression d'être cruel. Est-il un lion ou un tigre ? Rabatel, un pilote de l'escadrille Voisin III qui ne laissera aucun nom et que nous allons retrouver bientôt, dira après une première victoire tellement désirée : « Ça n'a pas l'air bien difficile. On doit pouvoir vivre longtemps... » Le sergent Guynemer doit raconter aux siens des banalités de ce genre pour les rassurer. Ce qu'il vient d'accomplir est une chose inouïe, mais c'est le « p'tit Georges ». Il a toujours des caprices d'enfant gâté, maladif, refoulé. Quand il décroche une permission de la nuit, il couche dans sa chambre, à l'étage. (Vous pouvez la louer si vous voulez. Il y a une armoire à glace, les fenêtres donnent sur le jardin, à l'opposé de la rue.) Il voudrait être heureux chez lui, dans un monde qu'il redécouvre. Mais qui sont les siens, à présent ? Il a deux sœurs qu'il adore. Il aime autant Odette qu'Yvonne. Yvonne est plus exubérante, plus spontanée, un peu garçon manqué. Elle monte à cheval, il lui apprend à conduire l'automobile, elle ne craint pas les jeux durs. Odette est douce, réfléchie, plus tendre. Souvent malade aussi. Toutes deux charmantes. Yvonne flambant rousse comme Louisa. Et lui, qui est-il ? Il montre ses photos : les copains, les avions, sa logeuse. Sa logeuse ? Il ne dit pas tout. Quelle logeuse ? Ses sœurs collent les photos dans un album, il dicte les légendes : « Parent pêche », « Hutin fait de la moto »... Qui est Parent ? Qui est Hutin ? « Hutin monté sur un âne se souvient qu'il a été cuirassier. » Plantier, Ram, Mutel, tous les autres... Pas de photos du château de Vauciennes, pas de photos des châtelains. A Breuil-le-Sec, il y a aussi un château, très mignon, mais il n'y loge pas et la popote des sous-offs est au bistrot. Il raconte une fois de plus à Odette la victoire de Brocard, à 15 mètres derrière son premier : 15 mètres, il n'y a que ça. Et la sienne. A son père qui l'interroge encore sur ce qu'il a ressenti (son père est peut-être l'interviewer que je cherche), il répète sans se lasser la même chose : « *Aucune impression. De la curiosité satisfaite.* » Il a toujours voulu cela, tout s'est produit comme il l'imaginait.

M. Guynemer père hoche la tête. Il se demande pourquoi, depuis Pau, les choses vont si vite. Il y a un an à peine, la guerre éclatait, le gosse était repoussé de toutes parts, ajourné, sans espoir, et le voici aviateur, pilote, sergent, déjà héros. Est-ce seulement de la chance ? N'est-ce pas inquiétant ? Et comme il a changé en si peu de temps ! Peut-on dire que depuis Avord, il y a à peine deux mois, c'est un autre ? Un autre quoi ? C'est plutôt une apparence d'homme et de quel genre ? Quelle passion le dévore ? A moins que ce ne soit lui qui dévore tout et se dévore lui-même ? Serait-ce l'amour de la patrie poussé à ce point, ou autre chose d'encore plus grand ?

Quoi donc ? M. Guynemer père cherche à se souvenir de ce qui le possédait à l'époque où il sortait de Saint-Cyr, lui, à vingt ans, lieutenant au 127e de ligne en garnison à Valenciennes, une ancienne place forte, un bel hôtel de ville, mais quel ennui ! Aucune passion, pas grand-chose dans sa vie. Julie, ce fut plus tard, il était déjà désabusé. Quelque chose, mais quoi ? emporte cet enfant sur une aile de feu : la guerre, ce qui lui a manqué à lui, le père. Il n'ose pas, devant les femmes, parler à son fils des ennemis abattus. Dans l'infanterie, on tue un peu au hasard, on est tué de même, par un obus ou une rafale de mitrailleuse, mais dans cette aviation où l'on s'approche de si près les uns des autres, où l'on se voit, où l'on peut fuir ? Si le duel semble de règle, n'est-ce pas un problème ? Quelles hésitations, le mot n'est-il pas trop fort, pourrait-on avoir quand il s'agit d'abattre le plus possible d'ennemis ? *Kaputt* sans même qu'ils aient le temps de s'en apercevoir ?

Le 31 août, Pégoud, l'inventeur de la voltige, a été tué. Les journaux ont dit que les deux boches qui l'avaient abattu (on citait même leurs noms : le lieutenant von Bilitz et le caporal Kandulski) avaient risqué leur vie en venant jeter une couronne de feuillage de chêne où il était tombé. Ça lui plaît, ça, au père. Comme si des barbares pouvaient être sensibles à l'honneur. Des barbares, non, mais il y a peut-être, dans cette aviation, des aristocrates à qui on a enseigné certaines règles dans les écoles militaires, comme si on n'avait pas cela inné en soi. Après tout, qu'est-ce que l'aviation ? Où va-t-elle ? M. Guynemer père se pose des questions depuis que, malgré et contre lui, son fils s'y est jeté à corps perdu. Son père à lui, Auguste Saint-Ange, et Achille, le père de son père, n'ont-ils pas été des hommes de passion ?

L'événement du 19 juillet a bouleversé les Guynemer par le retentissement qu'il a eu. Il est arrivé quelque chose qui les dépasse tous, sauf lui, semble-t-il, le gosse, que personne chez les siens n'aurait cru capable d'un tel exploit, car il ne s'agit pas seulement d'audace et de sang-froid, mais de manœuvre et d'adresse, et dans quel élément inconnu, dans quelle situation ! Il faut affronter la mort en face, à quelques mètres de soi, dans une immensité vide et sur des ailes qui tiennent à peine. Yvonne, qui aime le tir et la chasse, n'arrête pas de vanter la bravoure de son frère : « Ce n'était pas facile, dit-elle, parce qu'il avait trois mitrailleuses contre lui (elle pense à l'Aviatik) et aucun angle mort, pour se réfugier... » Un seul angle mort, peut-être exactement sous l'Aviatik où personne ne pouvait l'atteindre, mais d'où lui non plus ni Guerder n'auraient rien pu. « Et il ne disposait, continue Yvonne, que d'un chargeur de quarante-sept cartouches, et encore dans les mains de Guerder, pas dans les siennes... »

Lui aussi, fils, frère, héros, il est hanté par cette victoire. Il ne pense qu'à cela. Il se revoit à 3000 mètres d'altitude au-dessus de Soissons, suspendu comme dans l'éternité à une minuscule nacelle de rien : le Morane Parasol 80 CV, papillon louvoyant de part et d'autre du gros Aviatik à croix noires qu'il ne sait par quel bout prendre. Finalement, après avoir hésité et pas mal tournicoté, il choisit d'attaquer à gauche (encore fallait-il que Guerder comprît, lui qui tirait) et, sans s'en douter, il invente le principe de la chasse aérienne. Oh ! il n'est pas le seul : chez nous, de Rose, Brocard, l'infortuné Garros maintenant prisonnier, quelques toqués, et, de l'autre côté, l'état-major allemand, l'ingénieur hollandais Fokker, et surtout Oswald Boelcke, vingt-trois ans, qui vole avec son frère Wilhelm sur Albatros à l'escadrille FL Abt 62, et a déjà une victoire. D'abord il s'agit de surprendre, et pour cela de se dissimuler le plus possible dans les déchirures des nuages et surtout dans le soleil, on en discute déjà beaucoup, peu importe la théorie. On peut hésiter, lambiner ; finalement on laisse la proie s'échapper. Si on veut vaincre, il n'y a qu'une façon, une seule : attaquer, même si la façon d'attaquer n'est pas la meilleure, même s'il y a des finesses qu'on ne connaît pas encore, le soleil, toujours le soleil, piquer et ne jamais lâcher sa proie jusqu'à ce qu'elle s'abatte. Yvonne a raison quand elle dit que ce n'était pas facile. Surtout parce que ce n'était pas lui qui avait la mitrailleuse, qui visait, qui décidait d'appuyer sur la détente. Guerder aussi s'était montré un lion. Comment oser dire qu'il a une tête rase d'épagneul ? Il a une tête de lion, un gros mufle tranquille de lion, des cheveux courts qui lui tombent sur le front comme à un lion, un regard pépère de lion. Il ne l'a pas lâché non plus, l'Aviatik, Guerder ! « *Toi,* dit Georges à sa sœur Yvonne, *j'aimerais bien t'avoir comme mitrailleur !* » Compliment qui la fait se rengorger. « Merci, monsieur mon frère. » C'est vrai que, d'un coup de pistolet, elle est capable de souffler la flamme d'une bougie à 10 mètres. En ce début du siècle, les femmes tirent, pas toutes, celles qui ont des dons, elles peuvent avoir à se défendre. En ce temps-là, des femmes aussi, dans la plaine de Mitidja en Algérie, étaient redoutables, au fusil.

Il reviendra souvent sur ce 19 juillet 1915. « *Bientôt, le danger aidant*, dira-t-il plus tard à Mortane, *c'est-à-dire cette chose terrible qu'est la mort, vous pousse à vous dépasser, à mieux comprendre, à ne pas savoir ce que vous êtes...* » Il s'y revoit. Il devine que la correction de tir de Guerder n'est pas bonne, il rectifie pour lui au jugé et voilà que le pilote ennemi s'effondre dans la carlingue et que l'observateur lève les bras en l'air. *Kamarad ?* Oh ! pas forcément, puisque, selon lui, on ne fait pas *Kamarad* à cette altitude-là. Tout simplement, quand tout est perdu, que votre mitrailleuse s'est enrayée ou que vous n'avez plus de cartouches, hein ? Et bien, vous levez les bras par désespoir, et non par lâcheté. « *C'était une agréable vision* », dira-t-il deux ans après, couvert de gloire et un peu ironique, « *nous étions vainqueurs, ce à quoi on ne croyait pas très bien encore* »...

Ce ne serait donc pas plus difficile que ça, selon le mot de Rabatel. Il suffit d'approcher — ah oui, mais savoir ! — et de viser le pilote à la tête ou au corps au jugé dans le fuselage. Un moment vient où ça y est, ça tombe à pic et ça prend feu. Pour se consoler de ne pas être tout à fait d'accord avec soi-même, sa foi en Dieu et la charité, il dictera à Mortane une phrase alambiquée : « *N'avons-nous pas fait à autrui ce que nous ne voulions pas qu'on nous fît ?* » Il y aurait là une condamnation plus qu'une justification, mais c'est la guerre et, à la guerre, où est la morale ? Les aviateurs des deux côtés se descendent les uns les autres, et que peuvent-ils faire d'autre, sinon se tirer dessus ? L'aviateur français a pour devoir sacré d'interdire aux autres de survoler le territoire de la patrie, il n'a que ce souci en esprit, et cet autre de savoir où l'avion est tombé pour apporter la preuve de sa victoire. Le reste importe peu.

D'ordinaire, le vainqueur se pose même à côté du vaincu pour s'assurer de sa mort ou recevoir l'aveu de sa défaite. Aurions-nous oublié que nous sommes dans l'arène ? Le matador touche du pied le taureau abattu, tout brillant de sang. S'il l'a bien tué, il aura les honneurs de la présidence. Une palme. Les oreilles, la queue.

Muette, sa mère le contemple, ne sachant ce qu'elle doit éprouver : craindre ou admirer. Ses sœurs se taisent. Elles tremblent peut-être. Elles pensent peut-être que la vie au collège recommence avec, en plus, le risque de ne plus se voir. Elles chantent peut-être en elles-mêmes la chanson des croisades :

Nos frères sont en guerre
Vole mon cœur vole...

Plus tard, Yvonne dira qu'il avait un chien qu'il laissait à Compiègne, un berger belge appelé Lewis, qu'on ne verra cependant jamais sur une photo et dont il ne parlera jamais. Est-ce qu'un chien compte pour lui ? Les seules fois où il s'amusera avec un chien, ce sera avec le chien de Deullin, Parasol, que son maître emmène parfois dans son avion, mais ce n'est pas lui qui le photographiera. Il n'est sans doute pas assez simple pour s'occuper d'un chien. Il aura peu d'amis, sauf à un moment peut-être, cet obscur Parent ou ce copain Brou dont il ne parlera jamais. Védrines est plus un frère aîné qu'un ami, Deullin est officier, quelque chose les sépare encore, quant à Guerder, se confie-t-on à un subordonné ? On dirait aussi que son Kodak lui sert peu à la maison. L'homme qui a engendré ce cheval de feu, ce Pégase, est une sorte de dieu étranger. Il semble qu'il y ait comme une gêne entre eux, une distance. Peut-être, entre membres d'une même famille, lorsqu'on se revoit après une longue absence où les événements ont compté, on n'ose s'interroger que par des questions banales, on se regarde à la dérobée, et il y a parfois sous les mots des étendues de silence. Lui, on dirait qu'il y a à ses côtés quelqu'un d'invisible dont on sent la présence, mais qui ? Qui a-t-il épousé à l'insu de tous ? Cette belle châtelaine qui n'était pas à côté de lui le 19 juillet, qu'on a attendue en vain ?

Voici peut-être le moment d'approcher d'un peu plus près le héros. A 15 mètres, comme l'ennemi. Plus près encore, avec des jumelles de théâtre, et, quand il le faudra, une loupe.

Après avoir lu M. Bordeaux, on sait qu'il a eu affaire à toutes sortes d'adversaires : le froid, la glace, les pannes, les batteries antiaériennes, le tueur d'en face, la solitude et l'étouffement des grandes altitudes, les jaloux, les envieux, mais pas l'amour.

Il n'est jamais question d'amour, sinon familial, dans tout ce qui a été dit ou écrit sur lui. Si nous comprenons ce que laissent entendre ses biographes, notre héros a vécu et est mort puceau. Vierge comme une terre, comme un ciel. Comme une forêt. On l'a voulu ainsi, on le préfère peut-être tel.

Personne n'a jamais osé aborder ce problème à quoi il a été, une première fois, fait allusion timidement. Est-ce bien utile ? On place notre héros hors de la condition humaine, à peine sorti de l'adolescence, indifférent à tout ce qui n'est pas l'avion et le combat. On laisse entendre aussi que, d'esprit religieux, il prie. Qui n'a prié devant la mort ? Il va à confesse, mais pourquoi ne le voit-on jamais à côté d'une autre femme que sa mère ou l'une de ses sœurs ? N'éprouve-t-il pas le pathétique besoin d'aimer qu'on a à vingt ans ? Pourquoi n'aurait-il pas déjà été percé par un regard, pauvre oiselet égaré sur terre, si léger qu'on croirait que des ailes le soulèvent ? Il en a en effet, il les porte à son bras, à son col, dorées, il a aussi un peu d'argent en poche (la prime quotidienne de vol), il se goinfre de babas et de gâteaux à la crème servis par la jolie pâtissière de Compiègne connue dans toute l'armée, et, au château de Vauciennes, oh ! un petit, quatorze pièces seulement, Mme de Cornois a posé sur lui un regard attendri.

Son écriture est toujours enfantine, comme à la fin de Stan', comme à Pau lorsqu'il a calligraphié sa demande d'élève pilote, quand il signait *Georges* en s'appliquant doucement, gentiment, lisiblement, et *Guynemer* un peu penché, incliné vers le haut, en ascendance vers le perfectionnement spirituel, et sans tilde, comme signait le bouillant Achille, l'indestructible, le riche affairiste maritime. Le petit-fils suivait les traces des siens lorsque soudain tout se libère en lui. Depuis le 19 juillet 1915, la signature du sergent a pris de la force et se termine par un coup de griffe terrible : le prédateur se jette sur sa proie. Le nom de Guynemer devient un trait de feu avec une retombée fulgurante, un aller et retour de langue de reptile, ou d'éclair.

A Vauciennes, le châtelain est aux armées, n'est-ce pas une autre Mme de Rênal que ce Julien Sorel rencontre ? Tremble-t-il à vouloir la séduire ou n'est-ce pas plutôt elle qui se découvre tentée par lui ? Le portrait de cette baronne m'a rappelé Louise de Vilmorin au temps de sa splendeur : un visage de fleur carnivore, un teint céleste, un chignon. On voit partout, paraît-il, Mme de Cornois et le caporal puis le sergent Guynemer bras dessus, bras dessous. Il doit être fou de joie, il est déjà fou d'orgueil, il noue là, selon un témoignage digne de foi, des liens qu'il ne brisera jamais et qui auront des conséquences. Il reviendra souvent sans prévenir à Vauciennes, où des bras amoureux l'attendent. Ce n'est ni Mme de Rênal ni Mme de Cornois qu'il a vaincues, encore moins l'amour, il n'en sait rien, c'est la guerre, c'est la mort, lui, un enfant.

A Breuil-le-Sec (asile d'aliénés, prison de femmes, patrie de Charles le Bel), les aviateurs sont, comme partout, la coqueluche du beau sexe, il prend souvent ses repas avec la patronne de l'auberge où la popote des sous-offs est installée, Mme Boclet et sa fille Marie-Louise. Comment est cette Marie-Louise qui s'est gardée à lui ? Sa mère est au cimetière, sa fille, jamais consolée, y est aussi. Elle n'avait pas vingt ans.

Une sorte de surnaturel s'installe en lui, autour de lui, une sorte d'aura qui, sans qu'on s'en aperçoive encore, l'isole. Quelqu'un d'autre est là, en plus, en trop ? Il a changé de nature, sa vraie patrie est ailleurs.

La mitrailleuse Lewis enfin montée au poste de pilotage du Morane, cette fois c'est lui qui va tirer. Très rudimentaire installation. Encore du bricolage. L'arme, fixée vaille que vaille au-dessus du plan supérieur, bascule pour qu'on puisse manœuvrer la culasse en cas d'enrayage ou changer de chargeur. Les balles passent au-dessus de l'hélice. A peine trente-deux cartouches dans ce chargeur-là dont on arrivera à doubler la contenance, mais la ligne de visée est rudimentaire, un guidon, un œilleton, et la Lewis est presque toujours enrayée. Alors le pilote doit lâcher ses commandes, s'arc-bouter, s'échiner sur le levier d'armement pendant que l'avion fait ce qu'il veut. Pour actionner la détente, un câble dans une gaine transmet la pression du doigt avec plus ou moins d'inertie. Le Morane ainsi équipé ressemble à une machine préhistorique qui se cramponnerait dans l'air en crachant le feu quand ça marche. La plupart du temps, ça ne marche pas, sauf quand des fous s'acharnent. Il est de ces fous, personne ne sait pourquoi. A part Védrines, personne ne peut croire que ce gosse souffreteux, cette sauterelle agitée, Fil-de-fer et Caoutchouc de Stan', est robuste et gaillard en attendant de devenir un foudre de guerre. Son humour de potache est à présent l'humour ingénu des militaires qui savent rire de leur condition et de ses servitudes, une sorte d'humour forcé d'élève caporal. Est-ce qu'un jaguar a de l'humour ? Evidemment, ce jaguar aime sa patrie. Tous les fils de bourgeois qui bachotent à Stan' aimaient leur patrie comme tous les Français de cette époque, maîtres et élèves, ouvriers et patrons, costauds et délicats, croyants et incroyants, moines et francs-maçons, et ne songeaient qu'à laver l'humiliation de 1870. Mais l'étudiant rachitique et toussailleux enveloppé dans sa pèlerine et ses cache-nez, comment l'abbé Chesnais, comment son père et même Louisa pourraient-ils croire que si l'armée s'est arrangée de ce garçon qu'ils considèrent tous avec désolation comme un raté, si même il a passé son brevet de pilote, s'il vole, il peut atteindre des hauteurs inhumaines et y rester des heures sans y cracher ses poumons ? Là, il ne s'agit pas de patrie mais d'autre chose. De regard peut-être ? Tout serait dans le regard ? Il suffirait de rencontrer ce regard pour être saisi ? Brocard commence à se demander si ce sergent qui s'est payé une culotte de cuir noir, chic suprême, ce foutriquet à qui il est arrivé quelque chose, n'est pas quelqu'un. Ah ! s'il sortait de Saint-Cyr ou de Polytechnique, l'école lui aurait appris quelque chose ; or il ne sait rien, et il sait tout, il vit sur un avion, il apprend tout de lui-même, il décolle, on le perd de vue, le nombre mensuel de ses heures de vol dépasse celui de Védrines, il revient les ailes criblées d'éclats, ah ! pour ça il a du culot, et, semble-t-il, un coup d'œil terrible.

Le 28 août, Brocard sur son nouveau Bébé Nieuport s'approche en douce d'un Fritz — ça se passe à 3600 mètres — et lui colle dix balles dans la nuque. Le Fritz pique à la verticale. 100 mètres plus bas, un objet noir se détache : le passager dans le vide. L'avion passe sur le dos, s'engage en spirale et s'écrase dans la forêt d'Halatte, au nord de Senlis, où il prend feu. Brocard se pose à 300 mètres dans une clairière, tandis qu'éclatent les cartouches des mitrailleuses et deux bombes. Une section d'infanterie rend hommage au pilote écrabouillé sous le moteur, le lieutenant Bailer, qu'on enterre au cimetière d'à côté. C'est de la chasse. A Odette, Guynemer se hâte de donner tous les détails : 15 mètres, ça lui paraît décidément la bonne distance, et sept cartouches (ou dix ?) seulement au moment où le pilote tournait la tête. « *Résultat : une balle dans la tempe, une autre en pleine poitrine.* » Du pilote il restait « *un menton, une oreille, la bouche, le torse et de quoi reconstituer deux bras. De l'avion, le moteur et quelques ferrures* ». Personne ne dit de quel type d'avion il s'agit : un biplace de reconnaissance. Peu importe. Commentaire de M. Bordeaux qui a vu la lettre : « Il écrit tout cru : ainsi parlent les personnages de Shakespeare. » C'est vrai d'ailleurs. L'atrocité est de règle. Pas de pitié. Brocard les découpe en rondelles, les barbares. C'est du sport.

A chaque sortie, le caporal cherche la bagarre. Le 29 septembre, un Fokker près de Saint-Quentin. Deux ans plus tard, glorieux, affable, détendu, rayonnant d'une assurance de façade, il racontera à Mortane : « *Un Fokker m'avait pris en chasse à 30 kilomètres dans les lignes ennemies et ma mitrailleuse était enrayée.* » A son ami Constantin : « *Ce que ça claquait, - brrr !* » Il a beau appuyer sur la détente de sa mitrailleuse, rien. Comment se lever ? Comment abandonner les commandes pour manœuvrer la culasse et éjecter l'étui coincé ? La culasse bloquée en avant n'est pas revenue en arrière, pas de percussion, donc pas de tir, pas de recul sous l'effet des gaz, et c'est là qu'une terrible giclée le crible et lui crève un pneu. Seul salut : fuite en danseuse, glissades, dérapages, mais son bourreau semble avoir une réserve inépuisable de munitions. « *J'avise un nuage.* » Il y plonge, au hasard, car on n'a pas encore appris à voler sans visibilité ; quand on a vingt ans, on s'y balade la mort aux trousses, on en sort, on y rentre, on ne sait plus distinguer l'endroit de l'envers, on craint surtout de se trouver nez à nez avec l'autre. Dix minutes de démence, un siècle. Perte de contrôle dans le cirage avec un avion qui peut casser. Il ne sait plus. S'il a peur c'est de ne pouvoir échapper au tueur, c'est de se sentir tout à coup gibier. « *Le boche s'est lassé et m'avait abandonné. Il ne me restait plus qu'à me rétablir et à rentrer...* »

C'était peut-être Boelcke, un prédateur aussi, une bête sauvage qui sait profiter du vent, de la pluie, du soleil, fond sur l'adversaire, ouvre le feu à petite distance, par rafales bien ajustées, et s'accroche. Sale souvenir.

Quand il dort à Compiègne, il compte sur Odette pour le réveiller s'il fait beau. Elle le secoue : « Debout, c'est un ciel à boches... » Il s'habille en vitesse, avale un café, saute dans la petite voiture (que M. Guynemer lui a offerte, je suppose, ou qu'il lui prête), et en route ! La guerre s'étend de la Manche aux Vosges, on bombarde les gares avec des obus de 90 et de 155 qu'on lance à la main par-dessus bord, des batailles s'engagent mais la vie continue.

A Paris, on s'amuse. Sacha Guitry, gaillard en apparence, mais que ses rhumatismes empêchent de participer aux combats, s'excuse auprès du public d'être sur une scène et admet qu'on le traite d'embusqué. Si on savait tout ce dont il souffre et à quel point il préférerait respirer le bon air dans les tranchées ! Le beau Sacha, trente ans, a d'autant plus besoin de jouer la comédie que les bénéfices seront versés aux blessés. Il présente *La Jalousie*, la salle croule sous les rires, il décerne les citations de guerre avec les citations de cocuage, les permissionnaires se tordent. A la popote, le sergent Guynemer jette à peine un coup d'œil sur les cocottes de *La Vie parisienne* qu'on affiche au bar. Peut-être est-il comblé ? peut-être s'en fiche-t-il ? La nouvelle victoire de Brocard l'a aiguillonné. Le revoilà lancé dans les missions spéciales, il se fait même canarder par un pilote anglais qui le confond avec un boche. Il monte à présent un Nieuport 18 mètres*, conçu par l'ingénieur Delage, et il n'en est toujours qu'à une victoire. Le 6 novembre, au-dessus de Rozières-en-Santerre, il engage son huitième combat ; un LVG (Luft-Verkehr-Gesellschaft) 150 CV à tourelle avec mitrailleuse Parabellum. Il le tire de face mais rien ne sort de la Lewis. Alors, comme un acrobate, délicatement, trompeusement, il se colle à 3 mètres sous son ventre. Petit poisson sous un plus gros, il joue une farce à son adversaire, il rit presque tandis qu'il essaie de se désenrayer ; il se dresse pour tirer sur sa culasse quand son avion lui échappe, il lance un violent coup de pied dans le palonnier pour éviter la collision, accroche l'aile droite du Fritz avec son aile gauche, une rafale le frôle, encore un mauvais souvenir. « *Ce sale boche n'a dû la vie qu'à un ressort légèrement faussé, comme l'a révélé l'autopsie de la mitrailleuse...* (Lettre aux siens.) *Et dire que je n'avais même pas un revol-*

* Appelé ainsi parce qu'il a 18 mètres de surface portante.

ver. » Comme l'huile gelée obstrue l'introduction de la cartouche, certains pilotes commencent à graisser leurs cartouches au pétrole.

Le 30 novembre, égaré peut-être au retour d'une reconnaissance ou en panne d'essence, il se plante en pleine campagne, à Moreuil. Où est-ce, Moreuil ? Quand il est perdu, il se pose n'importe où, près d'un village, comme un oiseau, demande aux gens où il est, et repart. Sur une photo qu'il a signée, on voit le Nieuport n° 302 complètement retourné, roues en l'air, hélice intacte mais capot du moteur cabossé : le train d'atterrissage a dû se bloquer dans la rigole d'un champ moissonné, Brocard va encore fulminer. Lui aussi fulmine. Le photographe, à moins que ce ne soit lui qui se serve d'un déclencheur, le montre tête nue, le cheveu embroussaillé, sa médaille militaire et sa croix de guerre à deux palmes sur la poitrine, botté, ceint de cuir souple, une main dans la poche et l'air bravache. Le 27 août, il a déjà capoté à Pierrefonds, tout près de Compiègne. C'est toujours le même « bousilleur de zincs », comme, de l'autre côté, Udet.

De plus en plus absent à lui-même, il se laisse envahir par l'autre. Léger comme une plume, fort comme le vent, à l'affût de tout ce qu'on peut lui confier ou qu'il arrache, il décolle, disparaît puis revient nerveux, crépitant, exalté, parfois déçu, toujours fiévreux ; il graisse ses bandes de cartouches dans les chargeurs, vérifie les calibrages, manœuvre la culasse, la démonte et la remonte, palpe amoureusement sa mitrailleuse qu'il essaie et règle comme tous les pilotes, à la butte de tir, l'avion en ligne de vol. Il parle peu, écoute beaucoup, disparaît subitement dans sa chambre. A-t-il quelque chose à quoi il tient, à part son attirail de guerre, son uniforme, ses médailles ? Quel regard ont pour lui Mme de Cornois et Marie-Louise, quand il est là, soudain, devant l'une d'elles ? Emerveillée, surveillée, Marie-Louise n'en croit pas ses yeux. A Vauciennes, depuis que le terrain est vide de lui et que les hangars de la sucrerie n'abritent plus les avions, Mme de Cornois est à l'écoute des bruits de moteur, elle attend qu'un Morane ou qu'un Nieuport se pose, il s'en pose et ce n'est pas lui. Lui, quand il surgit, contact à peine coupé, il bondit, son serre-tête à la main, soulevé par quelque chose, illuminé, et Mme de Cornois fond devant lui comme l'or à la température de leurs âmes. Lui, jusqu'où ira-t-il ? Son visage est moucheté d'huile, elle craint qu'il ne soit heureux qu'aux commandes de son appareil qui passe parfois si près du toit qu'il en secoue les tuiles et souffle les rideaux des fenêtres, puis disparaît. Elle écoute plus longtemps que de raison le halètement de sa machine.

Il vient toujours en fraude, évite Compiègne et retourne à la grande prairie en triangle de Breuil-le-Sec qui est pour lui la fin et le commencement du ciel. Les hangars sont tapis au bord de la route, il a toujours de la peine à se poser, un peu comme s'il ne savait plus rejoindre ce monde de servitude, il rebondit parce qu'il ne regarde pas devant lui à la distance qu'il faut, parce qu'il n'apprécie pas exactement à quelle hauteur du sol sont ses roues (c'est tout le secret), le Nieuport saute beaucoup mais finit par s'arrêter. Pourquoi retoucher terre quand on est en l'air ? Il s'arrête près de Guerder, lui fait de la main un geste avec une moue quand il ne s'est rien passé et qu'il n'a rencontré personne. Il hésite à quitter son siège et les odeurs qu'il respire, il caresse son Nieuport, il lui parle encore, le soir tombe, il passe signer le registre des vols puis court à l'auberge où Marie-Louise est là. Il chante le refrain à la mode :

A la Martinique, Martinique, Martinique,
C'est ça qu'est chic...

Ça ne veut rien dire, ça amuse Mme Boclet qu'il va taquiner à ses fourneaux. S'ils sont seuls, il recommence le récit du 19 juillet : « *Arrivé à 4000 mètres je me place dans le soleil, vous savez pourquoi ?...* » Mme Boclet a appris, avec le temps : l'autre ne vous voit pas, dans le soleil. Marie-Louise ne sait ce qu'elle doit penser. Les adjudants moustachus à médailles cachent des secrets sous leurs képis bahutés et leurs calots de travers ; ils parlent des avions comme les cavaliers parlent des chevaux et des femmes, ils comparent leurs qualités. Il en est parmi eux qui regrettent le Morane qui n'avait pourtant que deux heures d'essence, allait moins vite mais était plus souple, meilleur manœuvrier, grimpait aussi haut et plus vite. Parfois pèse un brusque silence. Quel dommage qu'on n'ait pas encore réussi à fabriquer le système qui permettra de tirer à travers l'hélice ! Les boches sont en avance. Ils y passeront tous, mais ils ne veulent pas y penser, ils rient beaucoup, ils boivent un peu le soir, un peu seulement, pour s'aider à chanter. Combien parmi eux, à part Védrines et lui, qui a toujours les mains dans les poches, ont laissé un nom ? Le sergent Guynemer est à l'écoute d'un autre monde, il rêve, il s'entend souvent se parler à lui-même, il ne sait pas encore ce qu'il va devenir. Serait-il étonné si une Gitane le lui annonçait ? Le ciel est rouge. Obscurément il avance, sans ignorer tout à fait où il va. La nuit tombe. Avec mélancolie, Marie-Louise, déjà dans l'absence, le regarde s'éloigner. Il ne joue pas aux cartes, il va rêver qu'il approche à quelques mètres d'un Fritz qui ne l'a pas vu. Il pense à l'autre Nieuport qu'on lui a promis et qui aura une mitrailleuse à quatre-vingt-onze cartouches au-dessus de l'aile. Il s'agit de bien la régler.

L'auteur d'une célébration de Guynemer parue en 1944, René Hervouin, a rencontré Mme Boclet et sa fille à cette époque-là. Il ne les décrit pas. Mme Boclet dit : « Quand l'escadrille a changé de terrain*, il est revenu nous voir deux ou trois fois. “Je reviendrai encore”, disait-il. Pauvre petit... » M. Hervouin ne dit pas si elle essuyait une larme et si Marie-Louise disparaissait pour qu'on ne la voie pas éclater en sanglots, on ne savait peut-être pas s'il retournait souvent à Vauciennes. Au bistrot de Breuil-le-Sec qui n'appartient plus, depuis longtemps, à des Boclet, on vend à présent de la bière, du vin, du Pernod, des sandwiches, des journaux. A l'étagère des magazines, une note rappelle aux clients qu'ils ne sont pas dans un salon de lecture. Un vieil habitant du village, M. Liévois, se souvient d'un jour où, en permission, il a rencontré Guynemer. Guynemer ou un autre ? Guynemer n'était que sergent à cette époque.

« Oh ! Guynemer. On ne pouvait s'y tromper. Ce jour-là je m'étais mis en civil, vous pensez, on en avait assez, du militaire... Eh bien... »

M. Liévois aiguise sa mémoire et fronce un peu le front. « Il sortait du café sur la place, de chez Mme Boclet. Il m'a toisé d'une façon... Je me suis dit : “Il doit te prendre pour un embusqué.” Il était tout en noir... »

Tout en noir, cela m'étonne. Après tout, il avait peut-être déjà une tenue fantoche. Plus tard, il ne s'habillera qu'en noir,

---

* Le 12 mars 1916.

mais la légende exige qu'en sergent, il soit déjà ainsi. Chez les Liévois, on vient de prendre le café, des tasses sont encore sur la table, on ne m'en offre pas parce que j'ai l'air pressé et qu'après tout on ne me connaît pas, c'est déjà beau qu'on m'ait laissé m'asseoir : « Vous permettez ? » sans qu'on m'y ait invité. Il fait bon dans la cuisine, il est encore tôt et j'aimerais bien m'attarder, mais on m'a engagé à voir le maire actuel, M. Pommery « qui sait tout de Guynemer et lui a même élevé une stèle, un mémorial en bordure de la nationale 31, là où était le terrain »... Un bouquet de pivoines roses brille dans un rayon de soleil, la cuisinière chauffe doucement dans le matin frisquet, il ne manque que le sergent Guynemer qu'ici on a beaucoup pleuré, surtout Marie-Louise, la « fiancée ».

Le maire, dans son bureau plein de dossiers, son visage dur et lisse, on dirait qu'il l'a décroché du chapiteau d'une église romane, à part la casquette qu'il n'enlève pas ; ici les hommes n'ôtent leur casquette que pour se mettre au lit, et encore. Il voue au héros un culte qui a connu son apogée le jour où le mémorial a été inauguré. La musique de l'Air est venue, il me donne deux porte-clés à l'effigie du héros et me parle du jour où Guynemer en a descendu sept. Et comme je parais surpris : « Sept, et où il a obligé le dernier à se poser dans la cour du château. »

A quoi bon décevoir M. Pommery ? C'est dans la légende, le village de Breuil-le-Sec en est fier. La nationale a été élargie, beaucoup de poids lourds passent avec fracas. Le terrain était juste de l'autre côté, il appartenait aux propriétaires du château. « Sept le même jour, et ici... » M. Pommery se cale dans son fauteuil.

En prenant bien garde aux poids lourds, des bolides, je suis allé au mémorial en marbre noir poli, du porphyre peut-être, entouré d'ifs maigrichons, au-dessus de quelques marches au bord de la prairie d'où autrefois il décollait. Il y a son nom gravé sur or, une hélice brisée, une palme. A quelques pas de là, dans un renfoncement, un vieil autobus sans roues transformé en bar et, à côté, un marchand de frites, qui m'a vu m'arrêter devant le monument, me demande si c'était un parent à moi. J'aimerais bien.

Un peu quand même.

Compiègne est tout près, à 30 kilomètres. Quand le sergent y va, « Georges, c'est Georges ! » s'écrie Odette. Peu de temps après les embrassades, s'il n'a rien de nouveau à raconter, il traîne, il erre comme une âme en peine, il s'ennuie. « Il te manque quelque chose ?... » Yvonne lui pose la question. Il ne répond pas. « *Mais non, mais non...* » Elle sait. Le terrain d'où il s'envole lui manque, le « Vieux Charles » lui manque, Guerder lui manque, tout lui manque : la popote, les camarades, Védrines et même Brocard. Par-dessus tout, l'ennemi lui manque, la victoire en chasse de quoi il est. Le 19 juillet est loin, l'automne avance, l'hiver est proche, et on dirait que, de l'autre côté des lignes, on s'est donné le mot : on l'évite. Brocard a eu son deuxième deux mois après le premier, même pas, et lui attend toujours, s'impatiente et enrage. La maison, sa mère, ses sœurs, sa chambre, son chien ? A table il est le centre de la conversation, de quoi parlerait-on ? De lui, de l'escadrille qui s'appelle maintenant la N 3, à cause des Nieuport. Après le lieutenant Deullin, sont arrivés le sous-lieutenant Pandevan, puis Bucquet et Grivotte à qui le journal de marche n'attribue pas de grades ; le lieutenant de Ruppière qui avait été renvoyé dans l'infanterie a été tué dans un assaut, « *ce qui prouve que l'aviation n'est pas si meurtrière* », dit le sergent en éclatant d'un rire forcé. M. Guynemer père poursuit sa réflexion : quand son fils passe au-dessus de la maison avec son nouvel avion, M. Guynemer père songe alors à un vautour, sans oser le lui dire. Un vautour ou un aigle ? Nous sommes en plein zoo ? en pleine savane ? Lion, tigre, jaguar, taureau, maintenant vautour ! Des fauves, des prédateurs. Demain, à l'aube, quand il s'en ira, il restera de lui quelques pétarades de sa torpédo et une odeur de gaz d'échappement. Il faudra aussi que M. Guynemer père laisse entendre à ses filles que leur frère n'est plus à l'âge où des jeunes filles vont border un jeune homme dans son lit : « Il a vingt ans, c'est un homme », dira M. Guynemer père. Les sœurs s'esclaffent. Un homme pour les Aviatik, pas dans la vie, pas dans les affections, croient-elles.

Nos frères sont en guerre.
Vole, mon cœur vole
Ils auront nos amours...

Qu'en savent-elles ? Il a pris une personnalité singulière, leur môme de frère. Elles ont pour lui, Odette plus qu'Yvonne peut-être, de longs regards qu'il ne cherche pas à éviter, il ne sait pas ce qui l'appelle et l'aspire. Dans leur communion avec l'invisible et le surnaturel, les femmes pressentent et redoutent. C'est vrai qu'il n'a jamais eu peur de rien, mais à présent qu'il est devenu, sans même s'en apercevoir, ce qu'il est, jusqu'où n'ira-t-il pas, avec ce qu'il chevauche ? Il rapporte des photos étranges, des silhouettes de LVG 150 CV biplaces qu'il n'arrive pas à rattraper, des points dans l'espace. Loin d'engraisser, on dirait même qu'il maigrit, ses jambes ficelées dans les bandes molletières sont des baguettes de bois, on reparle du temps où son poids plume lui faisait gagner des paris dans les concours d'altitude, à Pau, où Dorme qui pesait soixante-quinze kilos parvenait mal à hisser son Blériot jusqu'à 300 mètres, alors que lui atteignait les 500. Une vigueur terrible l'anime et il est toujours aussi farceur, il rit de tout comme un gamin, pas comme un homme, et à ses sœurs il raconte tout. Tout ? On a pour lui beaucoup d'indulgence et un peu de tendre commisération : ne vise-t-il pas trop haut ? n'y a-t-il pas en lui de la présomption et un trop grand orgueil ? En dehors de la famille, quand on entend les parents parler de leur p'tit Georges, de leur bon petit, on est prêt à plaindre ce fils chétif, dernier du nom, qui semble avoir peu de chances de vivre vieux. Est-ce qu'il ne s'agite pas trop ? L'acrobatie par exemple. On ne lui a pas enseigné l'acrobatie à Avord, ou si peu, et avec précaution. La voltige aérienne n'en est qu'à ses débuts et la cellule des avions est fragile. On sait que le looping, c'est déjà beau quand un pilote le réussit sans y laisser les ailes. S'il faut user avec doigté des piqués pour ne pas démolir la structure de l'appareil ni arracher la toile du revêtement, il faut que le pilote résiste aussi. Est-ce qu'il n'est pas un peu bravache ? Ses attitudes de défi ne dépassent-elles pas ses moyens ? Les siens ont encore du mal à l'imaginer pilotant des machines instables et dangereuses, mais recommencer, gagner des hauteurs que ses poumons ne supporteront plus longtemps sans danger, 3000 mètres, 4000, on dit même 5000, plus que le mont Blanc, est-ce croyable ? Sa mère dit à Yvonne en le voyant repartir : « Est-ce qu'il va penser à se laver les oreilles ? » Elle lui fera porter du savon, elle lui recommandera encore de bien se couvrir, de ne pas attraper froid. Elle n'ose pas lui envoyer de chaufferette. Et la grand-mère Louisa qui lui offrait tant de chandails et de serre-tête ? Plus de lettres de Louisa qu'il ne voit plus qu'à Paris, ou alors ces lettres sont perdues.

Une seule de lui, où il la remercie de ses félicitations et de son mandat, en date du 3 août, si loin déjà. Comment savoir le reste ? Depuis 1921, Louisa est dans la chapelle poussiéreuse des Guynemer, au cimetière Montmartre, avec presque tous les autres Guynemer, qui seraient bien étonnés, s'ils savaient.

VII

Soudain, la gloire et le sang

L'HIVER est là. A 3000 mètres, le froid mord cruellement. Il a repris une écriture enfantine pour dire à Louisa que le paletot de cuir fourré en mouton qu'elle lui a promis et qu'il s'est acheté a coûté 250 francs et que le prix ne lui semble pas exagéré. Louisa rudoie ceux qui parlent de lui avec condescendance. Son petit Georges est grand. Elle s'inquiète un peu de son teint, de sa maigreur (il n'a jamais été de cette terre), de son allure dégingandée, il y a en lui un mystère qu'il tient de qui, dans cette famille qu'elle considère pourtant avec orgueil, sur le même pied que les Bowes Lyon ? Elle ne s'étonne de rien, elle ne veut pas qu'il souffre de quoi que ce soit dans l'ordre matériel. Pour elle, ce fils d'homme — ce fils de personne dirait Montherlant — n'a presque pas de corps, juste une enveloppe pour une âme que personne ne connaît et qui, parfois, a l'air de l'étouffer. Nous sommes en 1915.

Dans toutes les lettres aux siens, comme du collège autrefois, il n'exprime que des pensées naïves, il ne se prend pas pour un génie. Avec son ami Constantin aussi, il ne remue que les banalités de sa vie courante : il a aperçu un boche, il a foncé sur lui, il n'a pas pu le rejoindre, il ne dispose encore que d'une arme imparfaite, il va bien. Sur la guerre, il pense ce que tout le monde pense, il faut écraser l'ennemi. Rien que de l'ordinaire, il vole tous les jours, parfois deux ou trois fois par jour, et, à son avis, il n'est pas près de changer de grade, car les victoires lui échappent, le gel pose des problèmes pour les moteurs et les armes.

Le 5 décembre, un dimanche, il patrouille au nord de Compiègne, assez haut, quand il découvre deux Aviatik. Il se place entre le soleil et eux, comme Védrines le lui a recommandé, gagne de l'altitude, puis, impatient, pique sur l'un d'eux, lui lâche quinze coups de mitrailleuse à 50 mètres en une rafale, puis deux et trois, trente cartouches en tout, et s'arrête parce que l'Aviatik vacille soudain et tombe en vrille. Il le suit des yeux jusqu'au sud de la forêt d'Ourscamps près d'un village qui porte le nom de Bailly, mais n'a pas de temps à gaspiller s'il veut avoir l'autre. Un virage serré, une remontée rapide, plus personne, l'autre a décampé, et lui revient flairer l'endroit où le premier s'est abattu. Plus rien non plus, ah ! par exemple ! Il ne veut pas que le gibier lui échappe, tourne au-dessus de la forêt et la fouille d'un regard furibond. Que faire ? Il s'approche de Compiègne, se pose près d'une route, sur l'hippodrome peut-être, se fait conduire en ville, il est midi, c'est l'heure de la sortie de la messe, il court à l'église où ses parents vont d'habitude, bondit sur son père interloqué : « *Ah ! mon père, je viens de descendre un boche et je l'ai perdu, aidez-moi...* »

Etrange scène ! On se représente la famille en révolution dans l'envolée des cloches, la belle Junon suffoquée d'émotion sous sa capeline de soie, le père comme deux ronds de flan, les sœurs tremblantes devant leur frère hors de lui, son serre-tête à la main, répétant : « *Je ne veux pas le perdre...* » Et, bouillant d'impatience : « *Eh bien, allez me le chercher, mon père, il est dans la forêt, près de Bailly, du côté du Bois-Carré...* » Pour la première fois, les rôles sont renversés, il commande et le père obéit. Il les quitte au galop, retourne à son avion, tandis que les Guynemer, dans un attroupement, alertent la gendarmerie, les autorités, n'y a-t-il pas un brin de folie là-dedans, ce jeune pilote tombant du ciel un beau dimanche, cet ange, n'est-ce pas ? se disent les sœurs, et réclamant son boche à l'*Ite missa est* sur le parvis de l'église Saint-Jacques ou de l'église Saint-Antoine plus proche de la rue Saint-Lazare ? Prenons Saint-Jacques, plus snob, plus digne des Guynemer, proche de l'hôtel de ville et de la statue de Jeanne d'Arc que protègent des sacs de sable. Personne n'a l'air de s'étonner, M. Bordeaux rapporte l'incident sans s'émouvoir ; dans cette guerre, l'extraordinaire est l'ordinaire ; l'inattendu, l'insolite et le bizarre deviennent l'habituel et la banalité. M. Guynemer père recouvre ses esprits et son autorité pour déclencher les recherches : le téléphone marche, les maires du village font des battues. Où cela ? Eh bien, là où son fils a dit : au sud de la forêt d'Ourscamps, près du village qui a pour nom Bailly, est-ce clair ? Si son fils, d'en haut, n'a plus retrouvé son adversaire écrasé au sol, c'est que l'avion ennemi, aux ailes peintes, sur le dessus, de toutes sortes de nuances et de couleurs, se confond avec les arbres et les broussailles. Ah oui ! M. Guynemer père a secoué tout ce monde-là, ça a bardé ! On trouve l'avion ratatiné sous la futaie, et le corps du pilote dont le nom, on ne sait pourquoi, ne figure pas à l'obituaire des victimes. Le contrôle des homologations accorde la victoire au sergent Guynemer puis revient sur sa décision, ergote ; après tout, qui prouve qu'il est le vainqueur ? Quels témoins a-t-il ? Si l'on devait écouter tous les pilotes...

L'armée française tatillonne et soupçonneuse n'accorde pas facilement des lauriers sans comptes rendus d'observatoires d'artillerie, attestations d'habitants, témoins au sol et témoins en l'air, preuves palpables : la carcasse fumante, les corps brisés ou cramés, leurs cartes d'identité. Devant les doutes soulevés par un imbécile de bureaucrate, le sergent Guynemer pousse de tels cris et provoque un tel charivari qu'on lui abandonne cette victoire comme à regret. Une lueur de férocité s'allume dans ses yeux. Quoi, on prendrait pour un menteur, un imposteur et un falsificateur le petit-fils d'un préfet d'Empire ? Il est si indigné qu'il ne quitte plus les commandes, sillonne la zone de l'armée en tous sens, grimpe aussi haut qu'il peut, redescend, se ravitaille en carburant, repart menaçant et jetant des éclairs. Il fait donc ce qu'il veut ? A cette époque de l'aviation, presque, comme tous ceux qui disposent d'un avion. Ils sont des maîtres et il existe de ces caractères-là, par chance. Védrines le soutient, son culot en impose à Brocard qui s'y connaît en chasseurs, il en tient un avec ce numéro-là.

D'ailleurs, qu'est-ce qu'un chasseur ?

D'abord, quelqu'un d'étonnamment volontaire, quelqu'un de fou, quelqu'un de possédé par la passion du gibier, par la ruse, les feintes et les roueries, les fausses pistes à éviter, quelqu'un qui oublie la faim, la soif, le froid, le chaud dans la passion d'abattre et de tuer. Pour un faisan ou un chevreuil, il faut déjà de la patience, de la prudence, du coup d'œil, mais pour un tigre qui, blessé, peut vous tuer d'un coup de patte ? et pour un homme qui ne songe lui-même qu'à tuer ?

Si on observe son visage encadré par le serre-tête comme par une coiffe de religieuse, et son regard surtout, on s'interroge. Il n'est ni doux ni pacifique, ce garçon, il y a chez lui un acharnement terrifiant. Peut-être n'est-il pas tellement amoureux de la vie ? Il n'est pas le seul, il en survient de tous côtés, de chaque côté des frontières, des soi-disant innocents, des fauves tout neufs avec des lunettes de vol relevées sur le front ! Si l'on compare l'image de l'adolescent Guynemer derrière le court pare-brise de son Nieuport sous sa mitrailleuse Vickers, et l'image du jeune Udet et du jeune Richthofen derrière le court pare-brise de leur Albatros, sous leur mitrailleuse Maxim, la ressemblance et la férocité des traits glacent. Hélas, il faut ramasser le mot qui traîne partout, un peu froissé, un peu sali d'huile, un peu brûlé, qui ne s'applique pas seulement aux chers mignons compagnons de Dieu dans toute sa gloire. A qui ressemblent-ils, Guynemer, Udet et Glinckermann, Nungesser, Navarre et Fonck, et tous les caporaux et sergents prédestinés et encore inconnus qui fouillent le ciel en quête d'un ennemi ? A qui, sinon à des anges qui se chamaillent pour savoir qui sonnera le premier la trompette du Jugement dernier ? Des anges ? Il y a aussi parmi eux quelques requins qui portent ce nom d'anges, quelques lascars, avec leurs colères, leurs fureurs, leurs mouvements d'impatience, leur cruauté et leurs chants d'amour pour la gloire et pour les femmes.

Les femmes ? Certes, le nôtre est capable de tout, même d'un instant de distraction, puis, enragé qu'une proie ait pu lui échapper, il se jettera à sa recherche pour la sentir palpiter encore chaude dans ses mains et au besoin, l'achever. Il en est capable, notre sergent à qui on donnerait le bon Dieu sans confession. Laissons les femmes. Autrefois, c'étaient la cavalerie, la chevalerie, les bandes errantes d'individus plutôt louches, qui deviendront bientôt des nettoyeurs de tranchées. Pardon, messieurs, voyez comme il est facile de confondre ! A présent c'est l'aviation de chasse à peine inventée, une aristocratie, la crème, l'élite, dont le premier travail est de tuer, mais proprement. Ailleurs, on massacre. Conférer du chic à la mort des autres (et à la sienne si possible), telle est peut-être la mission première de la chasse, la vraie, la nôtre. Descendre sans bavure, flanquer à l'adversaire le coup du lapin, et de préférence par surprise, pour s'éviter à soi-même le pire, c'est ce que cherchent nos jeunes seigneurs serrés dans leur habitacle, en pleine vitesse, en plein vent, et l'œil aigu. Après tout, rien ne force les autres à les défier. Rien ne les force non plus, eux, à s'ériger en justiciers. Justiciers de quoi ? Pour le sergent Guynemer élevé suivant les traditions de ses aïeux, et en particulier d'un père qui ne plaisante pas avec ces choses-là, pour les Richthofen aussi peut-être, ces jeunes hommes choisis parmi les plus beaux, les plus purs, pas forcément les plus mâles, un peu sadiques peut-être ? avec la bénédiction des prêtres et les acclamations de leur peuple, pour frapper l'adversaire à la tête et au cœur ?

Il n'arrête donc plus, le sergent Guynemer ! Il n'a sûrement pas eu le temps de retourner chez lui pour narrer en détail, de vive voix, comment ça s'est passé, et entendre aussi son père raconter comme il est intervenu auprès des autorités. Laissons les gens à terre faire leur métier, laissons-les retrouver les victimes. Le sergent pilote chasse dans le ciel de l'aube à la tombée de la nuit. A terre, en alerte, dès qu'on lui signale un rôdeur, il bondit, crie : « *Essence !...* » Guerder brasse l'hélice trois ou quatre fois puis : « *Personne devant ? Contact !* » Le moteur tousse et gronde de sa bonne voix heureuse. Le temps que la culasse chauffe un peu, et notre sergent décolle en rugissant, le sergent Guynemer, sur son Bébé Nieuport, prêt à tuer. Trois jours après le 5 décembre, le 8, il redescend de l'altitude d'une reconnaissance à l'intérieur des lignes allemandes, déçu de n'avoir rencontré personne, quand derrière lui, plus haut... Il ne se trompe pas. Il a l'œil. A des kilomètres de distance, dans n'importe quelle position, il les distingue et les identifie : là, un LVG 170 CV. Il fait demi-tour et grimpe à nouveau : il ne sent pas le froid, ses lunettes lui protègent bien les yeux, il a du cuir sur tout le corps et, à présent, les pieds dans de groses bottes fourrées. A la jauge, de l'essence pour une demi-heure. Il coupe toute retraite au LVG en restant toujours entre le soleil et l'ennemi et, le moment venu, il pique vivement, durement, plein moteur. N'est-ce pas ? Qui peut jurer que ces ailes, que ce pauvre agencement de bois, de toile et de fil de fer, que tout cela va tenir ? L'ingénieur. Le constructeur. M. Nieuport en personne. Le LVG grandit, grossit, attention à la mitrailleuse du passager, il se faufile plus bas que lui, derrière, tire soudain sur le manche, se redresse, le prend dans sa ligne de mire en plein ventre, en pleine poitrine, 50 mètres, 30, 20, il appuie sur la détente, la Lewis crache quelques courtes rafales : quarante-sept coups (c'est le chiffre qu'on aura au sol en recomplétant le rouleau du chargeur), le LVG vomit de la fumée noire et, doucement, gentiment, comme pour lui faire plaisir, se retourne sur le dos et, comme s'il décrivait une courbe gracieuse, va s'écraser au sud de la petite ville de Roye, en bordure du village de Beuvraignes. L'observateur, qui n'a eu le temps de rien, est tombé dans le vide 2 kilomètres à l'ouest ; le pilote aussi, le sous-officier Kurt Biesendahl, entre l'avion et lui, dans nos lignes par bonheur. Le sergent Guynemer du regard a tout noté. On a vu des avions qui se disloquaient en l'air. On en a vu qui, en touchant un peu rudement le sol, éclataient. Non, non, on ne le lui contestera pas celui-là, il est à lui ! Et pour revendiquer cette ferraille, ces longerons de bois et lambeaux de gomme calcinés, eh bien, il atterrit à côté comme une fleur. Lui qui a tant de mal à se poser sur le terrain de l'escadrille, il faut l'admirer en campagne, dans les labours ou les chaumes ; c'est un champion. N'importe où. C'est à Védrines qu'il doit ça encore. Il lui suffit d'un rien, d'un plan quelconque au plus près d'un village (quand il ne sait plus où il est) ou d'une ville (on l'a vu à Compiègne), il a ça dans le sang, il approche « comme un vautour », dirait M. Guynemer père, et juste avant de toucher le sol, se redresse pour se freiner et s'arrête. Le vent est son écuyer. Ce jour-là encore, des artilleurs surgissent de partout, un commandant de batterie lui fait présenter les armes et harangue ses canonniers. Et lui, comme s'il s'y attendait, mais oui, il s'y attend, il n'attend que ça ! enlève son cuir, ses bottes, son serre-tête et apparaît en vareuse, culotte noire et bandes molletières avec sur sa poitrine sa médaille militaire et sa croix de guerre qu'il ne quitte plus, pour ne pas être confondu avec les embusqués, et son képi et son sourire attendrissant d'enfant gâté. Comme le 19 juillet, les artilleurs, des connaisseurs à qui rien n'échappe, ont suivi le combat : « Et maintenant, un tir en l'honneur du sergent Guynemer !... » La 47e batterie de 95 du 31e régiment d'artillerie lâche une salve, puis deux, puis trois, le capitaine tend ses jumelles au sergent Guynemer qui distingue au loin des hommes s'enfuir : les fantassins allemands qui se carapatent sous les obus. On rit, le capitaine arrache les galons de son kébrouque, les lui offre : « Pour quand vous les aurez, ça ne tardera pas. » Que dit-on du Capricorne dans la mythologie d'André Barbault ? « C'est l'homme au sommet de lui-même, le froid calcul, la souplesse diplomatique d'une lame d'épée ; le caractère indomptable, la dureté du granit, l'homme aux passions énergiques, profondes et cachées... »

Chez lui, de moins en moins cachées, les passions.

A cette distance de la zone des combats, mais il est vrai qu'on n'est pas loin d'une ville, il y a aussi une foule réunie comment ? Le LVG en tombant et le Nieuport en se posant ont créé un événement, on accourt, on photographie le vainqueur. Dans quelques jours, il recevra une photo signée : « Un automobiliste, Jacquot. » Il est pressé, il n'ose pas encore aller respirer la puanteur de ce qui brûle à côté, il renonce à aller saluer la dépouille du lieutenant observateur Hans Reitter sur un brancard qu'on enfourne dans une ambulance. Il n'ose pas encore regarder ceux qu'il a tués, il redécolle sous les hourras. Va-t-il tourner au-dessus de Compiègne et donner des coups de moteur pour claironner sa victoire, ou regagne-t-il aussitôt Breuil-le-Sec, en jouant avec sa manette des gaz en grand puis réduit, comme des hurlements, des feulements de bête ? Il a hâte que Brocard sache, que Védrines sache, que tout le monde sache, Brocard surtout. Et Marie-Louise ? Et Mme de Cornois ?

« Cette fois, c'est la croix », dit Védrines. Mais alors, après, pour les suivantes ? Le voilà parti, on ne sait plus jusqu'où ira ce gosse-là. « C'est vrai, pense Brocard, qu'est-ce qu'on va lui donner, après ? »

Six jours plus tard, un mardi, le 14 décembre, avec son camarade Bucquet arrivé depuis peu et qui partagera une victoire où Guynemer ne lui a peut-être pas laissé « le temps de quoi que ce soit », écrit Bucquet, il se jette sur deux Fokker. L'un, biplan, s'écrase au sol illico, l'autre, un chasseur, se rebiffe. Lettre à son père. Là, il s'agit de métier :

« *Combat avec deux Fokker. Le premier, cerné, son passager tué, a piqué sur moi sans me voir. Résultat : trente-cinq balles à bout portant, et couic ! chute vue par quatre autres appareils* (*3 + 1* *font 4 et ça va peut-être m'amener la croix). Ensuite combat avec le deuxième Fokker, monoplace tirant dans l'hélice, aussi rapide et maniable que moi. On s'est battu à dix mètres en tournant à la verticale à qui prendrait l'autre par derrière. Mon ressort était détendu : obligé de tirer avec une main au-dessus de la tête*, j'étais handicapé; j'ai pu lui tirer vingt et un coups en dix secondes. A un moment nous avons manqué nous télescoper, je l'ai* sauté, *sa tête a dû passer à 50 centimètres de mes roues. Ça l'a dégoûté, il s'est éloigné et m'a laissé partir.* »

Guynemer rentre sans se poser près du vaincu, avec une pipe d'admission crevée dans son moteur, un culbuteur arraché, des trous dans son capot, deux encoches dans l'hélice, trois impacts dans une roue, le gouvernail et un câble de profondeur entamés. Pour la première fois il a eu affaire à un adversaire aussi fonceur que lui. Combat tournoyant, à 10 mètres, sans pitié, dont le vaincu sera le moins habile, celui qui aura l'autre dans le dos. A un moment, ils manquent de se heurter. L'un dans l'autre à 3 ou 4000 mètres d'altitude et sans parachute. Les aérostiers en sont déjà munis : ils peuvent sauter quand leur saucisse est en flammes. En 1918, les aviateurs allemands en auront aussi, les Français jamais, l'état-major s'y opposera toujours. « Avec un parachute, ils se débineraient », c'est l'argument imbécile et insultant.

Ce jour-là, lutte à mort, duel où l'un des deux devra mordre la poussière. Personne ne se demande si les ailes vont craquer dans des virages à démolir la cellule et à bloquer le sang dans le cerveau. A son père, le seul de la famille censé apprécier ce genre d'exercice, il analyse le corps à corps avec une joie sauvage : son fils est capable de ça ! M. Guynemer père exulte : qu'on le sache ! qu'on le dise ! Notre petit crevé démolit tout ce qui l'approche. Tout de même, pas ce Fokker-là, aux commandes duquel il y avait peut-être Udet ou Immelmann ? Qui sait ? Ils se sont étrillés tous les deux et, d'un commun accord, après que ses roues à lui furent passées à 50 centimètres de la tête de l'autre, ils ont rompu, et chacun est reparti lécher ses plaies pensive-

* Il s'agit probablement du ressort du bowden qui commande la détente. Le pilote est alors contraint de se mettre à hauteur de l'arme, par-dessus le plan supérieur.

ment. Et Bucquet avec qui il partage un succès, que dit-il ? Où est-il sur les photos où personne ne le reconnaît plus ? Il disparaît comme les chiens, les maîtresses de passage. Seule exception : la famille. Sacrée. Sacrée famille ! Pour les autres, couic !

Nous voilà en pleine métaphysique céleste. La croix, s'il l'a, va aller à un surdoué de qui l'apprentissage a été jusqu'à présent facile. Depuis sa première victoire à l'issue incertaine, il a eu la chance de s'attaquer à plus faible que lui. La chance ajoutée à son art inné du vol et du pilotage l'a servi, et ils sont tous, Boelcke, Nungesser, Richthofen, Udet, bientôt Fonck, bientôt le Britannique Ball, ils sont en train de trouver en même temps le principe de la réussite : le soleil dans le dos, avant tout, puis fondre sur la proie, tirer juste, tirer vite, dégager, et ne plus s'y frotter. Richthofen demandera un jour à Boelcke qu'il rencontrera au wagon-restaurant comment il s'y prend : « Moi ? » répondra Boelcke en éclatant de rire. Il répétera : « Moi ? » et il aura un geste qui voudra dire : je fais ce que je peux. C'est pour cela qu'en couronnement de cette manœuvre, et en guise d'oraison funèbre, le fils Guynemer écrit à M. Guynemer père, à la chute du premier Fokker : « *couic !* », ce que dit la fermière quand elle tranche le cou à son poulet, ou le garde-chasse quand il culbute un lapin d'un coup de fusil. Pour un cerf, on n'oserait pas : ça se respecte déjà, un cerf, ça se défend. Guynemer lâche ce couic insultant au LVG qu'il foudroie et il le dit sans même noter l'endroit de la chute qu'il n'a pas suivie parce qu'un autre est déjà là qui le menace et l'asticote. Pour celui-là, pas de couic. D'abord, il n'y a pas de vaincu, et même s'il y en avait eu un, il aurait eu droit au salut à l'adversaire courageux. Plus tard, le lieutenant Udet, aussi décoré de l'ordre suprême *Pour le Mérite*, quarante victoires au moins, racontera un accrochage de ce genre : « Plus que 20 mètres entre nous, une seconde encore et nos machines vont s'écraser l'une contre l'autre, mais d'un mouvement imperceptible, l'autre se redresse et passe au ras de ma tête. Le souffle de son hélice me secoue et je sens au passage une odeur d'huile de ricin. Nouveau virage. Une fois encore, je le trouve devant moi, et de nouveau, nous allons nous rencontrer. Les balles traçantes laissent dans le ciel de minces bandes blanches qui restent suspendues comme des rideaux. Un tourbillon passe à deux doigts de ma tête (...). Quatrième tour. Il n'y a pas d'autre solution (...). Un souvenir comme un éclair dans ma mémoire : les deux machines lancées l'une contre l'autre se sont heurtées. Leurs fuselages, soudés en une seule masse métallique, plongèrent dans l'abîme. Les ailes continuèrent à voler un moment avant d'aller se poser au sol comme des papillons. Nous avons l'air de deux sangliers qui se chargent. Si ses nerfs tiennent bon... » Finalement Udet enverra une balle dans la tête à son adversaire et ira s'incliner devant sa dépouille à l'hôpital où on lui remettra le portefeuille du vaincu avec la dernière lettre de sa mère : « Tu ne devrais pas faire autant de sorties... »

Les jours d'après, Udet souffrira de maux d'oreilles et, après une nouvelle victoire, dira : « Ma tête est si douloureuse que je peux à peine marcher. Richthofen est sur le terrain. Je passe en titubant devant lui sans le saluer. »

Pour Guynemer deux nouvelles citations. Deux nouvelles palmes, Brocard maintenant le protège. Dans un moment de répit, le sergent range et colle ses photos dans l'album de Compiègne. On lui a remis les pattes d'épaules et les décorations du lieutenant Hans Reitter, né le 23 octobre 1893, à Lorrach, l'observateur du LVG tombé le 8 décembre, au sud de Roye, au milieu des batteries d'artillerie. M. Guynemer père palpe respectueusement les torsades d'or, le ruban noir et blanc de la croix de fer de deuxième classe, qu'on place sur la cheminée du salon à côté des pendules et des candélabres, comme des défenses de sanglier. Plus tard, le gosse rapportera des mitrailleuses tordues, des tambours de chargeurs, tout un fourbi de guerre — même des hélices — peu à peu occupera l'escalier raide à rampe en fer forgé, l'encombrera, débordera. On grimpera dans les chambres en enjambant prudemment cette ferraille avec étiquettes qui finira Dieu sait où en 1945. Il y a sûrement chez des brocanteurs de la région ou d'ailleurs de vieilles mitrailleuses cassées qui ne trouvent plus d'amateurs. Une hélice en bois qui s'était égarée un moment, peut-être celle que Marcel Dassault a dessinée pour lui, est revenue s'accrocher au fond et au-dessus du corridor d'entrée, entre la salle à manger et le salon de la Résidence de la Forêt qui s'est attribué trois étoiles et promet à sa clientèle du calme et de l'air pur.

La belle Junon s'assoit dans un fauteuil près du feu. Elle

rêve. Il lui arrive encore de s'oublier à appeler « Bébé » comme autrefois son petit Georges, chez qui les crises de silence succèdent à des accès de joie et à des rires déments. Où ai-je noté cette phrase sans prendre le soin d'y ajouter la référence : « Il est un peu effrayant à regarder... » ? C'est qu'il ne sait pas encore comment être. Il vient d'apparaître dans le ciel comme un météore, il ne sait comment il peut briller ni comment se laisser adorer, ni où aller ; et l'autre, l'inconnu qui étend son empire sur lui, il ne sait toujours pas qui il est. Le sergent tombe des nues avec de grandes claques de vent et une voltige de prédateur. Des bourrades de la popote à l'atmosphère feutrée de la rue Saint-Lazare, il ne sait plus comment être. Il est quand même plus à l'aise à la popote.

Etre comme si rien n'était ? Comme s'il sortait de Stan' ? Ou au contraire comme le prodige qu'il est en train de devenir avec quatre victoires, en cinq mois ?

On a prié M. Guynemer père d'assister à la cérémonie le 24 décembre 1915, le matin même de l'anniversaire de notre Capricorne. Une compagnie d'infanterie présente les armes, tous ses camarades entourent celui qu'on arme chevalier d'un coup d'épée sur l'épaule. Son père écrase une larme. Qui sait ? Qui sait ? Ils reviennent ensemble à Compiègne, mais lui, le gosse, est-il tellement heureux d'être là ? Où pourrait-il être ? A Breuil-le-Sec ? Mais il en vient. A Vauciennes ? Mme de Cornois a des obligations. C'est Noël, il va avoir vingt et un ans, on ne se bat pas ce jour-là, on distribue des cadeaux, des chocolats, des pelisses, il y a des chants d'église. En face, au mess des officiers, Immelmann offre des livres, des chocolats aussi, de l'eau de Cologne, les uniformes flambent, les croix de fer brillent, Immelmann et Boelcke reçoivent du général commandant l'aviation une coupe en argent, et Immelmann, en plus, une montre avec la signature des officiers de l'escadrille. Au casino où il va jouer, Immelmann est porté en triomphe. Dans les lignes françaises, les pilotes assistent à la messe de minuit avec le commandant de Rose en peau de bique. La table immense a été dressée dans un salon, les bouchons de champagne sautent, la mousse déborde des coupes, des petites femmes de *La Vie parisienne* sont accrochées aux murs. Au dessert, de Rose annonce que le Kaiser arrive le lendemain, par train spécial, à Sedan : il faut attaquer.

A l'aube, une brume épaisse cloue l'aviation au sol, le Kaiser l'a échappé belle. Le journal de marche signale que Guynemer « casse » au départ du Bourget, le 27 septembre. Il est donc allé à Paris ? Brocard ne dit plus rien, ou il y met des gants.

La vie à l'escadrille devient soudain monotone. A cause de l'hiver ? Peu d'éclats dans le ciel, à terre tout est morne. Hors de l'escadrille, encore que Breuil-le-Sec soit loin des lignes, tout est désolation, cette guerre devient la plus terrible que le pays ait connue. L'escadrille est un refuge de privilégiés où on dorlote les combattants comme des princes. Breuil-le-Sec, c'est Marie-Louise, la famille tout près et Mme de Cornois de l'autre côté de la forêt. *Le Figaro* appelle à tricoter des passe-montagnes et des chaussettes fourrées pour les aviateurs qui ont à affronter le froid des altitudes : moins vingt, moins trente, moins quarante parfois à 4000 mètres. Une héroïne de Paul Géraldy s'esclaffe : « J'aurais voulu un aviateur, mais toutes les femmes se les arrachent ! »

Le 31 décembre, d'une écriture de collégien, il griffonne une lettre un peu simplette à une marraine, ah ! par exemple, de Barbizon : « *Merci, ma chérie, sois tranquille, je pense beaucoup à toi. Comme je te l'avais dit je suis parti à 2 heures et arrivé par une pluie battante. C'est bien ce pauvre Layens qui s'est tué*. A bientôt, j'espère, mille baisers et vœux pour la nouvelle année.* » Pas très chaleureux malgré ce « ma chérie » qu'il emploie pour la première et unique fois. Une marraine ? Pourquoi pas ? Il n'en cherche sans doute pas, c'est elles qui se proposent, il cède à la mode. Entre de la réclame pour agréables soirées, livres rares et chambres meublées, toute une page de *La Vie parisienne*, puis deux, puis trois sont consacrées aux petites annonces (3 francs la ligne) où des officiers de zouaves, des sapeurs belges, des maréchaux des logis d'artillerie, de simples poilus et même des aviateurs qui s'ennuient appellent à leur secours des marraines jeunes, jolies, spirituelles. Que la guerre ne soit pas qu'un casse-pipe ! Pourquoi pas lui ? Personne ne peut imaginer qu'il ait besoin d'une marraine, d'une fiancée et encore moins de Mme de Cornois de qui personne ne savait rien. On nous l'a fabriqué ainsi,

---

* Edouard de Layens, un ancien condisciple, dans un accident.

pur, immaculé, immatériel, et, soixante-dix ans après, les héritiers ne veulent rien dire, comme s'il s'agissait de quelque chose de honteux; la société petite-bourgeoise française n'a pas perdu ses habitudes de secret. Il s'agit de Guynemer? Peu importe. Ce serait le pape, encore moins. Les familles n'en diront jamais rien, comme sa famille à lui ignore presque tout de son bébé à Paris. S'il obtient deux jours de permission après une victoire comme c'est la règle, eh bien, qu'il se distraie, le cher gosse, qu'il aille au théâtre applaudir M. Sacha Guitry, qu'il s'amuse, c'est son droit, qu'il se change les idées. A Paris, il ira embrasser Louisa, il ira prendre le thé et se bourrer de gâteaux chez des amis. Ebloui on regarde ce qui vient de se produire, mais tout est possible dans cette guerre, tout peut arriver, l'âme d'un enfant brise son enveloppe, éclate et se déploie, s'épanouit à la surprise de tous dans l'empyrée.

Bien sûr, il aime sa famille. A peine libéré de l'escadrille, il court se jeter dans un milieu où il se sent à l'abri. Sa mère l'adore avec de plus en plus de retenue. Dans la bourgeoisie noble, on ne se laisse pas aller à de grands sentiments spontanés, on filtre le meilleur, le plus digne pour la tenue, l'éducation, jamais d'excès, langage châtié, égalité d'humeur. Des regards, pas trop appuyés, vite dérobés, des réflexions à soi-même. Ses sœurs sont les seules devant qui il se laissera encore un peu aller. La croix de chevalier n'annonce-t-elle pas une prochaine promotion d'officier? A chaque départ, on a du mal à s'arracher les uns aux autres. Ses sœurs, il est leur orgueil et leur gloire. Sa mère sent battre à coups précipités ce violent cœur d'enfant qui se maîtrise, elle ose à peine entr'apercevoir ce regard impétueux et d'autant plus impitoyable qu'il semble baigné d'innocence. Quand il est seul à Paris, mon Dieu, et s'il ensorcelait une jolie fille, là-bas, comme un danseur de cette danse en vogue, le tango?

Voyons, ce n'est pas un danseur de tango, c'est un tueur.

Ce mois de janvier 1916 s'étire, long et brumeux. Déjà le bruit court que les Fritz n'acceptent le combat que s'ils sont trois ou quatre contre un; si on succombe, c'est devant le nombre : ils cherchent les proies faciles. Qui ne les cherche? Le 2 février, le sergent Grivotte et le lieutenant Grassel sont tués au combat. Le 3, il est parti avec son regard à donner le frisson. Il patrouille au nord, chez l'ennemi, dans les environs de Roye. A 11 h 10 il attaque un LVG au ventre jaune, qui riposte. Après quarante-sept coups de mitrailleuse, le boche pique très fort dans ses lignes en fulminant comme un explosif, il le perd de vue dans les stratus à 500 mètres. A 11 h 40 il en surprend un autre à ailes jaunes armé d'une mitrailleuse parabellum, il l'approche à 20 mètres, le tire et le poursuit jusqu'à 3 kilomètres des lignes, puis le perd encore de vue. Les deux premiers, il les a abattus, on le saura vite. A 11 h 50 il se jette sur un troisième qui disparaît dans les nuages. D'après son camarade Battesti, « cette victoire, le premier doublé, est obtenue à bout portant avec un pistolet automatique parabellum, une arme sans doute trouvée sur une de ses victimes ». Parce que sa mitrailleuse se serait enrayée ?

Ce jour-là, il évoque le combat à sa marraine de Barbizon qu'il a revue et va revoir : « *Le sale gosse a encore fait des siennes... Je suis content car j'ai vengé un de mes camarades qui a été descendu hier.* » Sale gosse, c'est le mot des femmes pour lui. De l'adoration. « *Pas une balle dans mon appareil ! Tu vois que je n'ai pas perdu encore ma veine. En tous cas maintenant que ma croix est baptisée comme il convient, je partirai en permission demain ou, s'il fait beau, après-demain, et alors tu me verras arriver en trombe. Mais pourquoi fais-tu des restrictions sur les heures ? Tu vois bien qu'il n'y a pas d'heure pour les braves (fermez le ban). A bientôt, ma petite Raymonde chérie, je t'embrasse très tendrement mais pas comme toi dans ta dernière lettre (...).* » Il signe Géo.

Curieux Géo. Trop de femmes, trop de gibier, ça va trop vite, il n'a plus le temps, son style est du télégraphique, du compte rendu militaire, du gribouillage de carnets de vol, ses amours aussi peut-être. Il se pose à court d'essence à Cachy, près d'Amiens. Le 5 février, il exécute un septième pigeon et l'abat en feu au nord de Roye, entre Assevillers et Herbécourt, dans les immenses plaines grises de l'hiver et du givre.

Deux victoires le 3, une troisième le 5. Cette fois, il est au communiqué. Le 6 février, le quartier général le consacre « as », la France apprend son nom, le monde aussi. Boelcke et Immelmann savent qu'ils ont un rival. Ce jour-là, il écrit à sa marraine : « *Chérie, je serai à Paris mardi et mercredi. Surprise : j'ai 5 palmes. Des 3 boches du 3, le 1er a presque sûrement flambé et le 2e s'est embouti à 2 kilomètres derrière les tranchées, celui du 5 complète-*

ment roussi. Ça fait 7 dont 1 pas très sûr. Seulement entre eux pas moyen de t'en envoyer un morceau. Je tâcherai de mieux travailler une autre fois. Excuse me ! Tendresse. Géo. »

Le lendemain, la photo du jeune soldat de Biarritz ou le buste du sergent Guynemer est à la première page de tous les journaux. On titre : *7 février 1916 : Le vainqueur des Fokker*. Jean Ajalbert écrit dans *L'Œuvre* : « Le pilote Guynemer connaît la gloire... Guynemer a de la chance. Le communiqué se résigne (croyez qu'il lui en a coûté) à imprimer les huit lettres de son nom au bout de vingt combats, au cinquième avion boche consenti... » Et il se livre à une violente diatribe contre les lenteurs et les pudeurs de l'état-major. Louisa reçoit les journalistes et parle avec fougue de son petit-fils. Elle s'érige en adoratrice si exclusive qu'on a dû, à Compiègne, en être agacé : « Mon Georges a vingt et un ans tout juste... » La voilà qui l'appelle « mon Georges » et qui déclare qu'elle a pris son parti : il faisait de l'aviation en cachette de son père, elle lui donnait un peu d'argent. *L'Illustration* du 12 février s'ouvre en pleine page sur lui ; celle du 19 le montre à son poste de pilote, et le magazine *J'ai vu* aussi : « Un jeune héros de l'air ». Dans quelque temps les imagiers d'Epinal lui enverront leur revue en hommage, un médaillon entouré de lauriers, et il file peut-être le parfait amour avec cette marraine de Barbizon. Et Marie-Louise ? Et Mme de Cornois ? Il descend à l'Edouard VII après chaque victoire, une nuit ou deux. S'il pratique, c'est en vitesse, il exécute, car il a hâte de repartir et alors, sur son chemin, fera-t-il halte à Vauciennes ?

Sa gloire subite n'étonne-t-elle aucun de ceux qui le connaissent ? Si. Un peu. A Compiègne, on ne sait plus s'il faut applaudir ou pleurer, à l'escadrille où l'on vient de rendre les honneurs funèbres à deux camarades, les bouchons de champagne sautent de nouveau, il trempe ses lèvres sèches dans la mousse, on le regarde, droit, raide, figé dans un demi-sourire glacé qu'il ne quitte plus. Quelque chose lui donne des traits définitifs et presque un caractère sacré. Il sourit à la popote, il sourit quand on l'aborde, peut-être parce qu'il revient de Paris, peut-être parce qu'il est heureux. Pour Guerder qui le voit régler sa mitrailleuse à la butte de tir et graisser ses cartouches, il a le visage que donne l'amour partagé et l'a encore au moment où il fait signe d'enlever les cales. Quel combat, chaque fois, entre cet engin si rudimentaire, déjà lourdement chargé, et l'air, le fluide où le pilote l'établit après l'avoir arraché au sol et s'être arraché lui-même à tout ce qui pourrait le retenir, la famille, Marie-Louise, Mme de Cornois, Paris, et qui sait ? l'image qu'on lui colle de lui-même. Hennissement prolongé des 110 CV du moteur, plus puissant que le Gnome, sautillements de la cellule sur les roues puis soudain, comme après une bataille entre ce qui est la terre et ce qui ne l'est plus, l'installation dans cet ailleurs où il glisse et s'enfonce. Alors avec le masque impitoyable et comblé d'un homme perdu dans l'au-delà, il est enfin lui-même, celui que personne ne voit. Qui ne croirait alors qu'il n'est prédestiné ?

Tout en lui s'électrise, il devient l'autre, ce fameux « autre » qu'il a cherché depuis toujours et qui ne s'est révélé que par moments furtifs, quand il s'est rué tête baissée, bousculant tout dans la cour de Stanislas au secours de Chaumot, ou quand, dans un réflexe, il a rendu sa gifle au professeur qu'il avait pourtant humilié, lui l'élève. Ces choses-là ne se raisonnent pas. Il arrache, il s'arrache à présent, en sautillant, comme un poulain ivre, il arrache le Bébé Nieuport 13 mètres au terrain de Breuil-le-Sec. Le 13 est plus court, plus trapu, plus rapide que le 18, il atteint les 4000 mètres en moins d'une demi-heure, il ajuste les rabats du serre-tête car le froid est coupant, son haleine se cristallise en glace près de ses lèvres sur son cache-nez, mais une fièvre sauvage lui coule dans les moelles, il fouille des yeux les sombres plaines, les nuages, le soleil, il déplace ses ailes, les élève et les abaisse, se retourne pour voir s'il n'est pas suivi, scrute prudemment les abords du soleil, malheur à qui s'aventurera où il va. De tout le ciel entre Amiens et Compiègne, il est le maître, l'homme de proie, le souverain. Que personne ne s'y hasarde. S'il y découvre un intrus, il fond sur lui, lui lâche un tir de quelques dizaines de cartouches, l'autre doit éclater, prendre feu et s'effondrer. Que le passager réplique, peu importe, tout finira quand même par un sillage de fumée noire et un écrasement avec giclées de boue, fracas de branches ou d'arbres, et quelques noms allemands de plus sur une croix dans un cimetière. Parfois il a été frôlé, effleuré par les lames invisibles. Parfois il a les commandes à demi cisaillées, les gants déchirés : « *On dit que je ne suis pas costaud? J'arrête les balles avec mes doigts.* » Cela ressemble à de l'inconscience, à un magma incandescent de mousse de champagne, d'acier, de feu et de mort : ses mains d'étudiant riche, de fils à papa (première impression de Védrines), devenues dures et marquées par les outils et la graisse depuis qu'il a été élève mécanicien n'arrêtent pas de caresser les décorations de ses premiers ennemis abattus, c'est comme s'il touchait les lèvres d'un marbre. Il veut d'autres trophées, d'autres cadavres à ses pieds.

« Perdu dans les profondeurs de l'espace, j'ai plané parfois longuement, n'ayant pour me distraire que le bruit de mon moteur au-dessus de l'immense plaine neigeuse où, seule, la flamme intermittente des canons teintait de feu cette harmonie de noir et blanc (...). » Dans son ouvrage *Mes combats*, Fonck a signé cette phrase romantique qui pourrait être de la plume de Vigny ou de Chateaubriand, si l'aviation avait existé de leur temps et s'ils avaient osé, purs intellectuels qu'ils étaient, confier leur précieuse personne à un élément instable, sur des appareils fragiles et parmi tant de périls : ils ont célébré leurs exploits à travers ceux des autres, tandis que Fonck se jetait lui-même dans le brasier. L'idée ne viendrait à personne de reprocher à Fonck de mieux savoir se servir d'une arme que d'une plume, de cartouches que de mots. N'empêche que cette pensée là : « Perdu dans les profondeurs de l'espace... », il l'a eue. L'art n'est pas prodigué à beaucoup, l'audace d'affronter l'ennemi non plus, c'est ce qui place si haut Chateaubriand mais aussi Fonck, Guynemer et leurs émules.

Ceux-là aussi, la gloire, quand elle les touche, ils savent que rien n'est aussi peu durable. Elle passe comme l'éclair, et eux avec. Chaput appelle son avion « La Mort subite », Nungesser arbore un cercueil dans un cœur, le commandant Happe fait peindre son avion en rouge, Richthofen l'imitera bientôt. Navarre a trois victoires, Boelcke combien ? et il y a beaucoup d'autres jeunes fous qui veulent paraître au communiqué. Toute la presse, tout le monde prononce et répète le nom de l'as, des as. Mis à la mode par les journalistes, le mot fait florès. L'état-major fait d'abord la sourde oreille puis, après beaucoup d'hésitations, se décide, accepte le mot et finalement le codifie : on deviendra as avec mention au communiqué après cinq victoires homologuées : on sera un héros, avec toute une hiérarchie de décorations, en fonction du nombre de victoires. Les Anglais vont suivre : pour eux, une parole de pilote suffira, alors, des as, ils en auront ! Quant aux Allemands, il leur en faut aussi, ils vont en fabriquer ! Dans toutes les aviations, on voudra devenir un as, puis un grand as, puis as des as dans sa propre armée, et pourquoi pas ? as des as *über alles*. Entre Guynemer, Udet, Boelcke, Ball, Richthofen, Osterkamp, Nungesser, c'est à qui sera le premier. Parfois, dans la course, quelqu'un disparaît.

Pour le sergent Guynemer, rayonnant, étalant sur sa vareuse, de l'autre côté de la bretelle du baudrier qui lui donne déjà allure d'officier, les trois décorations les plus étincelantes de l'époque : la Légion d'honneur, la médaille militaire et la croix de guerre qui s'alourdit d'une palme chaque semaine, tout est simple. A chaque sortie, il peut, il doit remporter une victoire pour répondre à l'idée qu'on a de lui, sinon il décevra et en souffrira. Vedette, il ne s'appartient plus. On exige de lui ce qu'on attend : de la gloire, c'est-à-dire de la mort en pagaille, du sang. Le communiqué du grand quartier général a déclenché une machinerie redoutable : un as doit se dépasser sans cesse, sans cesse fournir à la nation de quoi l'admirer davantage. Ce feu d'artifice ne peut pas s'arrêter, chaque étoile appelle une autre étoile, un autre jaillissement de fusées et de soleils jusqu'au bouquet final. Pour Guynemer, ça n'arrête plus et, chose étrange, lui paraît d'une facilité dérisoire. A présent, on dirait que ses victimes l'attendent. Le 5 février, c'est sa septième victoire. Peut-être se voit-il aussi as parmi les ingénieurs de l'aéronautique ? Il transforme un Nieuport biplan en monoplace, y adapte un moteur plus fort et plus lourd, un Rhône 120 CV au lieu d'un 80, déplace le centrage de l'appareil et capote : bûche dans la neige dont il se relève penaud et rageur.

Consolation, le 4 mars, il est promu sous-lieutenant, le voilà de nouveau au milieu des fêtes. Il était déjà chevalier. A présent, il a une cuirasse étincelante. Il est le Cid, il passe en semant la mort.

Surtout il est officier, on lui a ouvert un dossier sur de vagues fiches. Patronyme sans tilde, prénoms, nom de la mère, date de naissance, tous les renseignements qu'on a déjà y figurent, taille 1 mètre 73, poids 48 kilos, couleur des yeux : noire, teint bistre.

L'élève mécanicien entré dans l'armée par miracle et l'élève pilote en surnombre sur une liste ont acquis peu à peu droit à l'existence ; la question ne se posait plus si le caporal pilote était du service armé, les pièces matricules se fabriquaient d'elles-mêmes du besoin qu'on avait qu'elles existent. Passé presque par erreur, presque en fraude, dans l'armée, l'y voici de droit sous-lieutenant, les pièces qui manquent seront s'il le faut inventées. Dans les immenses classeurs électroniques qui se glissent en cliquetant à travers les souterrains où se conserve la mémoire du personnel des armées, le dossier Guynemer, énorme, garde trace de tout ce qui, si peu que ce soit, compte pour lui, sauf les dérogations : il y a toujours un hiatus, un vide inexpliqué entre Pau et Avord. Qui peut s'intéresser au miracle d'alors, au tour d'escamoteur du capitaine Bernard-Thierry ?

L'escadrille s'en va. Larmes, désolation, consternation à Breuil-le-Sec et à Compiègne. Lui, rien. Indifférence totale. Son destin est ailleurs. En route pour le nord-est, le 12 mars, il rencontre un LVG, l'exécute, puis rejoint le terrain de Vadelaincourt, à dix kilomètres au sud-ouest de Verdun.

Sa vie, c'est ça.

VIII

Ça craque

DEPUIS LA MARNE, c'est la guerre d'usure. Plus de percée possible, les forces sont égales de part et d'autre, le front se stabilise de Soissons aux Vosges. La lassitude gagne, les combattants reçoivent d'abord des calottes de fer à glisser sous leurs képis, puis des casques et des masques à gaz.

Des deux côtés, l'ennemi est à traquer, à enfumer, à miner, les uniformes tournent au gris, au bleu horizon, au vert feldgrau, les tranchées deviennent pour des millions d'hommes un enfer que les aviateurs ne font que survoler, parfois très bas, pour ceux qu'ils veulent aider. Eux ont des toits, au pire des baraquements, couchent dans des lits, ils mangent à leur popote, ne souffrent du froid qu'en l'air, ils ne meurent pas plus que dans les tranchées, ils ont des permissions fréquentes car il faut des supercracks, des athlètes soignés et dorlotés, avec une mort propre et glorieuse ; les usines sortent de nouveaux avions et des moteurs plus puissants, les ingénieurs visent plus haut, plus vite, plus loin, plus fort, on commence à bombarder les villes, des zeppelins attaquent Paris, on craint les bombes à gaz et les bombes incendiaires, la chasse est plus nécessaire que jamais. Verdun devient une des clés de la patrie, on doit tenir. Quand l'escadrille N 3 y est envoyée, la bataille est engagée depuis le 21 février à l'aube, avec les plus forts pilonnages d'artillerie qu'on ait jamais subis. Les Allemands y ont jeté toutes leurs forces, il faut résister coûte que coûte. Les divisions fondent.

A Vadelaincourt, dans la Meuse, le terrain de la N 3 occupait une belle prairie à sol dur que traverse à présent la ligne de force

VIII

Ça craque

DEPUIS LA MARNE, c'est la guerre d'usure. Plus de percée possible, les forces sont égales de part et d'autre, le front se stabilise de Soissons aux Vosges. La lassitude gagne, les combattants reçoivent d'abord des calottes de fer à glisser sous leurs képis, puis des casques et des masques à gaz.

Des deux côtés, l'ennemi est à traquer, à enfumer, à miner, les uniformes tournent au gris, au bleu horizon, au vert feldgrau, les tranchées deviennent pour des millions d'hommes un enfer que les aviateurs ne font que survoler, parfois très bas, pour ceux qu'ils veulent aider. Eux ont des toits, au pire des baraquements, couchent dans des lits, ils mangent à leur popote, ne souffrent du froid qu'en l'air, ils ne meurent pas plus que dans les tranchées, ils ont des permissions fréquentes car il faut des supercracks, des athlètes soignés et dorlotés, avec une mort propre et glorieuse ; les usines sortent de nouveaux avions et des moteurs plus puissants, les ingénieurs visent plus haut, plus vite, plus loin, plus fort, on commence à bombarder les villes, des zeppelins attaquent Paris, on craint les bombes à gaz et les bombes incendiaires, la chasse est plus nécessaire que jamais, Verdun devient une des clés de la patrie, on doit tenir. Quand l'escadrille N 3 y est envoyée, la bataille est engagée depuis le 21 février à l'aube, avec les plus forts pilonnages d'artillerie qu'on ait jamais subis. Les Allemands y ont jeté toutes leurs forces, il faut résister coûte que coûte. Les divisions fondent.

A Vadelaincourt, dans la Meuse, le terrain de la N 3 occupait une belle prairie à sol dur que traverse à présent la ligne de force rituelle. Sur la route qui mène au village, un panneau vous accueille avec une jeune et jolie femme en maillot de bain étendue sur une plage : « L'été, c'est le rêve. » Autour de la citadelle de Verdun transformée en mémorial, le silence règne chez les touristes processionnaires au milieu des tombeaux, cimetières et ossuaires pour les deux millions d'hommes tombés là. Sur les anciennes tranchées, sauf sur celles qui sont devenues des pièces de musée, les champs ont refleuri, les bois repoussent, la peau de la terre jadis grêlée par la vérole des obus a repris son grain et sa douceur, et on a presque envie de la caresser comme la baigneuse du panneau, mais le ciel devient soudain gris. Il bruine. Où sont les survivants de l'époque ? Où dénicher les vieux de la vieille qui ont assisté, enfants, à la grande tuerie et ont aperçu Guynemer ?

Il y en a un, à dix pas. Je frappe à une porte, j'entre dans une grande pièce que chauffe la cuisinière : d'un côté, un gaillard de quatre-vingt-quatre ans, de velours vêtu, la casquette vissée sur la tête, et de l'autre, sa femme, au lit, avec de la polyarthrite. M. Gillant, Camille, ancien chef de chantier aux Ponts et Chaussées, se souvient de ce temps-là comme si c'était hier, c'était tout près, juste de l'autre côté de la rue, sur le terrain que j'ai vu. Tout en baraquements, sauf le bureau dans le village. Pour les avions, des bessonneaux, comme des éléphants couchés. Des appareils délicats, ces Nieuport, qu'on avait besoin d'abriter. L'église est à Jouhesme, ici il n'y avait qu'une chapelle desservie par les aumôniers, « ça fonctionnait à tour de bras, c'était le casse-pipe pour tous »...

On ne m'a pas non plus invité à m'asseoir parce qu'on ne sait pas encore ce que je veux, mais je m'assois tout de même pour être de niveau. Quand je les quitterai, je me demanderai si M. Gillant avait de la moustache ou pas. Quelle importance ? Elle, Mme Gillant, son visage doux et résigné me poursuivra un temps. M. Gillant, c'est Navarre qu'il aime. « C'était un as. Il m'a donné le baptême de l'air. Guynemer, si je l'ai vu ? Comme je vous vois. Guynemer, c'était un géant. »

Est-ce qu'on est un géant quand on mesure un mètre soixante-treize sous la toise ? « Oh ! Plus que ça. Deux mètres au moins. »

Tous, ils le refont plus grand qu'il n'était.

Tel qu'il est dans la légende. « Et pas commode. » Peut-être avec les gens qu'il ne connaissait pas ? Peut-être parce qu'il avait changé ? Il avait pourtant gardé tout son esprit de chahuteur. On l'a photographié faisant le pied de nez à Tarascon toujours adjudant — Guynemer est sous-lieutenant. Et le sourire qu'il a sur une autre photo pour son moteur et pour sa mitrailleuse, parée, graissée, huilée, vérifiée au petit poil, c'est le sourire à la belle, le soir des noces. Personne ne rapporte qu'il faisait des blagues et des niches aux nouveaux (aux anciens il ne se serait pas permis), personne ne dit qu'il chantait à table, on insiste sur son aspect sévère et réservé. L'abbé Chesnais ne reconnaîtrait plus son polisson. Il est peut-être toujours gai, il échange peut-être des plaisanteries de l'almanach Vermot avec Guerder, il a vingt ans. S'il fait moins de farces qu'avant, c'est qu'il n'a plus le temps. Il voudrait devenir digne de l'armée, un vrai militaire sérieux et réglo, comme Brocard. De carrière. Qui ne plaisante pas trop et évite de critiquer. Brocard lui a tellement dit que l'armée est une grande chose. C'est vrai. Vigny a écrit : « Une grande chose que l'on meut et qui tue », mais il n'a pas lu Vigny. Il le vit, c'est différent. Il pense à autre chose.

La Meuse coule entre les cimetières et l'ossuaire. Grise sous le ciel gris, elle ne draine plus de sang. A présent, c'est du lait que cette terre produit en abondance, comme si le sang l'avait engraissée. Des vaches, des vaches, l'usine qui ressemble à une centrale électrique est une laiterie monumentale. N'empêche qu'il y a encore partout des ruines de forts, que la mort règne sur ces grands plateaux de blé et de bois de sapins et que tout sent la désolation, même les chevaux qu'on croise dans les prairies ne lèvent pas le museau et continuent de brouter. C'est qu'il y a eu aussi des escadrons, des régiments de chevaux tués ici, au début, qui servaient à tirer les canons, les prolonges et les caissons d'artillerie ; les obus les ont fauchés par longues traînées tragiques, sur des champs de bataille vides d'hommes mais couverts de carcasses de chevaux morts. C'est ici qu'il faut reprendre la lettre de Roland Dorgelès, chef de pièce de mitrailleuse au 39e d'infanterie et qui n'en peut plus : « 11 mois de campagne, blessé en Artois (je n'ai pas voulu être évacué), cité à l'ordre du jour, nommé caporal. Et quel cafard, à en crever. Pourquoi ? Parce que je suis seul au milieu de tant d'hommes, seul. J'avais quelques camarades : tués ou blessés, tous. Et me voici perdu au milieu de quelques centaines de bons diables : cultivateurs, mécaniciens, lampistes et garçons de bains. Ce qui me rend fou c'est la pensée de passer un long hiver avec eux dans la boue des boyaux, je ne peux pas, je ne veux pas, cette guerre-là n'est pas la mienne... » Il supplie Mortane de l'aider à passer dans l'aviation. Son rêve, « descendre un Aviatik comme l'imbécile qui tous les matins, vers 4 heures, vient ronfler au-dessus de ma tranchée ».

Les pilotes disent tous : « On les admirait tellement, les poilus. » Quand ils allaient chercher le corps d'un camarade dans les tranchées avec des musettes bien garnies, ils étaient parfois obligés d'y passer la nuit. Le ravitaillement avait été renversé, des gens comptaient les haricots rouges pour se les partager. Alors, ils vidaient leurs musettes pour un gueuleton en commun, dans la boue.

A Vadelaincourt comme ailleurs, près de Verdun, dans des baraquements ou sous la tente, les aviateurs avaient de l'éclairage, du chauffage, ils mangeaient proprement... Cela n'empêche pas que l'aviation française est dominée par l'aviation allemande, les Fokker à mitrailleuse synchronisée sont maîtres du ciel. Quatre-vingt-dix Bébés Nieuport sont rameutés, avec huit escadrilles du commandant de Rose. Brocard en a quatre sous ses ordres : la 3 avec Heurtaux, la 26 avec Pinsard, les deux autres avec Deullin et d'Harcourt. On ne vole plus seul, mais en patrouilles et à plusieurs parfois, comme les Allemands. Le vol individuel n'est plus de mise. Dans le mauvais temps, à 50 mètres du sol, on mitraille des colonnes ennemies, on est descendu par des tirs d'infanterie. « Balayez-moi le ciel, a dit Pétain à de Rose, je suis aveugle. Sinon, c'est simple, Verdun sera perdu. » Ils balaient, ils n'arrêtent pas. Navarre avec Chainat, mal reçus, couchent sous la tente sur une botte de paille dans leurs peaux de bique, près de leurs bolides. « Nous buvions chacun une bouteille de cognac par jour », disait Chainat. « Demain nous irons faire un tour », décide Navarre. Il neige pendant la nuit. Le lendemain, impossible de mettre le moteur de Chainat en route, Navarre part seul, revient et dit : « Ça fait toujours deux de moins. » Brocard surgit. « J'apprends que vous êtes sorti sans mon autorisation. Quinze jours d'arrêts. » Navarre à son mécanicien :

« Fais le plein. » Et il file à Paris. Coups de teléphone de l'artillerie et de l'état-major demandant qui a descendu les Fritz. Affolement. « C'est Navarre à qui vous venez d'infliger quinze jours d'arrêts », dit Chainat à Brocard.

Il se le disait bien, aussi, pas inconscient au point qu'on croyait. Là où Dieu l'avait mis, il avait commencé et tout se succédait comme prévu. Où donc ? En haut lieu. Il n'avait qu'à s'abandonner à ce qui l'emportait. Tout se déroulait comme il pensait. Aurait-il été là si quelqu'un ne l'avait guidé ? Il croyait. Peut-être pas comme on pensait, ni comme ses anciens maîtres et ses pareils. Croyaient-ils, eux ? En quoi ? En Dieu ? Au créateur suprême qui inspire et garde ? Il croyait à sa chance, il la choyait. Il n'était pas placé où il était sans une décision supérieure pour aller où il devait, très haut, ailleurs, non pas invulnérable et immortel — qu'est-ce que la mort quand on a vingt ans ? —, invulnérable le temps qu'il faudrait, sinon quel sens aurait la vie ?

Tout à coup il se trouvait face à l'événement qui détruisait sa théorie d'une destinée, une fausse manœuvre, un instant d'inattention tandis qu'il explorait le champ de bataille ou trop de confiance en lui, un brin de présomption, une inadvertance, une nonchalance de seigneur comblé, la conviction, en sorte, qu'on lui obéissait ailleurs, que les mitrailleuses adverses s'enrayaient ou que la trajectoire de leurs rafales était déviée, oh ! pas de beaucoup, d'un rien, et elles frappaient à côté. Il patrouillait au-dessus de l'Argonne, il a rencontré cinq boches, il en a bousillé un, il s'est heurté à deux autres et là... Le tir l'a enveloppé, cassé, presque aveuglé. Une seconde pour s'étonner et penser que c'était dans l'ordre des choses, puis échapper soudain, par une glissade ; il n'était pas mort, il volait, comme par acquit de conscience, le bras gauche n'obéissait plus, mais le droit n'avait rien, ni les jambes, il gouvernait toujours, cependant mieux valait transformer la glissade en virage, piquer, par bonheur en arrière des lignes, pas très loin du terrain se souvenait-il, presque au-dessus. Le vent l'avait déporté vers l'ouest. Impossibilité de rejoindre Vadelaincourt, alors n'importe quoi sur la plaine mollement ondulée. Danger, les obstacles, les trous, le vaste plateau de l'Argonne creusé dans le sens nord-sud des sillons de la Meuse et de tous les affluents de l'Aisne dont la Couzance, il avait bien étudié tout ça, la veille. Après, à l'est, c'était Verdun, les collines hachées, la terre en bourbier. Il suffit de descendre et de se poser, il y a des terrains partout. Là, c'est Brocourt, 10 kilomètres au nord-ouest de Vadelaincourt.

Stupeur quand même, l'avion peu atteint peut-être, mais le pilote est hors service : ne plus insister, gagner vite une zone de calme, heureusement qu'il n'avait pas eu affaire à un pilote de chasse mais à un biplace qui ne pensait qu'à rentrer chez lui, chez lui, chez lui... Désemparé, lui ? Vitesse réduite, à peine de quoi tenir, et, le moment venu, couper le moteur de la main droite en serrant le manche à fond derrière entre les cuisses. Là il ne se souvenait plus, il avait dû perdre conscience, il se réveillait étendu, entouré de képis à pince-nez et grosses moustaches lui répétant : « Ce n'est rien... » Et encore : « Laissez-vous aller... » Sur une photo de ce jour-là (le 13 mars), son brancard posé sur des caisses de munitions, son visage tuméfié, plein de sang, avec deux majors penchés, l'un avec un gros bouc noir et, derrière eux, toute une cour d'infirmiers dont un barbu, le calot penché sur l'oreille, tenant des pansements comme des prêtres les livres sacrés, et même un secrétaire, carnet et stylo en main ; on lui a enlevé sa combinaison fourrée posée sur ses genoux, il est en vareuse et baudrier avec ses décorations qu'il ne quittait plus, sa culotte de cuir noir et les belles bottes lacées qu'il a achetées à Paris. Quelques camarades dont il ne se souvient pas. « Ça va, ça va... » Ce n'est rien, n'empêche : « *J'ai encaissé* », répète-t-il avec humiliation. Eh bien quoi ? Immelmann aussi a encaissé, Boelcke aussi. Il demande une glace, oh ! ce n'est ni pour Barbizon ni pour Vauciennes, c'est pour lui. Pour lui prouver que ce n'est pas grave, qu'il a seulement le visage un peu boursouflé, on lui prête un miroir métallique de poche, il aperçoit des paupières gonflées, une bouffissure, des écorchures, il a l'impression d'être criblé de petits éclats, une balle a dû pulvériser quelque chose. « Ces as ont des coquetteries », pensent les infirmiers. Un œil surtout lui fait mal, le gauche, touché ? « Je ne crois pas, dit le major. Vous serez sur pied dans huit jours, laissez-vous faire... »

On l'expédie le jour même à Paris, au *nec plus ultra* du luxe, à l'Astoria, rue de Moscou, près de la gare Saint-Lazare, entre

Montmartre et la Madeleine, hôtel chic, quartier de plaisirs, ambulance japonaise. Pourquoi ? Eh bien, le Japon a délégué une mission de charité, il participe à l'effort de guerre avec un mystère de féminité : rien que des infirmières aux yeux bridés, douces, silencieuses, énigmatiques, coiffées d'une sorte de pot de chambre de toile blanche marqué d'une croix rouge, élégantes, sous le contrôle naturellement d'une infirmière-major française bobonne et décorée. Un éclat dans la mâchoire, un éclat dans la joue droite, un dans la paupière gauche, d'autres petits sur le visage, la criblure d'aluminium et de Plexiglas de son pare-brise. « Vous avez de la chance », lui répète-t-on. Naturellement, il a de la chance, l'œil n'a rien, deux balles dans le bras gauche déjà extraites, la belle blessure qui donne au héros sa dureté, sa légende d'invulnérabilité, et lui permet un temps d'échapper à la bataille. Il est gâté. Toute gonflée d'émotion, chargée de fleurs, de friandises, de cigarettes, et tout en noir, la belle Junon vient embrasser son fils chéri. On dirait qu'elle s'est préparée pour le pire, mais elle est en deuil de sa propre mère, une Doynel, qui vient de s'éteindre à Garcelles. L'époque l'exige : à peine un liséré blanc sur le bord du chapeau, un voile de crêpe qu'on peut laisser retomber sur la face, une fine écharpe blanche à l'intérieur du revers de la veste, jupe jusqu'aux talons, digne femme d'officier démissionnaire, digne mère d'un as. Elle est peut-être descendue chez son frère, plutôt que rue François-Ier chez Louisa, qui a couru le voir elle aussi, et prend la chose avec un brin de désinvolture : « On voit que vous n'êtes que la grand-mère », dit Junon, pincée, pour se venger des déclarations récentes de l'aïeule.

Il n'est pas de bonne humeur, il a appris qu'Immelmann a abattu deux avions dans la même journée, ses neuvième et dizième. A se demander si ce ne serait pas Immelmann son vainqueur. Il ne faudrait pas se laisser distancer non plus : Pelletier Doisy, de la Spa LXIX est, paraît-il, un tombeur, Deullin vient d'abattre son deuxième, Navarre en est à son septième, tous à Verdun ; il a été blessé à un sale moment, il lui faut repartir, et vite. Il écrit à son père : « *J'ai lu dans mon lit que la foule m'avait fait une ovation à Paris. C'est l'ubiquité. La science moderne fait vraiment des choses épatantes, les journalistes aussi...* » La presse est toute craquante de lui, sa gloire franchit l'Atlantique, on ne sait comment ni pourquoi il a conquis Madrid, Londres, New York. A cause de son visage d'enfant sur une photographie où il n'est même pas caporal ? La légende s'étend, l'*Evening News* est aussi enthousiaste que *Le Matin*, *Le Cantal républicain* et *Le Moniteur du Calvados* que le *Daily Mirror* et le *Times. L'Action française* révèle que le nom de Guynemer a pour origine le nord-ouest de la France et la Flandre. Le 29 mars, *Le Sporting* sort une pleine page sur lui et sur Navarre, et Mortane n'arrête pas de le porter aux nues. C'est du super, de la folie, du délire. A peine debout, il se montre, bras en écharpe, et reçoit des visites. Les mignonnes créatures du soleil levant l'aident à enfiler sa culotte de cuir, à se chausser, à passer sa vareuse noire, à se ganter, à épingler sur l'écharpe noire de son bras ses trois éblouissantes décorations, il a déjà six palmes à sa croix de guerre.

« Tu n'aurais peut-être pas dû voler un 13, mon enfant... » Il a haussé les épaules. Il vole tous les jours du mois, tous les jours de la vie. Il pense beaucoup à la veille du 13 mars, quand il est venu voir le Fritz qu'il avait abattu dans un bois. Il regarde les photos d'un amas de ferraille et de toile avec un tirailleur sénégalais tête nue, son casque à la main, devant une grande croix noire entourée de sentinelles. Ce jour-là, il venait d'abattre son cinquième LVG de suite, sans compter ceux qui, tombés chez l'ennemi, n'avaient pas été homologués. Il revoit le sous-officier Friedrich Ackermann, porté par des poilus sur un brancard, même âge que lui, en vareuse, casque et bandes molletières, la mâchoire fracassée, la bouche ouverte sur un cri, qui ne rentrera plus jamais.

A présent, il photographie ses victimes comme du gibier abattu, est-ce qu'un pilote allemand le photographiera lui aussi, un jour ?

Le photographe de l'hôpital arrive à son tour : photo de famille dans la chambre, souvenir pour ces demoiselles. Elles ont toujours leurs vases de nuit sur la tête, et la matrone qui les contrôle a l'air si chagrin qu'on a envie de lui dire : « Allons, ne soyez pas si accablée, tout n'est pas perdu. » Le visage de l'infirmière-major japonaise évoque des plages de cocotiers, des pêcheurs qui tirent leurs pirogues hors de la mer, des généraux prêts à s'ouvrir le ventre. Derrière le héros assis dans un fauteuil canné, un brancardier, à moins que ce ne soit le médecin, debout à côté de la belle Junon, *mater dolorosa* en grand deuil, même pas un semblant de sourire de savoir son fils hors de danger. Lui croise les jambes, ses leggings brillent. Chez lui, tout est noir, les cheveux, les gants, le bras gauche pendant et caché pour que le plâtre soit invisible, sauf les décorations sur le cœur. Ce qui surprend, c'est son sérieux. Est-ce parce qu'il est entouré de femmes — de gonzesses ? ça se dit déjà mais au péjoratif — réfléchies, froides et inquiètes ? Non seulement il ne sourit pas, mais, pour la première fois, il est triste. Il a pourtant le visage intact, sans la moindre trace de cicatrice à la paupière gauche. Où est notre archange triomphant ? Il y a chez lui comme un lac de douleur : cette découverte qu'il n'est pas invincible. La défaite est en lui, mais il va se ressaisir. A combien d'autres est-ce déjà arrivé ? Le 12 mars, il était encore un enfant. Le 13, il a vieilli, il est devenu un homme. Il ne souffre plus que de la mâchoire, où une minuscule ferraille s'est incrustée, il dira à sa sœur Yvonne que c'est d'une dent de sagesse. Debout ! Plus un instant à perdre ! Le retenir à l'hôpital ? Un as a le droit de faire ce qu'il veut. Hors d'ici !

Paris le grise, on le reconnaît, on l'applaudit, il garde l'air timide et emprunté d'un nouveau promu, on s'étonne de son âge, une ombre de moustache qu'il ne rase pas lui a poussé, son regard adouci paraît toujours ailleurs, signe d'une mélancolie que tant de jeunes femmes, éternelles consolatrices du guerrier, aimeraient effacer. Elles osent, elles essaient, et lui il rêve d'un LVG qui ne veut pas tomber, bien que le mitrailleur soit hors de combat ; il le tire de gauche, de droite, par-dessus, par-dessous, en piquant, en cabrant, le pilote lui adresse des signes d'amitié, et puis sa mitrailleuse s'enraye, il se met à côté de l'avion allemand, à sa droite, et ils descendent tous deux en vol de patrouille, sans jamais retrouver les lignes ni le terrain, où ça, pauvre chéri, où ça ?

Nungesser aussi a été blessé. Gravement : une jambe et la machoire brisées, la boîte crânienne enfoncée. Deux mois après, il marche avec des béquilles, mais se fait hisser à son poste de pilotage et remporte des victoires. « C'est un fou », dit-on. Il y a les fous de Dieu, à chacun sa folie. Nungesser, qui bamboche à Paris, se fait traiter d'embusqué par un chauffeur de taxi, avance sur ses béquilles et gifle l'imbécile. Il recevra bientôt une balle explosive sur la lèvre, il aura l'air d'un lion qu'un coup de patte a déchiré. Guynemer n'aime pas qu'on parle de Nungesser devant lui. Mme de Cornois le fatigue-t-elle ? Il va embrasser Marie-Louise à Breuil-le-Sec. Ce n'est pas à des amours qu'il pense, c'est à la guerre. Un volcan de fer et de feu s'acharne sur Verdun, calcine les villages et les forêts, retourne la terre, la défonce, pulvérise les routes, entame les collines ; la campagne devient un immense chaos de boue, de lave, de cadavres, de débris, où l'épouvante règne. Immelmann a été promu officier à vingt-six ans, un orchestre jouait, les hourras ont jailli pour lui, la gloire l'a grisé. Guynemer se présente à l'escadrille d'où on le renvoie en vitesse chez ses parents ; il ne tient pas debout. A Douaumont, Deullin abat un avion piloté par le chevalier von Holak et revient éclaboussé de sang. Le journal de l'escadrille note que Navarre est la terreur d'en face. Le 11 mai, le commandant baron de Tricornot et marquis de Rose se tue dans un accident. C'est la consternation. « Son exceptionnelle grandeur d'âme », dit Pétain. Une sorte de compagnon de Charlemagne, lui aussi. Il fait beau, presque chaud, on lui orchestre de belles funérailles. Guynemer n'est pas là, alors qui va venger de Rose ? Comme si on pouvait se venger de la destinée. Ils essaient tous, mais en vain. Le printemps éclate dans les arbres déchiquetés.

En quinze jours, il y a huit mille morts chez les Français, autant en face. C'est la grande tuerie. Chez Boelcke et Immelmann, on a remporté vingt-cinq victoires et essuyé seulement deux défaites. Attention.

Pendant quelques semaines le sous-lieutenant Guynemer mène une vie de patachon. Il ne sait plus où il en est. Son bras mal remis, ses plaies pas encore cicatrisées, il roule dans sa Sigma. Son ami Paul-Louis Weiller, un as lui aussi, une sorte de playboy de la guerre, jetant l'argent par les fenêtres, qui a la même, y balade ses nièces. A Compiègne, où notre sous-lieutenant passe quelques jours à s'ennuyer, il écoute son père rayonnant : « La gloire ne te donne aucun droit. Seulement des devoirs... » Ce paternel toujours raide, toujours « jugulaire » et romain, à qui, de temps en temps, il faut rendre justice, pense à la fragilité de la gloire. Il essaye aussi de modérer les folles dépenses physiques de son fils : « Quand tu as fini ton combat, pourquoi te livrer à des excentricités ? Redescends lentement pour ne pas fatiguer ton cœur... » Le fils sait que ça ne durera pas, il y a donc tout lieu de tout user en même temps. Il pense à l'Hispano-Suiza qu'Alphonse XIII va, paraît-il, lui offrir. Sa sœur Yvonne, sa complice, sait qu'un « Vieux Charles » est à Vauciennes, il en a maintenant deux ou trois, il fait ce qu'il veut, on ne lui refuse rien depuis qu'il est l'enfant chéri de l'armée. Un jour, il s'échappe à l'aube, décolle vers les lignes, à la recherche d'un avion allemand, il en rencontre un, l'approche et se laisse canarder par le passager sans broncher, sans même esquisser un semblant de dérobade. « Pour calmer mes nerfs », dira-t-il à Yvonne qui fond en larmes. « *Ma vie s'est décidée ce matin-là. Sans quoi j'étais dégonflé.* » Parfois, il va saluer Mme de Cornois. Ils se regardent tous les deux, les yeux dans les yeux, un peu tristement, comme deux anges qui ne savent plus où ils en sont. Ils dorment l'un près de l'autre. Mme de Cornois pleure aussi. Elle ne lui a pas dit qu'elle est enceinte. Elle ne veut pas l'inquiéter.

A Paris, Mortane lui a proposé d'écrire sa vie, comme les Allemands font déjà chez eux pour leurs as. Ce serait bon pour galvaniser l'Amérique qui envoie déjà des volontaires. Des mémoires à vingt et un ans ? Il grimace, un peu sceptique, un brin amer : il commence à peine sa carrière, il voudrait voler sur un avion révolutionnaire qu'il rumine de mettre en fabrication, armé d'un canon qui tirerait dans l'axe du moteur, il en parle à tous, surtout à l'ingénieur Béchereau. Les mémoires, ce serait s'habiller en smoking pour parler de soi — d'un autre, de qui ? Et puis il ne sait pas écrire, il n'aime pas ça. Sauf toutes ses lettres insignifiantes. Mais en effet, ça pourrait servir, le servir aussi. Mortane est un ami, il lui confie ses carnets de vol : « *Débrouillez-vous avec ça...* »

Il rencontre des camarades qui lui racontent les derniers échos de là-bas. Drôle de métier que celui d'aviateur de chasse. Deullin qui a du caractère écrit à Brocard pour lui raconter la mort de Peretti dans une ronde au-dessus de Douaumont : il n'a pas pu désenrayer sa mitrailleuse, a reçu une balle dans les reins et a eu la force de revenir atterrir dans la vallée de la Meuse. Il s'est abattu à bout de forces, son appareil en bouillie, il vivait encore dans l'ambulance. « Maintenant la tente est bien grande pour moi seul. Vous pourriez ne faire qu'un paquet avec ce qu'il a laissé à Breuil, ça simplifierait l'envoi à sa famille... » On a l'impression que ça craque de partout, à terre, en l'air. « J'avais une explication avec deux Aviatik, continue Deullin. J'en poire un, puis, me retournant vers le second, je vois mon premier dégringoler les roues en l'air et vider son passager de 3600 mètres. Servez chaud ! C'était exquis... »

Malheur aux âmes sensibles. Védrines qui s'est effondré à la fin de 1915, après que le président de la République lui eut remis la médaille militaire, est revenu à l'escadrille ; il participe à un combat et s'écroule de nouveau tandis que Chainat, qui se bat comme un fou, réclame violemment sa nomination d'officier. On est toujours aussi féroce, on perd ses ailes, on s'exécute les uns les autres, l'esprit qui assaisonne les exploits n'est à la gloire de personne. Mais quoi, revenons-y : ce ne sont que des boches, des *Huns* pour les Britanniques. Un boche n'est qu'une ordure, une crapule, un soudard. Pourquoi se gêner ? On insulte facilement, on accuse l'adversaire de péteux. Les boches rendent la pareille. Qu'est-ce que la guerre, sinon écraser l'autre, sans principes, sans honneur, cruellement, à la manière des hommes ? La chasse est un métier terrible. Celui qui n'assassine pas est assassiné.

Au début de la guerre, à l'état-major, on était plus sûr d'un message par pigeon voyageur que d'un renseignement de reconnaissance aérienne. A présent, l'état-major va jusqu'au bout de ses révisions déchirantes : à cette arme nouvelle il faut un drapeau, et tout sera dit et codifié. Et qui désigner pour ça ?

Gris de confusion, presque tremblant, le sous-lieutenant Guynemer reçoit sa feuille de route pour Dijon où la cérémonie va avoir lieu, et, le 13 mai 1916, vêtu et ganté de noir comme d'habitude, au milieu d'une garde en armes, il est sur le terrain de Dijon-Longvic, dans un rassemblement du tonnerre de Dieu, sous un ciel bas où frissonnent la masse incertaine gris-bleu des troupes et les ailes des avions rangés devant les hangars.

Les cuivres d'une musique explosent, les tambours battent, des officiers aboient des commandements, le drapeau neuf de soie rutilante passe au sous-lieutenant Guynemer qui le reçoit comme le saint sacrement et le plante sur lui, par le bas de la hampe dans un cornet de cuir, au bout d'une large bandoulière. Ainsi le premier drapeau de l'aviation est-il brandi comme s'il sortait de son sexe de jeune homme, un peu même comme s'il ne pouvait sortir que de là. Notre sous-lieutenant, notre héros, fleur de l'armée, couleur de mort de la tête aux pieds sans rien de rouge que le ruban de sa Légion d'honneur, né peut-être de noces secrètes entre les eaux, les nuées et les rêves d'un corsaire, ressemble soudain à Priape, dieu romain de la virilité. Comment ne pas penser aussi au poème de Rilke, au cornette avec une rose sur le cœur ?

Le premier porte-drapeau de l'aviation ressemble à ce jeune prince des guerres de jadis, quand des naseaux fumaient, que ça sentait la sueur et la luzerne et que du sang vermeil se répandait sur des selles de velours et sur la robe de belles montures écrasées. Il est d'une minceur extrême qui le fait paraître encore plus grand, et c'est vrai qu'il dépasse de la tête les cinq gaillards qui l'escortent, le fusil sur l'épaule, leur capote sur les jarrets, sur de vraies jambes solides, serrées dans des molletières bien tournées, tandis que lui a toujours des guibolles en fil de fer. En fouillant la photo à la loupe, on aperçoit une sorte de manchette qui dépasse du poignet : le bout de plâtre qui lui maintient encore en place l'avant-bras droit. A quoi pense-t-il ? Que voit-il devant lui, de son œil droit à peine exorbité et du gauche fixe, à peine fermé et comme atteint d'un léger strabisme, de ce regard qui happe l'ennemi du plus loin et l'identifie ? En admettant qu'un examen superficiel de sa musculature et de sa cage thoracique ait pu, par miracle, le faire admettre parmi des candidats au pilotage, on se demande avec un brin d'ironie comment l'aurait noté un ophtalmo militaire avec ce léger défaut de convergence des axes visuels normaux. Comment aurait-il jamais pu piloter s'il était passé devant un médecin examinateur, lui un oiseau de proie ? Au moment où éclate l'allègre sonnerie *Au drapeau* suivie du refrain de *La Marseillaise*, n'importe qui jugerait ce regard plus qu'inquiétant : terrifiant.

Au défilé, les capitaines à cheval devant la foule de leurs compagnies dévastées saluent sabre au clair, puis les trompettes entraînent des hussards presque caracolant, une flamme au bout de chaque lance ; derrière, comme un tonnerre, deux batteries d'artillerie à fond de train et au-dessus, dans un rugissement, une centaine d'avions, deux cents peut-être, Nieuport et Spad, ailes contre ailes, effraient les canassons qui piaffent, se cabrent et tournent sur eux-mêmes jusqu'à ce que l'orage ait disparu. Après quoi, le vin de Bourgogne coule à flots, les hourras retentissent, les embrassades étouffent notre cornette, on lui broie la main qui lui reste, on le regarde parfois avec jalousie, on le touche, un camarade pose son bras sur son épaule, d'un geste si léger, si caressant, si fraternel, si maternel ? et le contemple comme Dieu contemple une créature qu'il aime, le bonheur est au bord des larmes, tous se tutoient, c'est une réunion de la Table Ronde, on entend presque des cliquetis d'éperons, les fanfares qui s'éloignent et les moteurs qui tournent imitent le hennissement des étalons. Il y a beaucoup de culottes rouges et de tuniques bleu ciel, la cavalerie domine. Il ne manque parmi eux que la reine Guenièvre, mais tous ces cavaliers pensent à elle, c'est tout juste s'ils ne lèvent pas leur verre à sa santé. Où est-elle pour notre sous-lieutenant ?

Personne ne va se priver d'un tour aux Champs-Elysées ou à Montmartre, la route n'est pas difficile : il suffit de s'accrocher à la ligne de chemin de fer Dijon-Paris en évitant les nuages bas. Attention cependant, on ne sait jamais : une gorgée d'aligoté de trop et on glisse du côté où il ne faut pas.

Guynemer soudain pense à sa mère, il a envie de lui écrire. Il le fera ce soir. Il pense à quelque chose comme ce que le cornette de Rilke écrit, la veille de sa mort :

Ma bonne mère,
Soyez fière : je porte le drapeau,
Soyez sans inquiétude; je porte le drapeau,
Aimez-moi bien : je porte le drapeau...

Ça y est, enfin. Il rallie la N 3 le 18 mai 1916, sur le terrain de Cachy, à une dizaine de kilomètres au sud d'Amiens, car quelque chose se prépare dans la Somme pour dégager Verdun que l'escadrille vient de quitter.

Plus de deux mois d'absence pour notre *Orlando furioso*. Impatient, bouillant, il pète le feu. Sur la vie qu'il a menée à Paris il ne dit rien. Il court à son « Vieux Charles » qu'on a sorti du hangar, c'est un nouveau, un Nieuport 17 n° 386, il le touche, l'effleure, le cajole, l'embrasse peut-être comme un ami qui lui a manqué depuis longtemps et retrouve Guerder. L'escadrille a changé. Guerder lui parle de ceux qui ont trinqué, des morts, des blessés, des avions perdus. Le Nieuport 17 C 1 n'a pas toujours été à la hauteur. Les pilotes veulent mieux. Certains sont allés à Villacoublay s'emparer de Spad aux essais, d'où panne sur panne. On dit beaucoup de bien de ces zincs-là, d'abord un moteur plus fort, 180 CV ce n'est pas rien.

Le regard de Guynemer étincelle : ça va cogner, il est là. Les camarades lui trouvent une mine de papier mâché, le teint bistre ; quelques nouveaux, comme lui quand il était caporal, le saluent avec circonspection, il est gentil pour eux mais c'est Guynemer, l'étoile, huit victoires homologuées, le double au moins en réalité, trente combats.

De l'autre côté des lignes, l'Oberleutnant Max Immelmann pilote un Fokker de type nouveau, à moteur gonflé. Le ciel est calme, la guerre s'apaise avec le soir. A 4000 mètres, il entend un bruit lointain de mitrailleuse et aperçoit trois biplans qui s'empoignent. Il pique, identifie un Bristol pourchassant deux LVG, fusille le Bristol qui sombre en vrille puis rentre et fait son rapport. Le Bristol est retrouvé le lendemain, son pilote tué d'une balle dans le ventre. « Toutes les traces indiquaient que le tir partait de trois quarts arrière et d'en haut — c'était bien moi », écrit-il à sa mère. C'est sa quinzième victoire. Il reçoit la demi-lune de fer turque qui se porte à droite et la médaille en argent d'Imbias. Il n'en impose pas tellement lui non plus, avec sa poitrine étroite, son petit front, sa petite moustache, son regard inquiet, sa lèvre d'enfant boudeur. Il a des cheveux plats et une raie presque au milieu.

Pour Guynemer, en l'air tout de suite. Rien de tel pour se mettre dans le coup. Il décolle, il grimpe, il pique, il plonge, il cherche déjà une proie, il respire mieux, se grise de vent, se faufile dans des écroulements de nuages, des vallées incertaines, glisse dans des savanes, des déserts, une déchirure où par moments apparaît la terre blonde, tout émeraude, toute glauque, n'est-ce pas un rivage ? Rimbaud, qu'il ne connaît pas, a écrit : « *J'ai vu le soleil bas (...) j'ai rêvé la nuit verte (...) j'ai heurté d'incroyables Florides (...) j'ai vu des archipels sidéraux (...).* » Le sous-lieutenant Guynemer survole Amiens, Péronne, Roye, Compiègne plus loin au sud. Au-dessus des grandes plaines familières, dans ces solitudes où le souffle se transforme en givre et où le froid durcit les écharpes qui protègent les lèvres, il se sent plus à l'aise qu'avenue de l'Opéra.

Carnet de vol. « *Ronde Péronne-Rouge. Vu un Fokker dans ses lignes. 2 h 25, 3300 mètres. Ronde Péronne-Rouge. Attaqué un bifuselage à 10 mètres. Mitrailleuse ne peut pas tirer. Désenrayage. Pique derrière et le fais rentrer chez lui. Attaqué deux avions sur Villers-Bretonneux : incendié l'un en même temps que Chainat. 2 h 40, 4200 mètres. Ronde Chaulnes-Péronne-Rouge. Un biplace qui rentre rapidement. 3 h 30, 4200 mètres.* »

Plus de huit heures de vol ce jour-là ; le lendemain il a deux longerons coupés dans un combat avec un LVG et repart aussitôt sur un autre avion.

« *6 juillet 1916. Ronde. Vu un boche à 20 mètres en sortant d'un nuage. Pas le temps de tirer. 2 h 20, 2200 mètres. Ronde Péronne. Canonné. Eclat d'obus dans le longeron. Vers 8 h 20 vu un LVG sur la Somme à 1800 mètres. Il rentre presque à la descente chez lui. Vers 18 h 50, surpris par un LVG tirant dans l'hélice et en retraite. Combat croisé. Je descends pour recharger et voir le boche piquer sur un Farman de réglage. Revenant à l'attaque, je détourne le boche, combat croisé. Deux câbles de la cellule droite coupés net, hélice traversée. Atterrissage près de Caignes. Boche mordant et maniable. 2 h 30, 3200 mètres.* »

Il retrouve le même Tarascon et son avion *Zigomar*. Des pages et des pages. Toutes les mêmes, pleines de combats incertains, de déceptions, de mirages, de retours bredouilles et agités.

La région d'Amiens est une immense plaine de céréales et de betteraves ; ses villes suintent un ennui propre et cancanier, ses villages sont sinistres sauf l'été où, tout à coup, les roses, les marguerites, les lis et les clématites éclatent le long des grilles. Les routes droites n'en finissent pas, les avions fracassés s'abattent et achèvent de brûler dans les blés déjà mûrs, à l'infini, avec les betteraves à sucre que les convois saccagent quand on vient relever les épaves et les cadavres. Compiègne n'est pas si loin et pourtant il ne semble pas éprouver tellement le désir d'y retourner. Il lui faut de la casse et du carnage, sa santé de crevard est revenue avec son teint blafard et jaune, un courrier de vedette de show-biz d'aujourd'hui s'amoncelle sur la table du bar et dans sa chambre. Où trouverait-il le temps de le lire et de répondre ? Toutes les femmes s'offrent à lui. Il distribue aux camarades les lettres qu'il n'ouvre pas, sauf s'il reconnaît l'écriture, beaucoup sont semées à qui les veut. Et Barbizon ? Et une autre qu'il a, on ne sait comment, et qui se croira, comme Marie-Louise, longtemps, et même jusqu'à la fin, « sa fiancée » ? Sait-il où il en est ? De ronde d'armée en ronde d'armée, il n'arrête pas de voler et, à chaque retour, de réapprovisionner ses chargeurs, de démonter et remonter sa mitrailleuse, de graisser et de calibrer ses cartouches, de régler sa Lewis à la butte de tir pour éviter le moindre écart dans la ligne de visée : ce sont là des tâches qu'un pilote de chasse ne laisse à personne. Dans l'univers de folie où il a plongé, il n'y a plus que le ciel et ses rencontres qui l'intéressent. Il ne vit que pour ça : trouver une proie et l'abattre.

Entre la route de Saint-Quentin et la route de Noyon, toutes deux plates, raides et longues comme la justice, Cachy est un village comme toutes les taupinières de la Somme, du Valois, de l'Argonne. Un clocher, une école, une mairie, des fermes, une place, un café-tabac, des charrois, des chevaux, des vaches, du lait, pas toujours un curé, et des soldats, des soldats partout. Cachy c'est déjà le nord de la Picardie, la mairie ressemble à une gare de banlieue avec, sur une plaque de marbre, la citation de la commune à l'ordre de l'armée en 1918. « Calme, dignité incomparable. » Parce qu'elle s'est trouvée un moment sur la ligne de bataille, l'église a été détruite. Il y avait deux cent trente habitants en 1914 ; le terrain d'aviation, superbe, était au nord, contre un bois ; de là, on voit tous les clochers alentour, et pas très loin, au nord-est, le gros bourg de Villers-Bretonneux.

Soixante-dix ans après, Cachy n'a pas changé. C'est mort. Un vrai cimetière. Droit chez Mme Cailloin, quatre-vingt-deux ans, toujours vaillante. Elle s'appelle Emma, elle avait douze ans, Védrines était là, elle se souvient de lui et de Guynemer, ils étaient si beaux, Guynemer venait chercher son lait avec un petit chien qui s'appelait Mimi. « Oh ! il y a tellement d'endroits où il en a descendu, tellement ! » Elle n'allait pas y voir, sa mère le lui défendait. Je lui demande s'il allait encore chez lui, à Compiègne, d'ici ? « Il était bien trop occupé, et pas tellement des femmes. Des avions. Il en voulait un spécial, il ne pensait qu'à ça... »

Plat comme la main, le pays, coupé de petits bois, couvert de moissons et de betteraves, avec parfois une douce ondulation, comme si les terres avaient besoin de bouger pour respirer. L'autoroute du Nord passe près de Roye et de ses beaux clochers de pierre. Ici, on fabrique le sucre de toute la France. Il y a aux coins des maisons des buissons d'églantine rose.

Carnet de vol. « *10 juillet 1916. Combat à trois contre sept. Dégagé Deullin poursuivi à 100 mètres par un Aviatik. 1 h 20, 3600 mètres.*

« *11 juillet. Attaqué LVG sur Flancourt à 10 mètres. Enrayage. Explosion à bord du boche. Son câble de profondeur gauche coupé. Pique mais semble se diriger vers Saint-Christ, puis un LVG qui me prenait par derrière, tiré trois quarts avant entre 5 et 6 mètres. Une balle lumineuse entre dans le fuselage. A ce moment, le lieutenant Deullin tire un rouleau de près et abat le LVG. Attaqué sept boches au nord-est de Péronne. Enrayage grave du premier coup. 2 heures. 2600 mètres.* »

Encore des pages et des pages. A présent, il a onze victoires. Son premier carnet de vol est terminé : quatre-vingt-dix heures et cinq minutes de vol d'apprentissage, trois cent quarante-huit heures et vingt-cinq minutes de vol de guerre.

La légende veut qu'après Verdun, les officiers logent dans des châteaux, dont la France est pleine, avec de vrais lits, de vraies salles à manger, de la vaisselle armoriée. Et pourquoi pas des femmes ? L'été ils se baignent dans les bassins des pelouses, nus, ils prennent le thé dans les salons, ils vont à la chasse au chevreuil. Le visage débonnaire du commandant de Rose plane dans la lumière de l'au-delà comme dans celle de la belle saison, on les croit heureux, ce sont des toreros qui portent des bottes lacées, des képis noirs ou bleu ciel, l'arène peut les appeler, le taureau et la mort peuvent jaillir en trombe. S'il était là, il aurait trop peur de rater quelque chose. Où et quand se serait-il battu, sinon en l'air ?

La vérité est que les villages des cantonnements sont pleins de femmes en noir, les veuves, et que, la plupart du temps, les aviateurs habitent dans des baraquements luxueux, si on les compare à la cagna du fantassin, le parent pauvre, le terrien, le terreux, le minable, le pouilleux, qui ne les jalouse pourtant pas.

6. Photo de famille à l'escadrille après sa blessure de mars 1916. C'est le surdoué aimé, choyé et entouré des siens. *(Photo E.C.P. Armées.)* — ***7.*** Début 1916. Dans sa Sigma, visite à une popote d'escadrille voisine. Ah ! les fraises, les framboises... *(Photo S.P.A.A.)*

8. 13 mai 1916. Sur le terrain de Dijon-Longvic, le sous-lieutenant Guynemer est le porte-drapeau de l'aviation. *Ma mère aimez-moi bien, je porte le drapeau...* C'est le cornette de Rilke. *(Photo E.C.P. Armées.)*

9. Le capitaine Guynemer au volant de sa Sigma (printemps 1917). *(Photo X. Musée de l'Air.)* — ***10.*** *Page de droite :* regard de prédateur avant le combat. Malheur à l'ennemi qui le rencontrera. *(Collection Edmond Petit.)*

11. Eté 1917, sur le perron de la maison familiale de Compiègne. Un père fier de son fils. Un fils ivre de gloire. *(Collection E.C.P. Armées et Roger-Viollet.)*

Quand un avion est abattu dans les lignes, les gens des tranchées se précipitent, arrachent la toile et contemplent les victimes, songeurs. Sauraient-ils, eux ? Changeraient-ils de métier ? La boue n'est-elle pas préférable à ce métier d'enfer ?

L'escadrille, ce sont les hangars de toile, les bessonneaux qu'on monte en quarante-huit heures pour y garer les zincs à l'abri de la pluie et du vent ; le bureau de renseignements, une tente à minuscules fenêtres rectangulaires croisillées sur châssis de bois, avec des cartes, des photos, des appareils téléphoniques, des tables, des chaises, le plan directeur du front, les ordres, le fanion de l'escadrille. Le jour, on entend les moteurs ronfler, rugir, s'éloigner, les tirs craquer à la butte de réglage ; le soir, c'est le bar, *La Vie parisienne*, les bavards et les taciturnes, les potins, les nouvelles, chacun est pris dans ses pensées, on boit souvent un porto avant les repas, on joue très peu, au bridge, au poker, et ce sont toujours les mêmes qui jouent, jamais lui. Quelqu'un sort pour regarder le temps, un phono nasillard débite une chanson à la mode, on se couche tôt, chacun rentre chez soi. Les grades, au bout d'un certain temps, ne comptent plus beaucoup, ils vont d'ordinaire avec l'expérience, le métier, et ne séparent pas ; rares sont les jaloux, chacun sait ce que c'est que la chance, on n'envie pas tellement ceux qu'elle courtise, on en a déjà vu passer tant et tant, l'amitié règne, surtout depuis que Brocard, appelé à l'état-major, a passé le commandement de l'escadrille à Heurtaux. Heurtaux, hussard à képi bleu, a remporté cinq victoires en un mois, c'est un calme, un dur, un inflexible, il a la voix un peu brouillée, catarrheuse, rocailleuse, lourde, toujours enrhumée, c'est un chef qui s'impose mais partage tout et qui est là pour tenir l'escadrille en face de Richthofen. On est douze par escadrille, douze frères pour qui tout n'est pas toujours facile, vivre ensemble non plus. Quand l'un d'eux tombe, sa place reste vide le temps qu'on soit sûr qu'il ne reviendra pas. Cette amitié-là, il faut l'avoir vécue pour la comprendre. Elle est pareille aux collèges d'autrefois. Elle n'apparaîtra plus jamais. Ça n'existe plus.

Il y a parfois du chahut, de la gaieté. On va d'une escadrille à l'autre, il peut y en avoir trois ou quatre sur le même terrain, on se visite, on s'invite, on arrose les galons, les victoires. On ne chantait pas souvent à la 3. Chez d'autres, tout le temps, toujours en peine ou en joie de quelqu'un. D'habitude, à cause des primes et des indemnités, les officiers sont ensemble, les adjudants et les sergents ont leur table, ce qui installe une certaine distance. On parle beaucoup, de quoi ? Des avions, des pilotes, des mécaniciens, des boches surtout, ah ! des boches vicieux, attention. Le champagne coule souvent, Reims n'est pas tellement loin, Epernay non plus, le bruit des voix est assourdissant le soir. A midi, on va, on vient, on vole toujours selon le temps, les circonstances, la guerre n'arrête pas, la mort non plus, la vie non plus, les jeunes arrivent, la jeunesse passe, la jeunesse s'en va, fauchée. Tant de noms ont disparu, tant d'autres ont émergé des écoles de pilotage, comme Guynemer caporal, presque enfant de troupe, timide, emprunté, godichon, si drôlement fagoté avec son visage et son regard égarés. C'est la même escadrille, la MS 3 puis la N 3 en train de devenir la Spa 3, car on reçoit les premiers Spad qui vont devenir les rois du ciel, toujours le même mot, un cliché. Les Cigognes à présent. On a voulu des symboles pour les unités de chasse. A cause de l'Alsace-Lorraine, Brocard a choisi la cigogne que ses quatre escadrilles se partagent. La 3 aura la cigogne à ailes basses ; la 103, celle de Fonck, les ailes hautes ; la 26 les ailes allongées, la 73 enfin, la cigogne japonaise ou la cigogne qui fait face. En plus de l'insigne, chaque avion porte sur le plan supérieur et sur le fuselage un numéro. Pour Guynemer, c'est le 2. On chante si on est content, si on veut faire une fleur au sous-lieutenant Raymond, un ancien cuirassier qui remplace parfois Heurtaux :

A la trois y'a un sous-lieutenant
Qu'a le plus beau des commandements :
Des capitaines, des as qui brillent...

Celui qui a sorti cette gueulante-là ne s'est pas foulé, mais ce sont souvent les paroles les plus simples et les plus naïves qu'on reprend le mieux en chœur : « ... *des as qui brillent* »...

Naturellement, c'est le sous-lieutenant Guynemer qu'on regarde, il n'est pas le seul et il est seul quand même, et il n'a jamais changé d'escadrille. Ils veulent tous en être et n'en seront pas tous. N'empêche. Leurs passions sont brûlantes, parfois perverses, ils ont des âmes éperdues en quête de quoi ? De combats à l'issue moins incertaine ? Ils errent sur les frontières de la vie en brandissant une morale hautaine vaguement désabusée jusqu'à ce qu'ils rencontrent la mort, pour eux la seule façon de s'en sortir : ils sont coincés. Ceux qui survivront se souviendront des autres, des grands, des super-grands, ils auront un peu de leur taille et de leur éclat, la gloire des uns rejaillira sur les autres et sera pieusement, religieusement gardée par eux et par leurs descendants jusqu'à ce qu'il n'en reste rien qu'un rayon faible et incertain. Ceux qui ne sont pas des as, on les oubliera vite. Les as eux-mêmes pâliront et, lentement, se fondront dans le crépuscule de la nuit.

Telle est sa vie, la seule qu'il connaisse depuis le collège, la seule qu'il aime, il n'y a rien d'autre pour lui. Pas encore. Mais qu'est-ce que la vie ? En est-il une plus belle que celle-là ?

Deullin qui commande la 73 est devenu un ami et partage avec lui sa chambre et son ordonnance. Il a moins de victoires que lui, c'est un esprit posé, averti, élégant, qui réfléchit beaucoup. Il est content du Spad. Pour lui, c'est un avion souple, armé d'une mitrailleuse synchronisée avec tambour-chargeur de cent cartouches, et qui grimpe bien. Vitesse : plus de 170 kilomètres à l'heure. Deullin juge le Spad supérieur au Fokker mais le meilleur se fera abattre s'il est contre trois, quatre ou cinq adversaires moins forts mais résolus. Il faut sortir à deux ou trois pour mieux contrôler le ciel et ne pas se laisser surprendre ; l'ère du chasseur isolé n'est plus, les méthodes de la chasse ont changé, malheur au solitaire. Deullin considère comme formation idéale la patrouille à trois, en triangle, le guide en tête, les ailiers à 200 mètres de distance et à 50 ou 100 mètres au-dessus, mais les pilotes n'aiment pas ça. Pour Guynemer, il faut agir d'urgence sur le constructeur du Spad et l'ingénieur qui l'a construit, Béchereau. Il faut les convaincre à Paris, il faut que l'ingénieur vienne ici et leur dessine un avion qui aille plus vite, monte plus haut et ait deux mitrailleuses synchronisées en attendant le canon qui sera dans l'axe du moteur.

L'offensive de la Somme va se déclencher bientôt, le temps est très mauvais, il pleut beaucoup.

Est-ce le 6 juin au matin, tôt, que Guynemer rencontre en altitude Ernst Udet, alors chef de la 15e escadrille de chasse allemande ? Udet a eu quelques pilotes tués au combat les jours précédents sous les coups d'un Français qui tombe du soleil, tire et disparaît. Il aperçoit soudain un point noir qui grossit : un Spad. Il se cale sur son siège, les deux appareils se frôlent au passage, virent chacun à gauche, cherchent en vain à se coller l'un derrière l'autre, Udet distingue le mot « Vieux »... sur le fuselage du Spad. Udet tourne un demi-looping puis un demi-tonneau, figure d'acrobatie familière à Immelmann, pour échapper au poursuivant et fondre ensuite sur lui. Guynemer l'imite, dans son style. Un instant, à l'intérieur d'un virage, une grêle de balles crépite sur le plan droit d'Udet. « Peu à peu, écrira Udet plus tard, je m'aperçois qu'il m'est supérieur. Ce n'est pas seulement la machine qui est meilleure. L'homme qui pilote est aussi plus fort que moi... » Ils s'acharnent tous deux. Quelquefois le souffle de l'hélice de l'un secoue l'autre, ils s'affrontent aussi de face, se jettent l'un sur l'autre, et s'évitent du plus près. « J'essaie tous les moyens : virages très serrés, tonneaux, glissades latérales. Rapide comme l'éclair, il devine chacun de mes mouvements, et la riposte est là elle aussi, comme l'éclair. Un instant, il entre dans mon champ de tir, je pousse le bouton sur le manche à balai, ma mitrailleuse est enrayée. De la main gauche, je continue à tirer le manche et de la droite j'essaie de désenrayer. Peine perdue. La mitrailleuse reste bloquée. » Il pense à s'échapper puis y renonce et continue de tourner. « Le voilà maintenant juste au-dessus de moi, la tête en bas. J'ai lâché un moment le manche et je martèle ma mitrailleuse à deux poings. Guynemer m'a vu, il sait que la proie est à sa merci. De nouveau il vient raser ma tête. C'est alors que se produit une chose inouïe : il étend le bras et me fait signe, un tout petit signe de la main, puis il plonge et disparaît*... »

Udet n'oubliera jamais : Guynemer n'a pas voulu l'abattre désarmé. Il en parlera encore à la veille de la Seconde Guerre mondiale lorsque, général de la Luftwaffe, il recevra des pilotes de chasse français en visite protocolaire. « Ach ! Guynemer... » Devant Accart, un des as de l'époque, il repoussera une fois de plus l'hypothèse que Guynemer pouvait avoir lui aussi sa mitrailleuse enrayée. Udet, soixante-deux victoires à la fin de 1918, deuxième rang des as allemands derrière Richthofen, devenu

* Ernst Udet, *Ma vie et mes vols*, Flammarion 1955.

pilote de cirque, aventurier et grand viveur puis général à casquette à visière d'or et croix Pour le Mérite au cou, pas grand, un peu épais déjà. Embrigadé par Goering dans la préparation de la revanche, il se suicidera en 1941 d'une balle dans la tête, une bouteille de cognac à côté de lui. En 1916, jeune pilote décidé et fringant, prenant souvent des airs bravaches et attaquant souvent de front pour épater Richthofen, c'est quelqu'un. On comprend que Guynemer l'ait épargné. Guynemer épargne ou fonce tête baissée. Même désarmé, il n'a jamais écouté que la voix de son âme.

Ce duel du 6 juin 1916, Guynemer n'en a jamais parlé à personne. Il n'a même pas fait mention du combat. A l'époque, il confie le soin de tenir son carnet de vol à un secrétaire à qui il ne dit pas grand-chose. Il attend les victoires, le reste l'embête comme le courant de la vie, pourquoi des détails inutiles ? Un haussement d'épaules, une moue, un Fokker qu'il n'a pas descendu, ce Fokker vicieux, obstiné, courageux, comment pouvait-il savoir que c'était Udet ? Ah ! si ç'avait été le triplan rouge de Richthofen... Richthofen chasse les Anglais, moins coriaces.

De Guynemer, Chainat dira plus tard : « C'était un gosse. » Le LVG qu'ils poursuivent ensemble le 22 juin s'abat à Rozières-en-Santerre, près de Cachy. Est-ce celui qu'il força à se poser ? On croirait qu'il est blasé. Il n'ira même pas saluer ses prisonniers : le lieutenant Erwin Bredow et le lieutenant Peter Tueff-von Tscheppe und Weindenbach. Fatale région ! C'est là aussi, tout près d'Amiens, que Richthofen sera abattu. Le voilà soulagé, la terrible machine à tuer qu'il est a pu se réamorcer, le sang va couler à flots. Chainat ajoutera : « Quand il s'appropria une de mes victoires à son retour de convalo, il me dit pour s'excuser : « *Tu comprends, il y a trois mois qu'on ne parle plus de moi...* » *L'Image de guerre*, publication hebdomadaire, a pourtant publié en mai, dans son numéro 80 et en couverture pleine page, une superbe photo de l'as avec ce titre : « Un tueur de boches ».

Le 18 juin 1916, les services d'information allemands parlent d'un « accident regrettable aux environs de Sallaumines, dans le nord de la France ». A 10 heures du soir, un Fokker se serait brisé en l'air et aurait fait une chute de 3000 mètres. C'est Immelmann, « l'aigle de Lille », quinze victoires. Le constructeur inquiet accuse la DCA française, car il y a eu ce jour-là des combats entre chasseurs, entre Fokker et Sopwith. Pour Immelmann on aurait préféré que son vainqueur soit Guynemer, Navarre ou Nungesser plutôt qu'un accident ou un chasseur inconnu.

Avec sa tête cruelle de faucon, le colosse Immelmann ressemblait à un hobereau prussien. Lui non plus n'était pas jugé un bon pilote, on se moquait de ses allures de gandin avec son ombre de moustache, son foulard gris et les tablettes de chocolat au miel qu'il grignotait. Avec Boelcke, ils formaient un duo redoutable. Ils s'entendaient comme deux larrons en foire et se partageaient les dépouilles de leurs victimes.

Boelcke atterrit à Douai où les obsèques ont lieu dans la cour de l'hôpital, entre des torchères colossales. Devant une haie de généraux, il avance d'un pas d'automate vers le cercueil qu'entourent des pilotes décorés de l'ordre Pour le Mérite et la famille impériale. Boelcke ressemble à un fauve. Lui aussi ne songe qu'à venger Immelmann.

Immelmann avait inventé la figure de voltige dont tout le monde commençait à se servir, tant elle semblait naturelle, un demi-looping suivi d'un demi-tonneau. Le demi-looping en montant aidait à échapper à un adversaire, le demi-tonneau en haut de la boucle mettait le chassé en position de chasseur, et le poursuivi, à la grande surprise du poursuivant, fondait sur lui. Sans doute, bien des pilotes de chasse avaient, en pleine conscience ou par hasard, découvert cette manœuvre dans la trigonométrie sphérique des combats, mais Immelmann l'avait érigée en chef-d'œuvre. Plus tard, dans les manuels de voltige aérienne et les précis de pilotage, la figure deviendra classique et s'appellera « rétablissement ». Pour les pilotes, c'est l'immelmann : demi-boucle et retour au vol normal par un demi-tonneau semi-lent. En combat, le demi-tonneau n'est pas lent mais déclenché, et il n'est pas toujours aisé de l'arrêter avec précision.

Le fort en maths Guynemer aimait ce tracé et, chaque fois qu'il n'avait pas abattu sa proie du premier coup, en usait.

L'offensive se déclenche le 24 juin. Une fantastique tempête de feu s'abat sur la Somme, « plaine immense semée de mamelons (...), immense cimetière où les cratères creusés par les obus ressemblent à des fosses fraîchement ouvertes et si nombreux, si serrés que la terre végétale a disparu, que des profondeurs du sous-sol ont jailli des matériaux insoupçonnés ». C'est Fonck qui la voit telle. Il a déjà au moins deux victoires comme pilote de Caudron G 4 dans les Vosges, mais c'est là qu'il remporte sa première victoire homologuée, dans la région où Guynemer étincelle. Fonck, qui le connaît ? Personne. En juin, à Cachy, les triomphateurs, ce sont les phénomènes, les mecs, dirait Védrines, qu'on appelle la bande noire (à cause de la bande noire qui barre de biais leur fuselage), et qui s'appellent entre eux la bande des quatre : La Tour, Heurtaux, Deullin et Guynemer. Le « père » Dorme, à peine arrivé et adjudant, n'en est pas encore. Elégant, exubérant, fou d'audace, le lieutenant de La Tour commandera bientôt la 26, la cigogne aux ailes allongées ; La Tour adore parler des femmes, ne se met jamais au lit sans fixe-moustache, et dit de lui-même : « Je suis beau... » « Si blond, si délicat, l'air d'une fille », c'est Heurtaux, l'intraitable, antithèse de La Tour, il se tait, il agit, il commande, personne ne lui résiste. Il faut les voir bras dessus, bras dessous, comme s'ils sortaient de ribote, devant le bois qui borde le terrain de Cachy au nord : deux cavaliers à vareuse bleue et culotte rouge, et deux autres en noir : Deullin, l'âme et la technique de la chasse, et Guynemer... Pour eux, la vraie noce, la ribote, c'est d'aller descendre du boche.

Au début, le Spad n'inspirait qu'à demi confiance avec son moteur fixe qui faisait tourner l'hélice, alors que le moteur tournant avec l'hélice semblait moins vulnérable : il pouvait encaisser deux ou trois balles. Les pilotes se mirent à craindre l'incendie sur le nouveau moteur, mais les ingénieurs Béchereau et Birkigt rabâchaient que c'était le moteur de l'avenir, il fallait les croire. Ils avaient même mis au concours le dessin de son hélice pour le meilleur rendement de pénétration dans l'air et c'était Marcel Bloch, un tout jeune ingénieur sortant de la deuxième promotion de l'Ecole supérieure de l'aéronautique qui l'avait gagné, grâce à un profil très savant de pales construites avec un nombre considérable de strates de bois : une idée que le jeune prodige, qui s'appellera Marcel Dassault à son retour des camps de déportation en 1945, avait pu réaliser parce que la famille de sa femme possédait une fabrique de meubles et des ateliers de menuiserie dans le faubourg Saint-Antoine.

Sans arrêt, pour expérimenter le nouvel engin, on vole : Guynemer quarante-neuf heures en juin, cinquante-quatre en juillet, La Tour quatre-vingts, en août. Ça barde. Brocard, quand on lui présente les nouveaux, continue de les menacer : « Je vous dresserai », fulmine-t-il. Le champ de bataille de la Somme n'est qu'un désert et un chaos que la pluie détrempe. Plus une plante, plus un arbre, l'offensive est un échec sanglant, Fonck en est hanté. De temps en temps, comme à Verdun, passent des ombres en lisière du terrain d'aviation, des fantassins qu'un de leurs frères, Jean-Marc Bernard, un poète tué au front en 1915, a su décrire :

Vous nous voyez couverts de boue,
Déchirés, hâves et rendus,
Mais nos cœurs, les avez-vous vus ?

Ils n'en peuvent plus. Et pourtant, quand ils aperçoivent des avions, un camp, des baraques, des mécaniciens, ils demandent non pas Nungesser ni Navarre, encore moins Fonck, mais Guynemer. Cet été-là, à Cachy, une compagnie d'infanterie relevée des lignes s'arrête devant les hangars. Le capitaine dit à la sentinelle d'un accent rocailleux : « Mes hommes voudraient voir Guynemer. » Il donne son nom, on croit comprendre qu'il connaît Guynemer qu'on va chercher. Le capitaine d'infanterie n'est qu'une statue de terre gluante, et partout, partout, ses hommes accroupis autour de lui ressemblent à un monceau de boue. Le capitaine dit à Guynemer : « ... vous approchez pas trop, restez en arrière, n'allez pas vous salir... » Puis il commande : « Debout, là-dedans ! Garde à vous ! » Guynemer passe devant des fantômes qui le regardent comme un dieu, et ils ont tous le souvenir que c'est un géant. Encore !

L'homme qui raconte ça s'appelle Viguier, un ancien pilote de Quatorze. Il avait du mal à parler, à la fin il pleurait. C'est pour cela que la bande des quatre allait souvent, en rase-mottes, mitrailler les tranchées allemandes sous les hourras des fantassins français. Le soir, à la popote, on s'éclairait avec des lampes à pétrole et des bougies quand les obus ou les bombes avaient coupé l'électricité, mais on débouchait des bouteilles, on riait. Guynemer portait un foulard de soie blanche qui accentuait son teint blafard. Ce jour-là, il avait volé trois heures avant de tomber sur un pigeon qu'il avait zigouillé, ou abandonné, faute d'essence.

A Compiègne, l'escalier se hérissait de plus en plus de mitrailleuses que M. Guynemer père fixait au mur ou contre la rampe. Immelmann aussi gardait avec lui les carabines brûlées ; il n'aurait pas osé les envoyer à sa mère à qui il écrivait, avec un demi-sourire sous sa moustache de garçon coiffeur : « Je te remercie infiniment de ta dernière lettre. Je la porterai sans cesse sur moi. Si je devais faire ainsi pour chaque fleur porte-bonheur ou chaque trèfle à quatre feuilles, j'aurais sur un moi un petit jardin. » Il ajoutait qu'il devrait aussi porter les chapelets, crucifix et talismans qu'on lui envoyait. « Il y a tellement de cœurs qui appartiennent à des dames jeunes et sentimentales... » Il y était passé, lui aussi.

Le jour où Immelmann a été descendu, Navarre a remporté sa septième victoire, près de Verdun. Une semaine plus tard, il revient avec son Nieuport défoncé et se pose au milieu des barbelés sans pouvoir s'extirper de sa carlingue. L'artillerie allemande intervient. Il a de la chance. Il s'en tire avec un genou déboîté. De son côté, Chaput essaiera d'affoler l'adversaire par sa voltige : « J'ai vu le passager brandir sa mitrailleuse dans toutes les directions. » Il l'oblige à atterrir. A Compiègne, l'album de photos s'épaissit : un LVG passe, le gosse le prend en chasse, le rejoint, le dépasse, le descend, l'accompagne ; le « voïvode », c'est-à-dire le capitaine chef de guerre, le glorieux général Putnik, lui remet l'Etoile de saint Georges. Sur une autre photo, on voit un Fokker abattu par un pilote anglais ; sur une route, le prince de Saxe Meinigen en visite.

C'est une guerre terrible. Pour devenir un as, il faut durer. Chaput, qui n'est sorti de la faculté que depuis quelques mois, note dans ses carnets : « Six saucisses ont été descendues, dont une par moi. Elle était à 1 100 mètres, elle avait quatre petites croix noires. Nous y avons laissé le pauvre Réservat... » Lui, Chaput, tiendra jusqu'en mai 1918. Blessé à mort à son deuxième avion, il aura la force et le courage de revenir se poser dans ses lignes. Il repose au cimetière de Tonnerre (Yonne). Il avait seize palmes. La dernière est sur sa tombe.

IX

Les baisers, l'amour

ÇA NE L'INTÉRESSAIT pas tellement... Les anciens compagnons, quand on les interroge sur les femmes qu'il a connues : quoi, l'amour ? Les femmes ? Qu'on le laisse en paix à ses problèmes à lui, dormir, savoir où il va.

Elles, en revanche, lui écrivent beaucoup, même s'il ne lit pas leurs lettres ou s'il les lit en vitesse. A Paris, quand il va au restaurant avec des camarades, on lui vole ses gants ; à l'hôtel Édouard VII, avenue de l'Opéra, où désormais il a sa chambre, toujours la même, on lui fait porter des fleurs avec des billets doux. Comme il n'est pas homme du monde et qu'il se sent un peu guindé, il n'ose pas, il ne sait pas, il n'a pas le goût qu'il faut. Il cède à des impulsions, qu'elles accueillent, elles si savantes, si instinctives — si pleines d'amour pour l'enfant qu'il est encore. Les femmes toutes amoureuses de lui ? Pas lui d'elles en tout cas, occupé tellement. A-t-il aimé une femme ? des femmes ? Sa mère, ses sœurs. Ce n'est pas la même chose. Les femmes ? Pour lui question étrange et sans réponse. Ce cher ange cherchera toujours chez elles une mère qu'il a pourtant, mais dans les bras de qui il ne peut plus se jeter, à son âge, n'est-ce pas ? Un homme aurait-il toujours besoin d'une mère ? Pas un aigle, pas un faucon, pas un prédateur.

Est-ce à ce moment-là ou un peu plus tard qu'il y entre en plein, qu'il s'y jette tête baissée, comme il a foncé sur les agresseurs de Chaumot dans la cour de Stanislas, comme il se rue sur les Aviatik ? Depuis qu'il a été descendu le 13 mars, il sait que sa chance ne durera pas toujours. Si on l'interrogeait, il dirait : «Six mois ? un an ?» Personne ne sera dans la confidence. Cela

IX

Les baisers, l'amour

« ÇA NE L'INTÉRESSAIT pas tellement. » Les anciens compagnons, quand on les interroge sur les femmes qu'il a connues : quoi, l'amour ? Les femmes ? Qu'on le laisse en paix à ses problèmes à lui, dormir, savoir où il va.

Elles, en revanche, lui écrivent beaucoup, même s'il ne lit pas leurs lettres ou s'il les lit en vitesse. A Paris, quand il va au restaurant avec des camarades, on lui vole ses gants ; à l'hôtel Edouard VII, avenue de l'Opéra, où désormais il a sa chambre, toujours la même, on lui fait porter des fleurs avec des billets doux. Comme il n'est pas homme du monde et qu'il se sent un peu guindé, il n'ose pas, il ne sait pas, il n'a pas le mot qu'il faut. Il cède à des impulsions, qu'elles accueillent, elles si savantes, si instinctives — si pleines d'amour pour l'enfant qu'il est encore. Les femmes toutes amoureuses de lui ? Pas lui d'elles en tout cas, ou pas tellement. A-t-il aimé une femme ? des femmes ? Sa mère, ses sœurs. Ce n'est pas la même chose. Les femmes ? Pour lui, question étrange et sans réponse. Ce cher ange cherchera toujours chez elles une mère qu'il a pourtant, mais dans les bras de qui il ne peut plus se jeter, à son âge, n'est-ce pas ? Un homme aurait-il toujours besoin d'une mère ? Pas un aigle, pas un faucon, pas un prédateur.

Est-ce à ce moment-là ou un peu plus tard qu'il y entre en plein, qu'il s'y jette tête baissée, comme il a foncé sur les agresseurs de Chaumot dans la cour de Stanislas, comme il se rue sur les Aviatik ? Depuis qu'il a été descendu le 13 mars, il sait que sa chance ne durera pas toujours. Si on l'interrogeait, il dirait : « *Six mois ? un an ?...* » Personne ne sera dans la confidence. Cela devient une affaire entre lui et sa destinée. Il ne fera rien non plus pour tirer gloire de ce qui lui arrive ni pour s'en cacher, il laissera les choses aller.

Ni la Marie-Louise de Breuil-le-Sec, ni la marraine de Barbizon n'ont compté pour lui. Ni l'autre fiancée qu'il a autorisée à se déclarer de lui, à Saint-Denis, à la maison d'éducation de la Légion d'honneur, l'a-t-il jamais autorisée à claironner qu'elle était sa fiancée ? De cette fiancée, il ne parlera à personne. A-t-il jamais parlé de la charmante Mme de Cornois, de Vauciennes ? Si on les a surpris, c'est parce que Mme de Cornois éprouvait, on ne sait pourquoi, malin plaisir non à se pavaner, mais à se compromettre avec lui, qu'on les voie bien, qu'on sache bien que cette merveille était à elle. Et lui, a-t-il jamais su qu'il pourrait avoir un enfant d'elle ? Quant aux autres, à celles qui vont suivre et occuper une place dans sa vie, qui peut-être le marqueront et de qui il recevra bonheurs et déchirements, qui pourrait dire si c'était de l'amour ? Chimène que j'appelle, Chimène où êtes-vous ? Car il est le Cid, enfin, mais sans Chimène.

Dans les familles où une aïeule a eu la réputation de l'avoir approché de près, inutile aujourd'hui d'essayer de convaincre qui que ce soit. Inutile de dire que l'histoire brûle de savoir si cette dame ou demoiselle a succombé. On ne vous dira rien. On regrettera même parfois d'avoir avoué qu'on pourrait, si peu que ce soit, se glorifier d'une lointaine parenté avec lui, héros à qui on ne touche pas. Comme si, de nos jours, à l'époque du laser, des astronautes et de la guerre des étoiles, on pouvait hésiter à avouer qu'avant la Pompadour, une trisaïeule avait accordé ses faveurs à Louis XV en guerre dans la Flandre ou en Lorraine. Comme si, là où il est, il pouvait être atteint par l'éclaboussement d'un soupçon de frivolité. Eh bien oui, cela existe encore. Soixante-dix ans ne suffisent pas à transformer l'impudeur en titre de gloire. Peut-être dans deux siècles descendra-t-on plus facilement de lui !

Plus tard, grâce à ce livre peut-être, quand des héritiers d'héritiers auront compris que la publication des documents qu'ils possèdent peut servir à la connaissance d'un héros comme lui, ce que nous saurons de sa vie amoureuse sera peut-être une raison de plus de l'admirer. Qui sait si ces aventures-là n'auront pas compté pour lui plus qu'on ne croit, si l'une d'elles n'aura pas tant soit peu joué sur l'issue de ses combats ?

Héros il est, héros il doit rester, pur, intact, sans relations avec l'esprit de nos contemporains, rien de ce qui touche sa vie privée hors de la famille ne doit ternir sa réputation de combattant. Il a eu cinquante-trois victoires dans les airs. Et sur terre ? En quoi Guynemer peut-il être atteint par les dames qu'il aura aimées, ou de qui il aura été aimé ? Qu'est-ce que cela peut bien faire ? Les familles bourgeoises ne veulent pas que cela se sache, un point c'est tout. Qu'on ait pu tromper un mari pourrait inspirer des jugements sévères sur les vertus de la famille. Non, non et non. On va parfois jusqu'à regretter d'avoir cédé à une imprudence de langage qui a poussé l'enquêteur à vouloir en savoir davantage. Un héritage de gloire devient héritage de vent. Guynemer appartient au plus sacré de la nation : aux musées, aux monuments, aux commémorations des bien-pensants. Un héros comme lui ne saurait, si peu que ce soit, s'écarter des lois ou des voies divines. L'image que M. Bordeaux et autres ont gravée et répandue de l'archange qui fait face à l'ennemi et qui n'a rien donné à la patrie s'il n'a pas tout donné, cette image-là est conforme. Elle prévaut.

Mais il n'est pas un ange, Seigneur ! Ou alors archange, super-archange et domination, et avec son corps maigre et rachitique, sa pauvre cage thoracique qui ne l'empêche pas de grimper à plus de 5000 mètres et d'y rester sans oxygène supplémentaire et sans combinaison chauffante, pour s'élancer, comme un faucon mythique, sur sa proie. Il n'est ni vierge ni martyr, ni bonze ni lévite. Où est le déshonneur ? Aimer dans le siècle, aimer une faible créature, se mettre à sa portée et partager les transports et les douleurs de notre misérable humanité serait honteux ? Seuls les purs intégraux, les innocents, les ignorants un peu bêtas auraient droit à notre admiration ? Et ils seraient alors, par inconscience, capables de prouesses fantastiques ? Mais Fonck et ce noceur de Nungesser, cette petite crapule de Navarre et tant de princes furieux, aristocratiques, calmes ou coléreux comme Heurtaux ont connu de tendres et merveilleuses créatures, les Richthofen, les Boelcke, les Udet et tous les autres aussi, et cependant nous rendons gloire à leur courage et à leur vaillance. Seraient-ils indignes de louange et d'admiration parce qu'ils ne seraient pas puceaux ? Bayard l'était-il, puceau ? Et Mermoz ?

De grâce, pour les mœurs et la morale, laissons Guynemer hors du légitime ou de l'illégitime. Il n'y a rien de commun, même dans l'extravagance, entre lui et ce qui se dit ou ne se dit pas de lui. Si on prête l'oreille, et sur des références illustres, à la réputation qu'il peut avoir ici et là, on se perd entre le légitime et ce qui est considéré comme illégitime, le convenable et l'inconvenant, le naturel ou le contre-nature, ce que l'on considère d'un bon œil ou, au contraire, avec sévérité. Il est Guynemer comme Fonck est Fonck et Richthofen Richthofen. Défense aux professeurs de vertu de mettre les pieds ici. J'entends bien quelques farouches défenseurs de la pensée bien-pensante glapir qu'on ne saurait, si peu que ce soit, toucher à l'intégrité de sa gloire en y mêlant l'impureté ou l'insolence. Guynemer n'est ni homme à frasques ni provocateur (sauf dans les combats). Pudique, il le restera jusqu'au bout. Du domaine de ses amours, on ne saura rien par lui, ni par un mot ou une confidence, ni par des lettres. En quoi serait-il indécent de le montrer tel qu'il fut avec la seule femme (ou presque) avec qui, même sans lettres, on ne puisse douter qu'il ait traversé une tornade, peut-être un cyclone ? Quand on apprend cela par ce qui reste d'échos, Dieu soit loué, de la notoriété publique, on a envie de le féliciter, on le jalouse presque.

L'aventure amoureuse le place encore plus haut qu'il n'est. Et la légende est encore plus grande que la réalité.

Il terrifie parfois ses sœurs — moins Yvonne qu'Odette — en leur racontant ses combats. La bataille est en lui, il est comme en rut de la guerre. Sur la Somme, l'ennemi oppose toujours une résistance acharnée à l'offensive sur terre. En l'air, les avions allemands sont coriaces et bien groupés. Boelcke qui commande la Jagdstaffel 2 se convainc que le jeune, le beau Manfred von Richthofen, qui chasse souvent le cerf et le sanglier dans les forêts de Prusse orientale, a l'étoffe d'un tueur de cochons de Français et l'invite à entrer dans son escadrille. Lui, pour montrer ce qu'il sait faire, bouscule un avion britannique, feint ensuite de le craindre, l'attire au-dessus des lignes allemandes et là, l'assomme, l'aveugle, le force à se poser sur son terrain, puis envoie un de ses officiers chercher le pilote qu'il exhibe comme un singe. En réplique, Fonck rencontrant deux Rumpler choisit le plus froussard, le presse, l'étouffe, l'hypnotise et le conduit au sol comme un matador qui domine son taureau.

Les chasseurs sont partout, mitraillent tout, s'imposent partout. Guynemer ne quitte plus son Spad. Quand il ne vole pas, c'est la routine : il l'ausculte, le dénude, le palpe, règle sans cesse sa mitrailleuse, la démonte, la remonte, garnit lui-même ses chargeurs ou aide les mécaniciens à réparer l'avion quand il est revenu touché. Il est du métier, il trempe ses mains dans l'huile, change les bougies et les joints de culasse. Nerveux, haletant, de plus en plus olivâtre, une ride verticale sur le front et le regard insoutenable, il s'apprête à décoller à la moindre alerte. Sa fièvre habituelle le dévore. Il toussote parfois, mais ce n'est rien, répète-t-il. Quand il décolle, seul, car il aime ça, il monte le plus haut possible, se met dans le soleil et rôde. C'est ce qu'il appelle « ses rondes sur le front de l'armée ». Si tout à coup il découvre, beaucoup plus bas, l'ennemi, il l'identifie, le mesure, calcule son coup, pique soudain à faire hurler la machine, tire à bout portant, se dégage mais ne rompt pas, ne décroche pas et s'obstine si la première passe n'a pas suffi. Souvent sa mitrailleuse s'enraye, il ne renonce pas. Il revient éraflé, effleuré, parfois déchiré, comme un tigre qui a dû traverser des broussailles en feu. Il redémonte son arme, échange des plaisanteries macabres avec ses mécaniciens ou ses camarades, ne décolère pas. Les jours de pluie, il erre dans les hangars de grosse toile qui battent au vent. Des colonnes de prisonniers hagards, en calots ronds, qu'on ramène vers l'arrière passent en bordure du terrain : il les photographie chipant le pain des poules à travers le grillage des basses-cours de fermes. Les photos sont à Garcelles maintenant. Après un combat ardu, Tarascon sur son *Zigomar* abat le sous-lieutenant Parschau, et Guynemer le harcèle de questions : « *Comment l'as-tu attaqué ? A quelle distance étais-tu ?* » Son ancien moniteur qu'il aime pour son courage et à qui il n'arrête pas de faire des niches, le jour où, en l'air avec lui, il le voit éclater à 10 mètres du sol sous les balles explosives de trois chasseurs, il se pose à côté de lui, saute de son taxi et, les larmes aux yeux, le serre dans ses bras : « *Oh ! père, comme tu m'as fait peur !...* » La mort est parfois pour ceux qu'on chérit.

Il y a beaucoup de casse, et qui peut être certain de quoi

que ce soit ? Heurtaux l'oblige souvent à sortir avec lui. Heurtaux commande et Guynemer obéit. Qui sera le chéri de la gloire ou le premier à disparaître ? Heurtaux, Deullin, La Tour, Dorme qui va à la pêche et ne dit jamais rien, si modeste, si doux, et qui a remporté dix-sept victoires sans une éraflure, ou Nungesser qui fait tant de boucan à la moindre occasion ? ou Sauvage, ou Ménard, ou Sanglier ? Il n'y a pas que les as, il y a les autres, qu'on connaît moins ou qu'on ne connaît pas du tout, et qui ont pourtant tous accompli un exploit, comme Flatcher qui a descendu un officier allemand, comme Letz qui, lorsqu'il était dans les tranchées, grimpait sur le parapet et engueulait ceux d'en face. Il y a ceux qui demeurent dans l'ombre malgré les victoires, et il y a les as. Tarascon, peut-être pour se faire mousser, raconte partout qu'il a rencontré Boelcke, qu'il n'avait plus de cartouches et que Boelcke l'a épargné et l'a quitté avec un petit signe de la main, comme Guynemer avec Udet. Chacun croit ce qu'il veut ; la chevalerie, comme l'amour, vit de chimères. A son tour, Boelcke a fait peindre son avion en rouge pour qu'on ne le confonde avec personne.

Le 29 juillet, au-dessus de Cachy, sur un avion boche qu'il tient à quelques mètres, il essaie une Vickers synchronisée. A la première rafale, son hélice broyée par une de ses propres balles, il croit que son moteur éclate, tout lui échappe, et il tombe comme un bolide. Dans les soixante secondes qui le précipitent au sol de 3000 mètres de haut, a-t-il le temps d'une pensée pour ce qu'a été sa courte vie de prédateur ? Le plus fort, c'est qu'il n'a été, cette fois-ci, descendu que par lui-même. Quel ingénieur s'est trompé, quelle liaison n'a pas marché dans les articulations et les transmissions de la mécanique ? L'air hurle, les haubans miaulent. Il est un bateau ivre lui aussi, il troue le ciel comme une pierre détachée d'une étoile, des hippocampes l'escortent tandis qu'il essaie de toutes ses forces, des mains, des pieds, de secouer une machine dont les commandes ne répondent plus et qui s'abat, qui s'abat sans qu'il y puisse rien. Il avait pourtant le soleil dans son dos, il arrivait sur l'épaule de la foudre, le Fritz était devant lui et il ne sait plus si c'était un Rumpler, un Aviatik ou un Fokker, quelle importance d'ailleurs ? Une énorme masse de forêts, de moissons, un volume endiablé de tranchées l'aspirent de plus en plus, il se redresse sans savoir comment.

Il prend de biais en fauchant la cime d'un bois de ses ailes, à moins que ce ne soient les ailes qui se détachent d'elles-mêmes et que leurs jointures ne craquent, tout s'écrase dans un choc terrible mais si court qu'il n'a même pas le temps de dire : « Ah... » C'est fait, le voilà stoppé, planté comme un trait, comme un pieu, comme une cognée dans le tronc d'un arbre avec plutôt un cri de bûcheron : « Han... » Eh bien, il vient d'échapper une fois de plus, à quoi voudrait-on que ce soit ? parce qu'on a monté une mitrailleuse à tir synchronisé sur son dernier Nieuport, le n° 1 531, le quatrième « Vieux Charles » en miettes. Certains diront que c'est en vol plané, qu'il a réussi à se poser. Pourquoi pas ?

Il se détache de son siège, se laisse dégringoler de l'habitacle, se dépouille de sa combinaison, et se retrouve les mains dans les poches de sa culotte de cuir, dans une vieille vareuse bleu horizon à soufflets et rubans de décoration, avec sur les lèvres un drôle de sourire que le photographe accouru, à moins que ce ne soit encore lui, nous révèle. Est-ce un sourire ? Il a gardé sur le crâne un curieux casque à oreillettes. Pas le gros casque réglementaire d'Avord, calotte blindée avec bourrelet protecteur qui lui donnait l'allure d'un chevalier bardé pour un tournoi. Pas non plus le serre-tête léger, pareil à une coiffe de moniale, mais quelque chose d'entre les deux, une fantaisie pour as. Il sourit donc, par habitude : une vedette sourit toujours. Le regard semble chargé d'une ironie que les lèvres accentuent. Pas la moindre amertume. Heurtaux est à sa gauche, assez circonspect. La Tour à droite. Il ne sait pas encore ce qui lui est arrivé, il l'a échappé belle. Qui sait s'il ira, ce soir-là, chercher du lait à la ferme des Calloin ? Qui sait si la petite Emma, qui se souvient plus de Védrines que de lui, ne le verra pas avec son chien Mimi ? Sur la photo de l'album de famille, il croit nécessaire d'ajouter en légende une réflexion à la Homais : « Un autre appareil. Un autre combat sportif. »

Junon hoche la tête. Les sœurs essuient une larme. M. Guynemer père se tait.

Le mois d'août est un mois d'enfer et de triomphe : trois victoires. Après tant de poursuites et de rondes vaines, tant d'attaques brisées par des enrayages, il surprend un Aviatik à 5 mètres, il a deux enrayages sur trois cartouches, passe à deux LVG et là, trois enrayages en dix coups. Mais en trois balles à présent, il zigouille et foudroie. Quelquefois en deux. Le fils à papa écrit à ses sœurs chéries : « *Deux Fritz en cinq coups : record.* » On dira plus tard qu'il n'était pas tellement adroit, à comparer à Fonck. Fonck sera un phénomène, un pilote merveilleux, un homme de courage et de sang-froid. N'empêche, Guynemer, avec sa mitrailleuse toujours enrayée dont aucun ingénieur d'armement ne peut assurer le fonctionnement correct, il occit, il bousille, il massacre et ces victoires ne comptent pas toutes à son palmarès. « *Ronde front armée. Je surprends un avion allemand sur le Bois-Madame à 1400 mètres, tire dessus en le croisant à 15 mètres, sur l'observateur aussi sur son siège. L'avion pique fortement. J'attaque immédiatement après un deuxième avion allemand qui pique. Deux heures cinq.* »

« *Ronde front armée. Vu un groupe de quatre LVG. J'attaque à 19 h 30 un Aviatik par surprise à 2000 mètres sur la Somme, tiré vingt coups. Vu en passant à 50 centimètres le passager paraissant touché. L'appareil semble désemparé et redresse au sol. Attaqué vers 19 h 35 un LVG tiré à bout portant à 25 mètres, reçu plusieurs balles dans le moteur, le réservoir, le coffre à cartouches, contusion à l'index de la main gauche. Atterrissage dans les trous d'obus près de Flancourt. Deux heures.* »

Flancourt est à l'ouest de Péronne, entre la Somme qui coule vers la mer et le canal qui descend vers le sud. Dans les trous d'obus. Vous voyez ? Peu importe, un sale coin. A 50 centimètres de l'Aviatik, ça sent la poudre. Nous sommes le 20 août, c'est sa quatorzième victoire. Ce jour-là pourtant, rien n'est porté à son actif. Les moniteurs de Pau qui critiquaient ses atterrissages ne sont toujours pas là pour apprécier son brio à se poser entre les trous d'obus. C'est le virtuose du hasard. Heurtaux lui donne quelques jours de permission. Brocard insiste pour qu'il les prenne, il s'en va. En voiture ? en avion ? Il s'est engagé à voir l'ingénieur Béchereau.

Il descend à l'Edouard VII où on reçoit une vedette. A présent, on ne se souvient même plus qu'il a donné du lustre à l'hôtel. On vous dit : « C'est loin, ce temps-là, monsieur... » Avenue de l'Opéra, tout Paris est là. Un silence se creuse quand il passe. On s'arrête de parler, on est baba. C'est à peine s'il sent encore l'éraflure de sa main. Pas de bagage, ou rien : un sac de curé en cuir. Il accroche l'écriteau « Ne pas déranger » à la porte, téléphone la consigne au concierge, se jette sur le lit et s'endort comme une masse. A son réveil, douze heures ont passé. Paris l'attend.

Là, rien n'est sûr, personne qui vive encore n'a rien vu, personne ne sait rien, sauf l'essentiel. Les détails importent peu. Un copain des Cigognes est là. Qui ? Peut-être Fleurieu, peut-être Battesti, peut-être un autre. Ils dînent, ils sortent. Ce n'est pas le vin ni l'alcool qui le grisent, il ne boit pas, c'est Paris, l'odeur de Paris, la douce odeur des chevaux et des calèches, le parfum des fourrures, l'éclat de Paris en guerre, sa vibration, sa beauté de nuit et de femme, ses lumières voilées, les épées d'une batterie de projecteurs qui fouillent le ciel et butent sur des nuages. Un zeppelin ? On les regarde, lui surtout. On le reconnaît, il se redresse, un peu crispé, il sourit, son galon brille, sa croix de guerre est déjà lourde, son camarade est fier de lui, et lui est heureux d'avoir ce bon camarade à côté de lui, plus cher qu'un père ou qu'un vrai frère, et plus facile à trimbaler qu'une femme. Où vont-ils ? Au hasard. « Faire la noce », a-t-il dit. D'ailleurs, il plaisante, est-ce qu'il sait faire la noce ? Comme tous les combattants en permission à Paris deux ou trois jours, il faut bambocher. Rigoler, voir absolument des femmes, des gonzesses, se taper la cloche, se promener sur les boulevards, s'asseoir au Café de la Paix, répondre aux œillades, suivre des filles, les embarquer, entrer dans une boîte de nuit où l'orchestre les reçoit avec un air patriotique ; là on danse, c'est facile, toutes les pépées sont à eux, ils chassent. Ils cherchent le modèle de *La Vie parisienne*, de longues jambes soyeuses, une gorge irrésistible, et eux, qui leur résisterait ? On dit (mais que ne dit-on pas ?) qu'un jour, sortant d'une boîte de nuit à Montmartre assez éméché, il aurait même accroché son ruban rouge à sa braguette. Invraisemblable. Nungesser peut-être. Navarre ? Pas lui. Pas ça. Lui n'a peut-être encore jamais été dans un cabaret de Montmartre, et puis il faudrait être déjà un peu « parti ». Il y a le Fouquet's où tous les aviateurs se retrouvent, il y a Maxim's, et là il faut de la tenue. Ils tombent au hasard au Gymnase où on joue *Tout avance* d'Albert Willemetz à moins que ce ne soit au Palais-Royal où on joue *Le Poilu* de M. Hannequin et P. Weber, peu importe, cela dépend de la date. *Le Poilu* ferait « voulu », *Tout avance* convient mieux parce que rien n'avance, justement, en tout cas, pas la paix ni les opérations ni l'amour. Les grades peut-être. Ils entrent, à la caisse on refuse leur argent, le contrôle les place au premier rang de l'orchestre où des fauteuils sont toujours réservés à cette intention, ils ressemblent à des oiseaux de nuit qu'on dévisage et qu'on applaudit, lui surtout. « C'est toi », dit le copain. Il blêmit encore, devient gris ardoise, son regard se charge d'étincelles, l'orchestre attaque un air endiablé, le rideau se lève sur les lumières, un décor, une intrigue qu'ils ne raccordent à rien parce qu'ils sont arrivés à l'entracte, les spectacles commencent de bonne heure avec la guerre, ils ne cherchent pas à comprendre, ils respirent, ils reluquent ces personnes charmantes, ces comédiens qui soulèvent des vagues de rires, ces actrices merveilleuses. C'est une revue du genre pantalonnade où l'esprit de Paris et la gouaille se mêlent aux critiques les plus drôles, où on se déshabille sur l'ordre du tsar et où on boit à la victoire, ils n'y sont pas du tout mais ils ne s'ennuient pas, ils n'ont d'yeux que pour les filles sur scène, le copain le touche du coude : « Je crois qu'on nous a remarqués... » Est-ce qu'il existe encore des créatures de ce genre ? Mme de Cornois à Vauciennes (Aisne) avec des candélabres d'argent, c'est autre chose, nous avons goûté là des plaisirs raffinés, du chocolat amer, de la hâte amoureuse avec une pointe de crainte, sait-on jamais qui peut surgir ? Arrière-goût et même volonté bien arrêtée de péché et de passion pour ce jeune seigneur de guerre à peine sorti du collège, maladroit encore, si gauche, ignorant de tout, soldat de hasard, pilote d'instinct et de fortune à qui tout peut arriver, le meilleur et le pire. Quant aux « marraines », la « chérie » de Barbizon ou celle de Saint-Denis de qui les noms ne seront pas donnés, comment l'ont-elles rencontré, comment s'est-il jeté dans leurs bras s'il s'y est jeté, qu'a-t-il fait d'elles, ce fragile prédateur aux serres cruelles ? S'est-il aperçu de quelque chose ? Leur a-t-il déchiqueté le cœur, les a-t-il laissées pantelantes, saignantes, et s'en est-il allé, de là, à « une ronde sur le front de l'armée » en quête d'un boche à tuer, en le précipitant dans le vide de 3000 mètres ou en l'écrasant au coin d'un bois après lui avoir logé une balle dans la tête ?

Ces filles de comédie, soudain, c'est autre chose. Ils se sentent comme suspendus dans une autre vie et dans un autre monde, et à la fin du spectacle, comme ils font tous, ils sortent leurs cartes de visite (M. Guynemer père lui en a fait graver à Compiègne : « sous-lieutenant Georges Guyñemer », avec un tilde sur le n — pour le principe) et les font porter à ces demoiselles par une ouvreuse, il faut avoir du culot dans la vie, ils attendent dans l'entrée où tout le monde les salue, ils se demandent même s'ils n'auraient pas mieux profité, ici ou là, d'une aubaine, quand on vient les chercher et les voilà dans les couloirs poussiéreux des coulisses, sans même savoir comment cela s'est passé, dans les éclats de rire, des chuchotements, une loge qui s'ouvre sur des lumières crues et ces demoiselles dont la plus décidée, la plus effrontée, peut-être aussi la plus jolie, lui saisit ses mains gantées, lui plante ses yeux dans les yeux, et s'écrie : « On a le droit d'embrasser un héros ? » Il ne sait que répondre, le copain se laisse aussi mignarder, mignoter, mignote un peu et embrasse. « Où allons-nous ? Vous permettez ? » Les Mille et Une Nuits commencent. « Moi, quand j'en tiens un, je ne le lâche plus », s'écrie celle qui s'appelle sur le programme Yvonne Printemps. « Laissez-moi vous regarder », continue-t-elle. « C'est vous le tueur de boches ?... » Elle se dresse devant lui de toute sa taille, de tous ses talons, elle lui met une main sur les cheveux, lui tourne la tête face aux lumières : « Ces yeux, ces yeux... ! » Elle le dévore, elle essaie de le fasciner. « Ce qu'il est beau », pense-t-elle. Il l'est, en effet, il resplendit, heureux enfin peut-être, et libre. Les voilà dans un fiacre, en route pour... Où vont-ils ? Quelqu'un dit : « Chez Maxim's. » Tous les quatre, lui serré entre les deux comédiennes, submergé de douceur, de parfums, de chaleurs, le copain en face d'eux qui crie : « Plus vite, cocher ! » et de sa langue imite le claquement des sabots : « Clic, clac, clic, clac... » « Ils ont vingt ans même pas », se disent-elles toutes les deux ensemble, soudain attendries. Il ne répond pas, qu'a-t-il besoin de parler ? Il se laisse aller au plaisir, à la nouveauté, au miracle, aux boulevards animés de tous les soirs. Où sont les rondes dans les solitudes glacées, les archipels de nuages où les LVG se faufilent, où sont les rivages où ils errent, où ils se traînent en quête des machines dont le pelage, si on n'y fait pas attention, se confond avec celui de la terre ? « Lorsqu'on a distingué les croix noires, dit le copain, il faut garder le soleil dans le dos, bien calculer sa trajectoire frôlant les crêtes des cumulus, et piquer à l'instant où il faut, par-dessous pour éviter la mitrailleuse de tourelle, mais quelquefois l'autre a viré pendant ce temps, on se trouve nez à nez avec lui, et c'est là, au dixième de seconde, nez à nez ou de trois quarts avant ou par-dessous...

— Nez à nez ? dit l'une des deux en gloussant.

— Comme ça », réplique le copain en se frottant la truffe contre la beauté. « Il ne reste que le temps d'un éclair pour appuyer sur la détente avec les corrections qu'il faut, à condition que tout soit prêt, que les cartouches aient toutes... Je ne vais pas vous raconter tout ça... » Elles rient aux éclats. Ils sont jeunes. Paris est une fête, la Seine luit à côté. « Je vous sens loin », dit la belle impertinente qui a pour nom Yvonne Printemps. « C'est ça, les héros, pense-t-elle, c'est toujours loin... »

Elle a déjà une longue carrière, c'est vrai qu'elle a commencé si tôt, elle a joué dans les cafés-concerts, à l'Alcazar d'été des Champs-Elysées, dans des revues aux Ambassadeurs, aux Vendredis du Fémina, dans des opérettes à l'Olympia, au Palais-Royal, elle a chanté, dansé avec des plumes, elle ne va pas lui dire qu'elle s'appelle Wigniolle, qu'elle sort du petit commerce et de la banlieue, que sa mère s'appelait Olympe ou Palmyre, Olympe est mieux, et que c'est parce que sa mère a été trompée toute sa vie qu'elle a voulu faire du théâtre, qu'elle a débuté à la Cigale en 1910 et aux Folies-Bergère en 1912, il était où, notre héros ? Sur les bancs du collège ?

Laissons cela. Laissons les revers de fortune de la mère qu'au théâtre on appelle Mme Hiver depuis que sa fille a pris le nom de Printemps, laissons le hasard, en voilà un de plus, le héros Guynemer qui envoie sa carte de visite dans sa loge. Elle en a collectionné quelques-uns qui sont Dieu sait où, elle ne va pas rater celui-là. « Vonvon ou Petit Von, écrit Mme Dominique Desanti dans son livre sur *Sacha Guitry*, rencontre par ces temps de guerre beaucoup d'aviateurs. Et tombe amoureuse du plus glorieux : elle a depuis toujours le goût de l'exceptionnel, de ceux que l'on distingue. Pour Georges Guynemer, as des Ailes (...), la rencontre avec Yvonne domine soudain ses innombrables conquêtes. Ils ont le même âge : vingt ans, on les voit ensemble partout. C'est la passion (...). »

« Innombrables conquêtes » pour Guynemer ? Si toutes les

femmes sont amoureuses de lui, il ne l'est d'aucune, ou cinq minutes, il n'en sait rien. Vrai prédateur, aigle majeur, faucon royal, tout ce qu'on voudra, il saisit ou rejette, il déchire et laisse à d'autres, au destin, la proie palpitante qui, parfois, en meurt. Lui va ailleurs. Sa nature n'est pas de s'attendrir mais de tuer. Il n'y a que chez lui qu'on le voit autrement, tel qu'on l'a pondu et voulu, gentil, fier, inoffensif, et surtout incapable de quoi que ce soit de cruel ou d'amoureux. On les étonnerait bien, à Compiègne, si on leur disait que le lendemain du jour où il a exécuté le lieutenant Karl Ramfeld, vingt-trois ans, à bord de son Rumpler qu'on dirait copié sur le Morane Parasol, haubané par en haut comme une tente marabout, il conduit chez Maxim's, en fiacre, deux comédiennes de bien petite vertu, comme si la vertu avait de l'importance chez les comédiennes, mais sur ces deux-là, l'une est de grand talent, belle, vive, spontanée, irrésistible. M. Guynemer père dirait peut-être (on le souhaite pour lui) : « Mon Dieu, plaise à Vous qu'il ne lui résiste pas... » Et Junon, qui n'est prude que parce qu'il le faut, au fond d'elle-même : « Il a de la chance, il ne s'ennuie pas. » Ses sœurs qui l'aiment auraient peut-être un pincement de jalousie : « Qu'il en profite ! » En profite-t-il ? Il ne dit toujours rien, pour une fois il s'abandonne, il ne se demande pas si elle résistera ou si elle sera vaincue, les vainqueurs ont de ces naïvetés. Il ne sait pas qu'après un coup d'œil sur sa carte, dans la loge, elle a dit à l'ouvreuse : « Va vite nous les chercher, ne les rate pas, cours après au besoin. » Des héros, vous pensez. Et celui-là ! Elle veut le sous-lieutenant Guynemer dont le nom — quel nom ! — vient d'éclater. L'autre sera pour la copine. Elles les avait remarqués dans la salle, elle commence à ne pas se méprendre, elle ne savait pas qu'un véritable héros, un grand as, était fabriqué comme ça, taillé finement et avec des yeux, des yeux, et ce côté louche du teint, ce côté « méfie-toi, ma cocotte »... Qu'est-ce qui se cache là-dedans ? L'autre est un bon vivant, sans cette inquiétude ni ce mystère qui intriguent ; elle ne devrait peut-être pas se jeter si vite à la tête des hommes qui lui plaisent et lui font peur. Tout ce qui plaît fait peur, elle a découvert ça. Et puis demain... où serons-nous, demain ?

Chez Maxim's. Nous y voilà avec Yvonne Printemps. Elle, on commence à la connaître. Elle n'arrête pas, elle est dans toutes les revues et dans toutes les pièces de théâtre dont on parle, elle rit et c'est une avalanche de perles, elle lance des répliques et la salle s'esclaffe, c'est Gavroche ou plutôt la midinette qui n'a pas froid aux yeux, la preuve ! Et ce nom de Printemps lui va si bien. Ils étaient destinés l'un à l'autre, leur liaison sera très parisienne, tous deux dans le spectacle où l'un va perdre la vie et l'autre la gagner, l'œil écarquillé. Elle connaît déjà Sacha Guitry, il a même écrit pour elle un triomphe en 1915, elle est capable de remplacer n'importe quelle vedette au pied levé, après quoi le destin décide. Pour le moment, les tentures de Maxim's, le luxe, les fleurs, les lampes tamisées, tout ce qui compte dans Paris de mousse de champagne, les plus belles créatures et les femmes d'esprit, toutes immortelles une fois passées par là, Renée de Presles, Liane de Pougy, Réjane, Sarah Bernhardt. Ce n'est pas de passer chez Maxim's qui les rend immortelles, ces demoiselles. Elles l'étaient déjà. Maxim's ajoute à l'immortalité et la souligne. Elle sera Yvonne Printemps, l'orchestre des Tziganes jouera pour elle.

Ce soir-là, où les met-on ? Car chez Maxim's on attendait Guynemer qui n'y est encore jamais venu. On attendait aussi Yvonne Printemps, qui aurait déjà dû y venir, on ne savait pas qu'ils viendraient ensemble. L'omnibus qu'on réserve aux clients fidèles est plein. Pour ce soir-là, ce sera la grande salle où l'on danse, ils seront plus à l'aise et on ne les remarquera pas moins. Musique, beauté des émaux cuits au four, des verrières et des plafonds avec leurs feuilles et leurs fruits : des oranges, des citrons, pas de fleurs, les fleurs sont sur les tables et à table. Mlle Yvonne Printemps est la grâce même et la vivacité. Quant à Guynemer, Maxim's lui rappelle la mitrailleuse allemande dont il a conservé des souvenirs cuisants, la Maxim, avec un dernier éclat d'acier minuscule au fond de la bouche, qu'il a baptisé en une opiniâtre dent de sagesse. Il n'a pas su tout de suite qui était la Printemps, mais son instinct ne l'a pas trompé, c'est quelqu'un pour lui, et elle ne va pas tarder à le lui apprendre, on saura tout très vite. « De tous le plus fermé, le plus réservé, le plus rétracté, dit son horoscope. Sa destination naturelle est le célibat. » Oui, mais avec beaucoup de femmes, à moins qu'il ne rencontre celle qui le mettra à l'abri de tout. Et encore : « Il est timide, gauche, pudique, de mœurs rigides ; il a peur des femmes. » C'est vrai : il ne lui arrive jamais d'avoir peur au combat, peut-être parce qu'il n'a pas le temps de se poser la question et surtout parce qu'il est ce qu'il est : un oiseau de proie. Pas le temps. Jamais le temps. Mais les femmes... Peut-être aux commandes d'un Morane Parasol aurait-on pu avoir peur si un imbécile vous avait posé la question. A 3000 mètres ou à plus de 4000 avec un parapluie pareil, à moteur 80 CV s'il vous plaît et dont les haubans pareils à des baleines de parapluie ou de corset pouvaient se rompre au moindre effort ? Mais les femmes ?...

Cette fois, ça y est, il est épaté. On ne lui a rien enseigné à Compiègne. Les lumières, le champagne dans des flûtes, les violons, l'empressement des maîtres d'hôtel à queues-de-pie, et elle, elle ! Ce qu'il aime le plus chez elle, peut-être, c'est ce nez mutin, ce nez à peine retroussé, tout son esprit, au-dessus d'une bouche avide, impitoyable, aux dents cruelles. A table, comme il se penchait sur elle, elle s'est jetée sur lui et l'a mordu en lui plantant ses dents aiguës sur les lèvres, il a failli crier. Elle aurait dit : « Vous ? Tous ceux-là peuvent crier, pas vous ! » Il ne saura plus comment était au lit, nue, cette torche enflammée, crépitante, déchaînée, il l'entendra roucouler : « Mon oisillon déplumé, mon aigle maigrichon, mon vainqueur, mon tueur... » Elle a dû se tuer elle-même, car en amour il n'est pas le genre, il se souvient vaguement. A son réveil, elle n'est plus là, il la cherche un peu, elle lui manque un peu, à peine. Ah ! quelle tornade ! Il a une moue douloureuse, il se souvient de son coup de dents, elle l'a piqué sauvagement comme une femelle d'aigle. Et les yeux bleus qu'elle a, un ciel pur, un ciel clair, avec soleil fou.

La chambre est un champ de bataille, elle a oublié quelque chose dans la salle de bains, un collier de perles, oh ! de perles, des fausses naturellement, un collier de quatre sous. Pourquoi, avec l'esprit et les dents qu'elle a, puisqu'elle connaît déjà Sacha Guitry, et puisqu'il écrit pour elle, n'aurait-elle pas trouvé quelqu'un qui l'emmène chez Cartier choisir un rang de perles, ou deux, ou trois, pourquoi pas ? Celles-là, il s'y connaît, ce ne sont pas des vraies. La vraie, c'est elle.

Il se secoue, il est content, il a bamboché, il a fait la noce. La noce ? Elle est sublime, la Printemps, superbe, il en veut encore. Dommage qu'elle s'appelle Yvonne comme sa sœur. Quand il quittera Paris, il aura connu en deux jours le luxe qu'il n'avait jamais approché que de loin, et l'amour, une sorte d'amour à quoi son père, officier démissionnaire, n'a jamais goûté. Au département « histoire orale » du service historique de l'armée de l'air, un pilote de chasse de 1916 dit : « Une fille à Paris — elle s'appelait Yvonne Printemps — se vantait d'avoir couché avec lui... Je suis sûr, à peu près sûr, qu'il n'avait jamais vu une femme, mais il croyait que ça faisait bien d'en parler... »

Comme on peut se tromper ! Entre « les conquêtes innombrables » et « jamais vu une femme », il y a une moyenne. Il a donc parlé d'elle, si peu, pour dire que lui aussi, pour épater les vantards. C'est vrai qu'il n'a rien connu aux femmes, mais il a eu la chance de rencontrer Yvonne Printemps. Elle lui a tout appris de ce qui ne s'apprend pas, les autres n'avaient pas su. Pourquoi ? L'amour est un mystère. Pourquoi elle ? Pourquoi lui ? Même réponse toujours : parce que c'était elle, parce que c'était lui.

Comme en faute, il court 19, rue des Entrepreneurs, au siège de la maison Spad (Société pour l'aviation et ses dérivés). Spad veut dire aussi vitesse en volapük, et le volapük est un des snobismes du moment à Paris. L'ingénieur Béchereau a déjà fabriqué des avions Deperdussin, des monoplans en bois vite abandonnés, des biplans Caudron G 3 et a toujours en tête quelque machine révolutionnaire. En apparence un père tranquille, l'ingénieur en chef Béchereau cache ses tourments d'inventeur génial et d'homme amoureux sous des dehors de bon vivant. Il passe ses nuits à vérifier ses calculs, à compenser ses audaces par des repentirs : il est en relation avec Brocard depuis longtemps, il admire les Cigognes, il veut donner à Guynemer la meilleure arme qui soit ; pour gagner sur la vitesse, il rogne sur la longueur des ailes, il reconstruit des gouvernails et des fuselages, il met des mitrailleuses partout, en même temps il voudrait concilier un honnête amour pour sa femme avec une passion torrentueuse pour sa secrétaire. C'est un naïf, un jeune savant Cosinus qui s'oblige à faire tourner ses idées au banc d'essai jusqu'à ce qu'elles cassent. Pour les moteurs, Marc Birkigt, un ingénieur de poids, tire les chevaux des cylindrées comme d'un chapeau.

On en est aux Spad depuis novembre 1914. De la préhistoire, déjà : l'état-major voulait d'abord que le tireur soit en avant dans une nacelle qu'on basculait pour accéder à l'hélice. Ridicule. Dans le Spad VII, l'assise du moteur servait de siège au pilote, les ailes et le fuselage tenaient par des fils ; on en est aux Spad X, XI, XII et les moteurs Hispano de Birkigt ont poussé de 130 à 180 CV, ils iront jusqu'à 250.

Du dernier modèle sur lequel il a volé, Guynemer parle en mathématicien et en pilote d'essai, il dit ce qui va et ce qui ne va pas. Le Nieuport grimpait et se maniait bien. Le Spad est désarmé par l'arrière, le pilote voit mal mais l'avion pique admirablement et peut surclasser un adversaire. Table de logarithmes et règle en main, il revient à son idée d'avion canon ; trop de balles se perdent et elles ne brisent pas ce qu'elles touchent, un seul obus de 37 aura un tel rayon et une telle puissance de destruction qu'il transformera l'adversaire en boule de feu. Birkigt y avait déjà pensé, le tube du canon passera dans le vilebrequin du moteur, il n'y a plus qu'à s'y mettre et à essayer. Les difficultés viendront des services techniques de l'état-major : des bureaux.

Tard dans la soirée à l'Edouard VII, un message de Mlle Printemps attend le sous-lieutenant Guynemer. Il n'avait plus envie de quitter l'usine et pensait retourner le lendemain à l'escadrille. Il hésite, puis glisse le rang de perles dans sa poche et surgit dans la loge à la fin du spectacle. Cette fois, ils vont souper à Montmartre. Il éprouve encore quelque chose de nouveau. Avec ces dames, les autres, c'était différent. Il les prenait, en passant, d'un coup de bec distrait, vite ennuyé. Celle-là compterait-elle un peu ? Enfin, l'amour ?

N'allons pas si loin sans preuve : pas une lettre, pas un signe (ou si peu que rien : une simple carte de visite avec tilde dans ce que les héritiers d'Yvonne Printemps auront bien voulu lâcher de la succession de Pierre Fresnay). Pas un témoin : ils sont tous morts, ou alors ne se souviennent plus ou ne veulent pas se souvenir. Ah ! si elle vivait encore, elle ! Sans Pierre Fresnay à ses côtés, elle aurait parlé. Arletty, plus jeune qu'elle à l'époque, mais déjà dans le spectacle aussi, s'est écriée : « Voyons, tout le monde le savait, on disait qu'elle avait de la chance, un as de l'aviation, le plus jeune, le plus célèbre, elle aurait eu tort de s'en priver... » Aucun besoin de preuves, ou alors les demander aux héritiers d'Yvonne Printemps. Quels héritiers ? Des neveux, des nièces, rejetons fils et filles de Mme Hiver abandonnée vingt fois par son mari le sieur Wigniolle, genre capitaine Frédéric Rimbaud qui colle un gosse à bobonne et fiche le camp pour ne plus jamais donner de ses nouvelles, sauf une fois mort, par la pension ? Les héritiers de la merveilleuse Yvonne Printemps ont tout vendu, des milliards, puisque Pierre Fresnay est mort avant elle en lui laissant tout ce qu'il avait. Les bijoux ont fait le plus gros chiffre à l'hôtel George V. Les meubles aussi peut-être ? Ce n'est sans doute pas fini. Il faudrait demander à des héritiers si, par hasard, on n'aurait pas retrouvé des lettres et des photos dédicacées de Georges Guynemer à sa belle qui ne les avait sûrement pas détruites du temps de Sacha Guitry, et qui avait dû savoir les cacher à Pierre Fresnay. Il y a des chances, puisqu'elle a disparu la dernière, qu'elle ait pu les garder pieusement, car c'était une fleur bleue, finalement, la môme Printemps, Yvonne Wigniolle ou Wigniolle-Dupré selon d'autres sources !

Bref, il la sort. Snob comme il est, fier d'elle, lui-même vedette, il se sait admiré mais il a besoin d'être adoré par une mère de son âge, car c'est toujours un enfant. « *Je me couche et me lève tôt, je passe mes journées chez Spad, je ne pense qu'à ça* », c'est ce qu'il écrit à Compiègne pour s'excuser de ne s'être arrêté ni en descendant ni en remontant, mais qu'on soit tranquille, il n'est pas à Paris pour faire la noce, hélas, ah ! non, alors. Hypocrite ! A Paris, l'usine, Béchereau et l'hôtel. Tout le monde sait qu'il n'a pas de vie privée, le cher gosse n'a pour passion que les mathématiques et l'avion, encore hélas. Ses sœurs savent qu'il est à l'âge où les passions sont dévastatrices, et que des orages peuvent éclater, dans une âme qui affronte chaque jour Dieu avec une mitrailleuse prête à faire feu, mais elles se taisent. L'une, la plus douce, la plus tendre et la plus expansive, qu'on verra éclater de bonheur dans les bras de son héros de frère, et qu'une mauvaise santé obligera à vivre en Suisse, mourra en 1918 de la grippe espagnole ; l'autre deviendra sa veuve et sa vestale, et taira toujours ce qu'elle saura des femmes. D'Yvonne Printemps, surtout, qui porte le même prénom qu'elle. Lui aussi ça le gêne parfois. Un peu.

Leur liaison commence à peine. Pour l'instant, il ne sait pas ce qui lui arrive, il croit que c'est de penser au nouveau Spad que Béchereau va lui construire, et que tous les bonheurs arrivent ensemble. Il ne sait pas non plus que les femmes peuvent être intelligentes, son père ne le lui a jamais même laissé entendre. Mlle Printemps le plonge dans un tourbillon de folies, de questions, de baisers, elle apprend l'amour à ce cœur de puceau, à cet innocent qui ne vit, comme un oiseau de proie, que pour tuer parce qu'il est né oiseau de proie. Elle ne veut pas le changer. De la même race que lui, assassine comme lui, elle veut le dominer, et lui, soudain, échappe. Quand elle l'appelle, il a quitté l'hôtel. On l'entend, la Printemps, dans une colère bleue, s'écrier : « Monsieur est parti, Monsieur est remonté au front, Monsieur ne peut pas se passer de ses machines volantes, de ceux qui le guettent pour le tuer et que lui veut tuer, Monsieur est fatigué de l'amour, Monsieur a peut-être peur ? Monsieur a peur de moi... »

C'est vrai qu'il lui préfère le Spad. Peut-être parce qu'il ne sait pas très bien encore qui est Mlle Yvonne Printemps et qui elle va devenir.

X

L'ivresse de tuer

« 7 *AOÛT 1916. Ronde front d'armée : vu deux avions boches dans leurs lignes. 2 heures. Ronde front d'armée. Attaqué quatre appareils ennemis, j'en ai isolé un, ma mitrailleuse s'arrête. Je fais demi-tour. Je reçois sept éclats d'obus dont un dans ma manette des gaz et un autre dans ma combinaison... Avec le lieutenant Heurtaux, attaqué les tranchées allemandes au nord de Cléry. Je tire sur l'emplacement des mitrailleuses. Après cent vingt cartouches, j'ai un enrayé et une culasse cassée. Deux heures 10.* »

Telle est sa vraie vie : « *Ronde front armée. Ronde front armée.* » Ronde sur le front de l'armée, ce sont ses litanies de tous les jours, la répétition monotone des actes de sa vie, les implorations de son âme prosternée devant le Dieu des armées. De même, dans les églises, les appellations d'amour montent vers la Vierge souveraine : *Turris eburnea*, ô Tour d'ivoire, *Janua coeli*, porte du ciel, *Stella matutina*, ô Etoile du matin... Rien de sacrilège chez lui que cette « ronde front armée ». C'est son *Ora pro nobis*, son « Priez pour nous », son « Donnez-nous la victoire ». Avec Deullin il attaque un groupe de trois avions boches dont deux dits « Bananes » et un Aviatik. Deullin a sa mitrailleuse enrayée, lui continue seul. « *Quatre enrayages dont les vingt-cinq premières cartouches, ensuite tir normal. 2 h 15.* » Il descend du Spad furieux, l'écume aux lèvres, jurant après l'armurier, la bouche tordue, le regard mauvais. Il voudrait qu'Yvonne Printemps apprenne par les journaux qu'il a abattu un nouvel avion, deux, trois, et il n'a rien à son tableau de chasse. Elle va croire qu'il est rentré dans le rang, qu'il n'est plus un as.

La bataille de la Somme dure. C'est un carnage. Du lever du jour à la nuit, la chasse protège les avions de liaison d'infanterie, de réglage d'artillerie et de reconnaissance photo. Chaque secteur est divisé en sous-secteurs, les patrouilles basses et les patrouilles hautes de trois à cinq avions se succèdent, chaque pilote sort deux fois par jour. « Ronde front armée »... Le 4 septembre il a attaqué un avion allemand qui a réussi à s'enfuir, puis six autres, en vain. Le 9 septembre, il revient avec deux longerons percés, mais en fin de journée il se jette sur un LVG, tue le passager et crache deux cent cinquante coups jusqu'à vingt mètres. Le 14, à plus de 5000 mètres d'altitude, il attaque trois Rumpler puis un quatrième et un cinquième à bout portant. Enrayage.

Il écrit à Béchereau : « *Cher Monsieur, Primo, l'appareil est merveilleux. J'ai fait 300 mètres en neuf minutes environ et fait plusieurs renversements* complets sans que le moteur bafouille. Secundo, mon radiateur s'est mis à fuir comme un panier percé...* » Là, il s'étend sur certains détails et certains accès difficiles à des pièces essentielles du moteur. « *Je passe mes journées dans mon taxi et voudrais passer mon temps à le retourner dans tous les sens. Je compte boucler avec**.* » Les lettres à Béchereau vont se suivre à chaque levée du vaguemestre. Il pense au Spad que Béchereau lui mijote. Le soir, Béchereau ne quitte pas son bureau, il reprend ses dossiers et sa table à dessin. Béchereau a conservé toutes les lettres, des petites, des grandes, de tous formats. Et à Yvonne Printemps, l'as, qu'écrit-il ? Les lettres à Yvonne Printemps ont disparu.

En ce terrible automne, il s'acharne. Terrible, la condition de champion : il doit se dépasser sans cesse, on l'attend à tous les tournants. Si son nom n'apparaît plus, c'est qu'il n'est plus capable de tenir son rang. Et elle ? Une vedette de théâtre doit avoir des rôles sublimes et un succès qui n'arrête pas. Ils en sont là tous les deux. Elle, Sacha Guitry la presse, la comble de présents, de mots brûlants ; elle l'a conquis, il machine comment

---

* Figure d'acrobatie qui consiste en une chandelle jusqu'à la verticale, puis en un basculement sur l'aile suivi d'un piqué vertical égal à la chandelle.

** Il compte effectuer la boucle, c'est-à-dire un cercle dans un plan vertical, ce qui n'était pas si courant à l'époque. Les Russes appellent le looping « le nœud de la mort ».

il lâchera Charlotte Lysès pour s'attacher cette merveille dont il fera la reine de Paris : quelle inspiration pour lui que la jeunesse et la beauté ! Il imagine des rôles, des sujets, des pièces, il sait qu'elle est entichée d'un glorieux aviateur qui vient l'enlever certains jours. Qu'ils montent tous deux au septième ciel, ils retomberont sur terre, et Sacha, lui, sera là, car il est réformé, bel avenir par les temps qui courent. Nous sommes à un moment de cruauté où chacun essaie d'être, sinon le seul, du moins le dernier. Tout va se décider bientôt.

Guynemer, quand il voit le corps de ses ennemis voltiger à travers l'abîme, M. Bordeaux écrit qu'il est en joie ou quelque chose comme ça. Tous les pilotes de chasse ont eu pour le vaincu un mot de pitié, vite ravalé parce que cela fait partie de ce qu'on appelle « les lois de la guerre ». Quelles lois ? Tout est permis. Toute tuerie est légitime, toute abomination approuvée. C'est aussi l'arène, la tauromachie, le combat de l'homme et du taureau. Le taureau, c'est le Fritz, d'habitude un biplace, et il a des cornes pour se défendre : dans les mains du passager une mitrailleuse tire sur l'arrière, mais pas par-dessous. Si le chasseur sait l'attaquer, le biplace est perdu. Combat inégal, d'habitude, celui du chasseur contre le biplace. Le taureau se jette sur des leurres, les écuyers lui dardent leurs banderilles et au moment où il n'en peut plus, le torero lui plonge une épée dans le cœur. Chasseur contre chasseur, voilà un vrai combat, on parle alors de chevalerie : Udet contre Guynemer finissent par se tenir en respect jusqu'à ce que l'un des deux adversaires s'échappe sur une pirouette. Pas de jeu en quelque sorte, le vrai jeu étant que l'homme soit vainqueur du taureau au risque d'un coup de corne, et le chasseur du biplace au risque d'une rafale de mitrailleuse. L'art des grands matadors est l'élégance qu'ils ont en jouant — en dansant — avec la monstrueuse corne acérée qui peut tuer. Un mot de pitié pour le taureau ? Quel matador y pense ? Eux, ils y pensent tous. Ils se disent qu'ils ne connaissent même pas l'homme qu'ils vont assassiner, ils sont troublés quand ils le croisent. Lui, jamais. Si le taureau s'est bien battu, il recevra les oreilles et la queue en récompense. En hommage à son propre courage et à son art de la valse. Le palmarès des as de toutes les aviations de chasse est l'abattoir : un tueur de talent se promène à travers un troupeau et foudroie sans arrêt, à gauche, à droite, en haut, en bas, les moins armés que lui, les lents, les lourds, les borgnes, les bancals et les éclopés. Eric Hartmann, l'As des as de la Seconde Guerre mondiale, finira avec trois cent cinquante-deux victoires : c'est vrai qu'il n'a pas quitté le front de l'Est où les combats étaient moins âpres qu'à l'Ouest, et ensuite combien d'avions de transport sans défense a-t-il à son actif? Décore-t-on le chasseur qui abat, en temps de paix, le Boeing qui navigue hors d'un couloir de navigation?

Dans l'arène, il arrive cependant que le matador soit encorné, et qu'un cri de surprise et d'horreur s'élève. Il arrive aussi à ce moment-là que, sur les gradins, quelqu'un applaudisse le taureau. En vérité, chez les chasseurs, il y a plus de pilotes abattus que de pilotes victorieux : cela donne aux as leur valeur. Devenir as ou matador illustre n'est pas à la portée de n'importe qui. Quand le taureau tombe, s'il tombe selon les règles et si le matador s'est jeté courageusement dans le berceau des cornes, des acclamations s'élèvent, qui vont, non pas à la victime, mais au noble tueur, à l'hidalgo chevaleresque. Chevaleresque en quoi? Parce qu'il a su tuer au risque d'un coup de corne? Abattre l'adversaire au combat, ce n'est pas comme abattre le taureau. Correctement ou pas, peu importe pour le chasseur. Dans l'aviation il n'y a pas de règles comme en tauromachie, on peut tuer de toutes les façons. Tant mieux si la façon est brave, et si elle expédie avec panache, sans même que la victime s'en aperçoive. Tout l'art est là, même s'il s'agit, pour la fermière, d'un poulet. Savoir tuer.

Là aussi, les jugements varient. Fonck (pour ne parler que de lui) est un tueur plus brillant que Guynemer. Plus habile. Plus précis. Plus rapide. Le résultat est qu'il survit : ce n'est pas lui qui est fatigué de tuer, c'est la guerre qui s'arrête. Meilleur tireur, Fonck? Revenons-y.

C'est un super-tireur, un super-artiste, un super-flingueur capable, comme dans les westerns, de percer la pièce de 10 cents lancée à 10 mètres de lui. Meilleur pilote? Sans doute aussi. Il ne casse jamais de bois à l'atterrissage, ne commet pas d'erreurs de navigation et a probablement un meilleur coup d'œil dans l'attaque. Il sait se placer et, quand l'ennemi le voit, c'est trop tard. Fonck l'a abattu. Si, par hasard, il l'a raté, ce qui lui arrive rarement, il ne revient jamais. Ses cartouches, il les essaie une à une dans la chambre du canon de la mitrailleuse, il en trouve trois ou quatre sur mille qui ont un défaut et il les jette. Il apprend ça aux jeunes. Une fois au sol, Fonck est un pilote comme les autres, il a une tête ronde de lion avec les yeux un peu bridés, des yeux qui voient tout, des yeux terribles, et un grand désir de victoires. Il a dit un jour à Risacher : « Si ce boche-là ne m'est pas homologué, c'est fini, j'en descends plus... » Le palmarès de Fonck sera éblouissant : soixante-quinze victoires homologuées, lui vivant. Richthofen en aura quatre-vingts, mais lui occis.

Guynemer, c'est autre chose. Il a chèrement conquis ce qu'il a désiré. Il a su abattre un nombre impressionnant d'avions sans être ni tireur ni pilote d'élite. Il est mieux. Il est plus. Il possède les dons suprêmes. En l'air, il est chez lui, il fait un avec le « Vieux Charles », il le manie avec un art inné, il évolue comme un épervier ; tous ses gestes sont des réflexes : il coupe et ouvre les gaz quand il faut, s'élance en chandelle ou en piqué quand il le sent, n'a nul besoin de vérifier sa vitesse à un indicateur encore grossier et incertain, et peu lui importe de voler sur les fesses ou la tête en bas, pourvu qu'il soit dans le soleil et qu'il ait des chargeurs garnis et une mitrailleuse en état ; quand la victime se présente, il trouve d'emblée, d'instinct, la trajectoire qui le conduit à quelques mètres au-dessous d'elle selon le procédé classique, et couic ! Si les choses se présentent autrement, si l'ennemi vient de face sans qu'il soit question de l'éviter, eh bien il attaque de face. Les vitesses ajoutées réduisent le temps, l'angle de tir varie, il effectue toutes les corrections en un éclair, et, comme l'éclair, il frappe. S'il est victorieux du premier coup tant mieux. S'il ne l'est pas, il recommence, change de tactique ou conserve la même, improvise une nouvelle trajectoire et fonce. Il ne lâche pas son ennemi. Il ne le lâchera jamais. C'est un épervier enragé.

Fonck, si par hasard il n'a pas zigouillé à son premier passage et souvent à la première rafale, ffft, il se taille. Fonck ne s'y frotte qu'une fois. Chacun a sa manière. C'est la sienne. C'est celle qui l'a conduit à porter lui aussi le drapeau de l'aviation. Oui, mais, lui, au défilé de la Victoire en 1918. On est tueur pour tuer et non pour être tué. On sert sa patrie en tuant, non en étant tué. Pour sa propre gloire et la postérité, ce n'est pas sûr. Guynemer — et voilà où il est le plus pur et le plus grand —, s'il avait eu à choisir entre la gloire et la mort, ou rien et la vie, aurait choisi la gloire et la mort. Il y pense parfois, quand il est descendu. Pas plus que Fonck, il ne préfère de grandioses funérailles à la vie. La belle jambe ! Oui, mais risquer sans arrêt sa vie et sa gloire n'est pas facile. Chainat, quand il nous enseignait le pilotage à Avord, disait que certains pilotes de chasse hésitaient à livrer combat, que certains renâclaient et, parfois, s'éclipsaient.

« Un jour, patrouillant seul, dit Chainat, j'aperçois six boches. Un peu trop dur pour moi. Je louvoie, je découvre deux camarades qui portaient l'insigne de groupe. Je leur signale "Venez avec moi". Ils suivent de mauvais gré. Je me mets au milieu d'eux, je les pousse, je retrouve mes boches, je bâtis un plan, je signale : "J'attaque." J'ai la chance d'avoir le dernier boche que je mets en flammes. Retournement, je cherche mes équipiers. Plus personne. Je les ai fait virer avec perte et fracas. Il y a les vrais et les faux, ceux qui y vont et ceux qui n'y vont pas, ceux qui font semblant d'y aller et voudraient bien s'approprier le travail des autres, ceux qui volent les plumes du paon, qui disparaissent et qu'on ne retrouve qu'à la fin, quand il n'y a plus de danger : leur moteur s'est mis à bafouiller, leur mitrailleuse s'est enrayée, ils ont été attaqués par un ennemi supérieur en nombre et ils ne savent pas comment ils ont pu en réchapper, bref, des pilotes qui se disent chasseurs, ça raconte des coups mais ce n'est rien. S'ils sortent seuls, ils ne rencontrent jamais personne, ils seront en vie à la fin de la guerre et c'est eux qui rafleront la mise. » Ceux-là, d'après Chainat, passaient dans l'aviation pour sauver leur peau. Les autres, c'étaient les intrépides, les valeureux. A certains de ceux-là, gloire et immortalité. A la majorité des autres, pauvres vieux, une conscience pure.

Oswald Boelcke tient tête aux Cigognes. Toute la journée sur le terrain, il mène une vie de moine avec son équipier Erwin Boehme qui ne le quitte jamais. Chez lui, tout le monde, après avoir entendu des disques, se couche tôt. Boelcke n'est pas seulement un as à sa quarantième victoire, c'est un tacticien, un dresseur de loups, un chef de meute. Contre Immelmann qui a fait école, il pense que ce n'est pas avec des acrobaties qu'on gagne, mais en virant au plus près, sans perdre d'altitude, tout un art.

On a vu où sa manie des rétablissements a mené Immelmann : il pouvait piquer sur un adversaire, se redresser pour passer dessous, continuer par une demi-boucle qu'il arrêtait par un demi-tonneau, repiquer, il s'est fait avoir alors qu'il n'avait que trente victoires. Boelcke, de loin supérieur à lui, durera. Il a inventé une tactique. En face des Sopwith anglais, des virages serrés, de bonnes mitrailleuses et de bons équipiers comme Richthofen qui est à son école, dans son escadrille. Boelcke c'est Siegfried, le héros mythique et romantique, très officier prussien, très « penseur », le front dans les brumes et le poing sur la hanche. Lui aussi, bec et œil d'épervier. Sur ses cheveux plats, la raie au milieu. Pour qu'on le distingue mieux, il fait peindre en rouge le nez et l'empennage de son Albatros. Ainsi il attirera, on s'acharnera sur lui, et ses équipiers, Boehme à sa gauche, Richthofen à sa droite, seront plus libres de le défendre. Les autres, à l'affût, tomberont sur les imprudents.

Boelcke établit les lois du combat de groupe. Il veut que chacun de ses pilotes remporte une victoire, il veut que ses chasseurs soient jaloux les uns des autres. Le plus choyé de tous, Richthofen, ne cache pas sa morgue. A qui en veut-il ? C'est un fonceur comme Guynemer, qui ne s'occupe de personne quand il veut abattre le pigeon choisi. La chance, il la viole au besoin. Il veut être le premier et répand la terreur autour de lui. Comme les Anglais semblent des adversaires faciles (les survivants changeront d'avis en 1940), la bande à Boelcke cherche la bagarre.

Guynemer ne les craint pas. Il ne craint personne. Le soleil, le soleil, puis quand il a aperçu sa proie, un piqué ajusté de telle façon qu'en remontant il arrive dessus à quelques mètres et couic ! Il a fait des progrès considérables : l'expérience. Il use de moins en moins de feu. Souvent, avec trois ou quatre cartouches, l'adversaire est liquidé sans même savoir ce qui lui arrive. Après, comme Immelmann, il aime bien se lancer dans une demi-boucle en montant et, tout en haut, la tête en bas, donner un coup de pied dans le palonnier pour se rétablir à ce moment où les commandes sont inversées : le gouvernail de profondeur agit latéralement, et vice versa. Rétabli, il replonge du soleil sur sa proie si par malheur il l'a ratée, ou sur une autre. Ah ! il faut avoir le cœur bien accroché, quand on part de 4 ou 5000 mètres d'altitude : on n'est qu'un faible point dans l'immensité, un rien, mais ce rien pense, agit et appuie sur la détente quand il faut. L'hiver, l'huile gelée de la culasse bloque l'arme. Enrayage. Fureur. Ah! si Béchereau était un ingénieur d'armement... Avec ses demi-boucles suivies de demi-tonneaux, et ses demi-tonneaux après ses demi-boucles, Immelmann affolait ses victimes avant de les achever. Dans les escadrilles du front de la Somme et même ailleurs, qu'elles aient des cocardes ou des croix noires, on fait des immelmanns. Même aujourd'hui avec des Mirage 2000, on discute des mérites de la formule pratiquée sous le nom prosaïque de « rétablissement ». Se lancer dans un immelmann est tellement mieux. Est-ce qu'on se lance dans des guynemers?

Notre héros n'a pas laissé son nom à une figure de voltige. Guynemer est un nom qui claque mais ne sonne pas comme Immelmann. Peu importe. Guynemer sait virer aussi serré que Boelcke; il pique, il cabre, il tourne des demi-boucles et des demi-tonneaux aussi bien qu'Immelmann, qu'il vole sur le dos ou d'aplomb, il est à son aise dans n'importe quelle position, et, comme l'oiseau de proie des comparaisons habituelles, n'a besoin ni de compte-tours ni d'indicateur de vitesse ni d'altimètre : il sent, il sait, il vit ce qu'il fait, il est ce qu'il est : un faucon du Moyen Age, un tueur de palombes et de tout ce qui passe à sa portée. D'un coup de bec, il transperce une tête. Ce qui compte pour lui est de tuer. Eh bien quoi? Ne s'attaquerait-il pas à des ennemis, par hasard? Ah! quand un apprenti anglais d'à côté, à peine sorti de l'œuf, mitraille notre as en le prenant pour un Allemand, comme si ses cocardes et ses couleurs n'étaient pas visibles (Nungesser fera peindre des bandes tricolores sur ses ailes pour éviter des méprises), notre as se rebiffe, échappe d'un coup d'aile et hop! une taloche sur le nez du jeune homme, ramené à la réalité et abattu sans trop de mal pour lui, un peu de sang et une engueulade pour lui apprendre que la guerre n'est pas une plaisanterie. Mais les autres, les *vrais* boches! On n'a plus le temps de se demander s'il est là, ni de s'aveugler en fouillant dans les approches du soleil : il les envoie *ad patres*.

Tout devient terrifiant.

Pour lui, on dirait que sa vie s'accélère, même dans les amours, comme un fleuve qui a commencé sagement bute soudain dans les rapides, trébuche, rebondit en gerbes et en nuages d'écume et devient torrentiel dans une bataille liquide. Ce n'est plus la Seine coulant majestueusement dans les boucles des Andelys sous les yeux de l'enfant qu'il a été, c'est le Yang tsékiang dévalant à travers les espaces du Shantong comme une montagne de boue liquide et emportant sur ses vagues et son limon le bétail surpris, les arbres déracinés et les cadavres dans un grondement de fin du monde.

« *Chasse. Attaque à moins de 50 mètres un boche vers Berny. Il pique verticalement. Ronde de chasse. J'attaque quatre boches. Enrayé. J'attaque un monoplace camouflé très rapide et maniable. Il ne peut tirer un coup. Je tire coup par coup, réussis à le faire piquer fort chez lui. Refusé plusieurs combats faute de mitrailleuse... Tire coup par coup. A la fin, tir normal. Les cinq boches piquent dans leurs lignes. Attaque un biplace. A ce moment surpris par quatre ou cinq monoplaces, je suis obligé de piquer (quatre balles dans l'appareil). Attaque un monoplace sur Barleux, tire un coup, le boche pique. Attaque un autre. Enrayage... Chasse. Attaqué à moins de 10 mètres. Tire un coup, enrayage. (...) Je tire dix coups, enrayage, le boche pique sur Bouchavesnes. J'attaque sur Péronne trois autres qui piquent, puis un Walfisch qui se défend (...). Je surprends un Aviatik à 10 mètres, tue l'observateur. Le boche pique en perdant des lambeaux de toile, désemparé. Pas suivi jusqu'au sol (...). Chasse. J'attaque un boche à Misery et un autre qui surprenait le lieutenant Deullin à 50 mètres.* »

Toujours des pages et des pages. Toujours les litanies. Ses carnets de vol sont zébrés de courtes notes nerveuses, presque excédées. « *Ronde de chasse, chasse, j'attaque, j'attaque, le boche pique, j'en attaque cinq autres qui piquent...* » Il ne craint même pas d'allusion vulgaire, loin de sa pensée, il tire des coups. Meurtriers, ceux-là. C'est comme une folie érotique, une mécanique d'obsédé. Les palmes pleuvent aussi. Il en a dix-huit quand il apprend que Boelcke vient de se tuer, en octobre 1916. Dans un combat tournoyant justement. Dans un virage. Pas sous une rafale. Dans une collision avec son ailier Boehme. Il s'est écrasé au sol. L'étoile de Richthofen se lève sur sa dépouille mortelle que les Anglais ont honorée. Sur sa tombe, au milieu des ors de l'automne, un avion britannique va jeter une couronne de fleurs avec ces mots : « A la mémoire du capitaine Boelcke, notre brave et chevaleresque adversaire. »

Pour notre as, terrible doublé, le 23 septembre 1916. La veille, il a déjà abattu un Fokker qui ne comptera pas dans ses victoires. Lui-même l'admet : tombé trop loin dans les lignes ennemies. En fin de matinée, en ronde d'armée à 3000 mètres au-dessus de Cachy avec son premier Spad, il découvre tout à coup cinq Fokker : trois dessus, deux dessous, tactique de l'escadrille Boelcke. Il se jette sur la patrouille du haut.

« *11 h 20, abattu un boche en feu près d'Erche**. *11 h 21, fait atterrir un boche désemparé vers Carrépuis***. *11 h 25, abattu un boche en feu vers Roye.* »

Journal de marche ? Non. Lettre aux chères gosses. Il jouit, il règne, il fulmine quand un obus de 75 lui éclate de plein fouet sous l'aile supérieure gauche. Tout bascule violemment et il part dans une vrille qu'il n'a pas déclenchée, « *affolante, épouvantable* », dira-t-il à Mortane, jusqu'à 1600 mètres où il parvient à l'arrêter en gardant les commandes au milieu. « *Je songeais à mon enterrement avec des camarades derrière ma dépouille...* » Au moins, le 13 mars, il avait été descendu par l'ennemi. Là, par un obus des siens. Il n'a pas le temps de s'indigner. L'aile gauche désentoilée, il ne peut plus gouverner. Sa sœur Yvonne a noté : « Georges se disait : "*Réjouissons nos derniers moments*" en regardant l'avion ennemi qui tombait en flammes à côté de lui, moins vite que lui... » Il n'est plus qu'un bolide que la pesanteur et une miséricordieuse main précipitent à terre en glissade près d'un petit bois. Il racle le sol en oblique, rebondit puis se plante et se retourne : « *Je crois tout de même avoir été sauvé par les bretelles qui me tenaient à mon siège. Sans elles, j'étais lancé en avant et je me rompais les os.* » Il appelle ça « *une vrille aux petits oignons.* » Il en reste un témoignage. Une lettre sur un grand papier couvert d'une naïve écriture un peu tremblée, à la ponctuation et à l'orthographe incertaines.

Monsieur,

Âgé de 80 ans le 28 de ce mois, j'ai vu tomber l'aviateur Guynemer avec son avion après avoir abattu deux boches, il a été touché par le tir de nos batteries en pourchassant

* 10 kilomètres à l'ouest de Roye.

** Immédiatement à l'est de Roye.

un 3e avion. J'étais cantonné près de là et j'ai courru *(sic)* dans l'endroit où il est tombé, je l'ai vu se jeter de son appareil à hauteur d'arbres et je l'ai vu aussitôt à terre, l'écume à la bouche, mais très calme et entouré de suite par les soldats cantonnés à l'entour. Des officiers lui ayant offert d'aller se réconforter à leur popote, il se trouvait à côté de moi, et me voyant sous-officier, il m'a demandé de veiller sur l'avion. Mais il n'était pas parti que les gars se sont jetés sur l'avion et en ont pris chacun un bout et l'ont mis dans l'état où vous le voyez. Je n'étais pas armé, je n'ai rien pu faire pour empêcher le carnage, j'ai donc fait comme tous et je vous adresse ce que j'en ai tiré puisque vous cherchez tous les morceaux possibles. La partie blanche est de la Cigogne. Si cela peut vous être utile, je serais très heureux, car après moi ça n'intéressera personne.

Bien amicalement à vous,

L. Crépin, Maisons-Laffitte.

Le bout de toile que renvoie M. Crépin ressemble à un bout de peau de baleine, ou un bout de peau de lion : un tissu assez épais et encore souple. Ce bout de peau de baleine, cette plume de Cigogne, c'est le remords du vieux M. Crépin qui veut mourir la conscience en paix en rendant à la nation un lambeau de gloire qui ne lui appartient pas.

M. Crépin a rêvé, quand il l'a vu « se jeter de son appareil à hauteur d'arbres ». Peut-être un lambeau quelconque s'est-il détaché du Spad à ce moment-là. Notre héros est à terre avant même le troisième ennemi qu'il a abattu et à la verticale même des batteries. Ils peuvent être fiers de leur coup, les artilleurs. Debout, l'écume à la bouche, comme l'a vu M. Crépin, il s'efforce de ne pas vaciller sur ses flûtes, on l'entoure, on se saisit de lui, on le porte en triomphe sur de solides épaules, non parce qu'on l'a descendu, mais parce qu'il a carambolé trois Fritz sous les yeux de tous. Formidable ! Il n'a que le temps de crier au sergent Crépin accouru de veiller sur son appareil*, il est déjà au PC de la batterie où on ne sait que dire et où le général commandant la division, la 72e, de passage par hasard, ordonne

* C'est le Spad n° 113, le premier sur lequel il ait volé.

le rassemblement. Pour nous, drôle d'idée. Pour eux, non : un événement vient de se produire ; tous les observatoires l'ont signalé, tous les poilus l'ont vu : un avion français vient de foudroyer trois Fokker en cinq minutes, rac, rac, rac ! Et la section 29 d'autocanons, commandée par le lieutenant Gaspard de Bourbon Chabus qui visait les Fokker, a atteint Guynemer. L'avion a capoté, s'est presque retourné, son train est écrasé, l'empennage est à 3 mètres du sol, le pilote sain et sauf, et c'est Guynemer ! Beau travail.

Remue-ménage extraordinaire* ; on se rue de partout, on veut voir le héros, l'artiste, le génie, le miraculé. Il boite. Son genou droit, qui a cogné contre la magnéto de départ, lui fait mal. Les épaules aussi. Il est estourbi, commotionné. C'est la sixième fois qu'il est descendu. Celle-là est peut-être la plus belle. Nous y reviendrons. Nous ferons le compte, il exagère peut-être. *La Vie aérienne* du 1er mars 1917 lui consacrera une double page. Et il s'est fiché au bon endroit. Pas n'importe où. Presque sur le général commandant la division qui a dans son état-major un officier d'intendance, bâtonnier à Clermont, qui s'appelle Georges Blanc et a toujours un appareil photo avec lui. Il ne rate pas l'aubaine, les photos sont de lui, ce qui n'empêche pas le héros de prendre les siennes pour l'album. Le général fait rassembler les troupes et veut que le pilote les passe en revue avec lui. « Mais je suis blessé. » Gros éclat de rire. « Blessé, vous ? réplique le général, impossible. Quand on dégringole du ciel sans se tuer, on est sorcier. Vous vous appuierez sur moi. » C'est de la gloire en tranche et en transe, presque de l'hystérie. Clopin-clopant, d'un pas d'automate, il avance. Des tranchées voisines où l'on se terre d'habitude, les hommes sortent des trous, dévorent des yeux ce phénomène et, tout à coup, naïveté qui fait sourire les blasés que nous sommes, nous qui n'avons pas connu ça, quelque chose s'élève qui remplace les cuivres, les tambours, les pistons, plus formidable que le défilé de Dijon, *La Marseillaise* monte de ces voix bourrues, de ces pauvres types fourbus qui croient en ce morceau de patrie qui vient de leur tomber sur la tête : M. Bordeaux le relate, on doit le croire, il n'a rien inventé, et l'excellent scénariste qu'est M. Marcel Jullian lui emboîte le pas dans son livre *La Grande Bataille dans les airs* et prend aussi à son

---

* A Fescamps, près de Montdidier (Somme).

compte cette naïveté sublime. Pourquoi pas ? Ce qui est fou a toutes les chances d'être vrai.

Lui, c'est à son taxi qu'il pense, à son Spad adoré, son Spad tout neuf, qu'il veut sauver du pillage. Trop tard. Même le sergent Crépin chargé de le garder a prélevé son souvenir. Dans l'album familial on trouve les photos du Spad, presque intact d'abord avec ses cocardes flambantes (il sort presque d'usine), puis écorché vif comme un lapin réduit à son squelette où seul l'empennage, trop haut pour être atteint et portant une grande lettre S et un 2 qui est le chiffre de Guynemer, n'a pu être encore mis à nu. Les mécaniciens, le temps de venir de Cachy (10 kilomètres au moins), ne récupèreront que les instruments de bord. Le voilà de nouveau pilote de ferraille, de bois brisés, de tripes éparses, de mâts et de longerons faussés, casseur, chiffonnier. En plus, la mort partout, la mort de chaque instant, la mort compagne. Cette fois, il se détourne de lui-même et demande à voir ses victimes pour être sûr qu'elles sont mortes. Il y en a à Erches, 4 kilomètres au nord. On y va. Quelques débris fumants, le corps du pilote, un lieutenant, à demi brûlé, mais le visage intact et les yeux clos. Il le photographie comme un chasseur son lion dans la brousse. Le mort a sur lui une carte de sa famille, où l'on parle de ses succès, et une photo de lui à côté d'une jeune fille. « *J'ai sa photo avec sa Gretchen*, écrira-t-il à ses sœurs. *Quelles têtes de boches ! Il avait les mêmes décorations que celui des Bois de Bus...* » Dans l'armée allemande, tous les héros ont les mêmes ou presque, comme dans l'armée française. Une croix de fer de plus ira rejoindre les autres sur la cheminée de Compiègne. Lui, les jambes bien écartées, car il a de la peine à se tenir debout, contemple, un peu médusé, le vaincu, l'homme qu'il a tué. Son visage à lui est pris dans le serre-tête luisant, et un soldat reluque le vainqueur regardant sa victime. Il y a chez le soldat une curiosité immense, dure, inquiète, un peu méchante, car tout ce qu'il découvre n'est pas en faveur du héros. D'autres soldats aussi observent. Le personnage le plus important, le spectacle, c'est lui. La vedette. Yvonne Printemps sera fière de lui, croit-il.

Après quoi, le second, de l'autre côté de Roye. Là, il y a foule. La photo montre une rangée de soldats et d'officiers confondus, muets, gênés. Certains, une main sur l'épaule d'un camarade, ne savent quel air prendre devant le photographe. D'autres risquent un œil en catimini. On ne sait pas quoi dire non plus. Drôle de circonstance, ce face-à-face du vivant et du mort, du vainqueur et du vaincu. On la boucle. Des titis affichent de la gouaille, Tartarins devant les dépouilles du fauve, c'est nous qui sommes les plus forts, les plus malins. Des modestes rusent avec le macchabée, d'autres lui adressent une grimace complice, pouffent d'un rire nerveux ou avancent le nez comme des chiens à l'arrêt reniflant le gibier ; certains, le calot ou le képi sur l'oreille, poilus sortis un moment de leur enfer qui s'interrogent sur l'enfer des autres, laissent dégouliner de la pitié comme un jet d'urine ; un autre se juche sur quelque chose et s'agrippe à des épaules pour admirer la bête. C'est quand même du cirque, on applaudirait presque l'équilibriste en chef, cette silhouette incertaine, flageolante et si étroite, en serre-tête et fine combinaison de vol doublée de fourrure.

Un dernier macchabée, le lieutenant Ernst Lafflauf, est étendu, brisé, sur le sol. Justement, voilà les infirmiers. Oh ! surprise ! Dans la personne d'un des brancardiers, est-ce possible ? Guynemer reconnaît son ancien préfet de division à Stan', l'abbé Chesnais, tout petit avec un visage si doux, nu-tête avec une apparence de raie au milieu, et qui s'efface autant qu'il peut, en bleu horizon, tenant sous le bras son brancard plié, à côté d'un grand barbu, dépoitraillé, interloqué. Le professeur Chesnais ne parlera jamais à M. Bordeaux de cette rencontre. On ne saura jamais ce que se sont dit l'ancien élève dissipé, promu soudain as de guerre, et l'ancien préfet de division. Dommage. Devant un capitaine en capote à revers plats mêlé aux soldats, ganté, la main droite sur une canne et la gauche dans la poche, une mince moustache sous le nez, figé à côté d'un gradé à képi dans une housse, ceux qui regardent l'objectif, les mains sur les hanches, ne sont pas fiers ; ils paraissent un peu en deçà, on dirait même qu'ils ont envie de reculer, tout au moins de chercher à s'adosser à un bon appui, l'un d'eux ricane pour avoir l'air de réagir à quelque chose, un autre lorgne par-dessous comme s'il ne voulait pas être vu pensant à ce qu'il voit.

Il n'y a pas tellement de boue. On dirait même qu'il y a, de travers, de guingois sur les épaules, comme un rayon de soleil.

Des photos pour la famille, pour les enfants qu'il aura plus tard : « Grand-père quand il chassait en Afrique... » En attendant, pour M. Guynemer père, pour sa mère, pour ses sœurs, ses « chères gosses », les lettres quotidiennes ou presque, pour Yvonne Printemps peut-être. « *23 septembre 1916, combat vers Eterpigny à 11 h 20-25, Fokker tombé en flammes à Erches, lieutenant Walter Blume, du Jagsta 72. 23 septembre 1916, combat vers Laucourt, sud de Roye, à 11 h 30, Fokker, Lieutenant Ernst Rafflauf.* »

Il réduit l'atrocité du drame, laisse croire que c'est un jeu, parle de son « *terrible zoiseau* », de « *l'étage au-dessus et de l'étage au-dessous* ». En quatre jours, six combats à 25 mètres : des boches en écumoire, mais qui mettent de la mauvaise volonté à se casser la figure, quelques-uns bien touchés tout de même ; puis cinq pugilats à plus de 5000 mètres. « *Aujourd'hui cinq combats dont quatre à moins de 25 mètres, et le cinquième à 50 mètres. Au premier, enrayage. Au deuxième, le boche d'émotion perd ses ailes et descend avec la carrosserie séparée sur son aérodrome ; il devrait avoir des bourdonnements d'oreilles. Le troisième à bout portant, un Aviatik de chasse. Trop d'élan : je manque l'emboutir. Au quatrième même plaisanterie sur un LVG dans un groupe de trois, je manque l'emboutir, je fais une embardée ; pan, une balle près de la tête. Au cinquième, je nettoie le passager (c'est le troisième cette semaine) puis arrange très mal le pilote à 10 mètres...* » Il ne dit pas qu'à son retour, il s'est fait vertement réprimander par Heurtaux qui lui a demandé s'il a fait garder son zinc. « *Pas la peine, il est foutu.* » Les deux officiers se sont toisés. « Je suis plus costaud que toi, a dit Heurtaux. C'est pas toi qui me casseras la gueule. Retournes-y et mets une garde... » Nous ne sommes plus à Stanislas où le professeur se laisse gifler. Heurtaux ajoute : « Surexcité, il allait me sauter dessus. » Il rit. Il s'exécute.

Revenons-y. « Il a un cœur de pierre pour ses ennemis », écrit M. Bordeaux. « Il est le justicier. » Quelle justice ? « *Le boche est tombé contre le poste du commandant Constantin**, *j'ai ramassé les morceaux.* » Il appelle ça « du sport » pour ne pas affoler ses chères gosses. Le lendemain, devant l'avion hissé sur une remorque pour rentrer à la base, carcasse désossée, baleine qu'on

* Pas de parenté, semble-t-il, avec son camarade Jean Constantin.

commence à dépecer, il pose encore parce qu'on le lui demande : vedette, la photo est son moyen d'expression en plus du communiqué. Les mains dans les poches, en calot, on le prend par surprise, les yeux baissés. Sur sa tunique, une décoration de plus, la croix de guerre belge.

Cette aventure, il va la raconter à Béchereau, en le flattant (avec un autre avion il y passait) et avec un humour plus retenu. Béchereau, c'est le comportement du Spad qui l'intéresse ; les pilotes, il les connaît. Guynemer va beaucoup l'aider, en lui disant ce qui cloche ; il ne trouve pas le Spad assez nerveux, il proposera, au millimètre près, cent petites améliorations de détail, voilà enfin un pilote qui se passionne pour la mécanique et sait qu'il ne serait rien sans elle. On va lui construire un autre Spad avec un moteur de 180 CV. L'escadrille va devenir la Spa 3.

Et Yvonne Printemps ? Elle sait qu'il est contraint de rester au niveau de sa réputation. Cette Lionne (elle est née un 25 juillet) l'en chérit davantage, il est de sa race, encore que lui soit un fils à papa. Pour lui, le théâtre où il joue, c'est la patrie, il l'a voulu, il l'a choisi ; la patrie l'a sacré héros, il se doit d'être comme il est. Il est déjà en chansons, il y a un *Salut à Guynemer* sur l'air de *Sous les ponts de Paris*, on le caricature, son nom figure dans les carrés syllabiques de *L'Écho de Paris*, autrement dit les mots croisés.

·

On l'oblige à se reposer quelques jours, il saute dans sa Sigma et vient la surprendre, elle reconnaît son pas de mitrailleuse dans les coulisses. Là c'est aussi un météore, il crache le feu, il pète la gloire, il enfonce la porte. Il ne pourrait pas prévenir ? C'est vrai, il ne peut pas, il ne sait jamais d'avance, et d'ailleurs tout est dans les journaux. Là, sous les lumières devant elle, à demi nue entre ses plumes d'autruche, ses boas de couleur et ses robes d'étoiles, il ne sait plus. Elle non plus. Ça la change du texte de Sacha Guitry qui écrit pour elle une nouvelle pièce pour les Bouffes-Parisiens et se dit fou d'elle. Elle aussi est un peu folle, non de lui mais de ce qu'il promet. Elle bondit, couvre de baisers son vrai héros qui a failli mourir, l'enlace, il la regarde et se tait. A partir de ce moment, c'est elle qui commande. « Tu commences à m'embêter avec ton Béchereau. Il a peut-être une secrétaire qui t'intéresse, elle est jolie ? »

Il ne dit pas non. La Printemps feint d'enrager. Il n'y aura jamais rien entre la secrétaire de Béchereau et lui. Oui, mais entre Béchereau et lui, il y a le Spad, et la Printemps est jalouse du Spad. Il le monte, il ne le quitte pas, il s'élance sur lui dans le fantastique, il coucherait avec lui s'il pouvait, il se tuera avec, l'imbécile ! Elle se penche sur lui et, furieusement, en un éclair, le mord encore. « Chez Maxim's. »

Ils y arrivent dans un tourbillon. Où est la guerre dans cette foule, dans ce luxe ? Où ils sont. Maxim's est le rendez-vous de tout ce qui compte. N'exagérons pas. Toute l'élite n'est pas là, il s'en faut. Tout ce qui est riche peut-être et certains riches feraient mieux d'être ailleurs que là. Avant la guerre, Santos-Dumont y a eu sa table, qu'on leur donnera bientôt, la 55, à l'entrée de l'omnibus. Il est la gloire de la France, et Mlle Printemps la grâce, le talent, la musique aussi, l'éclat des émaux et la douceur des verrières et la richesse du plafond, elle est tout cela. Tous deux ils sont un miracle de la patrie en guerre, Maxim's est l'élégance, le fin du fin, l'instant de folie, le génie, l'argent, la griserie, et tout leur appartient. Est-ce ce soir-là qu'on l'a vue, elle, comète de feu que tout Paris connaît déjà, applaudit et applaudira, perdre la tête et le reste ? Est-ce le champagne ? Etait-ce, parmi toutes ces fourrures, ces bijoux, ces uniformes, ces bouches qui se penchent sur des gorges, l'irrésistible joie de l'avoir retrouvé vivant, hors de ses engins de mort et de ses avions rouges, car le bruit court à présent qu'en face ils volent sur des triplans couleur de sang ? Est-ce la griserie de ce qui passe et ne sera plus et qu'il faut célébrer d'une façon ou d'une autre pour remercier la grâce qui vous le donne ? Lui, s'il avait eu un Spad, il aurait décollé de la Concorde, bouclé la boucle au-dessus de la Seine, flirté avec la tour Eiffel. Elle, sa voix arrache le cœur, ses jambes ne demandent qu'à danser sur des tréteaux d'opérette, au milieu des vignes, devant des soldats victorieux, un peu ivres de vin blanc, moins qu'elle. On ne sait pas ce qui s'est passé ou dit : un compliment, un mot d'amour, un regard, ou encore un coup de dents, décidément c'est sa manie à elle d'aimer, ou qu'il soit là tout simplement, qu'il ait oublié son père, sa mère, ses sœurs, sa grand-mère crampon, ses camarades, ses marraines et surtout Béchereau, ah ! celui-là ! Elle n'a pas résisté. C'est la guerre, n'est-ce pas ? Et l'aviateur qui est là, ce jeune dieu avec son orphéon, toutes ses médailles sur la poitrine, ces croix sombres et ces croix de brillants sur le drap noir, ce tueur de vautours ou de taureaux, qui sait où il ira demain, où il sera, qui sait où la voiture qui l'attend dans la rue va l'emmener, qui sait s'il vivra encore ?

Elle saute sur la banquette, envoie valser ses chaussures et lance deux pas, trois pas, deux ou trois battus, deux ou trois pirouettes ou entrechats. Tout s'est arrêté, on ne mange plus, on ne boit plus, on ne sert plus, on ne respire plus. Seuls les airs tziganes, des vols d'abeilles jaillissent par vagues sifflantes de la grande salle, le premier violon se tourne vers elle, son archet se jette soudain dans une musique derrière quoi l'orchestre se précipite comme dans une course à travers les landes, les forêts, le ciel, la vie, la mort. Puis elle s'arrête, la Printemps, termine par une révérence à lui, et se rassied sous les applaudissements, rougissante. On en redemande, ah ! non. C'était pour lui, uniquement pour ce collégien qui craint d'être puni à son retour au bahut. En vérité, elle sait de moins en moins ce qui lui a pris, et qui a provoqué assez de bruit pour qu'on en parle le lendemain, la semaine et les mois d'après, dans ce Paris qui oublie tout si vite. Il ne pourra jamais (ni elle non plus) revenir au Maxim's sans qu'on espère que se reproduira la sarabande de ce soir-là. Eh bien, non. Jamais. Jamais plus. Avec qui que ce soit et pour qui que ce soit. Et lui ? Lui a-t-on demandé ce qu'il en pensait, et même s'il en pensait quelque chose ? Il n'a rien dit. Jamais. A personne. Au point que, par moments, les années passant, les demi-siècles passant, on doute. Yvonne Printemps a-t-elle dansé ou esquissé un pas de danse sur les banquettes du Maxim's vers la fin de 1916 ?

A qui poser la question ? Aux dames de chez Maxim's ? A Léon Souvier, l'auteur des lianes, des fleurs et du feuillage en cuivre autour des piliers d'acajou et des miroirs ? A Martens et Sonnier, les auteurs des nymphes sur les étangs, à Gallé, l'auteur des vitraux liquides ornés de pavots ? Depuis longtemps ils ne sont plus, et Corniché non plus, après Gaillard, morts et roidis. Oui, à qui demander ?

Pas à Garros qui a mal fini, ni à Sarah Bernhardt, ni à Réjane. A M. Blériot s'il vivait encore ? Il ne soupait pas chez Maxim's ce soir-là, et en a-t-il jamais parlé autour de lui ? Albert, le célèbre maître d'hôtel, n'a commencé à recevoir qu'en 1931. Sur le moment, on parlera beaucoup d'elle dansant chez Maxim's et on l'oubliera. Les Anglais qui dirigeaient le restaurant à cette époque-là auraient fait encadrer le velours rouge de la banquette si, au lieu de Guynemer, ç'avait été un des leurs, Ball par exemple. Personne ne sait plus qu'Yvonne Printemps a dansé là pour Guynemer, on ne sait même plus qu'elle y est venue avec lui, ou même qu'elle l'a jamais rencontré et aimé. Seuls des héritiers pourraient, n'est-ce pas, texte en main. Ou Sacha qui savait tout et se souvenait de tout ce qui le touchait de près, même quand il n'avait rien vu. Sacha, au cimetière Montmartre, accueille dès l'entrée à droite, avec son père Lucien et son frère Jean. Le marbre blanc de son tombeau est enlacé de lierre. Sacha ne parle plus que par ses biographes.

Et lui, alors ?

Lui, répétons-nous, c'est autre chose. Il n'a jamais dit aux siens, ni même à Louisa, qu'il allait chez Maxim's. La chère Louisa a voulu croire qu'il ne quittait l'hôtel Edouard VII que pour venir chez elle ou voir Béchereau. A la rigueur, quelques amis de Compiègne, entre les Champs-Elysées et la Muette. Ni son père ni sa mère n'ont supposé qu'il pouvait aller à Paris pour une autre raison que des contrôles techniques. Naïveté ? Pudeur ? Ils ne savent pas grand-chose, l'un et l'autre (la mère peut-être davantage, qui n'avait pas que des aspirations bourgeoises et bien-pensantes), du gosse à qui tout ce qui est arrivé l'a été, pour eux, par hasard, malgré lui ou par imprudence ; et ensuite, parfois jugeront-ils de tout ce qui le touche comme d'une succession devant notaire, gérée par le Saint-Esprit. Ses sœurs peut-être, sont moins loin de lui. Sa sœur Yvonne croit toujours qu'il ne s'intéresse à rien d'autre qu'à son engin de mort ; Odette, en Suisse, ne le voit plus. Pour elle, ce frère merveilleux a droit à toutes les miséricordes, puisse-t-il en abuser. S'il en use, c'est à peine. Il est plus émouvant en cornette de Rilke qu'en jouisseur. Il n'a jamais su ni pu atteindre à la hauteur des fous de bringue que sont Navarre et Nungesser. De Fonck, personne ne saura rien non plus. Comme Guynemer, il n'y a que sa mitrailleuse qui compte.

Est-ce à cette époque-là que Vicente Blasco Ibañez le décrit : « Très mince, très timide, se dérobant à l'ovation muette de ceux qui l'entouraient, avec un air de collégien modeste qui ne peut croire à sa propre gloire (...). Une belle comédienne, presque aussi jeune que lui, était à son côté, le caressant d'un de ces regards d'admiration amoureuse que jamais ne connaît le riche protecteur capable d'offrir l'auto ou le collier de perles et que seul, de loin en loin, obtient l'homme de génie, et que monopolise généralement l'homme d'action, le héros, dans les jours comptés de son existence. Mon attention fut attirée par sa gravité précoce, par cette juvénile mélancolie qui mettait sur son visage je ne sais quelle tristesse pleine de détachement, et je pensais à Hoche et à d'autres guerriers de la Révolution célèbres, aussi jeunes que lui, à ces soldats qui, lorsqu'ils ne se battaient pas, avaient cet air doucement songeur qu'on voit à certains philosophes. Guynemer et son élégante admiratrice disparurent à l'une des stations. L'amour ! et peut-être, le lendemain, la Mort* ! » L'amour, pour ces héros-là, s'ils le font, c'est en pensant à des corrections de tir. Et les autres ? Les inconnus, les modestes, fils du peuple ou fils de bourgeois (les fils d'aristocrates, tous brevetés, sont d'ordinaire dans les états-majors), se contentent des alouettes qui leur tombent dans le bec. Toutes rôties, craquantes, délicieuses et sans complications. Yvonne Printemps n'est pas une alouette. « *Je ressemble au Lion, j'en ai la majesté, la sauvagerie, la crinière.* » Ainsi parlait Cécile Sorel. Ainsi aurait pu dire Yvonne Printemps, aimée aussi par de grands hommes, elle aussi, comme Ninon de Lenclos, séductrice jusqu'à un âge avancé, et ne vivant aussi que d'excès et de passion. Elle voudrait tout dévorer, mais son prince des ailes l'aime-t-il vraiment ? On peut le supposer : personne ne le force à venir la chercher. Il dort dans ses bras comme un enfant, et elle se sent si peu maternelle.

Elle a rapporté de chez Maxim's une rose qu'elle a mordillée. Elle la met dans un verre sur la cheminée de sa chambre de l'Edouard VII. Il l'a maintenant, comme le cornette de Rilke, serrée sur son cœur.

---

* Préface de l'édition espagnole de *Guynemer* d'Henry Bordeaux.

XI

Les saltimbanques de l'épopée

Sur la Somme, ça ne s'arrange pas. Il y a une casse terrible. Le haut commandement est inapte. L'armée qui se bat dans les tranchées souffre et meurt en vain. En face des Cigognes et des autres escadrilles appelées en renfort, les Anglais tiennent tout le Nord, de la mer à Amiens, et leurs escadrilles se font éreinter. Dans l'aviation française, entre la direction de l'aéronautique du grand quartier général, la direction de l'aéronautique au ministère de la Guerre et l'arrière, s'ouvre une crise. Lyautey devenu ministre a chargé le général Guillemin de la résoudre : ce dont on a besoin sur le front ne correspond pas à l'idée qu'on s'en fait à l'arrière, Béchereau s'en plaint souvent, les bureaux freinent la fabrication de l'avion canon, on accuse les ingénieurs de favoriser une élite et non la masse, et on est sûr que c'est la masse qui vaincra. Lyautey devra céder la place à Painlevé qui nomme un sous-secrétaire d'Etat à l'Aéronautique et flanque une impulsion nouvelle à l'industrie ; les usines tournent à plein, on réduit le nombre des types d'avions et de moteurs, le Spad sera poussé, mais l'avion canon ? Les Nieuport 17 sont surclassés par les Albatros D II et surtout D III.

En décembre 1916, les armées du Nord et du Nord-Est changent de chefs ; Nivelle remplace Joffre et prépare l'assaut définitif avec une grande fatuité, tandis que l'hiver rigoureux paralyse tout et que le dégel transforme ensuite tout en soupe. De Cambrai au Chemin des Dames, la ligne Hindenbourg se hérisse. En mars 1917, les armées allemandes se replient au sud d'Arras et à l'est de Soissons. Le haut commandement français a commencé par ne pas croire les aviateurs qui signalaient le repli allemand, puis a obligé les troupes à occuper sans précaution le terrain abandonné. Ruines, explosions, incendies, destructions, froid polaire, conditions de vie épouvantables pour l'avant. L'aviation allemande domine soudain et nous faiblissons.

On ne l'imagine plus dans cette guerre horrible. Il appartient à une race disparue qui se défonce à présent sur les tréteaux de la chanson, dans les caves de la drogue, sur les pistes de Paris-Dakar ou en formule 1, dans les courses sur l'Atlantique ou dans les attaques à main armée de fourgons transporteurs de fonds. Nos héros d'aujourd'hui, flics, gangsters ou truands au grand cœur, sont presque seuls à inspirer nos vedettes de cinéma. Lui, c'est autre chose.

Il décroche un nouveau doublé, puis un troisième. « *Ronde de chasse. J'attaque sans résultat trois boches dont deux monoplaces sur Roye. Abattu à 12 h 15 un monoplace en flammes au sud de Nesle (tiré quinze coups à moins de 10 mètres). Abattu à 12 h 25 un biplace Albatros 220 CV dans le ravin de Morcourt. Boche protégé par trois monoplaces.* »

Avec Heurtaux qui commande l'escadrille, ils calculent comment ils vont répliquer à un groupe de Fokker qui paralysent tout quand Heurtaux et Guynemer ne sont pas là. Ce sont des avions rouges du nouveau Jagdstaffel 2 qui a pris le nom de Boelcke et que commande Richthofen. De leur côté, en plus d'un triangle noir derrière l'appui-tête, les Cigognes portent toujours de grands numéros sur les ailes et sur le fuselage : Guynemer le 2 , Heurtaux le 11. Pendant plusieurs jours, les uns et les autres croisent au sud de Bapaume, les rouges repassent derrière leurs lignes pour attirer l'adversaire. On se croirait sur les remparts de Troie, quand les héros se provoquaient. Finalement Heurtaux et Guynemer décident de se séparer et jouent à la courte paille pour savoir qui commence : c'est Heurtaux.

Le lendemain, avant l'aube, il y est. Les rouges aussi. Le combat s'engage. La mitrailleuse d'Heurtaux s'enraye. Criblé de balles, il se pose comme il peut, Guynemer le taquine. « Eh bien, vas-y », dit Heurtaux. Il y va, se fait étriller et même descendre, fou de rage. Heurtaux y retourne le lendemain, les laisse monter à lui, se met à décrire un cercle si étroit et rapide que leurs munitions s'épuisent. Alors il se jette sur eux, en descend deux en flammes. Guynemer aussi : « *C'est du sport* », le mot pour les chères gosses. On dirait que la mort n'est pas au bout des boutades. La mort, est-ce si terrible et n'est-ce pas pour les autres ?

Lettre d'amour à Béchereau : « *La vrille est un peu paresseuse et irrégulière, mais d'une douceur angélique...* » Autre lettre d'amour : « *Le Spad 150 CV est gratté par le Halberstadt qui ne va pas plus vite mais monte tellement mieux...* » Béchereau appelle à l'aide l'ingénieur Birkigt. On va fabriquer un moteur Hispano 200 CV pour Guynemer. Autre lettre d'amour : « *Tout va bien sauf mon taxi qui devient mou. J'attendrai le moteur renforcé. Répondez-moi vite sur le moment où vous en disposerez. Il faudra aussi me soigner mon tambour à cartouches. Le vingt-deuxième avion que j'ai abattu était un 220 CV. Je l'ai attaqué par surprise et en renversement. Le passager s'est levé mais il est retombé avant même de pouvoir décrocher sa mitrailleuse.* » « En renversement », c'est-à-dire qu'il a jailli à la verticale sous l'ennemi, et qu'après avoir fait feu il a basculé. Encore du cirque ? Seulement ce n'est pas une colombe que le magicien sort de son chapeau mais la mort. Le capitaine Bernard-Thierry a eu raison de l'engager comme aide-mécanicien du service auxiliaire.

Autre lettre d'amour à Béchereau : « *Avant-hier j'ai cintré un Aviatik à 10 mètres. Le passager a été tué du premier coup, l'appareil perdait des lambeaux de toile, il est parti en spirales lentes et a dû s'aplatir vers Berdincourt, au diable.* » Lancelot devait distribuer les coups d'épée comme lui ses giclées. Partout le courage et la valeur semblent au-dessus de la réalité. Des millions d'hommes sont confondus dans la pouillerie, la boue, la souffrance et le sang, l'infanterie s'accroche, se meut et se bat dans la terre, s'entoure de barbelés, se lance à l'assaut sous la mitraille et les obus, s'étripe et se massacre. Dans les airs, l'horreur atteint un domaine encore inexploré, cet espace vide soudain hanté de machines et de cavaliers d'apocalypse qui s'affrontent dans les abîmes ou se fracassent les uns sur les autres au-dessus du fleuve furieux. Dans cette légende-là, le petit crevard du collège Stanislas, frileusement enveloppé dans sa pèlerine et ses cache-nez, est devenu prince noir et fulgurant distributeur de mort. Il avance à travers les nuages et il tue. A le voir, il ne paraît pourtant pas tellement redoutable : un jeune officier réservé, timide, qui ne dit que des banalités, griffonne sur un carnet de vol ou sur le journal de l'escadrille des mots sans style, parfois sans orthographe. Sa fameuse formule « faire face », c'est : « *Attaqué à 10 mètres, le passager a sauté.* » Il n'a jamais prononcé un mot historique ; il n'a jamais dit : « On n'a rien donné tant qu'on n'a pas tout donné », on attribue cela à sainte Thérèse de Lisieux. Finalement c'est une citation tirée des *Exercices spirituels* de saint Ignace de Loyola ! Ça l'aurait fait rigoler, cette bonne blague. « *22 novembre 1916. Ronde chasse. Abattu un Walfish vers l'est de Saint-Christ. Surpris par quatre Halberstadt qui piquent puis un groupe de trois autres. L'un tiré à 5 mètres paraît descendre, un autre pique très fort. 2 heures 35, 3700 mètres.* » Couic, la voilà, sa devise.

Ici, le bon M. Bordeaux, capitaine au grand quartier général et sans doute affecté à la section propagande, se montrera estomaqué par certains documents photographiques : l'as aux prises avec sa mitrailleuse, l'as descendant de son Spad après une déconvenue, l'as fixant l'objectif d'un regard glacé, l'as désabusé, absent, tourné sur lui-même et en lui-même dans un monde d'étoiles, comme s'il était prêt de céder au vertige. « Rapproché de ses anciennes images, écrit le bon M. Bordeaux, il est un peu effrayant... » Pourquoi ? On tue gentiment ? En récitant son chapelet ? Que n'a-t-on dit à M. Bordeaux qu'il se consolait parfois, à Paris, dans les bras d'une merveilleuse pute qui jouait dans les revues de Sacha Guitry ? « Mon Dieu, serait-ce possible ?... » M. Bordeaux s'aperçoit tout à coup que les victoires d'un as, même quand il a été élevé dans des traditions bourgeoises et religieuses, ne sont pas celles d'un champion cycliste, mais de la mort avec sa faux, fauchant des morts tout frais et tout saignants, et les précipitant « au diable » de 3000 ou 4000 mètres de haut. N'empêche que le héros se pose des questions : « Qui suis-je ? Où vais-je ? » C'est Hamlet tournant dans ses mains gantées le crâne d'un pilote de LVG nettoyé par le feu, et non plus le pensionnaire de Stan' ou le stagiaire de Pau déguisé en pitou. Plus de défi, ou alors un autre, sombre et mystérieux. Une sorte d'étonnement vite éteint ? de soumission à une immensité ? à une fatalité ?

L'abbé Loutil, curé de Saint-Pierre-de-Chaillot, dira plus tard qu'il venait, en coup de vent naturellement, se confesser. De quoi ? D'avoir cédé à Yvonne Printemps ou à ces dames ? ou de s'être montré impitoyable pour ses adversaires ? On peut déjà parler pour lui de gloire : sa croix de guerre est si longue et si lourde qu'il va falloir songer bientôt à remplacer le bronze par du vermeil : une palme de vermeil vaudra cinq palmes en bronze, au moins cinq cadavres. Sur cette poitrine étroite, un monceau de cadavres ennemis. Comme sur toutes celles des « valeureux combattants ». Comme sur tous ceux qui furent, durant les guerres, bombardiers et qui eurent tant de victimes sur la conscience. De quels péchés s'accuse-t-il, notre héros ? D'impatience ? de cruauté ? De quoi un oiseau de proie peut-il se repentir ? De n'avoir pas assez tué ?

Nungesser dit à tous ceux qui veulent l'entendre : « Aujourd'hui j'en descends deux », et il se prend au mot. Guynemer l'irrite, il n'y en a que pour lui. Après tout, il est sous-lieutenant comme lui : la veille il a mis un Albatros en feu et en a forcé un autre à se poser. Il décolle avec sa tête de mort, ses tibias et ces cierges sur son fuselage, et, en deux ou trois vols, en abat quatre, ce jour-là, dont une saucisse terriblement défendue, plus difficile à griller que les avions. Des pièges à cons, les saucisses. Guynemer ne s'y essaiera jamais. Fonck non plus.

Nungesser a presque rattrapé Guynemer. Avec son visage déformé, ses béquilles et ses cannes, c'est un fou de bravoure, de chevalerie aussi, d'inconscience, aussi effrayant que Guynemer. Il a reçu la plus haute décoration anglaise de courage, la *Military Cross* en se lançant au secours d'un Sopwith aux prises avec quatre Halberstadt. De l'hôpital à l'escadrille, de l'escadrille à l'hôpital et à Montmartre, chez Maxim's ou au Fouquet's il n'arrête pas. Après une nuit de noce, après qu'il a foncé sur des agents qui tentaient de l'arrêter parce qu'il roulait trop vite, une belle l'accompagne au petit matin à Buc ou au Bourget où son avion l'attend. Entre Guynemer et lui, c'est une haine noire. Nungesser écume quand on parle de Guynemer, Guynemer se tait. Navarre se déculotte dans les beuglants, montre ses fesses et flanque un commandant par-dessus les balcons sur les fauteuils d'orchestre de l'Olympia : « Tu te demandes ce que les aviateurs font ici ?... » On veut le punir, il est déjà reparti et atterrit avec une nouvelle victoire.

A la 3, on respire de l'électricité : le terrain est bombardé, des réservoirs explosent, il y a des victimes, il faut exercer des représailles et c'est à qui restera dans le peloton de tête avec les as. Il règne dans toute la France une atmosphère de course à la violence et à la mort, tout leur est permis, les femmes se donnent à eux, et eux, quand ils s'arrêtent dans un restaurant, on les applaudit. Yvonne Printemps, les soirs où il vient l'enlever, frissonne d'orgueil. En vérité, elle est éprise de lui, et on les jalouse tous deux, mais elle sait déjà que tout se paie. On l'appelle le héros de l'espace. Il a sa cour. L'aéroclub de France lui a décerné un grand prix avec une belle somme, les horlogers de Besançon lui ont offert une montre en or, il est doré sur tranche, son as, les journaux publient des poèmes sur lui, sa photo est dans tous les kiosques, dans toutes les vitrines, il a sur son front quelque chose qui ressemble à un rayon d'En-haut. Quand il gare sa voiture près du théâtre ou d'un grand magasin, les gens s'attroupent, l'attendent, l'acclament quand il apparaît, elle a vu une femme se signer devant lui. Est-ce qu'il l'aime ? Sait-il seulement ce que c'est, aimer, avec la mort comme un Fokker sur son épaule ? Et elle ?

Nouvelle lettre d'amour à Béchereau d'une écriture presque féminine : « *La petite hélice tourne moins vite que la forte en ligne de vol*. J'en voudrais une qui fasse 1900 tours en ligne de vol. Je viens le 4 à Paris par le train arrivant vers 5 heures. Je voudrais remporter l'hélice en repartant le 5 au soir...* » Est-il impatient de retrouver Yvonne Printemps ? C'est Béchereau qu'il aime, son hélice, son avion-merveille. Elle est en plus. C'est une fleur grisante, elle l'amuse, elle l'entraîne dans un tourbillon. Là, il hésite, il est prêt à se laisser emporter à condition que la fête ne dure pas trop longtemps et qu'il soit le lendemain aux commandes de son Spad. Ah ! si elle était aimée comme le « Vieux Charles » ! S'il pouvait ne pas se passer d'elle ! Est-elle seulement pour lui ce qu'il est pour elle : une folie ?

Le 26 décembre 1916, il a vingt-deux ans. Il décroche ses vingt-quatrième et vingt-cinquième victoires. La dernière : « *Un bel Albatros débrouillard, on n'a échangé que quinze coups. Il m'a coupé le câble avant droit. Il ne restait que quelques fils. Lui a pris une balle dans les reins. Une jolie bûche !* » A ses parents : « *All right !*

---

* C'est probablement le moment où l'on essaie l'hélice dessinée par l'ingénieur Marcel Bloch-Dassault.

Ça dégringole. » Enfin le bonheur parfait, il tue tous les jours, son étoile resplendit dans l'admiration de tous. Sa mère et ses sœurs ont l'impression que Paris l'attire plus qu'autrefois. Louisa et les anciens amis de Compiègne ne le voient plus. On l'aperçoit à l'hôtel Edouard VII, couvert de déclarations d'amour. S'il succombe ce n'est pas grave. Qu'il se ménage. Cet enfant a des ressources que personne n'imaginait, et surtout de la tête, de la tête. Une femme ? Ils le sauraient bien. « *All right ! Ça dégringole.* » M. Guynemer père a souri en pensant à une de ses lettres-bulletins d'autrefois : pour lui c'est cela qui compte, mais ses filles ne partagent pas son enthousiasme : le père répond que Georges est dans la lignée de Charlemagne. Lui, le père, remâche qu'il n'a pas eu la chance d'une guerre. Le gosse sera peut-être le héros suprême entouré par une troupe d'archanges, la lumière annoncée par les prophètes. « N'exagérez pas, mon ami », dit Junon dans un soupir. M. Guynemer père s'enflamme : est-ce qu'on parle des autres as, qui, pourtant, ont presque autant de victoires que lui ? Il n'y a que lui, le monde retentit du nom de Guynemer. M. l'officier démissionnaire pousse un raclement de gorge décisif, classe les coupures dans un gros cahier. « *24 janvier 1917 : Chasse. J'abats un avion ennemi Rumpler à 11 h 50 à Lisnières, en feu. Abats un avion ennemi sur Goyencourt à 11 h 40. Une heure, 4000 mètres.* »

A Mortane, le détail de ses avaries de moteur. Il a des ennuis avec la pression d'essence et doit souvent actionner la pompe à main du réservoir. L'avant-veille, le pilote qu'il avait abattu était si grièvement blessé qu'on avait dû l'emporter. « *J'avoue ne pas regretter d'avoir laissé la vie sauve à cet équipage quoiqu'il fût boche.* » Le 26 janvier 1917, sa mitrailleuse enrayée, il voltige de telle façon autour d'un Albatros dont le passager est armé, qu'il l'oblige à se poser, terrifié, entre Montdidier et Compiègne, non loin de chez lui. « *J'ai mon trentième au bluff.* » Richthofen aussi réussira cela, ces exercices de voltige comme à la grande roue, et évitera de rencontrer son prisonnier pour ne pas l'humilier.

24 janvier 1917, lettre aux siens, à déguster à petites gorgées comme une eau-de-vie de prune de derrière les fagots, c'est la relation un peu rêche du combat précédent. « *11 h 25 — Tombé sur un groupe de cinq boches à 2400. Je les ramène tambour battant*

*à 800 mètres (un tendeur coupé, un pot d'échappement déchiré). A la fin du pugilat à 400 mètres sur Roye, je réussis à me mettre derrière un monoplace de la bande. Mon moteur s'arrête. Obligé de pomper et de lâcher le boche. 11 h 45 — Attaqué un Fritz, je le lâche à 800 mètres, mon moteur bafouille mais le boche atterrit la tête en bas près de Goyencourt. Je ne le compte que désemparé. A ce moment, je vois un boche canonné à 2400, d'où à 11 h 50, pugilat en règle avec un petit Rumpler à deux mitrailleuses. Le pilote reçoit une balle dans le poumon; le passager qui me sonnait en prend une dans le genou; les deux réservoirs encaissent, tout flambe et dégringole à Lignères, dans nos lignes. J'atterris à côté; en repartant une roue casse dans la terre labourée et gelée. En emmenant le taxi, le parc le démolit complètement. On l'envoie d'urgence réparer à Paris**
« 25 (janvier) — Je regarde voler les autres et rogne.
« 26 (janvier) — Bucquet me prête son taxi. Pas de viseur : simplement une vague (oh combien!) ligne de mire mal fichue.
« A 12 heures — Vu un boche à 3800; un coup d'ascenseur. — Arrivé dans le soleil. — En virant pris dans les remous, sale vrille. — En redescendant, je vois le boche à 200 mètres qui tire, je tire dix coups : enrayage définitif; mais le boche paraît ému et pique plein moteur et plein sud. Allons-y! » Et il analyse sa manœuvre d'intimidation : « *Je me mets à 10 mètres* (...) », qui se termine par l'atterrissage de l'Albatros.

C'est sa dernière victoire à Cachy.

Il a encore sept mois et demi devant lui. On se demande si ce n'est pas pour briller aux yeux d'Yvonne Printemps qu'il se jette dans la bagarre avec cette hargne et cette audace. Sinon pour l'éblouir, du moins pour la garder. Nous sommes dans *Le Cid.* C'est le conseil royal à don Rodrigue :

Si tu l'aimes, apprends que revenir vainqueur
C'est l'unique moyen de regagner son cœur.

La sent-il seulement en proie à des questions? C'est à lui qu'elle voudrait se vouer, mais quelle chaleur entretient-il auprès

* On suppose qu'il laisse son avion sur place. Il ne s'inquiète pas de ses prisonniers blessés, les photographie sans noter leurs noms que nous ne connaissons que par le détail de son palmarès : les caporaux Heinrich Bauer et Anton Haschert.

d'elle ? Quand il passe, encore tout frémissant, fou d'audace et de cynisme, et en même temps si fragile, son regard est ailleurs, dans un domaine de vent, de glaces, de distances, de mitrailleuses. Il sent le boche, il sent la mort. Elle en est bouleversée, la Printemps, elle en tremble. Sacha lui dit qu'elle est tout pour lui et lui offre une couronne qu'il la supplie d'accepter. Qu'il est intelligent et drôle ! Qu'il a de l'esprit, Sacha ! Elle aime un oiseau de proie qui disparaîtra un jour. Pourquoi ne pas se laisser aimer par un prince du théâtre ? « *Ronde front d'armée. Ronde de chasse...* » Elle s'est donnée à un fauve. Ses quatre victoires de septembre, il les a fêtées avec elle, il se pose au Bourget, puant la poudre et le pétrole, saute dans sa Sigma et bondit dans les escaliers du Gymnase presque en tenue de vol. Et si elle n'était pas libre, ce jour-là ? Et si Sacha était là ? Il dit : « *Me voilà. J'arrive. Où allons-nous ?...* » Un journaliste (dans quel journal ?) parlera de lui dans la loge d'Yvonne Printemps « pareil à un collégien amoureux ». Elle le dompte donc ? Elle les dompte tous, ce qui la fait rire aux éclats, à demi seulement. Il répond par un rire équivoque. Il parle peu, d'une voix cuivrée, métallique, avec des relents d'huile de ricin, de brouillard, de Lewis, oh ! elle sait ça, il ne parle que de ça, ne connaît que ça, par moments il ressemble à Bonaparte au pont d'Arcole. Quand il ne les porte pas, il fourre ses décorations dans ses poches et les sort si on le lui demande ; il a même parfois ce qu'il appelle des bigorneaux, toute la ferblanterie étrangère qu'on lui confère. Lieutenant à deux galons maintenant, il sera, paraît-il, bientôt capitaine, l'avancement va vite dans l'aviation, on dirait que tout va lui manquer, qu'il veut tout tout de suite. N'a-t-il pas tout ce qu'il veut ? L'a-t-il tellement voulue, elle ? Elle aussi connaît la hâte, elle a un métier où il ne faut ni perdre son temps ni rater les occasions qui font la révérence devant vous et vous étourdissent de paroles dorées, trompeuses mais dorées... A peine une nuit à l'Edouard VII et le voilà reparti.

« *Ronde sur le front d'armée. Ronde de chasse.* » Priez pour nous. Il rêve que Béchereau lui fabrique un avion armé d'un canon de 37 à fusée extrasensible dont les services ne veulent pas. Béchereau lui a demandé d'intervenir auprès de la commission de Défense nationale de la Chambre des députés : cet avion-là coûte trop cher, paraît-il. Il décrit presque chaque jour un détail de plus qu'il envoie à Béchereau pour améliorer la cellule, le moteur, les commandes, il veut son canon mais ne veut pas perdre la mitrailleuse pour ça, il en veut même deux : que l'avion soit un arsenal volant. Ronde de chasse. Pas un instant de distraction, et sans cesse aux aguets, voir le premier, surprendre, rester dans le soleil tant qu'on peut, s'y remettre, renversements ou immelmanns, il n'y a que ça. Les vols en patrouille, avec des équipiers ? Si les équipiers comprennent vos signaux et s'ils sont adroits. Boelcke n'a pas été tué au combat. Il est mort en collision avec son meilleur ailier, son ami Boehme. Ronde de chasse, étoile du matin, priez pour nous.

Mortane insiste de nouveau pour qu'il écrive le récit de ses combats. Mortane craint donc qu'il ne disparaisse sans rien laisser ? C'est encore trop tôt. Il n'a pas assez vécu. Des confidences de lui ? Il faudrait du recul, du repos, la fin de la guerre. Pourquoi il se bat ? La belle question ! Interrogez son père, ses chefs. Est-ce qu'il y a une vraie réponse ? Il se bat parce que ses aïeux ont tenu l'étrier de leur cousin Charlemagne, parce que Charlemagne a donné sa sœur à l'un d'eux. Quand le pays est en guerre, un Guynemer porte toujours le drapeau, cet honneur qui lui est venu d'emblée. Il s'est battu contre tout le monde pour être où il est, mais il se bat aussi contre lui-même, chose qu'on n'avoue à personne, même pas à soi-même, encore moins aux siens qu'il faut laisser dans le ronronnement de ce qui se dit, s'entend et se colporte. Il n'ose pas dire qu'il se bat parce qu'il aime ça maintenant, parce qu'il est joueur et que c'est sa tête qu'il joue. Il y a pris goût, le besoin de tuer le grise, il ne peut plus s'en passer. A ses sœurs, aux copains qu'il rencontre dans le hall ou au bar de l'Edouard VII, aux anciens condisciples de Stan', il répète tout ce qu'on trouve déjà dans les articles de Mortane ou dans *L'Illustration*. Pas plus, ce serait mal interprété. Silence sur le danger défié, sur la mort prête à frapper au moment où on ne l'attend pas. Lui-même, à force de s'aveugler sur tout ce qui n'est pas ce qu'il doit voir, n'est-il pas hors de jeu, hors de conscience et hors de réflexion ? Le danger, la mort ? On ne voudrait tout de même pas qu'il parle de ça. Le danger, il est là pour le vaincre, la mort pour la mépriser. Ces choses-là ne se disent pas, à moins qu'on ne soit un faisan.

De quoi parle-t-on en ce moment à la popote ? De rien. De riens. L'autre jour, au bar, on se passait une caricature du *Rire*. La France assise à une table de jeu disait à la grosse Germania affalée en face d'elle : « Tes rois ne sont que des valets. J'ai tous les as... » On s'esclaffe. Brocard, quand il vient, préside. Sinon, Heurtaux, à présent. Ou lui, capitaine avant qu'il le soit. Capitaine à vingt-deux ans ? Eh bien, Hoche n'était-il pas général à vingt-cinq ? Et Bonaparte ? En quoi ne les valent-ils pas, aux Cigognes ? On parle des femmes plus que des boches. Les boches, c'est pour après, ou avant. A la table de communion, les femmes. Il aime assez, il sourit, il se tait. On lui prête beaucoup d'aventures, on le dévore du regard quand il rentre de Paris. Si on savait. On a su pour Maxim's et pour Yvonne Printemps. On a su aussi pour Mme de Cornois. Les marraines ? Zonzon ? C'était sans importance. On sourit quand le phonographe tourne le refrain à la mode :

Nous quitter, Suzon, c'est de la folie
Le bonheur d'un jour jamais ne s'oublie...

A midi, les vols continuent, on va, on vient, on quitte quelquefois la table pour sauter dans un taxi. Les jeunes chantent. Les jeunes ? Lui est un ancien, déjà. On se tait quand il parle, on guette ses mouvements, ses humeurs, il a sa cour, ses pairs l'admirent. Est-ce qu'ils s'aiment ? Est-ce qu'on s'aimait du temps du roi Arthur ? L'idée d'en voir un quitter les autres est insupportable. Mort au combat, mort en accident, on lui en veut. De quoi ? De n'être plus là. Quelquefois, le soir, pour une victoire ou pour célébrer le passage d'un camarade, on débouche une bouteille, quelqu'un paie le champagne, un farceur (toujours le même) se casse des assiettes sur le crâne, on se tord, on est riche avec la prime de vol et la prime de combat ; il y a les raconteurs d'histoires, les plaisantins, comme il y a les mines lugubres. Chez les sous-officiers où l'atmosphère est plus détendue, il y a moins de barrières, moins de manières et de conventions, moins d'interdits, on chante et on s'amuse davantage. Les adjudants font régner la discipline, Chainat a tendance à morigéner.

Guynemer, qui était si drôle autrefois, reste à l'écart de tout. Il passe pour quelqu'un d'un peu absent, sauf quand il est question de métier. La vérité est que, hors de l'avion, il s'ennuie.

Peut-être pas à la popote, pas avec ses meilleurs camarades à la hauteur de qui il s'est hissé, puis qu'il a dépassés. Devant les invités qui viennent là pour le voir, à peine se montre-t-il aimable. Il n'a rien à dire à des étrangers, sinon des banalités, des politesses, sourit aux compliments, les enregistre ; il est ailleurs. Toujours ailleurs. Sauf avec quelqu'un qu'il aime et qu'il admire, qui donc ? et s'il s'agit de métier, Béchereau. Ah ! Béchereau... Il mange peu, ne boit pas, ne fume pas, entend à peine les blagues de troupier, se méfie des flatteries. Il est bien comme il est, il souhaite qu'on ne le trouble pas, qu'on ne le bouscule pas, il est à ce qu'il fait, à ses problèmes, à son avion, à son moteur, à sa mitrailleuse, à ses cartouches, à un ressort de soupape à changer, à un percuteur émoussé, il perçoit de loin les traits de ses ennemis qui se restaurent à leur popote, il cherche à distinguer comment le prochain se présentera, il l'attend déjà, il le cherche, pourvu qu'il ne le rate pas, faudra-t-il se dégager par un renversement ou par un immelmann ? Quelle figure convient le mieux ? Tout dépend de l'inspiration et de la situation. Surtout, ne pas rater la première passe, ne pas se laisser surprendre par un mouvement inattendu, s'adapter à tout. Il n'aime pas ce que la chasse est devenue en si peu de temps, affaire de nombre, de force, il préfère être seul et agir à sa guise d'après ce qu'il sait, ce qu'il sent. L'ailier, quand il en emmène un à présent, doit servir à renforcer la veille, le guet, à garder ses arrières, à le protéger, rien de plus. Pour l'attaque, il n'a besoin de personne, sauf quand sa mitrailleuse s'enraye, grave défaut que personne n'a encore maîtrisé, pas plus que le fonctionnement des armes et des moteurs en altitude : le froid rigoureux, le givre, le gel, la respiration difficile, la buée sur les lunettes, la protection par la fourrure des mains, du visage, des pieds. Un serre-tête souple, doux et chaud, une étoffe riche à effluves qui embaument, du vison comme son ami Paul-Louis Weiller et le bas de soie de l'aimée — de l'aimée ? —, rien de tel pour tenir les cheveux. Surtout pas le casque réglementaire, lourd et laid.

Quelqu'un, une personnalité à qui on le montrait comme un animal savant, un phénomène, lui a demandé un jour à table, timidement, s'il se souvenait d'avoir jamais commis une faute de métier. Une faute en l'air ? dans le combat ? La plus lourde serait de trop de confiance en soi. Ça ne pardonne pas. Cette faute-là, on n'a pas le temps de se la reprocher, couic ! C'est ce qu'il dit aux jeunes pilotes. Il a l'impression de s'adresser à eux comme Védrines au caporal et au sergent qu'il a été. Védrines, qui fut un père pour lui, n'était pas doué pour le combat mais pour le sens de l'air, ce n'était pas un oiseau de proie, mais un planeur, un héron, une cigogne, il se posait partout. Ce qu'il n'aimait pas, c'était la guerre. Lui, c'est le contraire. Pour la guerre, il a dû faire son apprentissage tout seul, en observant les autres, en se guidant sur eux, en réfléchissant. Tout s'est arrangé tout seul, il était doué, il doit tenir cela des siens : ils servaient leur prince. Et lui ?

Qui sert-il ? On ne lui a jamais posé la question, il ne se l'est jamais posée non plus. S'il la posait à son père : « Mais la patrie, mon cher enfant, la France, république ou pas. Tout ce que tu as, ce que tu es, ce que nous sommes, les tombes de tes ancêtres, ce sans quoi la vie ne serait pas possible... » La grande question est ailleurs, il ne s'en fiche pas, il a beau essayer de l'éviter, il y pense tout le temps, il l'inflige aux autres en les étendant d'une rafale dans les reins, alors ils partent en vrille et s'écrasent, parfois en y mettant le temps, les lambins ! Pour soi, on ne peut pas la résoudre, la toute-puissante et terrifiante question. Il aime bien emmener avec lui un apprenti, veiller sur lui, lui administrer le baptême du feu, lui enseigner à ne pas jouer les perdreaux pour les briscards d'en face. Un instant d'inattention, on ne voit pas le chasseur plus haut que vous qui se colle dans le soleil, ça y est. Tout à coup, au moment où on s'y attend le moins, la suprême question vous enlève, nu, sans bagages, sans personne, dans un machin de bois, de toile, de câbles, de fer, de feu, comme tous ceux qu'il a vus sans s'attendrir sur eux ou sur leur chère Gretchen dans leur portefeuille. Est-ce qu'on pense jamais à quelqu'un d'autre qu'à soi dans des moments pareils ? Est-ce qu'il a jamais pensé à sa mère, à Mme de Cornois ou à la Printemps par exemple, chaque fois qu'il a été descendu ? On se figure qu'il ne pense pas à la mort. Comme tout le monde, plus que tout le monde. Il sait parfaitement ce qu'il risque, et après ? Il y pense depuis sa première victoire avec Guerder, quand on les a traités et honorés tous deux comme des merveilles de malice, d'astuce, de courage, d'habileté. Des monstres ? On lui a demandé s'il se voyait comme les autres le voient. Avant cette première victoire qui décida de tout, c'était autre chose. Il cherchait, il errait, en quête de quoi ? Ah ! s'il vous plaît, la chance. Il suffit de si peu de chose pour que ce soit raté, la marge est si étroite entre l'échec et le triomphe. Un rien. Un dixième de seconde. Un choix qui ne dépend pas toujours de soi. Il savait se placer, il y avait assez réfléchi, on le lui avait assez répété. Dans l'action, dans cette merveilleuse petite machine qu'était le Morane Parasol, il ne pensait à rien, Guerder non plus ; la mort, pourtant effleurée de si près, était hors du coup, et, si elle avait frappé, ç'aurait été en plus, par hasard, par mégarde. Une mésaventure imprévue.

A table, roulant une boulette de mie de pain dans ses doigts nerveux, il songe à Yvonne Printemps, il la sent loin, il se sent perdu. Elle n'est pas sa vie, il n'est pas la sienne, elle a tous les hommes qu'elle veut et lui toutes les femmes qu'il veut, mais les veut-il ?

Il est un épervier solitaire, à la tombée du jour, immobile, couleur de nuit.

A la fin de janvier 1917, non sans déchirement, l'escadrille quitte Cachy avec ses avions, ses roulottes, sa ménagerie, tout un convoi des saltimbanques de l'épopée. Deullin emmène son chien avec lui. Dans les fermes aussi, on s'était habitué à eux. Au-dessus des dures et plates terres de la Somme, il a descendu plus de vingt Rumpler, Aviatik, LVG, sans compter le reste, et une trentaine de Gefreiter, Oberleutnant et Leutnant, et de Vize-Feldwebel. Deullin va être promu sous-lieutenant, Heurtaux capitaine. Lui aussi, ça va venir. On dit qu'en Lorraine, c'est calme, le secteur est tranquille, ils seront au repos. Mais la Lorraine est plus sombre, plus secrète.

Quand on va vers Nancy en été, on dévale de plateau en plateau, des bœufs immobiles broutent l'herbe haute sous des nuages de beau temps, le soleil ressemble à une couronne tressée de blé mûr. Manoncourt, le village où ils ont cantonné : quelques masures serrées autour d'un clocher et, dans un massif touffu, un château qu'on ne voit de nulle part, qui a peut-être été jadis quelque chose mais n'est plus qu'une ferme Directoire, pas grand-chose, mais, pour les officiers, peut-être mieux qu'à

Cachy, puisqu'ils ont logé là. Les sous-officiers, où ils ont pu ; la troupe comme d'habitude, sous les hangars, n'importe où.

Près d'un siècle plus tard, le témoin qui se souvient de les avoir vus gîte à côté ; sa femme quitte son fer à repasser pour l'appeler, il arrive d'un pas hésitant, renard fatigué, blanchi, dont la face soudain s'éclaire : « Ah ! là là, et Boyau donc, un nom qu'on n'oublie pas » — qui vint peut-être après Guynemer —, « un as aussi, Boyau, c'était les saucisses, crac ! » Le château appartenait au baron Saladin. « Lui, vous ne devineriez jamais comment il s'appelle, dit bobonne en désignant son homme du menton, Chéry avec un i grec, Chéry Camille. » Et elle éclate de rire en pensant à la jeunesse en allée. Il avait treize ans à l'époque, et tout le temps fourré avec eux. Une casquette méfiante vissée sur le crâne, il se demande ce qu'on lui veut, il ne vient plus grand monde à Manoncourt pour parler d'eux. C'est surtout Boyau qu'il voit, un fortiche, un rigolo. Guynemer, on l'apercevait, en noir, plutôt sévère et peu liant.

Devant les étendues d'où ils s'envolaient, M. Chéry donne un coup de pied dans les buttes de tir où ils réglaient les mitrailleuses. D'ici, on voit à peine, au nord, les flèches de Saint-Nicolas-de-Port, où le guide, un colonel d'artillerie en retraite qui vit au XVe siècle, ne sait pas que Guynemer a illustré Manoncourt. Quatorze, c'est tout récent, la basilique n'a pas trop souffert des bombes et des obus pendant cette guerre-là. Guynemer a-t-il seulement visité cette merveille de gothique flamboyant dont la nef a 30 mètres de haut ? A-t-il seulement jeté un regard sur ces tours roses coiffées de casques d'empereurs mongols, a-t-il remarqué qu'au beau milieu de la rosace ouest, où d'habitude brille le visage du Christ ou de sa mère, un architecte inconnu a placé le soleil, tout rouge et cerclé d'or ? La Meurthe coule, tout près, large, grise, triste. Le pays, c'est le Vermois, collines à peine soulevées, versants avec haies de peupliers, boqueteaux, hameaux de rien, routes étroites et mal entretenues, immenses silos, ces nouvelles cathédrales de la campagne française. Il y aurait même un village qui, sur les vieilles cartes, s'appelle Cercueil et qu'on a baptisé maintenant Cercœur ou Cerville, tout est en « ville » ici, comme en Normandie, ou en « court », comme un peu partout.

Ils seront là « au repos » ? L'hiver est plus terrible ici que dans la Somme. Dans les tranchées, on casse le pain à la hache et le vin au marteau. Sur les terrains, on met de l'eau glycérinée dans les radiateurs, on mélange l'alcool à l'eau chaude, la transparence des pare-brise pose des problèmes, l'huile des moteurs gèle à haute altitude dès qu'on réduit les gaz, il est dangereux de piquer trop raide, il vaut mieux descendre en se laissant avachir en perte de vitesse et en cabré, avec du moteur. Les pilotes souffrent de vertiges auriculaires, ils ont des réactions visuelles. Lui, rien. En tout cas, il ne s'en est jamais plaint. De peur peut-être qu'on ne l'arrête de voler.

Dans sa litanie de ce jour-là, il déboule en fanfare. Il se trouve soudain face à face dans les nuages avec une énorme machine inconnue, de près de 30 mètres d'envergure, un Gotha, il l'attaque par la queue lorsqu'il voit une trappe s'ouvrir et une mitrailleuse riposter ; il bascule en vitesse, change de tactique, rejoint l'engin vers Toul, tire deux courtes rafales trois quarts avant, puis enrayage. Le moteur gauche de l'engin cale, les occupants font « *Kamarad* ». A ce moment, un Spad surgit et mitraille : c'est le sergent Chainat. Au tapis. De retour à l'escadrille le téléphone annonce la capture du Gotha, bimoteur Mercedes de 220 CV, près de Pont-à-Mousson, à Bouconville où on l'exposera sur la place. Trois prisonniers. Rien dans le palmarès de Chainat. Deux jours après, un autre, encore pas homologué.

A Nancy, on embrasse les héros, on expose les avions à croix noires derrière les grilles d'or de la place Stanislas où les fontaines sont à sec sous des sacs de sable. On est ébloui par les exploits des as au zénith. A un banquet, le gérant du Grand Hôtel offre une cigogne habillée de laine que Dorme emporte sous le bras ; elle ne quittera plus la table des officiers. Guynemer signe des autographes sur de petits drapeaux. Le 18 février, le président de la République, M. Raymond Poincaré, visite l'escadrille. Le 21, Guynemer est promu capitaine et décoré du *Distinguished Service Order* des Anglais. Le même jour, il va visiter le capitaine de La Tour, blessé, à l'hôpital de Nancy. C'est peut-être La Tour qui l'aime le mieux. Il fait coudre en hâte son troisième galon pour épater La Tour et La Tour ne le voit pas. Il lui met ses manches et son képi sous le nez, puis part d'un rire d'enfant.

Ce jour-là, sa signature change encore. Elle devient un trait de foudre qui grimpe et retombe, un tourbillon, un coup de griffe. Quand il ira à Compiègne, sa sœur Yvonne crayonnera un dessin de lui. Le succès ne le grise pas. Sa bouche pourtant si fraîche, aux lèvres si fines, ne sourit pas ; les yeux clos, on dirait qu'il dort. Songe-t-il à ce qu'il a vécu ? à la vedette qu'il est devenu ? Entre-temps, le 8 mars, il assiste au dîner de l'aéro-club de France en son honneur, à Paris, où on a offert aux as de la crème fréneux (qu'est-ce que ça peut bien être ?), des suprêmes de turbot à la florentine, du cœur de filet rôti, une glace succès, du médoc, du graves et du champagne Heidsieck. Une nuit avec Yvonne Printemps et il rentre dare-dare. Navarre vient de remporter un doublé. Le 16 mars 1917, à 9 h 8, à la ferme Foucrey, à 20 kilomètres au nord-est de Manoncourt, sur un plateau à blé d'où part le ruisseau de Serres ou de l'Etang entre d'assez grandes forêts, il abat un biplace qu'il photographie au sol, et devant quoi quelque chose ressemble à un cerf en train de griller. Est-ce l'Oberleutnant Wilfried Buchdrucker ou le sous-officier August Reichenbach ?

Le même jour, un peu plus loin, à 2 kilomètres au nord-ouest, un deuxième à 9 h 30, près d'un patelin désolé où les bois s'appellent bois de la Fourasse, bois des Viaux, bois du Coin, bois de la Souche, un Rumpler du type Morane Parasol, indique le palmarès des as. Sur la photo, Guynemer note que c'est un monoplace Roland DII, qui ressemble, écrasé, à une baleine à croix noires, piloté par le lieutenant Lothar von Hausen, blessé, neveu du général commandant la IVe armée allemande, qu'il accueille, dit-on, « avec courtoisie », forcément, la caste, mais qui ne se remettra pas, mourra le 15 mai et sera enterré à Toul.

Un troisième à Regnévelle-en-Haye, à 14 h 30, à l'ouest de Pont-à-Mousson. Priez pour nous.

La révolution russe a éclaté : le tsar va abdiquer, et comme l'armée russe se décompose, les Allemands vont se renforcer à l'ouest. L'offensive de la Somme, l'offensive Nivelle, a déjà coûté un million de morts.

Sur les plateaux de Lorraine, plane quelque chose de sinistre et de tragique. Le vent tord les peupliers, le maïs se couche, de brusques rafales de vent du sud annoncent la pluie. On cherche dans les ravins s'il ne reste pas quelques roues brisées ou quelques moteurs des victimes de Guynemer, des lambeaux d'aile désentoilée. On se retourne pour voir si on n'est pas suivi par quelque véhicule louche, on se demande ce qui arriverait si on tombait en panne dans ce qui semble un désert, on se demande si ce n'est pas sur l'étang qu'on aperçoit qu'il a fallu disputer jadis aux loups, dans la boue glacée, la dépouille de Charles le Téméraire qui avait la face à demi dévorée.

Le lendemain, ronde de chasse et nouveau « *biplace en feu à l'est d'Attilloncourt, 1 h 45, 4000 mètres.* » Les victimes ont pour noms Karl Maurer et Edward Marcard, vingt-deux ans. On se demande de nouveau quelle récompense digne de lui on va pouvoir lui donner. Sa croix de guerre a presque un demi-mètre de long et il est capitaine. Dans l'aviation allemande, il aurait l'ordre Pour le Mérite qui s'attache au col et qu'on décerne aussi rarement que la *Victoria Cross* aux Anglais. Après, il n'y a plus que des grades et des degrés de plus dans la Légion d'honneur. On ne va tout de même pas lui coller les étoiles de général, ce serait contraire à toute tradition militaire « culotte de peau », ça ferait bondir tout le monde. Il n'a que vingt-deux ans lui aussi, comme ceux qui meurent. On préférerait l'arrêter un temps. L'escadrille va se rapprocher de Reims et on le persuade d'aller à Paris pour avancer la construction de l'avion canon. Trente-cinq victoires homologuées, une bonne cinquantaine en tout.

Comme il n'aime pas tellement Manoncourt, il file. La vie c'est de bouger.

On lui a demandé surtout, à Paris, de ne pas se presser. Il a sa chambre à l'Edouard VII, sa table, s'il le désire, chez Maxim's, il vit avec Béchereau.

Yvonne Printemps voit beaucoup Sacha Guitry. Elle joue depuis 1916 *Jean de La Fontaine*, de lui, aux Bouffes-Parisiens, puis ce sera *L'Illusionniste* de lui encore, au même théâtre. Entre ce qui passe et ce qui dure, entre son métier et l'amour, elle balance. C'est une bête de théâtre, une étoile des salles, une écuyère de la sciure ; capable d'être dompteuse, jongleuse, elle peut sauter à travers un cercle de feu comme une lionne. En 1914, à une revue de l'Olympia, suspendue à un trapèze, elle chantait une mélodie qu'elle rendit populaire : « *Je sais que vous êtes jolie...* » Elle dit d'elle : « J'ai une voûte palatale énorme », ce qui signifie qu'elle articule dans la région supérieure du palais. Le pied bien pris, la jambe tendue, elle marche mieux que n'importe quelle autre comédienne, elle peut porter longtemps et sans fatigue des robes chargées d'une tonne de perles, supporte la lumière des projecteurs sans cligner des yeux, le travesti lui va mieux qu'à personne, elle peut chanter des soirs entiers sans perdre sa voix, c'est une diva, Charlotte Lysès n'a pas fini de se repentir de l'avoir présentée à son époustouflant et infernal époux.

Guynemer est un peu surpris, un peu vexé qu'elle semble l'éviter. Eh bien quoi, lui, avec Béchereau ? Et l'avion canon ? Il croit qu'il peut tout faire, que tout lui est dû, il ne connaît rien aux femmes. Sa sœur Yvonne qu'il appelle est trop heureuse de lui tenir compagnie. Voilà du sûr, voilà qui ne trompe pas, une sœur adorante.

Comment retrouver Béchereau qui n'est plus, la société qui n'est plus, le ménage Béchereau qui n'est plus et l'École des arts et métiers d'Angers, d'où est sorti Béchereau, qui n'existe plus ? De ce génial créateur d'aviation, il reste les photos d'un homme au crâne lisse comme un œuf, avec une grosse moustache qu'il rasera sur le tard. Taille moyenne, carrure assez forte, bonté immense et naïveté inouïe, sauf dans son métier. Du Spad qu'il construit et qui sera le meilleur avion de la guerre, on sortira plus de treize mille exemplaires. En 1918, presque toutes les escadrilles françaises et américaines en seront équipées. Sa gloire, c'est cet avion et toutes les lettres de Guynemer : « *Votre Spad est merveilleux.* » Les deux hommes se lient d'amitié. L'as de la 3 vient avec sa sœur aux ateliers de la rue des Entrepreneurs. On voit Béchereau et Guynemer ensemble dans l'Hispano-Suiza blanche que le roi Alphonse XIII a fini par offrir. On dit d'eux : « Voilà les deux frères... » Quinze ans d'âge les séparent. Lui, il aimera Guynemer comme son fils. Pour Guynemer, Béchereau sera, avec Védrines et Brocard, un de ses pères dans l'aéronautique. Béchereau mourra en 1966, à quatre-vingt-sept ans. Maintenant, Béchereau est poussière. Comme Guynemer. Mais Guynemer a eu la gloire ; Béchereau, rien.

Si, Mlle Boffy, qui vit encore, à quatre-vingt-dix ans. On lui téléphone, on la sort d'une torpeur comateuse, on la rappelle, on lui explique ce qu'on veut. Elle entend mal, elle vit seule, mais le nom de Guynemer provoque chez elle un électrochoc.

Guynemer, elle l'a connu, elle l'a vu, elle l'admire, vous pensez, mais Béchereau... « Ah ! M. Béchereau, c'est différent. » D'une voix fortement hachée et un peu chevrotante, elle se défend, répète : « Ah ! M. Béchereau... » On lui explique qu'on voudrait savoir par elle qui était M. Béchereau. Elle va réfléchir, il faut la rappeler. On rappelle, on fixe une date, un jour, une heure, dans un milieu d'après-midi. Elle demande qu'on s'annonce au téléphone, avant.

Elle habite tout près de la place Clichy. Dans le métro on se demande déjà où l'on est. C'est presque la foule de Harlem, tout le quartier est noir. Clichy n'a jamais été le domaine de la douceur ou de la tendresse. Ou tarifées. Boulevard des Batignolles et ses immeubles bourgeois, le théâtre Hébertot n'est pas loin. Les gens fichent des coups de pied dans les voitures quand elles s'arrêtent sur les passages cloutés. Mlle Boffy n'ose plus sortir de chez elle. Elle loge dans une petite rue calme, bourrée de bagnoles défoncées où les contraventions s'entassent sur les pare-brise sans essuie-glaces. Sur presque toutes les portes, des menaces de coupure de Gaz de France pour non-paiement. Tout est pourri, tout est faux, même la monnaie. Ce n'est pas la misère, c'est autre chose, le contraire de tout. On cherche la porte. On sonne. On attend. Elle ouvre. La sémillante conductrice des voitures à amortisseurs Béchereau est devenue une vieille dame aux yeux rougis, avec des touffes de cheveux blancs vaporeux, en survêtements sport à bandes de couleur, chaussée de baskets et cassée en deux. « A la plus souriante des dactylographes. » En terminant ses lettres de notes techniques et de croquis à Béchereau, l'ours Brocard lui envoyait déjà ainsi ses amitiés en 1915. Une pièce et cuisine. Volets clos, parce que c'est le rez-de-chaussée. Lumière allumée. Un lit bas d'où elle vient de se lever, le téléphone à côté, elle mange dans une sorte de gamelle, la chambre est un bric-à-brac où tout s'entasse, se recouvre, s'enfonce, disparaît : les coupes gagnées, les « objets d'art », les photographies, les revues, et même les malles et les valises, même la commode, même le fauteuil... Un grand cadre doré avec la photo de Guynemer contre le bas de la cheminée.

Quel air emprunter ? Je dis : « Que faites-vous de votre temps ? » Elle se traîne du lit à la cuisine, au milieu des décombres, et répond : « Je le passe à pleurer. » Je lui parle de son grand homme, Béchereau. Pas de Guynemer. Il n'y a jamais rien eu entre Guynemer et elle, sauf qu'il l'appelait Spadette. Elle me demande de m'asseoir. On m'a mis en garde contre les puces. C'en est plein, paraît-il. Je m'assieds prudemment. Elle attend la visite du général qui a restauré l'avion de Guynemer, il est venu, mais viendra-t-il encore ? Elle dit : « Vous proposiez à Guynemer de l'emmener au théâtre, ça ne l'intéressait pas. Pour lui, il n'y avait que son avion et Béchereau. Je lui donnais des billets de faveur. Il passait son temps à écrire à M. Béchereau. J'ai donné quatre ou cinq cents de ses lettres au musée de l'Air. » Elle, Béchereau lui a tout légué, il est allé rejoindre sa femme au cimetière, à moins que ce ne soit sa femme qui l'ait rejoint, et elle ira les rejoindre tous les deux. « C'est arrangé comme ça. Ils m'ont mise dans le testament. »

En larmes, avec ses cheveux flous, un peu frisés, arachnéens, elle me montre toutes les photos qu'elle a : d'elle dans *Fémina*, à la rubrique de la Saison de Paris, au volant d'un élégant cabriolet Delage, au Bois, en gommeuse, une écharpe de vison sur l'épaule, à moins que ce ne soit un renard blanc. Elle conduisait les automobiles avec amortisseurs Béchereau, elle emmenait les clients aux fortifs rouler sur les pavés pour prouver qu'on ne sentait rien. De Béchereau en zouave pendant son service militaire en Algérie en 1896, la chéchia très en arrière du front avec le gros gland sur l'épaule, ce qui me fait penser à Paulhan en zouave aussi ; Béchereau avec madame ; Guynemer au volant d'une torpédo : la Sigma ou l'Hispano ? Elle ne sait plus. Elle revient au cimetière où elle se prépare à aller, qu'est-ce qu'elle attend ? Elle voulait mourir tout de suite après Béchereau. « Et croyez-vous qu'on finisse quand on veut ? » Elle montre du geste ce que Béchereau lui a laissé : ce tas de pendules, de boîtes, de vases, de cadres, ce crucifix, une statuette de sainte Thérèse, des sacs, beaucoup de sacs pleins, et des lettres encore. Les plus belles, celles qu'on ne lui demande pas justement, ce sont ses lettres à elle, les lettres qu'il lui envoyait. Elle était sa secrétaire, ils s'aimaient, sa femme l'ennuyait, il n'avait de bonheur qu'avec elle, sa chérie, Flore, quel joli nom, n'est-ce pas ? C'était son nom d'amour. Elle a changé de nom plusieurs fois, elle s'est appelée aussi Mlle Flore Dursel, et autrement encore. Pourquoi ? « Ah ! quand on est artiste... »

Elle veut à toute force m'offrir un verre d'eau-de-vie de prune. « Elle a quarante-sept ans, elle date de je ne sais plus quand, comment la trouvez-vous ? » Comme un feu qui s'éteint, comme la vie, comme le souvenir, un peu passée peut-être. Sur le paquet de lettres que lui envoyait Béchereau : « Ah ! pas souvent... » dont elle défait la faveur rose devant moi, elle a écrit, on y voit mal, bien qu'elle ait allumé toutes les lampes et le lustre : « L'amour Eternel » avec une majuscule à éternel. « Lisez, lisez... » J'en prends une au hasard : « 31 décembre 1920, Ma Douce et Tendre Maîtresse... » C'est comme ça qu'il l'appelait, par lettre en tout cas : « Selon notre chère habitude, je t'adresse sur cette petite lettre où je voudrais te mettre tout mon cœur... » Des vœux conformes, ordinaires, bourgeois : à l'occasion de la nouvelle année. Ah ! il n'était pas un génie de la correspondance amoureuse non plus, mais ils étaient heureux. « ...Tu es mon Présent, splendide et magnifique, et je vois la vie belle à travers ton sourire. Merci, chère petite Flore, pour tout le bonheur que tu m'as donné et pour celui que j'attends encore de toi, que j'embrasse longuement et tendrement. Louis. »

Quel abus de majuscules pour donner plus de valeur aux mots ! Doucement folle, elle me prend les mains, elle chuchote : « Je n'ai pas fait ma vie à cause de lui, il était si gentil. Et ici, Guynemer me guigne. Il est partout... » Elle pleure encore. Elle répète : « Charmante et merveilleuse maîtresse... » Il était jaloux quand on s'occupait trop d'elle. Sur les photos de ce temps-là, elle a un visage pur, régulier et sérieux de vierge sage.

Elle ne sort jamais. Comment se déplacer au milieu de toutes ces voitures et de ce monde brutal ? « Les Noirs, les putains et pas seulement : les gens d'à côté, des compatriotes, la pègre. » Après son travail avec Béchereau, elle a tenu un bar, la Pergola, dans la même rue, à l'abandon maintenant, avec un auvent en fausses tuiles, des fenêtres brisées, un étage et des mansardes dans le toit en ardoises, qu'elle a vendu. L'a-t-elle vendu ? Elle se lève, elle change de place les cadres de Guynemer qui s'appuient les uns sur les autres sur le sol contre les cloisons ; Guynemer, lieutenant, plein d'innocence et un peu indifférent. « Ce jour-là, il était allé chez le photographe pour des cartes postales qu'on vendait chez les marchands de journaux, dans les bazars et les grands magasins. » Elle se débat comme elle peut. Elle en a peut-être pour longtemps encore, la pauvre, voilà ce que c'est de vivre si vieux, de n'avoir plus personne autour de soi, d'être fâché avec sa concierge, de ne savoir qu'aux pendules, et encore, si on est le soir ou le matin. Je lui rends les lettres qu'elle serre avec le ruban qu'elle renoue et qu'elle replace à portée de la main, dans ce bric-à-brac qui vaudrait une fortune si quelqu'un s'y intéressait, mais qui ? Mais qui ? C'est tout ce qui reste de Mlle Boffy, Alice, alias Mlle Flore Dursel, alias Mlle quoi encore ? et de M. Louis Béchereau, qui a travaillé à la victoire de 1918 en construisant une merveilleuse machine volante. Elle a gardé les nom et adresse de tous ceux qui ont écrit à l'occasion de ses obsèques, et me dit d'une voix triste : « Il la tuait d'amour. » Mot étrange qui ne va avec rien et ne s'applique à personne. Elle parlait de quelqu'un, mais de qui ? Il ne s'agit certes pas de Sacha Guitry qui pouvait tuer de lecture, de charme, d'esprit, mais certainement pas d'amour. Et de Guynemer non plus, qui ne s'intéressait pas tellement aux femmes. De qui alors ? De Béchereau et d'elle ?

M'a-t-elle fait promettre de revenir ou est-ce moi qui ai dit : « A bientôt » avec une terrible envie d'échapper aux puces ? Ainsi se fabriquent les légendes : il n'y a pas de puces. Le ciel est gris, quelque chose de glacé me tombe sur les épaules, elle a refermé derrière moi son huis à double tour. Sur le boulevard, les néons commencent à sautiller, on se prend à siffloter, on a envie de s'arrêter dans un bistrot, de lier conversation avec quelqu'un pour parler de n'importe quoi, pas de Guynemer ni de Béchereau, mais même dans les bistrots d'ici, ça va vite, vous êtes à peine assis que le garçon vous fait payer la consommation que vous n'avez pas bue, vous êtes à peine levé qu'on s'empare de votre table.

« *Mon cher Béchereau, pour gagner 30 centimètres sur la distance du pilote au canon...* » A plus de zéro, la mitrailleuse mitraille, à moins de zéro, plus rien ; donc c'est bien le froid. Il ne peut s'agir de l'arme puisqu'elle est pétrolée et non huilée ; quant au tambour, il est chauffé : le froid agit donc sur la partie de bande entre le tambour et la mitrailleuse. « *D'ailleurs quand on réussit à tirer coup par coup avec cette partie de bande et qu'on arrive à la partie chaude, ça marche très bien, mais si on s'arrête deux minu-*

tes, tout est à recommencer (...). Pour que les bandes ne soient pas humides je les trempe dans le pétrole. D'où marche épatante (...). De plus la bande pétrolée glisse mieux dans le toboggan de sortie...» Pour supprimer tous ces inconvénients, un canon : «*...le canon passant sous le pont au recul et venant presque toucher le pilote. Cela permettrait peut-être de prendre un fuselage de monoplace (...). Qu'en dites-vous? On irait peut-être plus vite qu'avec mon 200 CV actuel (...). Il ne faut pas s'endormir, sans cela, couic! (...) en faisant du rase-mottes je me suis aperçu que beaucoup de cafouillades venaient de brusques changements d'inclinaison de l'appareil. On dirait qu'à ce moment-là il se produit un brusque afflux d'essence ou l'inverse. J'arrive à Paris jeudi 4 vers 5 h 1/2 pour le banquet de l'aéro-club. Je repars samedi matin par le train de 10 heures (...).*»

«*Sur le canon il faudrait 40 litres d'essence de plus...*» Et il envisage toutes les positions du nouveau réservoir et des mitrailleuses. Il demande qu'on l'attende rue des Entrepreneurs et qu'Hispano lui prête la voiture dès l'arrivée du train. «*Si par hasard un très beau temps me retenait, je vous téléphonerais immédiatement.*» Pendant huit jours, il va discuter avec Béchereau et Birkigt, il va grimper dans les avions avec une combinaison de travail, un contremaître à ses côtés, et tout tripoter, tout mesurer, tout envisager. Son appareil photo le préoccupe aussi. Il veut photographier les balles traçantes de ses mitrailleuses pour vérifier leurs trajectoires. Chez Kodak on étudie un appareil, on construit une petite machine à profil aérodynamique commandée à distance. Mais le soir?

Il ne voit plus Yvonne, il n'aime pas tellement sortir avec sa sœur. Il s'ennuie un peu. La vie n'a plus le même goût. Il se remet à écrire à Béchereau de ce style tellement négligé. Ses lettres à Béchereau sont une œuvre : une part de la construction du Spad lui revient. Ah! s'il avait aimé une femme comme il a aimé le Spad, il l'aurait tuée d'amour.

XII

Amours, rêves entrevus...

IL VA QUELQUEFOIS dîner chez les riches bourgeois Lartigue, 17, rue Leroux, dans le seizième, où l'on reçoit tout ce qui compte. Les fils Lartigue se passionnent pour les invités de leurs parents. Jacques, le cadet, qui deviendra peintre et grand photographe, ne photographiera jamais Guynemer, « parce que c'était le soir et que le sodium gênait ». En vérité, il n'aimait pas Guynemer. Il lui préférait Navarre et son ami Jean Dary. Maurice, l'aîné, jeune ingénieur qui travaille chez Spad, retrouve Guynemer à l'usine et souvent à l'Edouard VII.

Maurice Lartigue est un homme du monde bon et généreux. Il a de l'argent, il est célibataire, il aime les femmes et les courtise, la belle actrice Jane Renouard est sa maîtresse. Il n'ignore pas que la liaison de Guynemer avec Yvonne Printemps bat de l'aile. Il a une idée : Jane Renouard n'a pas froid aux yeux, elle habite avenue des Champs-Elysées, l'ancien appartement de Cécile Sorel. Coquette, drôle, vive, pas prude pour deux sous, élégante, pas lésineuse de ses charmes, pas chichiteuse, et du piquant, c'est ce qu'il aime chez elle. Elle veut absolument se faire un nom, elle ne tient pas tellement à lui à cause de ça. Ce n'est pas une lionne comme Yvonne Printemps, c'est plutôt une louve, elles sont avides toutes les deux, mais pas de la même façon. Jane Renouard veut aussi monter sur scène mais grâce à des hommes qui lui donneront argent ou gloire, ou les deux. Elle couche. Tant qu'elle n'aura pas trouvé l'homme par qui elle aura tout, elle se partagera. L'ingénieur Maurice Lartigue est superbe, bien élevé, plein d'humour, grand amateur de mannequins, de cocottes et de femmes entretenues qu'il emmène au spectacle puis à souper et dans sa garçonnière. Jane Renouard ne lui a pas beaucoup résisté, mais il est comme elle, il aime changer, Guynemer le fascine, il est fier de l'approcher, ils parlent beaucoup de ce canon qui ne tirera qu'un seul obus à mitraille sans jamais d'enrayage et détruira tout dans un rayon de 10 mètres. On travaille d'arrache-pied à le construire. Sans doute à cause d'Yvonne Printemps, il le sent un peu triste et en a de la peine. Peut-être est-il lui-même un peu moins ébloui par Jane Renouard, peut-être une autre étoile l'attire-t-elle ? « Aimerais-tu rencontrer Guynemer ? » demande-t-il à Jane, qui est un peu cynique, mais si intelligente, si bonne manœuvrière. Guynemer est l'astre du moment, il a peut-être peu d'avenir, mais qui oserait parler d'avenir, sinon au théâtre, et encore ? Les yeux de Jane étincellent.

L'ingénieur Maurice Lartigue organise le souper. Ce sera chez Maxim's, le 20 mars 1917. Il retient le cabinet particulier. Le dîner a lieu. Ils sont quatre : Alain de Vergennes, descendant du ministre des Affaires étrangères de Louis XVI et familier des Lartigue, Maurice Lartigue est allé chercher Guynemer à son hôtel, Jane Renouard arrive la dernière, merveilleuse, discrète. (« Ne t'habille pas en vamp », lui a recommandé Maurice.) Presque pas de bijoux, des yeux dévorants dans un visage impérieux. Si réservée ce soir-là. Ils ont signé tous les quatre sur le menu que Maurice Lartigue a gardé. Guynemer avec sa griffe de capitaine, sa griffe canon ; dessous, d'une large écriture volontaire, Jane Renouard, et plus loin, un modeste Al. de Vergennes. Maurice Lartigue, comme d'habitude, s'est effacé. Les lumières voilées, le luxe de la table et du décor, la beauté de Jane, les bouffées de musique qui montent d'en bas, tout a coulé comme un fleuve doré. Une sorte de bonheur a lui dans les sombres agates de Guynemer. Plus d'enrayage, pas un raté.

Et qu'à vos yeux si beaux l'humble présent soit doux

Maurice Lartigue a murmuré ce vers de Verlaine, sans dire à quels yeux il le dédiait. Il les a mis tous deux dans un taxi.

Dans ses mémoires sur Guynemer (vingt-deux pages qui n'ont jamais été publiées), Maurice Lartigue, devenu époux sage et fidèle, a écrit ces lignes, qui pourraient être d'un peintre naïf :

« *Il se ruait face à la mort en un combat singulier où l'un des deux devait rester. D'avance il s'était sacrifié. Il me l'a dit un soir où l'idée m'est venue de lui faire connaître celle qui devait prendre son cœur (...), Jane Renouard, jolie, racée, pleine d'esprit. Ainsi ne partirait-il pas sans avoir eu un vrai amour...* »

Le bruit qui court dans Paris n'arrivera pas jusqu'à Compiègne. Guynemer trouve peut-être Jane Renouard plus discrète qu'Yvonne Printemps. Moins passionnée. Jacques Henri Lartigue dira d'elle : « Ses amoureux : un pour l'argent (Wittouk, le fameux milliardaire), un pour le théâtre (Quinson, le plus grand directeur de Paris), un pour les chevaux de course (Dupré, le célèbre propriétaire), un pour la gloire (Guynemer)... et un pour rien du tout : Lartigue lui-même... » Son frère Maurice ou lui ? Lui, après son frère. Lui, Jacques Henri, photographe d'un film où elle joue, écrit dans son journal, le 1er juin 1917 : « *J'arrive chez elle aux Champs-Elysées (...). Toute l'avenue est à mes pieds avec ses fiacres et ses taxis (...). Jane Renouard prête à partir avec son « arrière-air » un peu goguenard par-dessus son parfum et sa coquetterie...* »

D'après lui, Guynemer la reverra à chaque passage à Paris, heureux de n'être pas, même là, resté sur un échec. D'une actrice l'autre. Que Sacha Guitry lui ait enlevé Yvonne Printemps n'est qu'un épisode de lutte entre astres. Ses amours à lui sont ailleurs ; ses blessures secrètes, son immortelle passion, c'est le combat, la seule furie qui le possède, l'emporte, le meurtrit, le broie, l'arrache au plus haut du monde, de l'âme, du cœur peut-être, à ces hauteurs où peu nombreux sont ceux qui se mesurent, où la terre même s'efface parfois, où le salut est dans le geste qui précipitera le Spad du soleil sur la proie.

Dernière lettre d'amour à Béchereau : « *Pour changer, je vais vous reparler du canon. Outre les avantages de dimension (donc de vitesse, montée et maniabilité), du rechargement du canon et de la mitrailleuse, il y a la question du pare-flammes et de l'éjection (qui) se trouve résolue.* » Suivent détails et croquis.

Jane Renouard en a-t-elle jamais reçu de pareilles ? De leur côté, ses héritiers les ont-ils conservées ? Fernand Gravey, de dix ans plus jeune qu'elle, et à la personne et à la carrière de qui elle se consacra longuement, les aura-t-il lues à une époque où, après tant d'années, elles n'avaient d'importance que par le nom d'un ancien amant ? Elle en avait tellement à cette époque, d'amants ! Par une lettre, nous saurions peut-être que Guynemer a fait l'amour avec elle le soir du 20 mars 1917 après le dîner chez Maxim's. Elle n'était pas femme à rater pareille étoile et pareille occasion, et lui, sans même qu'il ait besoin d'être chaud lapin, pourquoi aurait-il hésité à ajouter à son tableau de chasse cette créature de mœurs si libres et d'esprit si parisien ? Une belle proie se présente, il suffit de s'arrêter le lendemain à Saint-Pierre de Chaillot. C'est sur son chemin. Son confesseur habituel ne lui prendra que cinq minutes et lui remettra l'âme en paix. Maurice Lartigue a cru à la durée de leur aventure. Bien qu'il soit de ces ingénieurs qui soumettent la matière, le fer, le bois, le pétrole et ignorent tout des hommes et encore plus des femmes, quand il attribue un « vrai amour » à Guynemer, ce n'est pas une réflexion de savant Cosinus. Guynemer a aimé Béchereau, père du Spad et de l'avion canon, mais pourquoi un bon repas et une nuit dans le lit de Jane Renouard n'auraient-ils pas comblé son âme ? Pourquoi la liaison n'aurait-elle pas duré ?

Lorsque, dans son journal, en 1917, Jacques Henri Lartigue, le frère de l'ingénieur, décrira Guynemer sérieux, organisé, ponctuel, et ajoutera qu'il a bien le droit de penser à Jane Renouard avant un combat, il n'y a plus lieu de douter. N'empêche : pas de lettres d'amour à ces dames.

Le 8 avril 1917, Guynemer rejoint son escadrille entre Soissons et Reims, parmi des plateaux coupés de vallées peu profondes. Au nord, la Vesle se jette dans l'Aisne à Fismes, un peu avant Soissons, puis c'est l'Oise en route vers l'ouest. Le terrain de la 3 est à la grosse ferme de Bonne-Maison, dans le Tardenois, une région vaguement ravinée, vaguement boisée, plutôt destinée aux moissons. La mauvaise saison y dure neuf mois. C'est là, un peu plus bas, qu'est né Claudel, parmi les villages et les petits châteaux à secrets. On dirait que Dieu a longuement pétri, écaché et aplati la terre pour lui, comme une tarte, avant de l'y poser, lui, Claudel.

On gagne Bonne-Maison par Fismes. A peine dans ce bourg, on ne sait pourquoi, on s'y ennuie, on a hâte de le quitter. Si le cœur vous en dit, visitez ce chef-lieu de canton, trois mille habitants, mais passez vite. A la gare ne s'arrêtent que des omnibus, et cette ancienne place forte plusieurs fois détruite à chaque guerre n'a à s'enorgueillir que d'une église du XIIe restaurée à plusieurs reprises. Claudel n'est peut-être pas loin, avec ses longues tirades marquées d'un génie âpre, dur et avare, mais ne comptez pas sur lui pour vous payer un verre, même de piquette. Son ombre vous regardera avec méfiance, crainte que vous ne chipiez quelque part une pomme même pas mûre. N'insistez pas. Par des communales mal entretenues, grimpez vers un plateau nu, vaste, peut-être verdoyant au printemps.

En juin, malgré des percées du soleil, le ciel est noir. Les trains roulent dans la vallée de la Vesle ; au sud, un affluent plus tourmenté, plus découpant et de peu d'importance, l'Ardres, rend l'accès plus raide. Les pentes difficilement ensemencées sont souvent laissées à des boqueteaux. L'essentiel est la grande galette, l'esplanade pour la bise et les avions, le long aplat dans ces hauts de Hurlevent, un glacis lessivé par les pluies. On y respire à l'aise sur 20 kilomètres à la ronde, à perte de vue des douces ondulations où les gens se surveillent de loin, où les langues ont du mal à se délier. Avec ses trouées et ses transversales, tout le pays semble destiné à la guerre. On s'entre-tuera là pendant des années. La ferme de Bonne-Maison vaut le détour.

Quand, venant du Bourget, Guynemer s'y pose avec son Spad, tout vibre. Le groupe Brocard est établi avec ses quatre escadrilles : la 3 avec Heurtaux, la 26 avec La Tour, la 73 avec Deullin et la 103 avec d'Harcourt. Les moteurs ronflent, ça décolle sans arrêt, les baraquements sont devenus une ville, les hangars protègent les avions des bourrasques, un atelier a été installé sous les auvents de la cour, la maison de maître sert de popote à midi. Grande nouvelle : les gens de Richthofen sont en face et on va appuyer une offensive sur le Chemin des Dames.

Soixante-dix ans plus tard, la ferme est restée forteresse, de solides abris gardent le grain et la paille au sec, et le jeune maître qui reçoit aurait fait un beau pilote. Il sait que Guynemer a passé par là, il sait que le coin servait d'aérodrome du temps de Mathusalem et qu'une hécatombe d'hommes et d'avions a engraissé la terre, de la glaise, rouge peut-être depuis ce temps-là. Un avion de tourisme passe en haletant. On s'y croirait encore. Le vent saute par-dessus les bâtiments, derrière un faible épaulement. De l'entrée, on aperçoit au loin des toits d'autres cahutes, étables ou bergeries, presque toutes désertées. Même les ouvriers agricoles préfèrent habiter près des supermarchés et des cuisines en Formica. Pendant la guerre aussi, les pilotes logeaient à Fismes. A Fismes, ils avaient le bar et la table du soir.

Guynemer crépite d'impatience, il éclate de colère à la moindre contrariété, il a bouffé de la vache enragée à moins que ce ne soit, comme dirait l'ingénieur Lartigue, l'amour de Jane Renouard qui l'anime. Dans une assemblée d'anciens combattants, on dirait qu'une fureur sacrée s'empare de lui. Le 14 avril, il abat un Albatros, un autre le 2 mai, il en endommage un troisième le 3 ; le 4, il en abat un quatrième tandis qu'un cinquième réussit à lui échapper, son passager tué. Ronde de chasse et litanies non stop. Parfois, sur quatre combats, un abattage seulement, et des montées à 5000 où l'on gèle mais d'où on surprend plus facilement les imprudents. Il en est à sa trente-neuvième victoire homologuée, le capitaine ! Sans compter les oubliées, ceux que le commandement lui vole. Quelle importance ? pense-t-on, il a tant de palmes à sa croix de guerre ! Mais la gloire ? L'appareil photographique profilé et télécommandé qu'on étudie chez Kodak ne servira pas seulement à vérifier les trajectoires des balles traçantes mais à apporter la preuve que les avions ont bien été détruits. Même avec ceux d'en face, c'est la course ; Richthofen en est à combien ? Nouvelles lettres à Béchereau et voyages éclairs à Paris. Pour Jane ? L'emmène-t-il au Fouquet's, en bas de chez elle ? Là, aucune trace. Le Fouquet's, c'est la gare Saint-Lazare du *Who's Who*. Buc-Bonne-Maison le 1er mai, une heure quinze et, du 5 au 24, essais de l'avion canon qu'il appelle d'un nom pas très gracieux : Pétadoux.

Le 24 mai, l'officier des détails du groupe, c'est-à-dire, l'officier chargé de l'administratif et de la solde, Edmond Jeandet, trente-sept ans, ancien représentant en charbon, ancien hussard, l'invite pour le lendemain à la popote des riz-pain-sel : il y aura un perdreau. Guynemer adore le père Jeandet qui a une jolie voix de ténor. Brocard est aussi invité. Brocard a dit : « Qu'il nous descende un boche avant le repas. » Ils s'y mettent tous, ils en veulent tous de plus en plus. Lui aussi, on a l'impression qu'au fond de son âme délirante, un appel s'est formé, pareil à ce qui attire d'autres perdreaux dans les casseroles de Dieu. Le 25 mai, à l'aube, il part avec le capitaine Auger.

A 8 h 30, il attaque un biplace qui perd une aile et s'écrase ; à 8 h 31, un autre qu'il met en feu. «*Le coup du photographe*», dit-il : visée trois quarts avant. Toujours avec Auger, il en poursuit un troisième et ne continue pas faute de munitions. Il fait le plein, repart, abat un DFW à 12 h 15, revient et téléphone à Jeandet : «*Prépare ton perdreau, j'en ai descendu trois. J'arrive.*»

A-t-il seulement l'air égaré ? C'est son deuxième triplé. Au dessert, Jeandet lance pour plaisanter : «Si tu en descends un quatrième, je vais le chercher.» Pendant ce temps, Dorme, le père Dorme si tranquille et si modeste, atterrit très en retard, prend place à table à l'autre popote. L'avion qu'il vient d'abattre est tombé dans un bois, loin dans les lignes allemandes, il ne lui sera donc pas attribué, bien qu'on le distingue fort bien. Deullin propose de l'accompagner pour lui servir de témoin, ils décollent, quand une meute d'avions rouges conduite par l'as allemand Worms fond sur eux. L'avion de Dorme heurte la cime d'un arbre et grille pendant que Guynemer achève son perdreau à la popote de Jeandet. «Juste un peu de guéguerre», avait dit Dorme.

Guynemer repart sans rien savoir, en abat un autre entre Guignicourt et Condé-sur-Suippe, et enfin, encore avec Auger, disperse un groupe de six Fokker rouges. Quatre le même jour. Le dernier avec une seule balle, la dernière du chargeur, et c'est le lieutenant Werner Gaedicke, né le 9 décembre 1894 à Berlin, qui en fait les frais. Son record précédent était de trois cartouches. A 7 heures du soir, il rentre, fou de joie, en faisant des cabrioles et des acrobaties. Il appelle Jeandet au téléphone : « *Tu peux y aller. Il est à Bois-le-Prêtre.* » Jeandet file avec un camion et quatre poilus. « Seulement ce n'était pas facile parce que l'avion se trouvait entre les tranchées françaises et allemandes, et l'ennemi tirait dessus à coups de canon pour le rendre inutilisable. J'ai quand même réussi à m'emparer de l'appareil radio et d'un petit morceau de fuselage. j'ai rapporté ces trophées à Georges que j'ai presque réussi à étonner, mais je me suis fait effroyablement eng... par Brocard. » Deux paragraphes au communiqué. Jane Renouard reçoit des félicitations de tous les côtés. Jour terrible que ce jour-là, le 25 mai 1917, jour de *Dies irae*, jour de colère et de gloire. Peine immense où flamboient le quadruplé de Guynemer et la mort de Dorme, 23 victoires, et jamais une balle dans son taxi. Un autre pilote, Lacouture, rentre dans le décor et se tue. Un autre pilote, Guignet, est transporté à l'hôpital. C'est la série noire. On réagit. Comme toujours, on les « venge ». On se croirait écoutant *Le Cid* : « Venge-moi, venge-toi... » Dans toute la France, ça se sait. A Fismes, on accourt de toutes parts. On doit mettre une garde à sa porte : « Le capitaine Guynemer dort. » Les gens s'installent, ils attendent qu'il sorte pour l'acclamer.

Le 26 mai, le sous-lieutenant Chaput écrit à ses parents qu'il n'a plus le feu sacré. Ce jour-là, comme son moteur s'étouffe pendant un combat, Guynemer se pose dans les champs ; on vient réparer, il repart, abat un Albatros à 10 heures presque au même endroit que la veille, un peu à l'est du Chemin des Dames, cette route sinistre de 20 kilomètres où l'on se bat depuis Jules César et Napoléon, et pour des prunes, parce qu'elle domine l'ensemble du paysage. Au Chemin des Dames, il paraît qu'il y a cinq cents morts par minute. Les noms de grands massacres, la Malmaison, Hurtebise, Craonne, resteront sur les plaques de marbre de l'Histoire, avec une liste interminable de victimes. On entasse les cadavres dans des camions qu'on va vider dans des fosses. C'est le commencement de la fin : les hommes n'en peuvent plus. Pas lui. Mais est-ce un homme ? L'après-midi, quatre combats dont un avec des Albatros. Enrayage. Il a remarqué sur l'un d'eux un n° 2 noir, comme le sien, déjà vu à Nancy. Il n'a plus le temps de se reposer. Se reposer pourquoi ?

Il dort sans être hanté par le visage des pilotes qu'il a expédiés dans les enfers. Où voudrait-on qu'ils aillent, les boches ? Il dort si bien que ça, sans cauchemar ? Il rêve de Jane peut-être, ou d'Yvonne Printemps. A Mortane, plus tard, il avouera que sa trente-huitième victoire lui a laissé un souvenir amer. Il pilote son Spad VII n° 254. Sur le carnet de vol : « *Ronde de chasse. Deux combats. Je tue un passager. J'attaque trois Albatros biplaces dont un est abattu dans nos lignes. Une heure cinquante. 5000 mètres.* » Il le suit pour situer le lieu de sa chute. Le pilote a été tué à la première rafale ; il a vu sa tête s'affaler dans la carlingue. Pour lui, le boche, comme il dit, était « *enregistré, catalogué, numéroté, occis* ». Soudain, une grêle de balles le fouette, c'est miracle qu'il n'ait pas été touché. Il sursaute, un peu scandalisé : sur l'avion désemparé qui s'écroulait dans le vide avec son pilote mort, l'observateur debout dans sa tourelle continuait à tirer. Réflexion à Mortane : « *Je dois reconnaître qu'il était très bien, le geste de cet homme, sachant que dans quelques instants, il ne sera plus qu'un amas de chair et d'os pantelants écrasés sur le sol, et qui tient à emmener avec lui dans la mort celui qui l'y envoie. Oui, c'est magnifique, mais après tout, ce boche ne s'était pas rendu compte que son pilote n'était plus, et croyait-il à une manœuvre! Je crois, étant donné la mentalité de l'ennemi, que cette hypothèse se rapprocherait mieux de la normale. Cependant je conserverai toujours le souvenir de cet adversaire debout, tragique dans sa carlingue et dirigeant sur moi un tir, ma foi, très précis. Plusieurs des organes essentiels de mon appareil furent atteints, mais heureusement sans conséquence grave...* »

Le capitaine Guynemer n'a jamais été doué pour l'écriture ni la parole, mais ici il s'exprime comme un caporal illettré. Et pourquoi cette manie du mépris, cette conviction niaise que l'ennemi n'est capable ni de fierté ni d'héroïsme? Pour lui, le boche ne se rend pas compte. Tout de même, cette réflexion : il n'oubliera pas ce fantôme debout, cherchant à entraîner son vainqueur dans la nuit.

De tous les pilotes de cette guerre-là ou de celle qui suivit, qui ont croisé, dans la voltige du combat, le visage de leur adversaire, aucun qui ne se soit demandé ce qu'il faisait là et pourquoi il fallait essayer de se tuer quand on ne se connaissait pas. Chartoire, cinq victoires à la fin de la guerre, sera longtemps poursuivi par le regard, à travers les lunettes de vol, du pilote qu'il a tué. Aucun qui ait été victorieux et n'ait plaint son ennemi vaincu. Aucun qui ait ricané devant les binettes que les boches pouvaient avoir sur les photos qu'on trouvait sur eux. Un seul : Guynemer. Lui, rien. Il tue. Ce sont des boches, ils ne sont rien, s'ils sont courageux, c'est par hasard, parce qu'ils ne savent pas. Pas un geste de pitié pour le taureau tué après qu'il s'est bien battu. Revenons-y une fois encore. Ça vaut qu'on s'y arrête. Guynemer est le tueur le plus impitoyable qui soit chez nous. Après Brocard, son maître.

Des nouveaux pilotes arrivent aux Cigognes, à la tombée de la nuit, comme des loups, se font engueuler par Brocard. Il affecte d'appeler encore Guynemer « le gosse », mais attention, il est seul à avoir ce droit-là. Quand un jeune revient avec un avion touché : « Mon p'tit gars, vous êtes rentré avec pas moins de douze balles dans votre taxi, il va falloir le réformer et je reçois les Spad au compte-gouttes. Si vous recommencez, ou bien vous serez tué et on n'en parlera plus, ou bien je vous fous à la porte... » A l'adjudant Fonck qui a deux victoires, autrement dit rien, avant d'arriver au groupe : « Mon p'tit ami, ici, il faut absolument en descendre... » Fonck n'est pas spécialement un tendre, il a une face un peu aplatie, un front large, une crinière bien lissée, et, lui aussi, un regard sans pitié. Peu importe. Brocard ne se laisse pas impressionner. Ici, on ne veut que des as, des chefs, on ne dit pas vraiment « des mecs ». Fonck répond qu'il fera son possible et s'en va. Quant aux caporaux Risacher, de Marcy et Dubonnet, ils sont couverts d'injures, à titre de dressage. En bruit de fond, ils entendent hurler les anciens, Chainat surtout, jamais content, et seulement adjudant. Risacher se rebiffe et répond à Brocard d'une façon qu'il jugera plus tard proche de l'impertinence. Brocard l'aura à l'œil.

Parfois, Guynemer se laisse gagner par quelque chose qui ressemble à du spleen. Il va vers ses cinquante victoires, il les aura bientôt. Visite à Compiègne, « *Bonne-Maison-Corbeaulieu, une heure, 500 mètres* ». Corbeaulieu est la prairie à 3 kilomètres au nord-ouest de Compiègne, où il a reçu son baptême de l'air. Odette, malade, se morfond en Suisse. Yvonne les photographie, son père et lui, devant le perron, lui harnaché et avec tout son orphéon, la fourragère de l'escadrille, une main dans la poche, l'autre tenant le canon d'une mitrailleuse dressée, le père tête nue, boudiné dans son gilet, fier comme Artaban, bombant le torse, comme s'il était de règle que la virilité soit l'emblème de la bêtise souveraine. Solennel. Le père ne l'a pas vu non plus chez Maxim's ni dans les bras d'Yvonne Printemps ou de Jane Renouard, pour lui des cocottes. La maison est devenue un vrai musée de guerre. Le gosse ne parle pas de l'observateur qui continuait de lui tirer dessus de l'Albatros au pilote mort. A quoi bon ? En chandail à col roulé sous la vareuse, avec sa mère, il est calme, doux, dandy amoureux de la gloire et de la pureté, il se penche sur elle, elle s'appuie sur son bras avec une gravité qu'elle ne cache plus : c'est la mère d'Achille qui se montre déjà aux dieux en robe de deuil. Fils tendre et impuissant, que peut-il pour elle désormais ? Qu'a-t-il jamais pu ?

Dès l'aube, en patrouille, jamais à moins de cinq, par des temps de chien souvent, les pilotes survolent le Chemin des Dames. En l'air aussi, il y a une casse énorme. En face on a eu dix-neuf Fokker abattus du 10 au 15 avril, quatorze du 16 au 22, Brocard est content, Richthofen réclame à son état-major vingt nouveaux avions pour remplacer les pertes.

Un jour, sa mitrailleuse enrayée, Guynemer se pose sur un terrain de la Spa 38. On reconnaît son avion, on court à lui, on le photographie manœuvrant nerveusement le levier d'armement, enrageant après les mécaniciens, après lui, après ceux qui le photographient. Il veut repartir, on le retient car il est tard, la nuit va tomber, on l'emmène à la popote où il s'endort sur une chaise, d'épuisement, au point qu'on le couche. Le lendemain matin, quand on s'inquiète de lui, il a déjà décollé. Non, non, pas une minute à perdre, l'avion canon se fait attendre, Nungesser vient d'abattre sept boches et l'adjudant Fonck quatre. Il retourne à Paris au début de juin, Béchereau ? Jane ? Le 3, il force un biplace qui ne lui est pas homologué et qui balance un passager dans le vide. Le 4, après huit combats, il rentre avec quatre balles dans son avion, un longeron coupé, une commande d'aileron entamée. Le 5, nouveau doublé : « *Ronde de chasse. Attaque un Albatros à 3600 mètres à l'est de Berry-au-Bac (sur l'Aisne). Abattu dans nos lignes près de Loivre à 17 h 15. Attaque un DFW à 4500 mètres à l'est de Reims. Au début, combat avec plusieurs Spad. Le boche pique dans nos lignes. J'enraye à bout portant. A ce moment le passager fait "Kamarad". Je lui fais plusieurs fois signe de piquer dans nos lignes. Il continue vers les siennes. A 2200 mètres, je désenraye et tire quinze coups. L'appareil se retourne brusquement en projetant le passager et s'abat dans la forêt de Berru : à 17 h 30, attaque trois boches sans résultat. Une heure trente.* » Vize Feldwebel Karl Weingartner, lieutenant Frantz Wenninger et lieutenant Johann Schmitt, *ad patres*. Pas de nouvelles de Nungesser qui doit être à l'hôpital ou bien évite de se frotter de trop près à Guynemer et à la 3. Chaque tigre a son territoire.

Pour Rabatel, cavalier en stage de pilotage sur Spad à Bonne-Maison, d'abord c'est quelqu'un de pas fier. « *Tu n'as qu'à me suivre*, lui dit Guynemer, *tu verras, c'est à celui qui tire le mieux...* » Rabatel, éberlué, s'essouffle deux ou trois fois par jour, dans son sillage. « *Tu n'as qu'à me suivre...* » Il faut pouvoir, il faut savoir. Pour lui, Guynemer voyait même ce qui se passait derrière lui, et quand le boche surgissait, il évaluait en un éclair les corrections de tir (vitesse et direction de l'avion tireur, vitesse et direction de l'avion-but, distance, temps de parcours des balles) et abattait. Rabatel, bouche bée, n'a pas le temps de réfléchir que c'est déjà cuit. N'empêche que personne ne sait encore comment il pilotait, ni comment il voyait ni comment il tirait. Par routine, Guynemer use des formules habituelles : « *Tu te colles sous l'adversaire, tu tires dans la queue, si c'est raté, tu descends en vrille... Essaye.* » Oui, mais chaque soir, il conduit son avion à la butte de tir, il règle sa mitrailleuse. Souvent, avant l'aube, en pleine nuit, debout, il observe le temps. Avec beaucoup de mal, Rabatel finit par en « avoir » un et se pose comme il peut, avec du plomb dans l'aile, sur le terrain d'un autre groupe où on le flatte. On lui propose de l'échanger contre un pilote qui brûle d'aller aux Cigognes : Bozon-Verduraz. Il n'aura pas de chance, Rabatel : trois avions allemands le forceront à se poser chez eux. Ce jour-là, Risacher accourt en lui criant : « Tiens bon, tiens bon... » Il sera déjà à terre, à demi-mort. A l'hôpital de Valenciennes, il recevra la visite de Richthofen, très grand seigneur, avec qui il échangera son insigne : cigogne contre albatros, et ne s'en remettra jamais.

N'empêche, c'est par Rabatel que nous en savons un peu plus. « La popote était une authentique et agréable salle à manger : sur un mur était fixé un tableau noir sur lequel s'inscrivait le nombre des victoires remportées par les pilotes de l'escadrille. » Brocard, très moustachu, présidait, avec Guynemer à sa gauche et Deullin à sa droite. Mobilier Henri II, assiettes et tableaux sur les murs. Guynemer a devant lui une bouteille d'eau minérale et un flacon de sauce anglaise. « N'entrait pas qui voulait. » Pas d'étranger pour peser le silence quand le couvert d'un pilote restait vide. Jamais une goutte d'alcool, presque jamais de tabac. « Quelquefois Brocard lui disait : "Tu es fatigué, va te reposer, va faire un tour." On allait alors se promener en ville et il acceptait quelquefois de s'arrêter dans une pâtisserie... » « On se rendait à Paris, à bord de notre propre avion. Georges endossait un uniforme bleu en mettant pour toute décoration une cigogne, et seulement quand il était content de lui, c'est-à-dire quand il avait abattu au moins trois avions les jours précédents. A Paris, je l'emmenais dîner chez mon ami Georges Feydeau, homme de théâtre, ou chez Maxim's... » Un uniforme bleu, quand on ne l'a jamais vu qu'en noir ? Pas un mot sur Yvonne Printemps, c'est du passé. Et Jane Renouard ? Guynemer n'emmenait pas Rabatel chez sa grand-mère Louisa. Quand il allait chez d'anciens amis de Compiègne, il rangeait sa Sigma le long du trottoir, s'empiffrait de gâteaux, riait beaucoup, jouait avec ses décorations et filait. C'est la belle vie, quand on a vingt ans.

Le témoignage de Rabatel* pose un problème. Fonck n'est pas cité par lui à Fismes. Pas assez connu sans doute pour que Rabatel lui prête attention, Fonck était pourtant là, et il a dit un jour qu'il avait vu Yvonne Printemps danser sur la table de la popote. Cela se situe donc après le départ de Rabatel, vers le 15 juin 1917. Yvonne Printemps joue encore *Jean de La Fontaine* aux Bouffes-Parisiens. Des moments de passion et des regrets l'égarent. Sacha l'agace. Elle veut prouver qu'elle est libre. Par moments, Guynemer la hante. Elle connaît certainement son aventure avec Jane Renouard et se découvre jalouse. Pourquoi pas une fugue, un jour de relâche ? Coup de théâtre, eh bien quoi ? Tout le monde sait qu'elle a aimé Guynemer. Quelle importance qu'on sache aussi que Jane Renouard a dîné chez Maxim's avec lui le 20 mars dernier ? Est-ce que cela compte dans la dévastation qui déferle, les convois de blessés, les trains pleins de jeunes gens que les combats de Verdun ou du Chemin des Dames aspirent vers le massacre ? Qui donc, au monde, pourrait empêcher une créature aussi décidée et intelligente qu'elle de gagner Fismes avec un sauf-conduit signé du ministre des Transports ? Qui saurait lui résister ? Le diable peut-être, Dieu sûrement pas. L'amour l'habite. Elle descend du train, aussitôt escortée par des gendarmes éblouis, par des officiers, peut-être par le gentilhomme de La Tour, par Deullin, par d'Harcourt. Brocard, quand il la voit, en a le bec cloué. Il ôte son kébour, lui baise la main et dare-dare envoie chercher le gosse. La voilà donc, cette luronne, cette merveille ! Entourée, adulée. Elle tient à peine debout tellement elle a peur. Après tout, ils se savaient infidèles l'un à l'autre, mais comment va-t-il la recevoir ? Les bouchons de champagne

* *Icare*, n° 43.

sautent, le bruit court qu'une étoile s'est arrêtée sur cette pouillerie de Fismes, on se précipite, qui pourrait s'étonner de quoi ? Personne n'hésite, ça tombe de tous les côtés, les croix de guerre, les galons, les croix de fer, les croix de bois, pourquoi voudrait-on qu'Yvonne Printemps ne soit pas là ? Sacha, à Paris, s'affole, la cherche, apprend qu'elle est partie, Charlotte Lysès triomphe, il va peut-être écrire *Un soir quand on est seul*. Tout s'enchaîne. La Printemps se jette dans les bras du héros, il est là, elle est là, il a tout oublié, il ne la reconnaît pas tout à fait, car — c'est un cadeau de Sacha — Célimène a changé de nez. Oh ! à peine : là où elle le trouvait trop long, trop rond du bout. Sacha a séduit un célèbre chirurgien du Val-de-Grâce qui se consacre aux gueules cassées : il rectifie un détail de la diva*. N'est-elle pas plus adorable encore ? Lui, s'il vient de tuer, a peut-être, comme le matador qui sort de l'arène, du sang sur lui, mais aussi de la lumière, il ne manque plus que les violons et les balalaïkas, quelqu'un se met au piano, on boit, on chante, on tape dans les mains, elle bondit sur la table et attaque une danse russe, tout le monde est ivre, on allume des buissons de chandelles, on va en chercher des brassées partout. Ah ! ceux qui sont en permission à Paris, ou qui ont demandé leur mutation comme Rabatel parce qu'il désespérait à se dérater derrière Guynemer, ont perdu une belle occasion. L'adjudant Fonck est là. Pas au milieu des officiers, mais à côté, il regarde par la porte entrouverte et peu à peu il entre. Le 12 juin, il a abattu deux Albatros près du front de Brimont : l'un d'eux était piloté par le capitaine von Baer, commandant une escadrille de chasse, qui avait douze victoires.

Il n'oubliera jamais ce que la gloire peut fabriquer.

« Père Jeandet chante-moi *Offrande*.

— Oui, mon p'tit Georges**... »

Le capitaine Guynemer se sent tout chose, au retour d'un combat, après avoir semé la mort autour de lui. Le père Jeandet envoie chercher le capitaine Lamon, un excellent pianiste, probablement un de ces officiers chargés au sol de besognes admi-

* Dominique Desanti, *Sacha Guitry*, Grasset.

** *Icare*, n° 43, p. 54.

nistratives, qui passera à la postérité parce qu'il aura accompagné au piano un ami de Guynemer. Quelques accords, Jeandet se lance. Debout, les coudes posés sur le piano, Guynemer glisse dans une poche le bas de soie qu'il garde religieusement et il écoute, ravi, frémissant, son bonnet de fourrure de chez Hermès à la main.

Voici des fruits, des fleurs...

La voix légère du père Jeandet s'élève soudain par-dessus les bruits assourdis de la popote

... des feuilles et des branches
Et puis voici mon cœur qui ne bat que pour vous...

Là, soudain, un mystère. C'est comme si un oiseau... La musique de Reynaldo Hahn, ample, douce, dorée, ressemble au luxe de Maxim's. Elle enveloppe le poème de Verlaine d'une harmonie un peu désespérée. Plus personne ne bouge. Guynemer se fige. Les serveurs mêmes marchent sur la pointe des pieds. C'est comme si un oiseau était entré et voletait au-dessus des têtes.

Ne le déchirez pas avec vos deux mains blanches
Et qu'à vos yeux si beaux l'humble présent soit doux...

Si elles entendaient ces paroles, sa mère Junon verserait un pleur, et sa sœur Yvonne se demanderait à qui le texte est dédié : à une beauté que son frère a rencontrée et qu'elle ne connaîtrait pas ? à cette Mathilde que Verlaine avait épousée et qui lui disputait Rimbaud ? Pas à Rimbaud tout de même ? Yvonne sait que les relations des poètes entre eux ont été scandaleuses et qu'elles se sont terminées par des coups de revolver et de la prison ; Verlaine est un ivrogne, quant à Rimbaud, on dit que c'est une petite frappe qui a mal fini. Et pourtant ce poème, écrit en 1872 dans *Romances sans paroles*, sous le titre *Green*, un mot qui veut dire beaucoup de choses en anglais, s'adresse à toutes les âmes éprises d'amour. Quel talent avait ce poivrot, une crapule qu'on n'aurait pas reçue dans des maisons bourgeoises et qui y entre par sa poésie nostalgique, si poignante qu'elle vous arrache des larmes.

J'arrive tout couvert encore de rosée
Quand le vent du matin vient glacer à mon front...

Verlaine a vingt-huit ans quand il a composé cela, un verre d'absinthe à côté de lui, les mots lui sont montés dans l'âme à travers les fumées de l'alcool. Aucune dépravation pourtant dans ce texte que des collégiens pourraient réciter. Des collégiens peut-être, mais des guerriers, des aviateurs de chasse, des tueurs qui peuvent être tués à chaque instant ? Justement.

Sur votre jeune sein laissez rouler ma tête...

La voix vibrante du père Jeandet fait passer de l'émotion. Reynaldo Hahn a mis là de l'ardeur sacrée, le piano se risque à des harmonies. Est-ce l'enfer ? Est-ce le paradis ? Les jeunes fous qui se hissent tous les jours à travers les champs de brume et de givre ont droit à des chevauchées moins sauvages, à des consolations, aux célestes houris qui sont la récompense des guerriers. Comme c'est anachronique, cette mélopée pour gens bien élevés, ces songes à goût d'épices qu'un poète dépravé répand dans la bonne société d'alors avec de la musique suave ! N'empêche, c'est sublime ! Les héros lavent leur âme dans l'innocence. Richthofen lui-même, un vrai romantique, un vrai cruel, se laisserait attendrir.

Et que je dorme un peu puisque vous reposez...

Qu'on laisse naviguer ces corps que l'explosion de leur Albatros a lancés dans le vide, qu'ils éclatent sur la terre comme des frelons sur une vitre et que la machine qui les emportait brûle avec son pilote aux os rompus. On applaudit, Guynemer s'en va songeur, on l'aide à enlever sa combinaison fourrée qui porte la griffe de Ström, il apparaît en noir, dans toute sa brillance clinquante, et s'assied à table dans un autre univers...

Il est question pour lui de s'arrêter. On insiste de tous les côtés. On tente de le retenir, on ne lui dit pas que s'il continue... Brocard laisse entendre qu'il rendra plus de services à l'inspection de la chasse, Brocard lui-même va entrer à l'état-major de l'aéronautique de l'armée. Le capitaine Ball, Albert Ball, l'as du *Royal Flying Corps*, vient de disparaître au-dessus de Lille après sa quarante-quatrième victoire dans une journée de vent et de brouillard, dans un ciel chargé. On hésite toujours à apprendre ces choses-là à Guynemer comme s'il fallait qu'il croie à son invulnérabilité à lui, mais il finit toujours par savoir. Ball, il l'a aperçu un jour. Il ressemblait à un étudiant d'Oxford un peu têtu, et si jeune, si jeune, avec une large bouche tombante et cette simplicité britannique qui n'étale pas ses décorations. De Ball, on n'a retrouvé ni l'avion ni le corps. On n'a pas pu l'honorer avec de belles funérailles. A peine Guynemer dit-il : « *Il n'a pas été vaincu, il s'est perdu dans les airs comme un navire en mer, il a eu la plus parfaite de toutes les fins.* »

Et puis voici mon cœur qui ne bat que pour vous...

Pour qui ? Pour Jane ? Pour Yvonne ?

Le groupe des Cigognes a remporté cent vingt-huit victoires officielles. Oui, mais à quel prix ! Les morts forment une longue colonne. Les connus et les inconnus, les obscurs qui ne figurent même pas sur un obituaire d'as. « *All right*, comme il répète dans un rictus maintenant, ça dégringole. » Les caporaux pilotes et les sergents disparaissent sans tambour ni trompette. Brocard les a prévenus : pour qu'on pense à vous, il faut commencer par être connu.

Début juin, il passe une nouvelle soirée à Compiègne, puis, comme il est sans nouvelles de l'avion canon, retourne à Paris : « *Bonne-Maison-Villacoublay. Une heure. 500 mètres. Retour. Une heure. 500 mètres.* » Il a dû voir Béchereau qui l'a rassuré : ça avance. Ce soir-là, Tarascon va le chercher, à l'hôtel Edouard VII, au moment où il prend son bain : « *Père, quel temps fait-il* ? — Mauvais. » Il saisit les poignets de Tarascon et, d'un ton passionné : « *Il fera meilleur bientôt. Dans deux jours les essais seront terminés, tu vas voir : l'avion canon, ce sera formidable...* » Partir avant d'avoir tâté de cela ?

Pour qu'on lui fiche la paix, il a dit : « *Pas avant que j'en aie cinquante.* » Et après, avec cette machine qui va pulvériser Richthofen ? Nungesser, quand il apprend qu'un camarade vient de tomber, pose sa fourchette, quitte la table et revient une demi-heure après, l'œil las. C'est fait, il en a eu un autre. Une autre fois, à des obsèques, il quitte le convoi, vient le survoler et, comme un Fritz passe par là, il l'exécute et le précipite presque sur la tombe toute fraîche. Fonck vient d'abattre deux as : Edmund Nathanael, de la Jasta 5, quatorze victoires homologuées, et Friedrich Altmeier, de la Jasta 24, vingt victoires. Fonck devient redoutable.

Sur votre jeune sein laissez rouler ma tête...

Que peut-on faire pour le prince ? Comment le consoler ? De quoi ? Le père Jeandet continue à lui chanter du Verlaine alors que les Etats-Unis sont entrés en guerre. Un fol aventurier, l'adjudant Lufbery, un Américain à demi français devenu as à l'escadrille La Fayette, va rejoindre le 94th squadron avec ses deux lionceaux Whisky et Soda. Le 11 juin 1917, Guynemer n'a pas vingt-trois ans et il devient le plus jeune officier de la Légion d'honneur de l'armée française. Il y aura une grande revue le jeudi 5 juillet à 4 heures de l'après-midi sur le terrain de Bonne-Maison, le général Franchet d'Esperey qui commande le groupe des armées du Nord viendra lui-même le décorer avec une ribambelle d'étoiles et de ministres, une voie lactée d'as, sauf ceux qui sont à l'hôpital comme Heurtaux. Il y aura soixante avions rangés, une compagnie d'infanterie du 82ᵉ avec musique et drapeau rendra les honneurs, une garde en l'air assurera la protection du ciel. Toutes les humeurs, les susceptibilités, les violences, les aversions et les rivalités seront rassemblées. L'ambiance sera celle des grands jours. Tout y fleurira : les culottes rouges à bandes, les tuniques bleues des cavaliers, les grosses moustaches, ça sentira le cuir luisant des baudriers et des harnachements, les armes, les jeunes regarderont ce bataclan avec un brin d'impatience dans l'œil, à quand leur tour ? Et des chevaux bien entendu, il y aura quelques chevaux pour l'ambiance. Pas de civils, à part le ministre et la famille.

On y est presque. Le Spad XII S 382 canon vient d'arriver. Béchereau a bien calculé. La rosette pour un jeune officier comme Guynemer, c'est l'ordre Pour le Mérite des chevaliers d'en face. Combien l'ont eu ? Boelcke, mort. Immelmann, mort. Richthofen l'attend, et combien piaffent à ses côtés ! Osterkamp, qui a été descendu une fois par Ball ? Udet ? Goering ? Récompense et honneur suprêmes. Rien au-dessus. Le jeune lieutenant de corps franc, Ernst Jünger, l'aura plus tard. Après, il n'y a plus qu'à attendre d'être promu général. Le mieux est de mourir, il y a moins de jalousie autour de vous.

Déjà, à propos de Guynemer, certains se demandent pourquoi, lui qui ne vient de nulle part et ne sort d'aucune école, simple ancien élève mécanicien engagé dans l'armée par hasard et peut-être par erreur puisqu'il était du service auxiliaire, pourquoi est-il l'objet d'une telle faveur ? N'y aurait-il pas passe-droit ? Il est d'une famille riche, son père est ancien cyrard, mais lui, fils à papa, s'est fabriqué comment ? Ah ! il y a ses victoires, il a un courage fou, dit-on. Il est si gosse, une part d'inconscience doit se mêler à cela, mais n'aurait-on pas été trop généreux avec lui ? Non, dit son chef d'escadrille. Non, disent ceux qui le connaissent bien. Ce petit jeune homme déjà capitaine, déjà couvert de brillants, si maigre et avec ce teint qui n'est pas sain, Brocard prétend qu'il aurait des dons formidables, qu'il n'a pas son pareil pour découvrir l'ennemi, le dépister, l'attaquer. Peut-être est-il né plus oiseau de proie qu'homme. Quel palmarès ! Quarante-cinq avions abattus, vingt citations, deux blessures, et pas tellement bon pilote avec ça, paraît-il. Ni bon tireur. Ni tellement militaire, il n'y arrive pas. Il est toujours dans l'armée par hasard.

Le jour même, à 15 heures, il est au-dessus de Fismes aux commandes de sa merveille qu'il a hâte d'essayer. Battesti lui sert d'équipier. Trois DFW* à 3000 mètres, par ciel clair, avec de la DCA qui tire sur eux. Guynemer leur coupe le chemin du retour, fonce droit sur eux, Battesti à son flanc. Il attaque l'avion de tête et Battesti celui de droite. Les mitrailleuses des trois DFW entrent en action, les balles traçantes giclent, et au moment où Guynemer, qui ne tire qu'à bout portant, va lâcher son obus, il doit, criblé de balles, tout lâcher et se poser.

Guynemer descendu une heure avant la cérémonie, quelle humiliation ! La famille est là. Il va falloir dire ce qui s'est passé ! On le croyait au zénith, le voilà hors de combat. Le drapeau claque derrière lui, la musique lance le refrain *Aux champs*, le général Franchet d'Esperey, en bleu horizon, un brassard noir au bras gauche (il vient de perdre son fils à la guerre), sabre au clair, trapu, râblé, proclame le capitaine Guynemer héros suprême, lui touche chaque épaule de la lame de son sabre, l'embrasse. La troisième escadrille tout entière est citée à l'ordre de la Xe armée. Puis le général se met à côté de Guynemer, la musique

* *Deutsche Flugzeug Werke*, avion biplace de reconnaissance à moteur Benz 220 CV.

joue, et la troupe défile, il fait grand soleil, les avions rangés devant les hangars de toile frémissent comme des arbres, les pilotes venus de partout jacassent, des photographes prennent des photos, Junon pleure, Yvonne pleure, M. Guynemer père a la tripe qui remue : son héros a failli mourir ce matin. Le général s'approche d'eux, enlève son képi et les félicite. Mince, élégant, strict, sérieux, leur fils regarde ce puissant général qui, après qu'il a remis son sabre au fourreau, veut voir le fameux avion canon descendu et enfonce le doigt dans les trous d'impact. « Comment votre pied n'a-t-il pas été touché ? » Guynemer répond : « Je venais de l'écarter. »

Le capitaine n'est plus cornette, mais il porte peut-être encore la rose qu'Yvonne Printemps lui a donnée, un soir d'amour, et qui se dessèche sur son cœur. Il est tout cuirassé de décorations, tellement de croix et d'étoiles qu'il ne porte plus le bandeau du baudrier, mais seulement le ceinturon. Il est blême, il a mûri, il a vieilli et il n'a pas vingt-trois ans, sa mère ne peut encore empêcher les larmes de couler sur son visage. Son « gosse chéri », prince noir fascinant, est un peu absent aux siens, tout à ses affaires à l'intérieur de lui-même. Il n'y a plus de cavaliers à lance, ni d'artilleurs à tubes et à prolonges comme à Dijon. Rien que des avions, le dernier nouveau « Vieux Charles », cinquième dans l'alignement, et deux remplaçants sous le hangar. Le cornette de Dijon était jeune, doux, innocent, il avait encore un bras dans le plâtre, il y a combien de temps ? Une année à peine. A peine un peu plus. Derrière lui, les mêmes camarades dans un nouveau rendez-vous de la Table Ronde, du moins pour ceux qui sont encore vivants, les beaux officiers à vestes bleues et à culottes rouges dont les femmes sont folles, les vieux adjudants renfrognés et les tout jeunes, les sergents et les caporaux. M. Guynemer père ne sait plus où se mettre, on dirait qu'il a maigri. Il a près de cinquante-sept ans et se redresse pour paraître aussi grand que son fils et que sa femme. Son faux col droit lui relève le menton, sa régate avec nœud tout fait doit s'attacher par un anneau et un crochet. Les mains posées sur sa canne, sapé dans un complet à revers droits, chaussé de bottines, coiffé d'un feutre, le visage large et épais, la moustache en crocs, brun de teint, les yeux marron pleins d'éclat, et, quand il se découvre, les cheveux en brosse, il est très culotte de peau en civil.

Son père Auguste Saint-Ange avait raison de lui en vouloir d'avoir quitté l'armée. Il aurait fait un brave général, peut-être pas un aigle, peut-être pas un chef d'état-major, pourquoi pas un commandant de brigade d'infanterie, et bon enfant ? Il pense à ce qu'il a osé dire timidement à son fils la dernière fois qu'ils se sont vus à Compiègne, qu'il pourrait à présent rendre d'éminents services dans le matériel, son fils n'a pas répondu et a eu un regard, un regard... Alors, que peuvent-ils bien se dire encore tous deux ? Que se disent-ils tous les quatre, le père, la mère, sa sœur Yvonne puisque Odette est toujours en Suisse et malheureuse, et le fils, éblouissante star au centre de la sphère céleste ? Parlent-ils de la guerre, de leur maison, des voisins, des amis, de la grande pâtisserie et de la belle pâtissière de Compiègne ? De quoi ? On les regarde de loin, sans oser les approcher, on les photographie : le capitaine a des bottes souples lacées, très brillantes ; Diane ou Junon, de stature toujours imposante, le visage abrité sous une voilette, le regard insaisissable, fixe et lointain, est enveloppée dans une sorte de pare-poussière comme ces dames en portent à l'époque, avec col de fourrure à cause du vent de l'automobile, vaste chapeau à cause du soleil, et de hautes bottines à boutons, à la mode ; en plus jeune, effacée, Yvonne est la réplique de sa mère. Elle ne dit rien. Chez les Guynemer, les enfants ne parlent que si on leur adresse la parole. Sauf le garçon à présent. Comme Odette sera désolée d'avoir manqué cela ! Yvonne n'a qu'une simple collerette sur sa veste, son panama à ruban tient par une grosse épingle à perle, et elle garde son appareil photo dans un étui de cuir, elle n'ose pas s'en servir. On ne dit pas grand-chose, surtout après l'insuccès du matin, sinon qu'il y aura peut-être de l'orage ce soir. On regarde toute cette troupe, ces avions, ces armes, ces officiers, et surtout lui, le phénomène, l'ange, l'archange, quoi donc exactement ?

Sous le hangar de toile où le Spad VII S 413 qui porte un grand numéro 2 l'attend, une photo de lui révèle l'homme qu'il est devenu. L'ombre de ses parents apparaît par transparence, plus loin. Le photographe a voulu l'avoir seul, les mains dans les poches, un pâle sourire qui ne parvient pas à éclairer son visage doux et las. Cet homme si jeune est un homme de guerre qui a subi beaucoup d'épreuves. Le matin encore, il a connu l'arrachement au sol, la montée tournoyante vers le soleil, de très haut le piqué sur sa proie dans le sifflement des haubans et le sifflement du sang : son cerveau ne s'alourdit pas, ses yeux ne larmoient pas, les secondes dont il dispose pour se placer, viser et tuer, il les égrène avec un art accompli. Ce matin-là, il a été durement touché avant de lâcher son coup de canon, la chance qui ne l'a jamais quitté a failli lui faire faux bond. Peut-être a-t-il trop demandé ? Le jour où un général commandant un groupe d'armées se déplaçait pour le décorer, une victoire de plus était-elle nécessaire ?

La prochaine fois, il sera commandeur : on lui mettra autour du cou une cravate de sang.

Que dire ? L'offensive du Chemin des Dames a été un échec sanglant. Elle a coûté cher : deux cent trente mille morts, blessés ou disparus dans l'armée française, cent soixante mille pour l'armée allemande. Mangin s'est montré un boucher : les troupes sénégalaises qu'il commandait, démoralisées par la pluie et le froid, ont perdu la moitié de leurs effectifs. Le général Nivelle avait promis de ne pas insister s'il allait à l'échec, mais il n'a cru à l'échec que lorsqu'il a été limogé. L'air s'est arrêté de hurler, le sol de se soulever sous les obus, les nuits de gémir. La stupidité d'un général et le manque de courage civique de ses collaborateurs ont détruit soixante divisions. Pétain nommé généralissime a arrêté le carnage et remis de l'ordre. « J'attends les Américains et les tanks. »

L'aviation a durement trinqué aussi, car il est admis à présent que la victoire aérienne doit précéder la victoire terrestre. Les pilotes vont au repos près de Corbeil, à Viry-Châtillon. Pas les as, pas Guynemer ; les sans-le-sou, les sergents, les caporaux. Les virées à Paris sont journalières. Chaque matin, une diligence attelée de quatre chevaux conduit à la gare de Juvisy des grappes de permissionnaires qui partent à la conquête des poulettes de Paris avec des boîtes de cigarettes anglaises. Le bruit court qu'il n'y aura plus que des offensives limitées, dans les Flandres, à Verdun, à la Malmaison. Le moral n'est pas brillant, bien que M. Bordeaux écrive : « Une allégresse sacrée emporte les hommes. » 1917 sera l'année des mutineries.

Le quadruplé a été un feu d'artifice qui brille encore au-

12. Le capitaine Guynemer faisant les honneurs de son Spad au général Franchet d'Esperey, commandant le groupe des armées du Nord, le 5 juillet 1917. *(Photo E.C.P. Armées.)*

13. Dernier décollage de Guynemer du terrain de Saint-Pol-sur-Mer (Nord). Photo prise le 11 septembre 1917 vers 8 heures 25 par Hervet, de l'escadrille 103. *(Photo X. Musée de l'Air.)*

14. *En haut :* le sergent Louis Risacher, 21 ans, chef de la patrouille basse qui accompagne Guynemer dans son dernier vol, le 11 septembre 1917. *(Photo X.)*

15. 10 septembre 1917. Le lendemain, il sera mort. *(Photo E.C.P. Armées.)*

dessus de l'armée déchirée, la gloire de Guynemer devient légende, ses exploits se multiplient quand on les rapporte, les pilotes de Fokker s'enfuient dès qu'ils reconnaissent les bandes tricolores, le n° 2 et l'inscription « Vieux Charles » sur le fuselage. Il a abattu deux boches à une minute d'intervalle. C'est Fantômas. Dès qu'il apparaît, dans l'armée de terre ou dans les villes, on l'acclame. Aux Cigognes, il suscite la vénération, ceux qui l'approchent servent un dieu. On s'écarte un peu de lui comme s'il portait le saint sacrement, il répand une sorte de lumière.

Que dire, que dire ? On va revoir ensemble le fameux nouvel avion que M. Guynemer père appelle à sa façon et en connaisseur « Le Pétadou », mais lui n'ajoute pas d'x à la fin, et qui fera bientôt ses preuves puisqu'il ne les a pas faites aujourd'hui, et qu'on touche timidement comme un cheval ombrageux. L'Allemagne a, paraît-il, quarante escadres de chasse, elle a adopté une tactique et une stratégie de masse face à l'aviation française, mais le Spad est supérieur à l'Albatros et au Fokker. Il n'y a rien à craindre.

Une vie trépidante le presse. Toujours aux aguets, impatient, ne supportant nulle contrainte et nul retard, il a hâte de se hisser au plus haut. As des as, il a trois avions à sa disposition : si l'un n'est pas prêt, l'autre est là, les jeunes pilotes peuvent attendre sauf si c'est pour lui servir d'équipier ou d'écuyer. Lui n'est heureux qu'en selle. A cheval donc, à cheval !

Le 5 juillet en fin d'après-midi il ne peut pas. Les civilités le cernent. Pas ses parents : il s'envolerait volontiers sous leurs yeux, il abattrait volontiers un perdreau ennemi, voyez comme je tire bien, il leur offrirait un Oberleutnant pilote de Fokker à la traîne de sa formation et le ferait griller sous leurs yeux. Ce sera pour une autre fois. On s'embrasse, on se dit à bientôt. Qu'il téléphone s'il revient à Corbeaulieu, M. Guynemer père et Yvonne iront le chercher en voiture.

S'il revient, oui.

La musique s'en va. Des pilotes mettent leur moteur en route et décollent. Brocard offre un pot à l'escadrille, les tables sur des tréteaux sont dehors, au soleil. Au loin, on voit le plateau de Rosnay verdoyant, pimpant, on entend le canon du Chemin des Dames. A moins que ce ne soit l'orage.

C'est le canon, car la terre tremble.

Le lendemain de la visite du général, le 6 juillet, combat contre cinq biplaces. Il abat un DFW en feu (le lieutenant Martin Hieber) vers 19 h 55, près du fort de Brimont au nord de Reims, là d'où les artilleurs allemands tirent sur la cathédrale. L'après-midi, il remet ça : une bagarre qui ne mène à rien contre un Albatros gris à banderoles rouges. L'adjudant Bozon-Verduraz, qui a remplacé Rabatel, lui sert d'ailier. Bozon-Verduraz, savoyard comme Brocard, a presque cinq ans de plus que lui, il est bachelier es sciences, c'est un garçon réfléchi, solide, trapu, avec petite moustache brune et tendance à la calvitie. Il a déjà été descendu une fois. Il n'est pas encore chasseur, on va le dresser. Le 7 juillet, Guynemer attaque avec lui quatre monoplaces Albatros dans la même région que la veille. Il en abat un en feu à Villers-Franqueux. Grand seigneur, il en laisse un à Bozon et flanque un DFW en vrille à Moussy, plus à l'ouest, sur l'Aisne. « Trois Fritz » depuis la veille (le lieutenant Rheinold Oertelt et le lieutenant Walter Gehrs). Un doublé pour lui, et avec seulement onze cartouches, un encouragement pour Bozon. L'après-midi du 7, nouvelle ronde de chasse. Pour rien. *Janua coeli.* Ô Porte du ciel, priez pour nous. Quand, soudain, le groupe Brocard reçoit l'ordre de gagner les Flandres.

Là, quelque chose se passe. Il est de mauvaise humeur. Attend-il des lettres qui n'arrivent pas ? Cet imbécile se mettrait-il soudain à aimer des demoiselles de petite vertu : Jane Renouard ou Yvonne Printemps qui ont, toutes deux, beaucoup de sollicitations ? Quelque chose chez lui ressemble à une dépression nerveuse. Soudain il n'en peut plus. Le dimanche 8, au déjeuner, le médecin lui conseille de s'arrêter un jour ou deux quand on annonce une patrouille allemande en route vers Amiens. Branle-bas de combat. « *Je vous en prie, docteur.* » Le médecin s'incline, Guynemer bondit, le médecin dit à Brocard que le laisser au sol lui aurait fait plus de mal.

Ce jour-là, où *Excelsior* lui consacre toute sa première page : une immense photo où Franchet d'Esperey lève son épée sur lui, il est si mal que le médecin l'expédie à l'hôpital, bien qu'il ait été encore désigné pour être porte-drapeau de l'aviation à la revue du 14 Juillet à Paris. On l'excusera. La veille du départ pour Dunkerque, les Allemands bombardent le terrain vers minuit.

« Tohu-bohu sans nom », écrit Fonck. Deux mécaniciens tués, des blessés. Le matin, l'escadrille s'envole vers le nord, par un temps très orageux. Une escale a été prévue au terrain du Crotoy où Fonck a fait ses débuts d'élève pilote, dans la baie de la Somme ouverte aux vents du large. En longeant les dunes de la côte, Fonck rejoint Dunkerque où Brocard a donné rendez-vous à tous dans le meilleur hôtel de la ville pour un gueuleton.

XIII

Spleen

À PEINE à l'hôpital de Dunkerque, au lit, il écrit au directeur technique de la maison Spad, l'ingénieur Herbemont, une longue lettre, pour lui expliquer comment il a été descendu piteusement avec « Pétadoux » : « *Tout incident de ce genre comporte un enseignement*. (Ne disposant que d') *une seconde et demie pour profiter de la surprise de mon attaque et tirer sur le n° 1, j'ai mis deux secondes à le trouver dans mon viseur et, à bout portant, le n° 2 m'a assassiné comme un bleu avec sa mitrailleuse de chasse (...). Conclusion : rapprocher mon viseur à une distance normale, reculer le pare-brise. Voici comment (...).* » Ici, de nombreux détails techniques. Il voudrait son viseur sans vibrations. Il évoque une angine qu'il a attrapée pendant une balade en mer. Pour être plus près de son avion, il a couché dans des baraquements mal montés. « *J'ai fait mon voyage* par Ham en une heure trente (...). Le coucou va très bien mais le fuselage commence à vieillir.* » Il s'agit de son Spad VII n° 254. Sous la signature qui tient la moitié de la page, il écrit en lettres énormes : « *Activez* » souligné cinq fois « *la série des pétadoux* ».

La lettre porte le cachet du 20 juillet 1917. S'est-il bien fait comprendre ? Va-t-on admettre que le mauvais emplacement du viseur a failli causer sa perte ? Il n'est pas sûr d'avoir convaincu. Ah ! il a été réussi, le coup d'éclat qu'il machinait : en descendre un au premier coup du fameux canon, le jour même où on le décorait : un coup d'audace qui a failli mal se terminer. Il repense à son doublé du 7 juillet, à l'art accompli avec lequel il

* De Bonne-Maison.

a expédié les deux salopiots au tapis, offrant le troisième à Bozon-Verduraz. Il pense au lieutenant Rheinold Oertelt, né le 4 mai 1883 à Berlin, si enfoncé dans la terre mouillée où il était tombé qu'il a fallu attendre que ça sèche pour le retirer à la pelle. Il l'écrit à son père. A la pelle ou à la pioche ? Ce n'était pourtant pas un de ces dingos qui osaient le narguer avec une écharpe ou une flamme à une aile.

Dans son journal, le sous-lieutenant Chaput, qui a capoté en pleine campagne, commence à en avoir assez. Navarre, réformé pour la deuxième fois après une grave blessure en vol, se retire. Guynemer avoue à son ami Jean Constantin : « *J'ai eu trop de chance. Un de ces jours, je vais y rester.* » Et Constantin a écrit : « Son air triste m'avait frappé. » Guynemer en était à sa quarante-septième victoire. Dès lors, comment serait-il inconscient ? Un vrai militaire pourrait. Brocard a quitté l'escadrille pour le groupe et quittera bientôt le groupe pour l'état-major, il n'est pas un héros né de rien, il doit mener une carrière de saint-cyrien et devenir général. Cas de conscience ou pas, Guynemer ne peut pas. On le connaît trop, il est trop admiré, personne ne comprendrait, les femmes encore moins. Nous ne savons toujours pas ce qu'il pense d'elles ni s'il est amoureux d'elles ou pas. Il s'affiche avec elles, elles l'aiment, il les décevrait à un point qu'on n'imagine pas si, en réserve de destin national comme un homme politique aujourd'hui, il ne volait plus.

Autre lettre, d'amour celle-là, à Béchereau, le même jour : « *Bravo ! Bravo ! Enfin, c'est fait. Vous savez la joie que notre croix a causée à tous ceux qui se battent et savent qu'ils vous doivent leur arme* (...). » De Guynemer, Béchereau pense : « Sa vie a été limitée par ses trois pôles : son avion, sa mitrailleuse, l'ennemi... » Béchereau, qui craint d'être jugé homme de sentiment, n'ose parler d'amour qu'à Mlle Boffy. Il ne prononcera jamais pareil mot (même pas celui d'amitié) pour Guynemer.

La cérémonie a lieu le 20 juillet dans le hall des ateliers, rue des Entrepreneurs. Tous les ingénieurs sont là, Birkigt, Lartigue, Massuger, tous les ouvriers, le ministre s'est dérangé, l'escadrille des Cigognes a offert la croix et Guynemer l'épingle sur la poitrine de Béchereau. Pâles tous les deux, ils se regardent, intimidés, Mme Béchereau est là, Mlle Boffy aussi. Guynemer, figé, dit quelques mots de sa voix cuivrée voilée par l'émotion, il parle de gloire, d'admiration, de suprématie aérienne, du sublime ingénieur qu'est Béchereau, il lui répète ce qu'il a écrit dans des lettres dont tant de femmes pourraient être jalouses et lui donne l'accolade. Les deux hommes se gardent un long moment dans les bras. Guynemer a maintenant son Spad canon et il le doit à Béchereau. Un verre de champagne au galop, et hop ! la Flandre, Dunkerque. A-t-il seulement une nuit à consacrer à Jane Renouard ? Mystère, mystère. Les camarades l'attendent, son avion l'attend, des victimes l'attendent comme du bétail qu'on prépare pour l'abattoir. Il y a dans les Jastas allemands de jeunes officiers qui rêvent de victoire et ne savent pas que Guynemer se hâte vers eux.

A Saint-Pol-sur-Mer, les bessonneaux et les baraquements s'alignent au bord de la mer, à quelques mètres des vagues, parmi les dunes. Les pilotes couchent sous la tente, Guynemer et Heurtaux ont d'abord droit à une chambre dans une ferme, chez Mme Deroo. Ils auront de l'eau chaude pour se raser, du café au lait, des œufs à la coque et du beurre le matin. Ici, la terre est plate, riche et spongieuse ; les villages sont bâtis de brique jaune, il y a de petits bois, de grosses fermes, des calvaires aux carrefours.

Sur le front des Flandres, quand deux formations se rencontrent, elles agissent de même : le chef choisit un pigeon et l'attaque, son ailier le suit, prêt à s'engager aussi, le deuxième ailier surveille le déroulement du combat. Les Albatros se mettent en cercle, les Spad aussi, prêts à mitrailler l'imprudent qui se glisserait au milieu d'eux : la guerre aérienne change de plus en plus. Autrefois, la manœuvre variait selon qu'il s'agissait d'un monoplace ou d'un biplace. S'il s'agit d'une formation, il faut la disperser, profiter du désordre pour fondre sur les isolés. S'il s'agit de monoplaces, attaquer toujours le plus haut. Le 26 juillet, une centaine de chasseurs échelonnés jusqu'à 5000 mètres se livrent combat. C'est le cirque. Richthofen est là et commande.

Le 27, remis sur pied, alerte, il décolle enfin sur son avion canon retapé, avec Deullin. « *Abattu en feu, entre Langemark et Roulens, un Albatros monoplace (probablement du dernier modèle, très puissant, 220 CV) d'une patrouille de six à huit qu'il survolait de 50 mètres. Tiré un projectile et huit cartouches entre 5 et 20 mètres. Une heure cinquante.* » Au-dessus de la Belgique, au nord d'Ypres, à l'est de ce qui doit être maintenant l'autoroute Courtrai-Nieuport, c'est sa quarante-neuvième victoire.

Le fleuve de sa vie atteint des rapides bouillonnants. A Paris, Mortane, à l'affût de tout ce qui lui arrive, annonce la cinquantième victoire dans *Le Petit Parisien*. L'Albatros de la quarante-neuvième est tombé loin dans les lignes ennemies, mais il y a eu des témoins qui ont vu de quoi le Spad canon était capable. Mortane téléphone à Béchereau et Béchereau à Mortane. Est-ce que Jane Renouard a le cœur qui bat ? Et Yvonne Printemps ? Cinquante victoires, cinquante combats achevés par la mort du taureau ! Cette fois, c'est encore avec Bozon-Verduraz, il s'agit d'un DFW, le pilote est l'*Unter Off* Friedrich Thasler, ça se passe comme la veille au-dessus de Maken, entre Ypres et Dixmude, en pleine région de canaux et à 9 heures du soir, toujours comme la veille. « *Ronde de chasse (avion canon). Abattu un DFW en feu sur Westrobecke. Tiré deux projectiles (20 et 150 mètres) et trente cartouches. Reçu cinq balles : ferrure de queue, longeron, montant, tuyau d'échappement, capot, une heure quarante-cinq.* » Pas de chance. L'avion doit encore retourner en usine.

Il n'a pas dit que, le 7 juillet, le pilote du DFW qu'il a abattu à la troisième cartouche a échappé miraculeusement à la mort : il arrivait de Russie, avec son observateur, c'était leur première sortie sur le front de l'Ouest. Il n'a pas dit non plus que le 27 juillet, il a rencontré en altitude l'as allemand Théo Osterkamp, trente-huit victoires, qui finira la guerre avec cinquante-neuf. Osterkamp ressemble à un gnome au front large et à la langue acérée, très imbu de sa personne. Sorti avec deux autres Albatros, il aperçoit des Spad à 3000 mètres au-dessus de Roulers. On se reconnaissait aux insignes, aux numéros et aux noms que portaient les avions, aux écharpes qui claquaient dans les haubans. Le combat s'engage, un premier Albatros tombe en flammes quand Osterkamp voit passer au-dessus de lui un Spad jaunâtre, le « Vieux Charles ». Il veut tirer. Trop tard. Guynemer cabre comme une flèche, replonge, se place derrière lui, lui décoche une rafale qui lui coupe un câble des commandes et casse son pare-brise. Osterkamp tangue dangereusement, penche à gauche, une de ses ailes bat, il tombe, ferme les yeux dans l'attente du coup de grâce qui ne vient pas. Guynemer s'éloigne. En pylône dans un champ, Osterkamp, qui a été déjà descendu une fois par Ball avant de devenir as lui-même, croit que Guynemer l'a épargné et s'écrie : « *Danke, Hauptmann Guynemer !* » Pourquoi pas ? Il l'a échappé belle !

Osterkamp, dans ses mémoires, chantera la générosité de Guynemer. « Dieu veuille que nous ayons toujours des ennemis comme celui-là ! Dieu veuille que nous nous montrions pareils à lui, invincibles et magnanimes ! » Hé, messeigneurs, c'est que vous avez, en face de vous, un hidalgo qui sait qu'au combat, le pardon, s'il l'exerce, est méritoire.

Dans l'arène, il arrive ainsi que le taureau, quand il s'est montré d'une bravoure inouïe, soit épargné. Une fois sur dix mille. Parce qu'il a mis tous les toreros en fuite et que la lance des picadors ne lui a pas brisé l'échine, le directeur des arènes, convaincu de sa noblesse, lui laisse la vie sauve. Alors, le taureau sort sous les ovations, avec un brillant gilet de sang sur sa poitrine.

Cela s'est vu. L'as des taureaux finit sa vie dans les pâturages comme glorieux reproducteur, et règne sur un troupeau. Général d'Empire en quelque sorte, avec des grades conquis au feu.

Udet aussi chantera la louange de Guynemer qui l'a épargné. Pour Udet et Osterkamp, ce qui étonne, c'est que Guynemer n'ait jamais parlé d'eux à Mortane. Le jour où les journaux célèbrent sa cinquantième victoire, où on le croit invincible, immortel, établi dans la gloire, il va, non sans humeur ni humour, se laisser aller une fois de plus, devant Mortane, à rectifier les sottises qu'on colporte à propos de sa veine, et de ses dons d'acrobate. La chance, quand on la tient, il ne faut pas la laisser filer. La chance, c'est de veiller à ses mitrailleuses, de les remonter et les démonter soi-même, de les graisser soi-même, de les régler soi-même tous les jours, deux fois par jour s'il le faut. S'il l'osait, il ferait comme Ball : il les emporterait dans sa chambre pour les caresser amoureusement. « Mes toutes belles, mes chéries », ce qu'il n'a jamais dit aux femmes, sinon avec un brin d'ironie. Que ces dames vous trahissent, ce n'est jamais très grave, mais les mitrailleuses ! Sa veine ? Il a été descendu sept fois, alors que pour les hagiographes on croirait qu'il n'a remporté que des victoires faciles. Sept fois ? C'est incroyable. Je n'en ai retrouvé que cinq : celle du 13 mars 1916 à Verdun, qui l'amène à l'Astoria avec les belles Japonaises, celle du 19 juillet 1916, quand il essayait une mitrailleuse synchronisée, celle du 23 septembre 1916, après un doublé, où notre artillerie manque de le tuer, le 6 juin 1917 où il est mitraillé par un observateur allemand dont le pilote est mort, le 5 juillet 1917 enfin, le jour de sa rosette, où il échappe miraculeusement à la mort avec son avion-canon criblé de balles. Les autres fois, ce sont peut-être des bûches, des capotages dus à la maladresse ou aux circonstances, par exemple quand il se mêle de changer de moteur, ou quand il se perd. Pour un pilote, tout est ennemi, le brouillard plus que le Fokker.

Il chasse à sa manière, et il n'a jamais laissé entendre qu'il avait épargné un adversaire. Il se réjouit trop de voir le boche (puisque c'est le mot consacré) cramant, agonisant, extirpé à la pelle de la glaise où la chute l'a enfoncé. Il s'attaque aux envahisseurs de la patrie, Blasco Ibañez a raison de le ranger parmi les libérateurs de 1792, héros de la Révolution. Et nous pouvons en conclure que s'il n'a pas descendu Udet, c'est qu'il avait lui-même son arme enrayée, et si Osterkamp lui a échappé, c'est qu'il l'a vu tellement mal en point que le poursuivre devenait inutile ou dangereux. Sans quoi Udet et Osterkamp figureraient sur l'obituaire. Ah ! s'ils étaient tombés vivants dans nos lignes, il serait allé les voir, il les aurait peut-être (lui qui ne boit pas) invités à vider un verre à sa table, au milieu des camarades, il aurait assisté à leur interrogatoire. Ecumant de rage sacrée, on lui aurait vu ces éclairs de furie, cette face grimaçante de champion qui se dépasse pour franchir le premier la ligne d'arrivée. La guerre est un moment de démence dont il ne renie rien. Chaque victoire, c'est un mort, parfois deux. Sa gloire est de tuer. S'il est chevalier (et il croit l'être), il n'est pas un saint de vitrail. Ou saint Georges peut-être quand il transperce le dragon. S'il est chevalier, c'est sans apitoiement ni attendrissement. *All right, ça dégringole !*

Qu'est-ce qu'un héros, encore ? Peut-être un sous-produit nécessaire à la gloire des vivants et pour l'image de marque de la communauté professionnelle, voire nationale. Ainsi en fut-il de Mermoz. Tous les aviateurs de Palmyre des années vingt connaissaient les mésaventures du sergent un peu paumé qu'était Mermoz à cette époque. Un héros est quelqu'un qui ose affronter volontairement des risques disproportionnés.

Qu'est-ce que la chevalerie ? Une injection de miséricorde dans l'horreur de la guerre. Pour Guynemer, l'honneur avant la pitié. L'honneur d'abord, tel que son père le lui a enseigné, selon Achille Guynemer à Saragosse et selon Louisa la superbe, l'orgueilleuse, l'intraitable, qui se prétend avec raison de lignée royale, et pour qui le nom est tout. « Le pilote de chasse tue ou est tué. » Qui dit cela ? Richthofen. Qui ne signerait cette déclaration après lui ? Qui donc ? Dans quelle armée ?

Nos grands as de la dernière guerre, Clostermann et Marin La Meslée, ne disent pas autre chose, ils sauvent l'honneur au moment de la débâcle parce qu'ils ont su tuer sans bavure et en masse. Ni Accart, ni les anciens de l'autre guerre d'un autre siècle, ni parmi les derniers qui vivent encore : Waddington, Risacher, Chartoire, et qui ne se souviennent plus, tant c'est loin, où était la pompe à pression d'essence sur le Nieuport ou sur le Spad. Le temps d'écrire cela, l'un d'eux s'en va, en silence. Ni, je suppose, les pilotes du Mirage 2 000 ou des Supermirage de demain qui, à 3000 kilomètres à l'heure, voleront au radar et tireront sur des mires ou des leurres au commandement de leur salle d'opérations. Un vrai pilote de chasse ne s'entraîne que pour tuer. Oui, mais il y a la façon.

La meilleure est que l'adversaire ne s'en aperçoive même pas. Celle que je demande chaque matin au Chasseur qui est à mes trousses et n'attend que le moment. Ou alors comme un hidalgo : style Guynemer, ou, mieux encore, style Fonck : l'adversaire découvert, on fond sur lui de haut, d'en bas, d'en avant, d'en arrière ou de côté, et on le liquide sans qu'il puisse s'échapper. Pas le temps de dire : ouf ! qu'il est en bas et, de préférence, inconscient. Ou si, par malheur pour lui, il est désemparé, que Dieu l'aide. Mais si vous êtes chasseur, n'allez pas l'achever comme cela s'est vu. On a vu des pilotes mitrailler les vaincus suspendus à un parachute. Ils devaient en avoir reçu l'ordre, mais la besogne est à laisser aux tueurs d'abattoir. Indigne d'un chasseur, indigne d'un homme de cœur. Ignoble.

La chevalerie, c'est la corrida où le torero serait en même temps taureau. Pourrait tuer ou être tué. Où l'adresse est reine et le hasard roi. Qui peut savoir ? Qui peut prévoir ? Fonck tire et disparaît. Pas Guynemer. Il tire, et s'il n'a pas tué du premier coup, il revient à la charge, s'acharne, s'approche à 10 mètres, à 5 mètres, pour être sûr d'abattre, si près que le sang de son ennemi gicle sur son avion. Pourquoi ? Par amour de la patrie ? Parce qu'il est là ? Parce que c'est sa vocation ? Parce qu'il ne peut pas faire autrement, et qu'il a ça en lui ; parce qu'il est Guynemer et qu'il est devenu, après qu'il l'eut voulu peut-être, le faucon, le milan dévastateur, qu'on lâche et qui tue. Peut-être pas pour tuer. Pour vaincre. Mais qu'est-ce que vaincre, en cette cruelle saison de 1917, sinon tuer ? Quand il pense que ce brave Tarascon s'est imaginé sur son *Zigomar* que Boelcke l'avait épargné... Pourquoi Boelcke aurait-il épargné Tarascon ? Pourquoi Guynemer aurait-il épargné Boelcke ? Plus tard, en 1940, pendant la bataille d'Angleterre, on verra des pilotes s'épargner audessus de la Manche. On verra un Allemand, Eric Rudorffer (deux cent vingt-deux victoires à la fin de la guerre), raccompagner jusqu'à la côte anglaise un Hurricane qui traînait un nuage de fumée blanche derrière lui.

La chevalerie, dans l'aviation, encore est-ce moins du vivant d'un homme qu'à sa mort, qu'elle s'exerce. Ah ! avec l'ennemi mort, on est tranquille ! Nous n'en sommes plus au Moyen Age où, à cause du Graal, le vase sacré où le sang du Christ a été recueilli, la chevalerie servait à semer un peu de justice sur terre, malgré les hordes, et secourait la veuve et l'orphelin.

Au début de la guerre, en 1914, quand un aviateur allemand était abattu près d'un village ou en pleine campagne, on étendait son corps sur le fuselage de son avion, on plaçait à ses pieds un soldat baïonnette au canon, non pour l'empêcher de s'échapper mais pour le garder des importuns et des voleurs. Quel gisant, ce héros mort pour sa patrie ! Après quoi, on lui creusait une tombe et, au moment où on l'y descendait avec une prière de l'aumônier, on tirait une salve de mousqueterie. Ce ne sont pas les obsèques royales de Richthofen chez les siens, en 1918, mais ce n'est pas rien. La chevalerie, ce sera d'aller jeter une couronne de feuilles de chêne sur sa tombe.

Le mercredi 28 juillet 1917, Guynemer remporte donc sa cinquantième victoire. Toute la presse le claironne. Jane Renouard décide de porter une veste flamboyante et Yvonne Printemps se demande si elle n'a pas commis une bêtise en promettant à Sacha de l'épouser. N'empêche, ce jour-là qu'on devrait noyer dans le champagne ou dans les chansons : « Père Jeandet, chante moi *Offrande* ! », est un jour de larmes et de deuil. Auger, le discret, modeste et doux capitaine Auger, qui l'a si souvent accompagné en l'air, rentre avec une balle dans le cou ; il y voit à peine, il se dirige à l'aveuglette, réussit à atteindre les approches du terrain et là se laisse tomber en essayant de ne rien casser. Ses mécaniciens courent à lui, le sortent de l'habitacle, le sang ruisselle de partout, il meurt dans leurs bras. Et Deullin, le tacticien de la chasse, qui enseignait comment se placer, comment se garder, comment tirer, comment s'approcher sans être vu, Deullin aussi est touché. L'ancien dragon a abattu son adversaire, mais ne s'est pas aperçu qu'un autre était derrière lui : fatal instant d'inattention. Auger et Deullin, c'est le prix de la cinquantième victoire, comme le père Dorme a été le prix du quadruplé. Pour Guynemer, toute joie est ternie. Il se redit qu'il va y passer aussi. En face, ils sont trop nombreux, trop décidés. Deux places vides ce soir-là à la popote des officiers où Heurtaux, à l'hôpital, manque aussi. A table, ils ne sont plus que quatre : le lieutenant Raymond Lagache, le sous-lieutenant Bucquet, Bozon-Verduraz qui vient d'être promu officier, et lui. Les sous-offs ont durement trinqué aussi. Il reste encore quatre adjudants : Fonck, Guillaumet, Henin, Petit-Dariel, où est donc ce râleur de Chainat ? deux sergents : Gaillard et Moulines, et trois caporaux : de Marcy, Dubonnet et Risacher, et la bataille des Flandres n'est pas encore engagée. On dit qu'on est en train de masser, comme pour la Somme, de formidables puissances d'artillerie, et qu'une armée française commandée par le solide général Anthoine est venue soutenir l'armée britannique déjà en place. La 3 est à Saint-Pol-sur-Mer.

Le 2 août, on enterre Auger. Absoute à la chapelle de l'hôpital de Dunkerque. Tout le groupe est là. Le père du pilote aussi. Discours de Brocard : « *Les Cigognes qui ont si souvent volé près de toi sont venues te dire adieu. Déjà quinze d'entre elles t'ont précédé et t'attendent là-haut, plus nombreuses que nous. Dis-leur que nous ne faillirons pas, et que nous continuerons (...). Dis-leur de bénir nos vols et de nous laisser parmi elles une place quand notre tour viendra (...).* » Il en a de bonnes, Brocard, promu commandant. Si seulement on voyait derrière soi. Derrière et dessous, le danger vient de là. Deullin a raison, il faut des équipiers pour surveiller les abords. Mais comment surveiller les abords des équipiers ? Brocard a-t-il besoin de dire que quinze pilotes y sont déjà restés ? A-t-il besoin de demander à Auger de retenir, là où il est, la place de ceux qui sont encore en bas ? Est-ce qu'il n'y a pas chez Brocard un certain goût de morticole pour le casse-pipe des autres ?

Moment pénible, aux funérailles, tous les salamalecs d'après. Guynemer n'aime pas s'attendrir. Il voudrait continuer à imaginer ses camarades vivants. Ils vont revenir. Ils sont en perme, ils font la noce, ils s'en paient. Dorme l'increvable n'est plus. Il savait manœuvrer. Pour lui, il n'y avait pas de meilleur moyen que de tenir l'adversaire à 10 mètres, à 5 mètres, et là, de l'étendre. Pour Guynemer, s'en payer, c'est de s'installer aux commandes d'un avion qui n'a pas encore volé, respirer cette odeur de métal propre, d'huile, d'essence, sentir ce qui va s'éveiller sous le capot quand on mettra en route. Chaque fois c'est plus fort, ça décolle plus vite, ça grimpe et ça s'accroche mieux. Il faut que ça pique à mort sans vibrer, que ça obéisse au plus léger mouvement du manche, à la première pression du pied, que ça bondisse.

Avec son canon, Guynemer pourra prendre un peu plus de distance, mais l'avion n'est pas au point, on l'a ramené en usine, il va aller le retrouver, il va partir, il ne se sent pas bien. Une visite à Deullin à l'hôpital et en vitesse, Béchereau, Paris. Un ricanement : ces demoiselles ? Il n'est pas Casanova et les femmes ne sont pas sa vie. Nungesser a besoin d'elles, comme un jongleur de feu a besoin de flammes. Il s'en éprend. Il s'amuse. A Nancy, Nungesser a poussé la plaisanterie jusqu'à transbahuter avec une camionnette de l'escadrille les filles de joie dans une seule boîte. Pour Guynemer, ce sont des mœurs de soudard. Un vague sourire jaune, une ombre de mépris. Il ne fréquente pas ces gens-là. Byron est-il entré dans un bordel du Péloponnèse ? Qu'il soit la proie du sexe s'il veut, et des diableries de la luxure, il est Byron, un prince. Ils n'ont pas les mêmes goûts sur ce plan-là. Guynemer reste un hidalgo. Pas janséniste, non. Quand il commet le péché d'amour, le cher enfant s'en accuse et s'en lave au plus tôt. Il a mieux à faire : ses mitrailleuses, son canon de 37. L'ennemi.

Il en est à cinquante. Presque le double si on lui avait tout compté.

« Ma chère petite dame brune, écrit M. Guynemer père à une amie de Crépy-en-Valois, j'ai une grande nouvelle à vous dire. Le GQG m'annonce officiellement que G. a abattu hier son quarante-neuvième et son cinquantième avec Pétadou*. Voilà un triomphe d'inventeur qui couronne une lutte longue et tenace contre M. Lebureau. Il l'a emporté par sa volonté et je suis émerveillé plus qu'un autre de mon rejeton parce que je sais mieux quelle ténacité il a déployée... » Ecriture appliquée, distinguée et espacée de bon scribe, signature simple : à peine une boucle tourbillonnante pour l'initiale P. du prénom Paul.

Nous voilà en août. Goering commande la 27e Jagdstaffel dans la région d'Ypres. Richthofen est à Douai, beaucoup plus au sud et à une centaine de kilomètres de Dunkerque : Guynemer et lui risquent peu de se rencontrer. Brocard voudrait muter sa superstar à un poste moins dangereux. Directeur d'une école ? Inspecteur ? trop de susceptibilités sont en jeu à cause de ses vingt-deux ans. Et lui, accepterait-il ?

A Paris, il surveille, morose, les réparations de son avion. Ça ne va pas vite. Il ne sait même pas en profiter pour s'amuser. S'amuser voudrait dire qu'il faut se dépêcher parce qu'on va mourir. Seulement un peu de griserie : la tête lui tourne par moments, il ne sait pas toujours où il en est avec Jane Renouard et Yvonne Printemps. Voit-il seulement le Paris où il circule dans sa petite Sigma ou en taxi, quelquefois en métro, aperçoit-il les remparts de sacs de sable qui protègent certains monuments, voit-il les femmes que la guerre rend plus provocantes avec leurs voilettes

* Lui, il écrit le nom sans x.

et des jupes moins longues ? Il passe son temps à rendre les saluts qu'on lui décoche de partout, officiers, soldats, civils, on parle tellement de lui, les gens le reconnaissent, se taisent soudain, le regardent comme s'il sortait de l'au-delà. Lui qui se tient toujours si droit, il semble un peu voûté, encore plus pâle que d'habitude, et avec un visage comme marqué, brûlant et vague tout à la fois. Il va de l'hôtel Edouard VII à la rue des Entrepreneurs et au-dessus du Fouquet's, où habite Jane Renouard. Tout Paris défile en bas, sur l'avenue des Champs-Elysées, mais y va-t-il ? Qu'est-elle devenue ? L'aime-t-il encore ? L'a-t-il jamais aimée ? Et Yvonne Printemps ? Il ne dit rien, personne n'est sûr de rien. Il dîne chez les parents du lieutenant Jean Constantin, son ancien condisciple de Stan', ou chez les Lartigue. Il y a chez lui comme un désenchantement, il est las de tout ce qu'on lui répète, de l'admiration exagérée dont on l'entoure, il aimerait autre chose, toute cette solennité l'ennuie, il est devenu moins gai, il n'y a que son avion qui le retienne parce qu'avec lui il se quitte lui-même et va à la rencontre d'autre chose.

Le 14 août, le roi Albert et la reine Elisabeth de Belgique viennent à Bergues visiter les Cigognes et remettre la croix de Léopold Ier et la croix de guerre belge à Nungesser, au capitaine Matton, au capitaine Villaume, au lieutenant de La Tour et à Heurtaux. Il n'est pas là, heureusement. Il n'aurait pas supporté Nungesser. La fois d'avant, quand Nungesser est allé à Guynemer et a salué, à six pas : « Nungesser... » Guynemer a grommelé : « ... connais pas. »

Il rentre le 15 août. Fonck promu adjudant-chef vient d'abattre un Fokker au-dessus de Dunkerque, son septième. Tout le monde répète qu'il ira loin. Heurtaux est de nouveau blessé, Deullin à l'hôpital est capitaine. Le 16 août, le sergent Cornet est tué. Visite du général Lyautey, nouveau ministre de la Guerre, qui décore Foch de la médaille militaire : Guynemer cornaque ces messieurs, leur explique ce que c'est qu'un avion, comment on tire, comment on pique, comment on tue. Le colonel Ignatief, l'attaché militaire russe, s'écrie : « Mais je vous connais, je suis venu chez vos parents à Compiègne et à Paris jouer au bridge. C'est vous le petit Georges... » C'est lui, en effet, il a fait du chemin vraiment ! Foch le regarde, les mains dans les poches de son manteau, avec un drôle de sourire dans sa moustache de vieux madré : ce garçon a quelque chose que n'ont pas les autres, de la race, une sorte d'irréalité à côté de la masse écrasante de l'attaché militaire russe doré sur tranche, avec ses épaulettes et sa casquette, sanglé dans une capote qui lui tombe sur les bottes. Guynemer a beau avoir, avec la pluie, les pieds dans la boue, il n'appartient pas à ce monde. L'attaché militaire de Roumanie en profite pour lui coller l'ordre de Michel le Brave, ce qui provoque chez lui comme un fou rire. Un de plus, un de moins, il ne saura bientôt plus où les mettre, ça fait un peu comique mais il ne faut vexer personne. Les Serbes lui ont conféré aussi la croix de Karageorge, les Monténégrins la croix de Danilo ; il ne prend plus ça au sérieux. Ah ! la première fois, la médaille militaire et la croix de guerre avec Guerder (où est-il, Guerder ?), on dirait qu'il y a un demi-siècle de cela. Comme ils étaient jeunes et innocents, comme ils considéraient les anciens avec respect ! A présent, quand un général (et pas n'importe lequel : pas moins d'un général d'armée) lui remet une palme de plus, il est le premier, lui, capitaine, à lui serrer la pince en bon luron : « A la prochaine, hein, mon p'tit père... » A peine une lueur d'étonnement et d'humour dans l'œil.

Parce qu'il y aura une prochaine. Demain peut-être, ou après-demain. C'est long et dur à démarrer, et puis on ne peut plus rien arrêter. On dirait qu'on est installé dans la guerre et dans la gloire. Il se dit cela par routine. Il se dit aussi que cela ne peut pas durer.

Sa sœur Yvonne se sent promue sœur d'un héros. « *Papa a vu Géo à Paris dernièrement. Très content. Le cinquantième a été abattu à 9 heures du soir, il le voyait à peine, il l'aurait raté à la mitrailleuse, mais il a été pris dans la gerbe de la boîte à mitraille et avec un seul coup a pris feu. Pétadou dépasse les espérances (...).* » Ce nom vulgaire mais qui fait très « popu », très « guerre des tranchées » les a tous séduits. D'une grande écriture féminine très chic, elle ajoute qu'elle cherche un âne pour l'atteler à une petite voiture, elle se plaint des difficultés de la vie, on n'a plus de domestiques. On parle de Pétadou dans les salons de Compiègne, on est aussi dans les secrets des dieux, puisque le grand quartier général est là et que, des coulisses du haut état-major aux cuisines, les bobards circulent.

*« Dernier tuyau — le général G., chef de la mission anglaise, a dit à Papa que la bataille des Flandres était la dernière bataille**, *qu'elle durerait longtemps, mais que c'était là qu'on les aurait. Les Anglais tueront là tous les boches (...). Ça y est, j'ai désobéi à tout le monde, j'ai volé, oui, oui, oui ! Je suis même venue au-dessus de Compiègne, faire la nique à la cagna*** ! *exquis (...). Aucune nouvelle* (sic) *du gosse, on l'a aperçu à Paris dernièrement. Le Petit Marseillais annonce la cinquante-deuxième mais ce doit être un canard de la Cannebière* (sic). *(...) Le bruit courait que G. avait été bombarder avec son canon le QG boche où se trouvait le Kaiser ??? et ici ils sont dans la frousse des représailles. On l'a rencontré à Paris il y a deux jours (...). »*

La seule qui sache se taire et pleurer, c'est sa mère. Louisa, la première explosion d'orgueil passée, se tait aussi. Elle, non parce qu'elle ne sait pas parler. Par dignité. Par prudence. Elle, du moins, sait écrire. Odette, en Suisse, s'inquiète, ne pense qu'à lui, souffre de ne connaître les nouvelles qu'avec une semaine de retard, reporte sa haine de l'Allemagne sur certains clients de l'hôtel. Yvonne se multiplie. Après le petit snobisme mondain, le snobisme de l'héroïsme l'a saisie, elle ne sait plus comment se comporter, non pour qu'on la remarque, pour qu'on sache qu'elle est là, prête à tout. Pour la France, naturellement.

Le 17 août, sur l'avion canon réparé, le S 382, escorté par Battesti, il est à 5800 mètres quand il rencontre deux Albatros biplaces. Il en abat un à la mitrailleuse à 9 h 20, et à 9 h 25 un DFW d'un coup de canon. Formidable. Le premier. S'il pouvait, il sauterait de joie. Il se lance en chandelle, il tourne dix tonneaux. A 9 h 20, au-dessus de Vladsloo, ça a été l'Oberleutnant Robert Fromme et les lieutenants Von Leyser et Ernst Schwartz. Ronde d'armée. Et à 9 h 25, l'Unterhoff Johann Neuenhoff à Houthulst, au sud de Dixmude. Priez pour eux. Le 18 août, toujours avec Battesti, il décolle au point du jour, met le cap sur Londres parce qu'une escadrille de bombardement est signalée en mer du Nord. « Trois quarts d'heure dans le coton, dit Battesti, sans rien voir », d'une navigation si incer-

* Souligné trois fois.

** Toujours le style « tranchées ».

taine qu'ils se retrouvent, grâce à un trou énorme dans les nuages, sur Nieuport, à l'intérieur de nos lignes, où un biplace file vers l'est. Guynemer l'attaque à bout portant, l'Allemand tombe près de Roulers, en bordure de la forêt, sans être accordé comme victoire. Mais l'avion magique est touché et repart en réparation. Il l'accompagne, on le voit encore à Paris, puis il repart, n'en pouvant plus. Le 20, l'ennemi se masse en grosses patrouilles derrière chaque cumulus. Avec son Spad de remplacement, le S 504, il foudroie un DFW de plus, piloté par le sous-officier Martin Ewald au-dessus de Poperinghe, à l'ouest d'Ypres. Pour le plaisir en quelque sorte.

Le temps est à l'orage. Des grains balaient la Flandre, la mer. Le 24 août, encore Paris, où il échange des souvenirs et des banalités avec des anciens de Stanislas. A l'un il dit : « *Tu ne me verras plus au communiqué, c'est fini, j'ai abattu mes cinquante boches...* » Curieuse réflexion. Le 28 août, il retourne se confesser à Saint-Pierre de Chaillot. Aurait-il passé la nuit avec Jane Renouard ? Veut-il avoir une âme pure quand l'heure terrible sonnera ? Le curé de Chaillot l'a reçu à la sacristie, son pénitent lui a dit que c'était fatal, qu'il n'y échapperait pas. Peut-être parce que Heurtaux est encore blessé ? Quelques heures à Compiègne, où il se montre câlin, gai, un peu agité. Des amis le trouvent changé, fiévreux, exalté, agacé par des jalousies. Il ne parle que de ce canon qui va révolutionner la guerre aérienne. Le père se souvient du temps où le gosse, puni, mangeait à l'office avec les domestiques parce qu'il ne s'était pas, pour un détail infime, soumis à la discipline de fer qui régnait chez les Guynemer. Le père se tait.

On ne peut pas ne pas penser à Richard Hillary, ce jeune pilote de chasse anglais qui n'avait pas vingt et un ans quand il sera abattu, le 3 septembre 1940 et écrira un livre déchirant, *La Dernière Victoire*. Richard Hillary c'est 1940, la bataille d'Angleterre, la froide et cynique poésie de jeunes pilotes :

Quand je serai mort
sous les segments de mes rognons,
les bielles de ma cervelle
extirpe les arbres à came de mes vertèbres
et remonte le moteur...

Lui aussi retournait en permission chez lui et son père ne

savait pas non plus lui parler. Pourtant Richard Hillary avait souffert. Atrocement brûlé, il était défiguré, il avait perdu des camarades. Il n'avait pas la gloire de Ball ou de Guynemer. La dernière fois que son père, lui aussi ancien officier, l'accompagna à la gare, personne ne desserrait les dents, dit son admirateur Arthur Koestler. Et comme Richard insistait pour que son père n'attende pas l'arrivée du train, le père alla en silence lui acheter un paquet de cigarettes. Richard en fut, dit Koestler, profondément troublé et reconnaissant. C'était la dernière fois qu'ils se voyaient. On imagine M. Guynemer père donnant à son fils un vieux foulard, une boîte de pastilles pour la toux et, bien qu'on fût en septembre, un dernier conseil : « Couvre-toi bien. »

Ce soir-là, rentré de Compiègne à Paris en voiture, il dit à Battesti : « 80 kilomètres en quarante minutes, qu'en penses-tu ? » Battesti grimace d'admiration. Entre copains, on se comprend. Après dîner, plus d'Yvonne, plus de Jane. Liquidation totale. Plus personne. Ils finissent la soirée dans un petit théâtre, il est reconnu au contrôle, on veut lui donner une loge, mais il préfère des fauteuils au fond de l'orchestre et il insiste pour payer. Battesti ne se souvient pas de ce qu'ils ont vu, ils sont déjà ailleurs.

Le lendemain 4 septembre, Battesti l'accompagne au Bourget, Guynemer s'installe aux commandes du « Vieux Charles », le S 504 probablement, et commande d'enlever les cales, Battesti saute à ses côtés et lui serre la main fortement, Guynemer réduit les gaz pour se faire entendre : « *Adieu, Battesti. A votre retour de Corse vous aurez votre avion canon, c'est promis.* » Un petit geste et le voilà parti. Battesti a le cœur chaviré parce que Guynemer lui a dit vous et parce qu'il s'en va. Il est déjà loin, il roule, il décolle, disparaît dans le ciel brumeux du Bourget. Il se posera deux heures plus tard à Saint-Pol-sur-Mer. Heurtaux a encore reçu une balle dans la cuisse. Guynemer règle ses mitrailleuses. La popote n'est pas gaie. Comme on lui demande des nouvelles de Paris, il sourit.

Le 5 septembre, l'aube est chargée, il y a de la brume sur la mer si proche qu'on l'entend battre, puis, tout à coup, ça se dégage par paquets. Il ne peut plus supporter d'attendre. D'ailleurs, en l'absence d'Heurtaux, c'est lui qui commande, il n'a d'avis à demander à personne, il enfile sa combinaison, ses gants, son serre-tête et fait signe aux mécaniciens : en route.

Le 504 obéit au doigt et à l'œil. Solide, souple, nerveux. Droit sur la mer et le rivage en ourlets d'écume. Il va faire beau. L'équipier est encore Bozon. On louvoie entre les nuages, on découvre un DFW qui se croit seul. Signe machinal à l'ailier : il va le descendre. Il ne réfléchit plus comme autrefois, c'est de la routine. C'est de l'art, camarades, c'est sa condition d'oiseau de proie. Il arrive sur le DFW comme la foudre, appuie sur la détente, rien ne part, les deux mitrailleuses sont enrayées. Furieux, il n'insiste pas. Retournement, plongée. Regagnons le terrain, redémontons ces saletés de mitrailleuses.

Redécollage, ronde d'armée pour rien au-dessus de cette terre plate et vide. On dirait qu'il quadrille le néant. Cinq heures trente de vol ce jour-là. C'est beaucoup trop à réciter des litanies de malheur. Est-ce que tout a changé ou est-ce que tout lui échappe ? Les jeunes officiers n'osent plus lui parler, il se sent seul. Heurtaux lui manque. Raymond qui aurait dû le remplacer comme chef d'escadrille est en permission, Deullin lui manque, Dorme surtout lui manque, et Dorme ne reviendra pas. C'est Dorme qu'il cherche. Aime-t-il tellement Dunkerque ? La mer pose des problèmes pour la navigation.

Il faudrait s'arrêter, réfléchir, étudier les nouvelles conditions qui modifient l'emploi de l'avion. On n'est plus au temps du Morane Parasol : la libellule décollait sur 50 mètres, son moteur de 50 CV pétaradait joyeusement. Le Spad n'est pas lourd mais il commence à peser, il emporte de l'essence, son Hispano de 200 CV vous arrache du sol, ses deux mitrailleuses tirent à travers l'hélice, et son canon, quand il sera au point, rendra l'engin irrésistible à condition de savoir le manier. Il en vient à penser comme Deullin qu'on ne peut plus sortir seul, qu'il faut emmener deux ou trois ailiers, des patrouilles échelonnées en hauteur, étagées comme celles des Richthofen. Il n'aime pas cela. Cette tactique est pour les jeunes, son art à lui ne se plie pas à cette discipline, il se place où il veut, il va où il sent qu'il doit être, il a toujours le soleil dans le dos, mais quand le soleil est voilé ?

Le 8 septembre, il emmène encore Bozon-Verduraz, et comme il y a beaucoup de brume, ils se perdent de vue. Facile :

il suffit d'une petite embardée dans les nuages. Comment un ailier peut-il perdre de vue son guide, son chef ? C'est qu'il n'est pas assez près de lui. C'est peut-être la faute du guide qui n'a pas donné d'ordres précis. Qui lui a appris à donner des ordres ? Il a toujours volé seul. A ceux qu'il emmène il dit : « *Tu n'as qu'à me suivre...* » A gauche ? à droite ? plus haut ? plus bas ? à quelle distance ? Et quels signaux pour dire quoi ? Balancer les ailes veut dire : ennemi en vue, balancer des ailes une deuxième fois : j'attaque. Si c'est l'ailier qui aperçoit l'ennemi le premier, il se met à hauteur du guide et balance des ailes. Et l'attaque, est-ce seulement un piqué ou le combat tournoyant ? Le sous-lieutenant Bozon-Verduraz n'est pas encore un chasseur accompli, quoique Guynemer lui ait attribué une victoire. Il apprend, comme de Marcy, comme Risacher, comme Gaillard. Il n'y a pas d'écoles de chasse. On envoie les jeunes pilotes dans les escadrilles où il y a des as, chez les Cigognes ou ailleurs. Ils écoutent, ils regardent, personne n'explique rien au tableau noir. Au bar, c'est là que tout se passe. Pas sérieux ? C'est à chacun de se débrouiller. Comment les aiglons apprennent-ils à se battre ? Et les busards ? Et les faucons ? Les jeunes accompagnent les vieux, les vieux leur montrent comment se laisser tomber sur la proie, comment la tuer d'un coup de bec sur la tête, comment l'emporter. Oui, mais entre oiseaux de proie eux-mêmes ? Les oiseaux de proie ne se battent pas entre eux : ils se menacent, ils veillent à préserver leur territoire. Le plus faible cède la place au plus fort, qui règne. Il n'y a que les hommes à se mesurer sans être de taille, inventer des armes nouvelles et vouloir prendre à toute force ce qui ne leur appartient pas.

Le samedi 8 septembre, Brocard décide que les sorties isolées sont interdites car les victoires deviennent rares et ceux d'en face arrogants. Quelques jours auparavant, André Dézarrois, un pilote de la 26, s'est fait rétamer par des Albatros qu'il a pris pour des Anglais et il est à l'hôpital avec Heurtaux. La journée s'étire dans l'ennui. Ah ! si seulement Paris était moins loin. Le dimanche 9, Guynemer assiste à la messe, peut-être à l'église Saint-Eloi de Dunkerque*, avec La Tour peut-être, mousquetaire volubile et racé, cœur noble, qu'il aime bien. Il a sûrement besoin d'une protection divine. Mieux encore : d'une protection

* M. Bordeaux dit à l'église de Saint-Pol-sur-Mer.

maternelle, de celle de la mère de Dieu, de Madame sainte Marie. Ce qu'il attend des femmes, c'est cela, il est si jeune. Yvonne Printemps, trop pressée, trop ambitieuse, trop arriviste peut-être, n'a pas compris. Jane Renouard encore moins. Les autres, que pouvaient-elles ? Il n'était pas leur fils. Quant à sa mère, n'est-elle pas engoncée dans le fatras de conventions que M. Guynemer père a imposées chez lui, où le naturel est recouvert de formules mondaines ? Sa mère imagine-t-elle sans effroi « le gosse » à son poste de pilotage ? Au fond de lui, dans le secret du cœur, Yvonne Printemps lui manque : elle était si vive, si gaie ! Qui sait si elle ne pense pas à cet enfant perdu dans la glaciale solitude où tant d'ennemis le traquent, dont les plus terribles ne sont ni Richthofen ni Goering mais la panne, le givre, l'erreur de navigation au-dessus de la mer ou peut-être l'apprenti qu'on n'a pas vu, qui vous rate de justesse et qu'on abat, après une embardée soudaine, de trois cartouches bien graissées. Certains as, comme Fonck, glissent les cartouches dans la bande en un ordre précis, inventé par eux, toujours le même.

Avec La Tour peut-être, il va voir Heurtaux à l'hôpital puis il passe dans les chambres des aviateurs : son nom résonne dans les corridors, des infirmières s'affolent. Dézarrois immobilisé par ses pansements et ficelé sur son lit, confondu de se sentir inutile, s'excuse. « *De quoi ?* » demande Guynemer.

Dézarrois est un garçon naïf, un peu exalté. Quelques jours plus tôt, au sortir de la salle d'opération, encore dans les brouillards de l'hypnogène, il a dit à Brocard qu'il avait vu (c'est le cauchemar des chasseurs) une trappe s'ouvrir sous la carlingue d'un Rumpler et une mitrailleuse l'arroser de ses balles (le Rumpler ne possède pas de trappe). Dézarrois est heureux parce qu'on lui a sauvé un pied qu'on avait failli lui couper, et il demande à Guynemer s'il a ramené son avion canon. Le visage de Guynemer se contracte : « *Non. Il n'est pas prêt. Pour eux, là-bas, rien ne presse* », et il ajoute cette phrase sibylline : « *Et ça fait trois de plus, Auger, Heurtaux et toi...* » Il dit « toi », comme à Battesti, comme aux autres. Par moments. A d'autres moments il dit « vous ». Mais Dézarrois n'osera jamais le tutoyer. Dézarrois pense qu'à la liste des absents, il aurait dû rajouter Rabatel, Guynemer a déjà franchi la porte, Dézarrois n'a aperçu que ses jambes fines et sa silhouette noire s'éloignant dans le couloir, tandis qu'épris et amoureux du héros : « N'est-ce pas qu'il est beau ? »

dit-il à l'infirmière ébahie. Et il continue pour lui : « Vengeur armé, terrible, inexorable, c'est lui... Ses yeux immenses, un visage d'un ton plus sombre encore qu'à l'ordinaire... » « *Auger, Heurtaux et toi...* » Auger vient d'être tué, mais Heurtaux est en vie, Dézarrois aussi. Guynemer veut peut-être dire qu'il ne les voit plus et que sans eux, il se sent seul. Jane Renouard, c'est pour Paris. Il n'a jamais cru que Jane Renouard pourrait être fidèle, mais a-t-il besoin qu'on lui soit fidèle ? Est-il fidèle, lui ? Saurait-il aimer et désirer une de ces dames comme son avion canon ? En est-il une qui l'inonde de bonheur comme lorsqu'il demande aux mécaniciens d'enlever les cales ?

Le temps est si bouché qu'aucun vol n'est possible. Il s'arrête, il regarde la mer qui respire, il s'ennuie, il repasse à la butte de tir. Il aime bien ce terrain de Saint-Pol si près de la mer, qu'on reconnaît tout de suite, de loin, à l'ouest de la ville, contre les dunes, au bout d'un bassin du port qui ressemble à un doigt de gant. Et blanc. A la popote il joue une tournée aux dés avec La Tour, ils ont l'air si seuls tous les deux. Si le père Jeandet était là, Guynemer lui demanderait de chanter *Offrande*. Heurtaux dira plus tard qu'à l'hôpital il s'est penché sur lui : « *Tu sais, mon vieux, la prochaine fois, ce sera moi...* » Il pense peut-être à ces pilotes anglais qui ont écrit sous leur pare-brise :

He must fall
Remember
*Ball**.

Dorme aussi lui manque de plus en plus. Dorme était un vrai ami, qui l'aimait, et lui ne pouvait pas se passer de Dorme. Depuis que Dorme a disparu, la vie a changé ; quand il s'en va, il sait que Dorme ne l'attend plus à son retour à l'escadrille. Tout à coup, il a envie de retourner encore à Paris, de n'en revenir qu'avec son avion canon, qu'il l'ait enfin. Il le dit à Brocard de passage : « Tu viens de Paris et tu veux y repartir, répond Brocard. Tu connais la règle : tu commences par descendre un boche. Et puis il n'y a plus personne à l'escadrille. » Guynemer lui tourne le dos et s'en va. Le dernier qu'il a descendu est du 20 août, son cinquante-troisième, et il est allé depuis souvent à Paris, c'est

* « Il doit tomber, rappelle-toi Ball. »

vrai. As ou pas, il lui en faut un autre, sinon on l'accusera d'en prendre trop à son aise. Brocard impose la même discipline à tous et le temps est si infect. Soirée morose. A la popote des sous-offs, on entend chanter :

Ah! les fraises et les framboises
Les bons vins que nous avons bus...

La météo annonce une amélioration pour le lendemain.

XIV

Il ne lui manque plus qu'une chose

LE 10 SEPTEMBRE au matin, le brouillard recouvre tout, le soleil roule des paquets de brume, puis le vent se lève. On va voler. Bozon sera son ailier, les autres, les petits sergents, suivront plus bas, il montera le plus haut possible comme d'habitude. A 2 heures de l'après-midi, les moteurs démarrent en toussant et la patrouille décolle. Un à un les chasseurs s'effacent dans les vapeurs du ciel.

De cette journée, les relations restent vagues. Un rapport non daté du sous-lieutenant Bozon-Verduraz, trois semaines après peut-être, reprendra des souvenirs déjà confus. Mais qui pourrait prétendre avoir accordé de l'attention à cette journée-là? Qui peut s'en souvenir? Plus personne n'est là, le seul témoin encore vivant qui ait vu quelque chose et s'y soit intéressé est l'ancien sergent Louis Risacher. Il a quatre-vingt-douze ans aujourd'hui.

Bozon-Verduraz commence son rapport en rappelant que le 2 septembre 1917, Guynemer descendait son cinquante-troisième avion ennemi, et qu'il avait pris part, lui, Bozon, au combat « assez dur ». Ce n'est pas exact. Bozon mélange tout. Il a bien volé ce jour-là, mais avec Bucquet, pas avec Guynemer, et la dernière victoire de l'escadrille, avec Guynemer, est du 20 août, au-dessus de Poperinghe. Les 3 et 4 septembre, Guynemer est à Paris et à Compiègne.

Du 10 septembre, Bozon écrit de son style relâché : « Nous fîmes trois patrouilles qui nous valurent des combats très durs, nous obligeant d'atterrir sur un terrain d'aviation belge, nos appareils se trouvant hors de combat. »

Le témoignage véridique de ce jour-là vient de Willy Coppens, l'as belge n° 1 aux trente-sept victoires, spécialiste de l'attaque des ballons, qui sera grièvement blessé en octobre 1918, amputé d'une jambe.

Guynemer se pose tout près de la frontière française, dans les Moëres, une région de polders et de canaux qui commence à 5 kilomètres du rivage. Quatre escadrilles belges sont là, « dispersées autour d'une grande prairie ». Willy Coppens écrit : « Guynemer a des ennuis d'alimentation du moteur. Il sera dépanné par nos mécaniciens. Tandis que, monté sur une roue de son Spad, l'aviateur s'appuie au capot, la mentonnière de son bonnet de cuir doublé de fourrure relâchée, un photographe de l'escadrille du commandant Jaumotte prend l'admirable photo qui devait être la dernière... »

La nouvelle de sa présence se répand : tout le personnel converge vers le hangar devant lequel il a arrêté son avion. Guynemer montre de la nervosité. Il est peu loquace. Pas distant, pas timide non plus, mais peut-être un peu gêné de la curiosité qu'il soulève. « Quand son moteur fut au point, il s'envola, retourna à Saint-Pol. Nous ne devions pas le revoir*. » Willy Coppens obtient de lui une signature sur son étui à cigarettes.

De ce jour-là, M. Bordeaux écrit : « ... le lendemain — lundi 10 septembre — il vole trois fois, et les trois fois une malchance impitoyable le poursuivra. La première fois, il part sur son appareil à deux mitrailleuses. La commande de la pompe à eau est grippée : il est forcé d'atterrir sur un terrain d'aviation belge. Cependant il faut revenir. On le photographie comme il va baisser le casque. L'image ainsi obtenue montre un Guynemer crispé, tendu, tourmenté, inquiétant. Celui qui faisait trembler ses ennemis fait trembler ceux qui l'aiment... »

De son côté, André Dézarrois écrit : « ... le 10 septembre, sortant à trois reprises, restant cinq heures en l'air sur trois avions différents, ses expéditions se terminent par des atterrissages forcés, des pannes et quatre balles reçues, presque au but. C'est le jour où, sur le champ d'escadrille belge des Moëres, celui du

---

* Willy Coppens de Houthulst, *Aviateurs célèbres au temps des hélices*, éditions Erel, Ostende, 1973.

commandant Jacquet et du fameux Willy Coppens, anobli par le roi au titre de Houthulst, fut prise l'avant-dernière et particulièrement émouvante photographie de lui, juché sur son moteur d'avion, en combinaison de vol, casqué, l'œil combien farouche ! On la dirait extraite du monument de Rude à l'Arc de triomphe... » Ce jour-là, Dézarrois était à l'hôpital de Dunkerque. Il a écrit cela des années après, pour le n° 43 d'*Icare* qui paraîtra en hiver 1967. En vérité, l'inquiétude que Guynemer montre sur cette photo a été provoquée par l'atterrissage un peu long et hasardeux d'un maladroit qui risquait de percuter les avions arrêtés là, et le sien. Il a l'air de se dire : « Mais il va nous rentrer dedans, ce con-là... »

Ce jour-là, Guynemer ne décolère pas. Tout lui échappe. Il apprend la mort du capitaine Matton, as aux 9 victoires qui commande l'escadrille N 48, descendu au-dessus de la forêt de Houthulst par le lieutenant Josef Jacobs, super-as de la Jasta 7. Il ne sait pas que *Le Temps* de ce soir-là publie, sous la signature de son critique dramatique Adolphe Brisson, à propos de *L'Illusionniste* de Sacha Guitry : « Mlle Yvonne Printemps est en train de devenir une actrice remarquable... » La générale de la pièce a eu lieu la veille aux Bouffes-Parisiens.

Le registre des vols de l'escadrille est tenu sans rigueur et souvent avec fébrilité. Les heures notées par les pilotes ou les numéros d'avions ne correspondent pas toujours aux colonnes prévues, quelquefois pas même au jour. Alors une flèche tente de rectifier l'erreur.

Il est possible de conclure que Guynemer a volé ce jour-là sur trois avions différents, une première fois deux heures, une deuxième fois une heure vingt, une troisième fois une heure trente et une quatrième fois trente minutes, le total de ses vols de la journée atteint cinq heures vingt. M. Bordeaux, qui a pu sur place tout vérifier, a résumé ainsi cette journée : « Deullin est absent. Il monte l'appareil de Deullin. Il découvre enfin dans l'espace un groupe d'avions ennemis, les attaque sans aucun souci de leur nombre, reçoit quatre balles dans son propre appareil dont une dans la pompe à air. Une deuxième fois, il était contraint à l'atterrisage et même il doit rentrer au camp en automobile. Va-t-il écouter les conseils de la sagesse, de la providence ? Ah !

bien, oui, il repart une troisième fois, l'essence déborde par le couvercle dévissé du carburateur. Un commencement d'incendie se déclare, Guynemer est encore obligé de redescendre, il a failli prendre feu. Trois vols, trois atterrissages forcés. Ce jour-là encore, il a dépassé la mesure : il a volé cinq heures et demie sur trois appareils successifs... »

Les détails donnés par M. Bordeaux ne figurent pas tous sur le registre des vols, mais le total des heures de vol correspond. Si l'on revient au rapport peu précis du sous-lieutenant Bozon-Verduraz, on lit : « *Le capitaine était nerveux, il savait que dans les attaques des Flandres où l'aviation ennemie était si meurtrière, les poilus français attendaient les victoires nouvelles de l'As des as... !* » Sur « les poilus français », nous avons là une appréciation toute personnelle de Bozon, jugé par les uns comme un rigolo, un blagueur, par d'autres, tel Risacher, comme « pas rigolo du tout ». Quant à ce que Bozon a inscrit sur le registre des vols de l'escadrille, ce jour-là, il s'est encore trompé de jour et une flèche cherche à corriger l'erreur. Il a volé de 18 h 30 à 20 h 00 et de 18 h 20 à 19 h 20.

D'autres sources, plus incertaines encore, laissent entendre que Guynemer a décollé d'abord avec Bozon en pleine brume, qu'ils ont percé sur la mer au bout de quarante-cinq minutes sans savoir où ils étaient et qu'ils ont fini par trouver le terrain de la plaine des Moëres où ils ont reçu une aide chaleureuse. Guynemer aurait même avalé en vitesse deux œufs sur le plat, au mess. Rien n'est certain dans la chronologie, sinon qu'il a volé trois fois au moins, sans qu'on sache quand a eu lieu le combat où il a reçu quatre balles et Bozon aucune. Aucun détail de Bozon non plus sur un combat auquel il a dû participer s'il accompagnait Guynemer. La discrétion de Bozon paraît étrange. Encore un renseignement incertain : pour son dernier vol de ce jour-là, cette fois sur l'avion du lieutenant Lagache, Guynemer serait reparti avec Bozon par mauvais temps, il y avait de l'aviation à tous les étages, on voyait partout des avions qui tombaient en flammes, et Bozon, une fois de plus, l'a perdu de vue.

Est-il nécessaire de tout savoir dans le moindre détail ? Pourquoi tenter de déchiffrer du registre des vols ces pages plus que défraîchies, fripées, usées, sur lesquelles tant de doigts et de regards se sont posés, un peu pareilles à l'étoffe sacrée du saint suaire ? C'est qu'il s'agit un peu de cela. D'abord il a touché ces pages, il y a posé sa main ; ses empreintes, pour qui saurait les restituer, y sont. Sur ce document, on dirait que son écriture n'a pas varié depuis le collège. Ce n'est plus la signature du capitaine, de l'homme devenu dieu.

Ne tombons pas dans l'idolâtrie. Il n'est pas dieu, et puisque nous évoquons le saint suaire, il n'est pas le Christ. Il est un de ces héros qui brillent d'une gloire très vive, comme les étoiles sur le point de s'éteindre. Ce jour-là, nous le retrouvons presque seul à la popote des officiers où l'on entend le phono grésiller. *Ferme tes jolis yeux*, c'est l'air à la mode, c'est le soir, il est presque seul, il se sent triste parce qu'il n'a pas réussi à obtenir au moins ce boche que Brocard lui réclame pour le laisser aller à Paris, chercher son avion canon ou revoir Jane Renouard ? C'est peut-être un orgueil exagéré chez lui, un appétit féroce de gloire et de cruauté, et cependant nous ressentons chez nous quelque chose qui ressemble à une envie de pleurer.

Il expédie son dîner, repousse son assiette, s'essuie la bouche et s'en va. Personne ne le retient. D'après les souvenirs de Bozon, Deullin serait rentré de l'hôpital. En tout cas, La Tour était à l'escadrille. Oui, mais Dunkerque est une grande ville qui a des maisons de plaisir et d'oubli. Deullin et La Tour n'auraient-ils pas été en virée tous les deux ? Et Bozon ? Et Fonck ? Fonck aussi devait être là, mais avec les sergents, à la popote des sous-officiers, et il n'est pas encore un as. D'ailleurs, Guynemer a-t-il tellement de sympathie pour lui ? Quant à Bozon, si Guynemer l'a choisi comme ailier, il ne passe pas sa vie avec lui. « Demain, se dit-il, la brume se lèvera de bonne heure... »

Si, à présent, il bronchait, il s'écarterait de ce qu'il a voulu, on croirait qu'il a peur. Peut-être la tentation d'arrêter lui vient-elle parfois en effet. Qui lui serine de pareilles sornettes ? Peut-être a-t-il besoin de repos, peut-être n'en peut-il plus*. Mais voudrait-il céder qu'il ne peut pas. Il est tenu par ce qu'il est devenu. Même s'il acceptait l'idée que les autres ont de lui, il ne la supporterait pas de lui-même. Et tous ceux qui le regar-

* « On le hissait dans la carlingue. A son retour, on l'en sortait. Il ne tenait plus debout. » Témoignage de son mécanicien à Michel Dulud.

dent ? Pas seulement ses rivaux. Les jeunes, les caporaux, les sergents, le souvenir de celui qu'il a été et qu'il est toujours, pas du tout quelqu'un qui veut faire carrière : un seigneur, un hidalgo, un compagnon de Charlemagne, un Guynemer. Lui, on sait d'où il vient, il n'a pas une santé à toute épreuve. « Couvre-toi bien, mon petit. N'attrape pas froid... », il a entendu ça toute sa vie. Personne n'aurait jamais cru qu'il aurait pu affronter de pareils dangers et des adversaires aussi coriaces. L'énergie qui l'anime, la foi qu'il a en lui, l'ambition qui le dévore l'ont transformé en fer et flamme, rien ne lui résiste, il a tout conquis, il est monté si haut que personne ne peut l'atteindre, il est l'As des as, personne ne comprendrait qu'il lâche. Aussi ne lâche-t-il pas. Il sait ce qu'il a voulu et obtenu : l'avion canon qu'il n'a monté qu'à peine une fois ou deux. Qu'on le lui rende. Rien ne résistera à Guynemer venant chercher lui-même son engin de mort, son chéri, son amour. Vite Paris ! Bozon parle « d'une lune merveilleuse », le ciel est plein d'étoiles. La mer respire tout près, derrière les dunes à quelques mètres. N'habite-t-il plus chez Mme Deroo depuis que Heurtaux est à l'hôpital ? Il gagne le baraquement des chambres et finalement, sans très bien savoir pourquoi, frappe à une porte où le nom de Risacher est écrit à la craie.

Risacher ne dort pas parce qu'il est désigné pour voler tôt, le lendemain, avec Guynemer, en patrouille, et qu'on a annoncé qu'il va faire beau. Il veut être en forme, alors il est au lit. Quand il entend qu'on frappe il croit que c'est un copain. Quand il voit qui entre, il se redresse. Guynemer l'arrête. « *Ne bouge pas... Je passais, j'ai eu envie de te dire un mot. Je ne te dérange pas ? On vole demain matin, je volerai avec Bozon, toi tu seras patrouille basse avec les autres. On ne se voit jamais...* »

Il ne fait déjà pas très chaud dans ces baraquements, le vent souffle souvent sous les portes et par les fenêtres, parfois si fort qu'il faut, à cause du sable, bâcher les moteurs sous les hangars. Ce soir-là, on entend à peine la mer remuer. Le sergent Risacher a volé deux fois dans l'après-midi : la première fois en exercice de tir, une demi-heure ; la deuxième en patrouille basse, pas en même temps que le capitaine, il n'était pas sur le terrain belge, il n'a pas assisté au combat d'où le capitaine est rentré avec quatre balles dans son moteur. Quand la porte s'est ouverte, il est un peu estomaqué, un peu inquiet, qu'est-ce qui se passe ? « *Je ne te dérange pas? J'ai vu de la lumière...»* Debout, Guynemer hésite, puis s'assied au pied du lit étroit. Le sergent Risacher a pour le capitaine une sorte d'admiration toujours émerveillée et une sorte d'affection, des choses qu'on ne dit pas.

Guynemer considère tous les pilotes à égalité avec lui; pour les jeunes, il a une sorte de tendresse violente et un peu pitoyable, tant mieux pour ceux qui vont monter, tant pis pour ceux qui vont se faire descendre. Aux yeux de Risacher, c'est un mystère, personne ne sait comment il se bat : il vole haut, il voit de plus loin que les autres. Quand le problème de l'ennemi se présente, il le résout en un éclair, fonce et abat. S'il rate, ou si l'autre réussit à se dérober, il revient, ne lâche pas, manœuvre comme personne, s'approche comme personne, a du courage comme personne, est un vainqueur comme personne, mais personne non plus ne sait comment ça se passe.

Le sergent Risacher a son âge ou presque. Il a perdu du temps dans l'infanterie, par chance il a été affecté à l'escadrille en juin comme caporal. Il venait de Pau où il était moniteur d'acrobatie aérienne : on voulait savoir comment adapter l'acrobatie à la chasse de combat. Il a été désigné. Grand et bien bâti, il mesure un mètre quatre-vingts, il a une belle gueule, des yeux bleus, les filles ne lui résistent pas. Il aimerait approcher le capitaine, c'est difficile quand on est sergent, le capitaine ne se livre pas, il ne dit jamais grand-chose, il plaisante peu, et avec les pilotes qu'il connaît. Le jour même, Risacher a pris une photo de lui avec Parasol, le chien de Deullin, un peu perdu depuis que son maître est à l'hôpital. Le capitaine Guynemer semblait heureux quand il a vu le chien, il a joué avec lui, l'a attrapé par les pattes de devant, l'a soulevé, c'est à ce moment que Risacher a pris la photo. Juste avant dîner. Les sous-officiers pilotes mangent à part, c'est Fonck qui préside depuis que Bozon a été promu sous-lieut'. «*On ne se voit jamais*», répète Guynemer.

Guynemer a besoin de parler, il ne sait pourquoi. Comme au collège. Il trouve que Risacher ressemble à Constantin. Peut-être pas tout à fait. Il n'a pas l'air endormi comme Constantin, ou il le voit ainsi parce que c'est le soir? Risacher a le même âge que lui, mais il est si jeune encore, alors que lui... Le sergent Risacher écoute, médusé, Guynemer lui raconter qu'on ne voulait pas de lui, qu'il a dû se faufiler partout quand il a commencé. « *On faisait ce qu'on pouvait, on volait à deux sur des Morane, ce n'était pas le pilote qui avait la mitrailleuse. Maintenant les gens nous prennent pour des crâneurs ou des trapézistes de cirque, des casse-cou.* » Puis il lui parle de la chasse devenue un métier. « *Fais très attention. Méfie-toi derrière toi, devant toi, en haut, en bas, ça peut venir du seul coin de l'espace que tu n'auras pas fouillé. Pour ça, il faut bouger, les ailes te cachent une partie du ciel, ton empennage, ton fuselage et ton moteur aussi, bouge, bouge, n'aie pas les yeux dans ta poche, surveille le soleil d'abord, le soleil où tu dois te réfugier, mais où les autres sont peut-être déjà, c'est presque toujours de là que ça vient... Et l'ennemi, prends-le à bout portant. A 20 mètres, à 10 mètres, quelquefois à 5, comment rater ?* » Pour Guynemer, il n'y avait pas de doctrine : le nombre ? la force ? les armes ? l'astuce ? Pour lui, la chasse se pratiquait selon le tempérament de chacun. La chasse au perdreau était peut-être une partie de plaisir. Pas la chasse aux boches. Leurs as valaient les nôtres. Enfourcher un avion de chasse avec deux mitrailleuses tirant à travers l'hélice, grimper à 5000 mètres, se mettre dans le soleil, se garder, découvrir l'ennemi, l'attaquer sans tomber soi-même dans un piège, c'était cela, la chasse : vouloir tuer et risquer d'être tué, après tout y avait-il rien de mieux sur terre ? Personne non plus pour mettre l'exercice en formules : commencer à tant, déclencher à tant, l'œil sur la montre à secondes quand on en avait une ou sur l'indicateur de vitesse. Qui s'amusait à boucler la boucle en combat avec deux ou trois adversaires aux fesses ? Il n'existait pas de manuel de parfait chasseur. On était chasseur ou on ne l'était pas. C'était une question d'humeur, de sang, pas de théorie. « *Tu sais ou tu ne sais pas*, dit Guynemer, *tu peux ou tu ne peux pas. Tu y vas ou tu n'y vas pas.* »

Soixante-neuf ans après, l'ex-sergent Risacher me raconte ça, dans une chambre d'hôpital où j'ai fini par le découvrir. J'entends Guynemer parler d'une voix tranquille un peu métallique, un peu ironique parfois, gentiment, à petites phrases courtes, et il conclut : « *Je te le dis parce que je t'aime bien, je ne voudrais pas t'empêcher de dormir, mais j'aurais de la peine si tu ne rentrais pas. Tu es un chasseur, toi...* » Puis il se lève, d'un geste rapide esquisse le geste de toucher la poitrine du sergent : « *Allez, dors bien...* »

Avec Heurtaux, qu'on ne pouvait plus voir ou qui ne voulait plus se montrer, Risacher était l'un des deux derniers survivants de la 3, il est à présent le dernier à avoir vu Guynemer et assisté à son dernier combat. A travers le regard bleu ciel et la chevelure blanche du vieil homme, j'imagine le sergent de 1917, la chevelure au vent, un pied à l'étrier de son Spad VII à l'insigne des cigognes basses, prêt à sauter en selle.

Ce soir-là, les bombardiers profitent de la nuit claire pour attaquer le camp et le port. Le rapport Bozon signale aussi que le terrain de Saint-Pol a été « copieusement bombardé, une bombe étant tombée à 2 mètres de la tranchée où tous les as : Deullin, de La Tour, Fonck (là quelques points de suspension comme s'il ne savait plus qui méritait encore ce titre d'as) s'étaient abrités, heureusement car une partie de notre baraque Adrian fut détruite (...) ».

L'aube du 11 septembre est un grand bol de brume rose. A Dunkerque, le soleil tout neuf frappe la cime de la tour et du beffroi orgueilleux. Au bout de la grande cité cernée de canaux et de routes, le chemin de fer semble buter contre le bout du monde. Après, c'est la mer. Ce matin-là, le brouillard ne réussit pas à se former, la mer plate devient presque bleue, presque blanche, le vent est nul. Des convois roulent sur les routes défoncées : de la troupe à casques plats et uniforme kaki pâle, des Anglais déferlent à travers les Flandres qu'une fois de plus, des armées se déchirent.

Ce jour-là, à partir des dunes, entre la terre grise et la mer et, après Dunkerque, à partir des longues plages séparées de la terre spongieuse par d'autres dunes, le brouillard ne réussit pas à s'emparer du ciel sous les coups d'épée de plus en plus vigoureux du soleil. La journée s'annonce belle, encore qu'on ne soit jamais sûr de rien dans ce pays. Guynemer est agité, crispé et parcouru de bancs de fièvre et de sérénité. Brocard lui a fait dire la veille au soir que l'avion canon était prêt et qu'il pouvait aller le chercher à l'usine. « Le plus tôt possible », insistait Brocard.

Le bombardement de la nuit a troublé Guynemer qui n'est pas comme l'adjudant Fonck qui dort quand il veut, où qu'il se trouve. Fonck, quand il descend d'avion, dit à son mécano : « Donne-moi la couverture. » Il se couche dans le fond du hangar et il dort, même après un combat.

Des bessonneaux ont été éventrés, un gros entonnoir a été creusé dans le sable, les avions n'ont pas souffert. Blême, presque bistre, il est allé très tôt au hangar inspecter son « Vieux Charles » intact et a pressé les mécaniciens de le sortir. Vite, vite !

Quelqu'un lui demande pourquoi il n'attend pas Brocard qui s'est annoncé depuis la veille avec le commandant du Peuty. Quelqu'un. Personne n'est capable de dire qui. Ce qui est sûr, c'est qu'au moins un camarade, peut-être plusieurs, a insisté pour qu'il attende. Il ne répond pas. Il sait trop bien pourquoi Brocard vient, accompagné du commandant du Peuty. Il les imagine, il les voit. Ils vont lui proposer quelque chose, un poste. Il dira non. Alors on usera d'autorité. On lui dira : « Tu ne commandes plus la 3, tu ne voles plus. Ne bondis pas. Ce n'est pas un outrage, ce n'est pas une erreur. » Le commandant du Peuty qui vient de Compiègne ajoutera : « C'est la décision du GQG. Nous ne voulons pas vous perdre. » Brocard le fixe tendrement, s'avance vers lui, et d'une voix douce, si douce : « La fatalité, mon petit. Si habile, si malin que tu sois, si fonceur, c'est la loi. Tu as beau être l'As des as, tu y passeras, comme Ball, comme Dorme, comme Immelmann, comme Boelcke, comme tous, même les petits sergents que tu protèges et qui finiront par devenir capitaines avec des victoires. Tu les as tous dépassés. Cinquante. Cinquante-trois. Sans compter celles qu'on n'a pas comptées. Ça suffit. Personne n'en a plus que toi... »

Un geste pour chasser tout cela de son imagination. Ce n'est pas la première fois que Brocard viendra et que Guynemer sera en l'air. Personne n'ose insister. Brocard ne commande plus la 3 ni le groupe, mais agit comme s'il commandait toujours. Brocard a voulu son boche, il l'aura. Guynemer le jettera pantelant à ses pieds, et ira ensuite chercher son amour de canon tant désiré, il ne sera plus nécessaire de s'approcher si près, 20 mètres suffisent, on l'a vu. 20 mètres seulement, une simple pression du doigt sur la détente et l'avion d'en face est réduit en poussière, volatilisé. Un ou peut-être deux boches, pour Brocard ? « ... un peu nerveux, comme si une appréhension secrète le hantait, il marchait furieusement, pareil à un lion en cage... », écrira trois ans plus tard Fonck dans *Mes combats*. Et Risacher m'a dit : « Quand je suis arrivé à mon avion, Guynemer était déjà dans le sien, il réglait son collimateur. Il ne disait rien. Comme d'habitude. »

Le jour est vraiment bien parti, les dernières brumes se dissipent, le soleil les foudroie au-dessus de la mer débarrassée de ses vapeurs habituelles. Par-ci par-là de petits cumulus isolés permettront de se cacher, à condition qu'ils atteignent des hauteurs respectables, 4 ou 5000 mètres. Il pourra s'embusquer pour laisser approcher quelques Rumpler, ou quelque traînard d'Albatros rouge. Pour lui, c'est un très bon ciel avec beaucoup de pièges à pigeons, beaucoup de rayons en lutte contre la brume qui s'effiloche. Il fait signe à ses mécaniciens : en route. Il ajuste son serre-tête, enfile ses gants. Pied gauche à l'étrier du Spad et hop ! Le mécanicien en premier l'aide à fixer les lanières du harnais qui l'attache à la carlingue, le mécanicien en second brasse l'hélice qui, après la compression de chaque cylindre, a comme un tressaillement et une secousse : «*Personne devant ?* demande Guynemer. *Contact.* » Dernier geste rapide en large du mécanicien qui lance l'hélice et se recule, l'hélice tourne dans les fumées bleues d'un excès d'essence, le moteur éternue puis s'installe à mille tours. Et nous voici en incertitude.

Le pilote Dézarrois qui raconte (sans y avoir assisté) ce matin du 11 septembre écrira plus tard : « Guynemer invite à le suivre un récent arrivé, Risacher, qui brûle de se distinguer au plus vite. Mais celui-ci se désespère devant un moteur qui ne veut pas démarrer. Reste un seul disponible avec lequel l'As des as a déjà chassé l'avant-veille, le sous-lieutenant Bozon-Verduraz, Guynemer l'enlève presque. »

Témoignage très contestable, Guynemer vole depuis un certain temps avec Bozon. A l'ancien sergent Risacher, j'ai demandé, soixante-neuf ans après, si Guynemer l'avait désigné pour l'accompagner, et si son moteur n'était pas parti. « Inexact, a-t-il répondu. La veille même, dans ma chambre, Guynemer ne m'avait pas dit que je lui servirais d'ailier. Son ailier du moment, c'était Bozon, on le savait. Mon moteur a très bien démarré. Pour nous, pilotes de seconde zone, une patrouille avec Guynemer, c'était la seule façon d'obtenir une victoire, un as, vous comprenez ? Nous n'étions jamais que les partenaires qui accompagnaient l'As, contribuaient à descendre le boche et ne recevaient que des morceaux. Bozon avait eu son premier avec Guynemer : un Albatros, le 7 juillet, juste avant les Flandres. Guynemer ne disait rien, ne donnait pas d'ordres. C'est Bozon qui, avant de partir, m'a demandé d'être patrouille basse. Sans dire où ils allaient. Comme d'habitude. Bozon m'a dit : "Tu pars en patrouille basse et Guynemer sera en patrouille haute." J'ai pensé : "Zut, zut, merde, en patrouille basse tu vas faire le mouton, tu vas être l'appât." »

Revenons à notre livre sacré, notre bible, au registre des vols de l'escadrille de ce jour-là. Il y a trois noms : Gaillard, Risacher, de Marcy, tous trois sergents, en colonne, l'un sous l'autre (départ 8 h 35, retour 10 h 40, durée de vol : deux heures cinq), et ensuite Bozon-Verduraz (départ 8 h 25, avec un pâté d'encre sur le chiffre 8, retour 10 h 25, pas de durée de vol indiquée). Bozon, c'est-à-dire Guynemer. Ne pas oublier que ces indications sur le registre des vols seront portées au retour, à titre de compte rendu succinct. Jamais avant. On peut donc conclure avec certitude que Guynemer a décollé à 8 h 25 avec Bozon et l'équipe Gaillard-Risacher de Marcy dix minutes plus tard, à 8 h 35. L'équipe Gaillard-Risacher de Marcy est une patrouille de trois. « Qui était le chef de patrouille ? » ai-je demandé soixante-neuf ans plus tard à l'ancien sergent Risacher. « Moi. Gaillard m'a suivi. De Marcy, comme d'habitude, a disparu dès le départ. Je n'ai jamais su où il était allé. » Risacher encore : « Je pars avec un jeune pilote. L'aviation de chasse allemande est très active. »

Il a déjà éliminé de Marcy. Il ne pense qu'à Gaillard, « un type charmant ».

Comme d'habitude donc, il n'y a pas d'ordres précis. On va où l'as a humeur d'aller, on l'attend, on le suit, on le sert suivant ce qu'il a dit ou pas ; Risacher ne demande même pas où l'on va. Il verra. Comme d'habitude. Dans la région de la forêt de Houthulst, au-dessus des lignes, à environ 12 kilomètres au nord d'Ypres, où la plupart des rencontres ont lieu. Une région « giboyeuse », puisque c'est presque toujours là que ça se passe : Dixmude, Langemark, la forêt de Houthulst, Poperinghe. Guynemer en a déjà eu cinq là. Deux Albatros, trois DFW, à une trentaine de kilomètres à l'intérieur des terres, au sud-est de la ville de Nieuport en Belgique, au-dessus de canaux rectilignes et parallèles, se coupant parfois eux-mêmes, parfois traversés par d'autres rigoles ou canaux au tracé plus incertain, des polders, des rivières aux eaux presque dormantes et au cours sinueux. C'est là qu'il s'est posé la veille sur le terrain des Moëres, derrière les dunes de Zuydcoote où des routes tiennent encore, grâce aux sapeurs du génie, et où l'aviation belge a gardé précieusement, au sud d'un canal qui s'appelle canal des Chats, une belle prairie d'envol couverte d'avions, de pilotes, de hangars, avec son as rugueux, Willy Coppens, des mécaniciens qui ont réparé son Spad et des photographes qui ont pris les dernières images qu'on aura de lui.

8 h 25 donc, décollage. Il sourit en entendant le profond hennissement du moteur Hispano. Avec ses roues, il boxe la prairie rase comme une dure poitrine d'homme, il repousse la terre, bondit, assène quelques coups de poing violents, puis une caresse s'établit qu'un frôlement recouvre : il est en l'air, il grimpe à toute allure dans le ciel lisse et vide où glissent des nuages en écharpes, en collerettes, des nuages ruisselants de lumière neuve. Il s'élève au-dessus de la mer et soudain s'exalte quelques instants. Le Spad rugit, et lui fait ce qu'il veut du Spad. Le Spad est sa chimère, le ciel est son royaume. Pas de bonheur plus grand, rien qui sente si bon, même pas ce qu'on appelle les griseries de chez Maxim's, même pas les chaudes fourrures secrètes des plus belles créatures de Paris. Il est maître de l'ailleurs, il est le prince des nuées, il commande à la vie et à la mort, il règne sur tout le front des Flandres, voilà Guynemer revenu, messeigneurs, et si quelqu'un a décollé à sa rencontre, qu'on se méfie. Il est Azraël, l'ange de l'Apocalypse, il décide de l'instant où il frappe.

Presque tout de suite il est sur Dunkerque, pareille à une immense peau de bête étendue. On dirait que les choses n'ont de valeur pour lui qu'à présent. Il voit les choses et les choses le voient. Le port avec ses créneaux brillants et ses biefs le regarde passer. C'est vrai qu'il n'est pas gai, les coins de sa bouche tombent comme quand il attend quelque chose ou quelqu'un. C'est vrai qu'il fuit l'intimité, sauf chez lui peut-être, avec ses sœurs, par moments ; qu'il est impénétrable même quand il essaie de se montrer simple, amusé, bon enfant, bon gosse, un peu demoiselle comme l'élève pilote de Pau, ou au bar quand il joue des tournées aux dés, à ce moment où il n'y a plus de distance, plus de remparts ni de fossés. Il n'est à l'aise qu'avec les jeunes sergents qui l'admirent et ne le jalousent pas encore. Voilà pourquoi il a eu cette heure, la veille, avec le superbe Risacher à la belle gueule pure et naïve, étonnée ou extasiée, et aux yeux pervenche. Qu'est-ce qui lui a pris, au capitaine Guynemer, d'entrer dans la chambre, de s'asseoir au pied de son lit, de lui parler du métier de tueur où l'on risque, si l'on n'y prend garde, d'être tué ?

Bozon l'a rattrapé et le suit à 50 mètres à droite, les autres se rassemblent plus bas. Il attaque carrément la montée, ouvre la manette des gaz presque en grand, ça grimpe, il aperçoit les fortifications de Bergues où les Cigognes ont aussi un nid, il préfère Saint-Pol, le souffle salé de la mer, les dunes tout près : quelques pas dans le sable, et il aspire du vide, où le ciel se confond avec la mer et les fumées des navires, immense boucle d'or et de feu pareille à un cratère vomissant la lumière, et où il se perd chaque fois qu'il s'y risque. La mer, oui, mais à condition de retrouver le rivage, le terrain, les lignes, pas cette brume qui ne finit pas, s'étend, s'élève, s'empare de tout, où l'hélice ne se visse que dans l'inconnu.

Sur le terrain de Saint-Pol-sur-Mer, coup de téléphone de l'état-major à l'escadrille. D'où cela ? De Compiègne, ou de la gare de Dunkerque ? En l'absence des autres, le capitaine de La Tour prend l'écouteur : Brocard demande où est Guynemer, et aussitôt : « Arrête-le, empêche-le de décoller. Dis-lui que son joujou est prêt, qu'il aille le chercher tout de suite, à Paris, à Paris. D'ailleurs, j'arrive... »

Trop tard. Guynemer a décollé. Les deux patrouilles ont décollé. Brocard connaît les habitudes de Guynemer. Il sait qu'il était toujours le premier, pourquoi n'a-t-il pas appelé plus tôt ? Il a peut-être perdu de vue la fantaisie qui règne dans les escadrilles où, à cette époque, chaque pilote fait ce qu'il veut. Pas Risacher, encore un peu jeune, qui n'est à l'escadrille que depuis quatre mois à peine et seulement sergent, mais Fonck, adjudant, déjà onze victoires homologuées, par exemple. Ou Chainat. Ne parlons pas d'un officier. L'As des as ne dit jamais quand il vole. On le saura quand il s'inscrira sur le registre. Brocard devenu officier d'état-major n'est plus en contact avec les escadrilles.

D'ailleurs, il est déjà question de l'affecter au GQG. Il a pourtant fait dire la veille à Guynemer d'aller chercher l'avion canon. Guynemer reste sur sa bouderie. Pas de réponse ni d'acquiescement. Silence. Et qui, en l'absence d'Heurtaux et de Raymond, serait capable d'un peu d'autorité sur Guynemer ? La Tour ne s'occupe pas de ça.

Brocard hurle au téléphone, ordonne de le retenir à son retour, et confirme qu'il arrive avec le commandant du Peuty, ils descendent du train, qu'on vienne les chercher à la gare.

On y va. On les ramène au terrain. Tout à coup, Brocard se demande devant du Peuty s'il n'a pas commis une gaffe. Si, au lieu de prendre les choses graves en dérision comme tout bon militaire qui essaie de biaiser, il n'aurait pas dû faire acte d'autorité : « Tu ne voles plus. Décision de l'état-major. » Le temps que le gosse pique sa crise, le temps qu'on en discute, le temps qu'on réussisse à convaincre un général de signer un papier, à moins que les choses ne s'arrangent toutes seules, on aurait trouvé quelque chose, un poste, un emploi. Cet innocent veut voler, remporter de nouvelles victoires, rester As des as toutes catégories, plus fort que tous, premier de tous, même des gens d'en face où Richthofen commence à le gêner. Il imagine surtout qu'on le soupçonnerait de se planquer, on se dénigre tellement entre soi. Si seulement il tombait malade. S'il toussait, si un toubib découvrait des cavernes dans ses poumons. Après tout, c'est un chétif, un souffreteux avec une santé à toute épreuve, ce crevard qui pèse à peine cinquante kilos est devenu une formidable machine à se battre, il faut briser cette passion funeste.

Ce matin du 11 septembre plein de soleil, sous le ciel vibrant de bruits d'avions, Brocard a soudain l'impression qu'il a pris un risque avec cette idée de l'avion canon qu'on a un peu considéré jusqu'à présent comme une lubie, comme un jouet qui sera souvent détraqué. Brocard a commis une erreur l'autre jour : « Pas de perme avant un boche. » Vite en arrière. Au besoin, mettre Béchereau dans le complot, que le Spad canon ne soit pas fin prêt, qu'on retarde sa nouvelle mise au point sur les données mêmes du pilote : le collimateur, l'ajustement du pare-brise, les fumées au départ du coup. Quand on est tueur, on continue, on s'entraîne à tuer ou on arrête, il n'y a pas de milieu. Guynemer lui lancera sans doute l'argument suprême : « Vous préférez des boches en vie aux boches que j'aurai abattus... » Brocard ne se rebiffera pas. Avec douceur, avec tendresse, ça lui arrive au fur et à mesure que la guerre dure et massacre : « Mon cher enfant », dira-t-il. Ce que Guynemer déteste plus que tout : ce paternalisme, cette commisération. « J'ai peur qu'à la longue... Et même que ce soit un novice, et par hasard... »

On pense tout à coup à un torero illustre, Belmonte, à qui un admirateur un peu inconscient disait au sortir d'une corrida triomphale : « Il ne vous manque plus qu'une chose pour être vraiment parfait, maître... — Et quoi donc, cette chose-là ? — De mourir dans l'arène, maître... » Comme Manolete, comme tant d'autres, comme si on n'atteignait la perfection qu'à cette condition-là.

Sur son Spad, il continue de grimper allégrement en direction de l'est-sud-est face au soleil. Il escalade en les contournant des masses de cumulo-stratus, autant d'embuscades. La terre apparaît et disparaît par bouffées. De Calais à Nieuport, jusque-là, c'est le plat pays gonflé d'eau où les routes enjambent les fossés, contournent les lagunes et se débrouillent comme elles peuvent pour aller d'un village à l'autre, d'une ville à l'autre, mais c'est moins la terre qui l'attire que le ciel encombré de versants couverts de neige dirait-on, de bourgeonnements de vapeurs bouillonnantes derrière quoi l'ennemi peut se cacher. Il bascule doucement sa voilure par moments, il masque avec ses ailes l'éblouissement du soleil, débouche soudain sur un golfe immense d'azur superbe, étalé, bordé de turbans de laine douce, de dentelles, de fleurs indistinctes et translucides. Avec Bozon derrière lui, il va atteindre, à 3000 mètres, un espace presque libre.

Plus bas, vers 700 mètres seulement puisqu'il est patrouille basse, le sergent Risacher, dans le troupeau des nuages, essaie de ne pas perdre de vue son capitaine. Risacher surveille le sol, les ruines dont la Flandre est couverte, le réseau des tranchées qui traverse des voies ferrées enchevêtrées et une multitude de chemins de guerre pareils à des passées de bêtes dans la brousse ou à des sentiers de sauvages. Dans la plaine grise et sans fin où glissent des ombres de cumulus comme des escadres noires, l'entrelacs des lignes s'incruste sur une terre gorgée d'eau, minée, veinée, zébrée de galeries à demi noyées, où le soleil étincelle par moments. Par moments, Risacher et son équipier, le sergent Gaillard, pourraient croire qu'ils sont eux-mêmes le soleil, que c'est leur rapide reflet qu'ils aperçoivent à la vitesse du Spad sur toutes ces eaux mêlées. Ils survolent la Flandre du malheur, tout envahie de soldats en armes, de canons, de postes de commandement, d'observatoires, de compagnies boueuses, de bataillons couleur de glaise, de batteries d'obusiers, la Flandre couverte de réseaux de barbelés qui se croisent, s'entrecoupent et se prolongent dans un morne et terne enchevêtrement d'outillage de mort où chaque adversaire cherche à détruire l'autre et à se garder de l'autre. La forêt de Houthulst qu'indique la carte (presque 2 kilomètres de long sur un de large) mérite-t-elle encore son nom de forêt avec ses arbres hachés, les coupes funèbres qui s'y inscrivent, les débris calcinés d'avions à cocardes et à croix noires qui s'y amassent et deviennent tas de ferraille ? Elle a été le théâtre de tant de combats, elle porte tant de marques de la furie humaine d'en bas, qui casse tout, pulvérise et anéantit tout comme au passage d'un cyclone. Cette forêt qui va devenir le titre nobiliaire d'un as belge est le centre d'une zone fatale où, on ne sait pourquoi, les chasseurs à l'affût se jettent les uns sur les autres.

Au-dessus de cette désolation, à près de 4000 mètres d'altitude, Guynemer et Bozon se dirigent vers la ligne Bischoote-Langemark dont les Anglais occupent les ruines, au nord de la merveilleuse Ypres aux tours, aux flèches et aux palais meurtris par les obus, aux carillons muets ou déréglés.

Derrière la côte tout en dunes et en plages, c'est le même pays. En temps de paix il faut déjà, pour qu'on puisse y vivre, que les églises soient pleines de lumières et de chants et que la bière coule à flots dans les tavernes. Ainsi les hommes ont-ils le courage de bâtir des maisons, des fermes, des hôtels de ville et des beffrois. Après tout c'est leur pays, où iraient-ils ? Ils l'aiment, ils ont réussi partout des chefs-d'œuvre dans le domaine des arts, leurs champs sont devenus des terres à moisson et à houblon. Avec la guerre tout est brisé, routes, canaux, écluses, barrages, murs, toits, étables, écoles, clochers, la désolation est infinie ; les tirs d'artillerie, s'ils n'atteignent pas les agglomérations, s'affalent dans le magma en soulevant des gerbes de boue, on ne sait plus où mettre les pieds ni comment avancer, chaque adversaire reste sur place et accroît les ravages et le désastre en envoyant des obus de l'autre côté des lignes, chez l'autre. La Flandre devient un marécage immense de ruines et de sang que les aviateurs ne découvrent dans toute son horreur que lorsqu'ils sont abattus. De haut, aux altitudes où ils évoluent d'habitude, au-dessus de 3000 mètres, on ne distingue pas le détail et l'immensité de la destruction, on ne voit que des taupinières, des routes, des canaux, des lacs, une grande rivière transversale, l'Yser, puis le canal qui la coupe, et parfois il y a des zones, comme la forêt de Houthulst, où la terre reprend le dessus et où on la croirait presque sèche. Ainsi la zone de Langemark-Poelkapelle, où les combats ont été si meurtriers et ont tellement dévasté le sol que c'est devenu un enfer de boue et de mort.

Plus tard, dans son rapport, Bozon écrira même qu'ils ont piqué sur cette zone-là : il voudra dire qu'ils se sont dirigés de ce côté-là. Pour l'instant, il ondule à côté de Guynemer, à une cinquantaine ou une centaine de mètres, tantôt à sa gauche et tantôt à sa droite selon la position du capitaine par rapport au soleil, et pour que lui, l'ailier, soit moins ébloui et puisse mieux surveiller autour et au-dessus. Car ils sont à présent dans une zone de ciel libre, vide, propre, et les nuages qui se dissipent forment une sorte de couche de brume en train de disparaître, une plage d'or toute luisante d'écailles et de lis.

XV

« On fera ce qu'on pourra... »

Je sais les cieux crevant en éclairs, et les trombes
Et les ressacs et les courants : je sais le soir,
L'Aube exaltée ainsi qu'un peuple de colombes,
Et j'ai vu quelquefois ce que l'homme a cru voir!

Arthur Rimbaud,
Le Bateau ivre.

SAUF BROCARD peut-être, désolé, un peu tard, de n'avoir pu retenir Guynemer, personne ne se doute de ce qui va se passer. Sur le terrain de Saint-Pol-sur-Mer, Brocard tout à coup est saisi d'un pressentiment. S'il arrivait quelque chose, sait-on jamais? il s'en voudrait. Il aurait pu, il aurait dû. C'est ce qu'un bon militaire se dit toujours pour rejeter l'événement sur le dos de la fatalité déclenchée : ils sont partis.

Pour analyser la journée du 11 septembre, on dispose encore de peu de documents : un premier compte rendu très succinct de Bozon sur le registre des vols; un deuxième, de lui, le jour même, sur feuille détachée; son rapport écrit trois ou quatre semaines plus tard et, à une date indéterminée, le récit à Dézarrois, toujours du même Bozon, source unique ou presque des informations aériennes. Il n'y aura aucune observation terrestre sûre et il ne sera jamais tenu compte de ce qu'a pu voir le sergent Risacher en patrouille basse.

Le sous-lieutenant Jean-Séraphim-Benjamin Bozon-Verduraz, appelé familièrement Bozon par tout le monde, promu ailier attitré de Guynemer, a vingt-huit ans. Il est né en Savoie, a fait son service militaire aux dragons de Chambéry et a été rappelé en 1914 au 9e régiment de hussards. Observateur en avion, il a voulu devenir chasseur et est tombé à la Spa 3 dans un échange avec Rabatel sur le terrain de Bonne-Maison; il a remporté son premier succès avec Guynemer le 7 juillet 1917, jour où l'As des as en remportait deux. C'est déjà un vieux : il a cinq ans de plus que Guynemer. Avec sa bonne tête ronde à demi-chauve, on le juge réfléchi et sérieux. Il est bachelier ès sciences. Dézarrois, à l'escadrille voisine, l'aime beaucoup. Pour Dézarrois, Bozon est « homme de cœur, excellent camarade, ni bavard ni vantard ». Dézarrois lui-même est le plus honnête homme qui soit, le plus attaché à ce qu'on appelle les valeurs morales. Il est fier des compagnons qu'il a eus à cette époque de sa vie. Quand il aime quelqu'un, il le sert.

D'autres pilotes auront la dent plus dure. Par jalousie peut-être. Ces hommes du ciel ne sont pas des enfants de chœur ni des anges. Même ceux qui s'estiment et s'aiment se mordillent parfois, comme des lions en troupe. Ils se battent pour une femelle, pour une victoire contestée, pour une palme en moins ou en trop, ils s'adorent et se débinent entre eux, mais qu'un étranger ne s'avise pas d'intervenir avec un jugement critique : on le descendra en flammes.

Lui, Guynemer, quand il atteint une certaine altitude, qu'il surgit sur les hauts plateaux du ciel et qu'il débouche en plein soleil dans le poudroiement d'or de notre étoile familière, aveuglante quand on navigue face à elle, il a l'impression d'être à l'abri, et, d'une certaine façon, l'éblouissement qu'il éprouve lui sert de refuge. Les nuages ressemblent à des îles, à des champs de neige où personne ne va. Il vire doucement, continue de monter sur une volte, pour sonder, au-dessous de lui, la terre pareille à un énorme cratère de volcan à demi éteint, avec des fumerolles, et autour de lui l'espace, et la mer déjà loin, désert inaccessible, resplendissant mirage. Les mers telles qu'il les voit à présent sont des mers du Sud, des mers de paradis, et lui, prince tout au sommet de son fief dévasté, épervier à l'œil aigu, il cherche une proie : tout ce qui bouge, au sol ou dans les airs. En vérité, il est dans un monde nouveau, sans dimensions, sans notions de haut ou de bas, de droite ou de gauche. Il est dans le monde fantastique, vertigineux pour nous, sans nul vertige pour lui, des oiseaux de proie. Là, que ce soit sur ses propres ailes tendues, haubanées, souples et dures, ondulant à peine au fluide qui les soutient, ou dans son moteur puissant et doux, à travers tous les circuits d'eau, d'huile, d'air, de feu qu'il commande de son poste, le moindre frémissement d'atmosphère ou de régime l'atteint. A des distances inouïes, il devine, il perçoit le moindre survivant aux explosions d'acier, le moindre oiseau qui vole encore au milieu des flammes, la moindre mécanique qui rame ou s'élève, s'approche ou s'éloigne de lui. A cette époque, on dit qu'il y a tant de morts sur le sol de Flandres qu'ils tiendraient debout sans tomber si on les dressait. Eh bien, si un de ces morts-là bougeait, il le sentirait.

Chose étrange, quand il est dans cet état, presque hors de la vie, il revoit dans un éclair le visage — est-ce un ange ? — qui lui est apparu pour la première fois sur la scène d'il ne sait plus quel théâtre parisien, le Palais-Royal ? le Gymnase ? Ce n'est pas un ange, c'est une femme, et il l'a choisie, elle, de loin, de préférence à une autre, laissée à Battesti (était-ce Battesti ?). Toute son âme, tout son être physique entrent comme en ébullition. Soudain il devient quelqu'un d'autre, ailleurs, comme au-dessus des astres, libre de lui-même, avec des sabots, des griffes, un regard et un pouvoir royaux, et, en même temps, une sorte de transcendance et de bonheur, comme lorsqu'il se sait en face d'une mitrailleuse. Une femme plus belle qu'il ne l'a deviné. Radieuse, éclatante, une sœur de gloire, lui semble-t-il. Presque un soleil aussi, mon Dieu. Et il avoue, comme à certains moments, qu'il ne partage qu'avec lui-même, dans un éclair encore, qu'il n'est pas guéri d'elle. Elle lui a appris à être tel qu'il a envie d'être, elle s'est montrée toujours cruellement spontanée dans ses cris, ses enthousiasmes, ses coups de tête et ses coups de génie, même quand elle bondissait sur les banquettes, et la fois où, débarquée du train de Paris, en pleine folie, à la lumière des bougies, elle a, en pleine popote, jeté ses chaussures à talons hauts et s'est mise à danser une danse russe sur la table, pendant que tout le monde battait des mains. Pieds nus ou presque, comme une faunesse, sa plus merveilleuse victoire ! Elle l'étreignait, elle le couvrait de baisers, et à certains moments inattendus, à présent qu'elle n'est plus là, il se jette aussi sur elle, l'adore et s'oublie lui-même. Tout se passe sans qu'il ait le temps de réfléchir, toujours en un éclair qui dure, qui dure. Il surgit en plein soleil, il devient soleil et elle explose dans sa mémoire, une seconde, même pas, comme un feu, comme un astre qui éclate.

Le soleil soudain en lui, ou la rose gardée d'elle sur son cœur, est-ce que ce sont des choses qu'on avoue jamais ? N'avait-il pas encore dans sa cantine des bas de soie avec son parfum et sa chaleur ? Une fois, on s'était bien moqué de lui, quand on avait découvert les petits secrets de son pupitre à Stanislas, là où il cachait ses boîtes à malice, ses bouts de ficelle, ses cahiers, ses lettres, ça ne se montrait pas non plus, ce n'était rien, ce rien était sa vie. Un pétale de rose desséché, des bas, en vérité tout ce qu'il possède est de cette chasseresse. Les autres femmes, c'est uniquement la griserie, les apparences, comme si tout n'était qu'apparence. Il en existe peut-être une à qui il lui arrive parfois de penser tendrement, et qu'il revoit en cachette et en hâte dans les moment difficiles, Mme de Cornois, si étrange et si proche de lui, si enfant mais pas libre. Ne serait-elle pas enceinte de lui ? Il a cru le deviner, il n'a pas voulu le savoir. Mme de Cornois est pour lui l'enfer à quoi il n'a pas su résister. Et s'il avait d'elle un fils à qui il ne pourrait donner son nom ? Il imagine M. Guynemer père apprenant que « le gosse » a un bâtard...

Soudain, un peu plus au sud de la forêt de Houthulst, à hauteur de Langemark, sensiblement au-dessus du village de Poelkapelle dont il ne reste plus rien, il tressaille. De colère. De furie. De suprême fébrilité. Mille mètres plus bas, peut-être, un avion à croix noires se traîne le long d'une falaise de nuages et observe, le gros malin. Coup d'œil du côté de Bozon qui n'a rien vu. Pourtant ce n'est pas un leurre, c'est bien un Albatros ou un Rumpler. Un Rumpler plutôt. Un biplace. Comment peuvent-ils encore voler sur de la camelote comme ça ? Comme s'il volait encore sur Morane Parasol.

Son cœur se met à battre violemment, et pas d'un devoir comme le croit M. Bordeaux. Le devoir a-t-il jamais fait battre un cœur ? L'inattendu, oui. Le merveilleux. L'amour. Qu'est-ce que l'amour ? A l'instant de la découverte de l'amour ou de l'avion ennemi, la quête s'achève, mais sait-on jamais ce qui peut être derrière ? Sursaut de joie incomparable qu'il réprime et contient : l'épervier a découvert son pigeon, le pigeon ne sait pas qu'un épervier impatient de le tuer improvise son plan d'attaque. Il en faut un parce que ce pigeon est un biplace, c'est-à-dire que le passager est armé et que sa mitrailleuse est capable de tirer en arrière, par-dessus et sur les côtés. Pour se garder de cette mitrailleuse-là, il faudrait l'estoquer de l'arrière et d'assez bas, en grimpant. Pour se garder de la mitrailleuse du pilote qui ne peut tirer que dans son axe, il faudrait attaquer trois quarts avant et par-dessus, dans les angles morts. Temps perdu. Changeons un peu. Nous ne sommes plus un élève des bons pères.

Il agite violemment les ailes pour alerter Bozon, ce gros loir, toujours à roupiller. Secoue-toi mon petit père ! Il est 9 h 25 à la montre de bord. Une sorte de buée dorée emplit le ciel et couvre la plage des nuages qui résistent encore au soleil, s'accrochent entre eux, à rien, s'effilochent, se diluent. Il a près de 1 000 mètres d'avantage, il va tout traverser, on ne le verra même pas filer entre le soleil et son pigeon adoré, son chéri, son amour. Des mots qu'il aurait dû dire à Yvonne Printemps : il les lui a dits, elle les lui a arrachés, elle le traitait de puceau, d'assassin de boches, d'assassin des cœurs, oh ! des cœurs. Et s'il ne l'a pas au premier coup, il reviendra. Pourquoi ne pas se laisser tout simplement glisser du soleil, disparaître dessous, puis remonter, et couic ? Il bout d'impatience et de désir, il faut à cet épervier son pigeon tout de suite et sans partage.

Il ne réduit pas le moteur, ou à peine. Il pousse le manche en avant, durement, contre le mur de l'air qui résiste, le moteur et les ailes basculent, le père Bozon se trouve le bec coincé sans savoir par où son capitaine a disparu. A 1 000 mètres plus bas déjà, poussant des deux mains sur le manche tandis que le Spad siffle, le capitaine part d'une aigre exclamation que personne n'entend, une sorte de ricanement de plaisir, de cri ou de rire bref d'oiseau de proie, le vent appuie les lunettes contre ses pommettes et un bout de la fourrure du serre-tête bat contre sa tempe. 200, 230, 250 kilomètres à l'heure peut-être. Ce qu'on ne lui a pas appris, il le possède inné, il s'arrête quand il doit, ne pousse pas la vitesse plus qu'il ne faut jusqu'à la limite du possible : quelques vagues indications qui rassurent, une apparence de soumission à des règles. Le voilà au-dessus de son gibier qui ne se doute de rien et continue sur sa propre direction sans le voir. Cette fois le capitaine tire sur le manche qui résiste, il redresse le Spad qui bondit comme un cheval, écrase le pilote sur le siège, sur la selle de cette cavale de feu, la poussière du plancher flotte, lui monte à la bouche, l'aveuglerait s'il ne portait pas de lunettes, les ailes ploient comme l'encolure, puis comme le poitrail, le garrot, et ensuite le ventre, les reins, les hanches, la croupe. « C'est curieux, se dit-il depuis qu'il a rencontré Yvonne Printemps, comme un avion ressemble à une jument ivre ou à une femme qu'on aime, pourquoi pas ? »

Ce jour-là, vers 9 h 25, dans une plage d'or du ciel au-dessus des ruines du village de Poelkapelle, Bozon voit Guynemer agiter soudain ses ailes ; le premier balancement signifie : « Attention, ennemi en vue », et le deuxième : « J'attaque. » Bozon dira plus tard à Dézarrois : « Agitant ses ailes comme convenu, mais avec une violence inaccoutumée, alors que je cherchais encore où était l'ennemi, il fonçait déjà, et à mort, si j'ose dire, moi le suivant, m'arrêtant même plus bas car, après un renversement, il tirait déjà de l'arrière sans avoir encore eu le temps de se placer dans la queue de l'adversaire... »

Guynemer découvre un avion ennemi et, parce qu'il est plus haut et en position favorable pour attaquer, immédiatement il se jette sur lui. Bozon n'a pas vu l'ennemi, il suit Guynemer un moment (une minute ?) puis redresse et observe que Guynemer fait un renversement, c'est-à-dire que Guynemer se met en chandelle jusqu'à la verticale, puis bascule et s'engage en piqué, après quoi Bozon, qui commence à avoir du métier, aperçoit ce qu'il donnera d'abord comme un biplace puis, sans plus de précision, comme un « coucou ». Plus bas, à 700 mètres, le sergent Risacher qui éprouve, depuis la veille, un attachement farouche pour Guynemer, ne quitte pas des yeux le Spad de son maître, malgré les quelques nuages qui parfois les séparent. Il voit aussi l'avion allemand et ne l'a pas identifié non plus. Il affirmera toujours que c'était un nouvel avion, un biplace de type inconnu. Bozon n'a donc pas tort de ne pas donner de nom à ce biplace. Le temps est légèrement brumeux, très peu d'avions ont encore pris l'air. D'ailleurs, puisque Bozon n'a pas encore aperçu le pigeon que Guynemer lui signale, comment pourrait-il le situer ?

Gorgé de vitesse comme il est, le Spad XIII S 504 aurait tendance à remonter à la verticale comme une fusée ; il semble heureux, il s'ébroue, terme impropre car il y a une certaine liberté dans l'ébrouement alors que l'avion n'en a aucune tant que le pilote est en vie, on dirait que la cavale de feu va atteindre et dépasser le soleil. Cette fois il faut réduire le moteur, repousser la manette des gaz en avant, de la main gauche*. La terre a dis-

* La manette des gaz est à l'inverse d'aujourd'hui.

paru, mais pas le pigeon, et quand le pigeon est sur le point de dépasser le champ visuel, le chasseur bascule encore et glisse le pigeon dans sa ligne de mire : que le pigeon reste où il est, qu'il aille à l'allure où il va, dans la direction où il se trouve. Le chasseur se prépare à tirer au moment où il faut, deux secondes peut-être, une quinzaine de cartouches, et s'échappera. C'est à ce moment-là que Bozon a pu reconnaître de son côté que l'ennemi est un biplace, et donc que cet avion-là dispose d'un tireur à la mitrailleuse capable d'arroser l'arrière et les côtés. Il dit simplement : « J'avais dégagé pour laisser Guynemer l'expédier au sol, ce dont je ne doutais pas, mais le Fritz, s'étant mis en vrille, passant devant moi, je le tirai et le manquai à mon tour... » Pourquoi « à mon tour » ? Comment Bozon sait-il que Guynemer a raté le Fritz puisque le Fritz s'est mis en vrille ? S'il est en vrille, c'est que peut-être il est touché ? Sur le registre des vols, Bozon écrira d'une façon surchargée, presque illisible (sans doute à cause de l'émotion), que Guynemer et lui ont attaqué un biplace à 9 h 15 (à moins que ce ne soit 25 ou 35). Dans son rapport ultérieur, il écrira, après une erreur non corrigée sur l'heure de décollage : « Nous arrivons sur les lignes à 4000 mètres et bientôt nous apercevons un avion ennemi à plus de 5000 mètres ; nous poussons nos moteurs et nous arrivons près du biplace allemand. Le capitaine Guynemer l'attaque le premier, le biplace se met en cercle, je le mitraille, et à nouveau le capitaine le prend, deuxième passe, mais au même instant, le capitaine me coupe et me souffle en passant tellement près que je quitte des yeux l'avion ennemi et c'est alors que j'aperçois 8 monoplaces ennemis qui se dirigeaient vers nous... »

Dans les quatre documents dont il s'agit : registre des vols, compte rendu sur feuille volante, rapport ultérieur et récit à Dézarrois, les chiffres, les heures et les faits ne seront jamais les mêmes. La mémoire de Bozon, loin d'être parfaite, bouge sans cesse, les heures et les distances varient. On n'y comprend plus rien. Pourtant il s'agit du même vol, qui aurait dû suffisamment frapper l'esprit de Bozon pour qu'il cerne la vérité.

Arrêtons-nous un instant pour noter les contradictions avec le récit à Dézarrois. A Dézarrois, Bozon dit que le biplace est « à environ 1000 mètres au-dessous ». Dézarrois a peut-être mal entendu, Bozon a dû vouloir dire « 1000 mètres au-dessus » puisque dans son rapport il situe le biplace au-dessus. Mais Bozon ajoute que Guynemer a foncé à mort, c'est-à-dire qu'il a piqué, qu'il l'a suivi et qu'il s'est même arrêté* plus bas pour observer. Il semblerait donc que, dans un document, le biplace soit au-dessus (ce qui justifierait le renversement**), et, dans un autre, au-dessous (ce qui justifierait le piqué à mort). M. Bordeaux place aussi l'ennemi plus bas. Qui croire ? Et puis, dans le rapport de Bozon, le biplace n'est plus en vrille mais en cercle. Il faut donc convenir que le détail de ce combat important, le dernier de Guynemer, est resté confus dans la mémoire de l'équipier, qu'il n'existe aucune autre relation de ce vol-là, sauf par Risacher, et que les erreurs horaires entre le rapport Bozon et le registre des vols, pas plus que les autres contradictions, n'ont jamais été relevées par personne.

On ne sait pas comment Guynemer a attaqué. Et comment Bozon le dirait-il puisqu'il n'a aperçu le biplace (sans préciser de quel genre d'avion il s'agit) qu'une fois lâché Guynemer ? Il n'a donc pas vu comment Guynemer s'y est pris, d'où il était parti, de quelle façon, et pourtant il a dit que Guynemer pique à mort, c'est-à-dire à la verticale, et qu'après un renversement il tire de l'arrière sans avoir eu le temps de se placer dans la queue.

Peut-être de la part du maître est-ce là une finesse de trop. Peut-être une manœuvre classique et tranquille aurait-elle suffi, et hop ! L'allégresse sacrée qui l'anime est trop violente, il va s'offrir une fantaisie, une fleur, car sa dernière victime date de plus de trois semaines déjà. Il y a d'autres formules que celle de voler droit sur l'adversaire armé, d'aller à lui jusqu'à limite de collision, sans se soucier des rafales qu'on peut essuyer, de n'appuyer sur la détente qu'à ce moment-là, quitte à recevoir du sang de l'adversaire sur le fuselage. Il plonge en regardant si, par hasard, quelque Fokker rouge n'est pas venu se coller derrière lui. D'ailleurs, si c'est l'heure, Spad ou Fokker, vous n'y pourrez rien. C'est ce qu'on répète à la popote avec un léger hochement de tête d'approbation, en mâchouillant quelque chose.

---

* Façon de parler : il s'est arrêté de piquer et a ralenti.

** Chandelle jusqu'à la verticale, basculement vertical et piqué à la verticale.

Là-dessus, celui qui parle avale un coup de rouge pour faire passer ce qu'il dit. Au bar, le phonographe nasille. La même rengaine :

Au pays merveilleux,
Au doux pays du rêve...

Un vrai chasseur pense : « Descendre ou être descendu, tuer ou être tué, souviens-toi de Ball, mon vieux, souviens-toi du père Dorme. » C'est sûrement ce que Brocard voulait lui dire ce matin, il l'entend : « Je ne veux pas te voir étendu mort. Tu vois ma gueule à moi, alors ? Je préfère que tu sois de mauvaise humeur, furieux contre moi, fâché... » Brocard voulait peut-être lui demander de refiler l'avion canon à quelqu'un d'autre, qui sait ? A quelqu'un qu'il aimerait bien. Pas à Heurtaux, à l'hôpital pour un moment. A l'adjudant Fonck peut-être ? Il est adroit, il tire bien, il économise drôlement les munitions, dix cartouches à peine par victime, dit-on, parfois moins. Et puis, quand ça lui arrive, comme à tout le monde, de rater son coup, lui ne revient jamais. Jamais, c'est un principe. Il a des chances de durer. Qui sait, qui sait ? Alors, avec un canon...

De trois quarts avant, de biais, comme un météore, à l'artiste, il s'approche du biplace armé d'une mitrailleuse à travers l'hélice et d'une mitrailleuse sur tourelle, attention ! Ce n'est pas avec des attentions qu'on gagne, c'est avec de l'audace, du culot, de l'aplomb. Le plus prudent est de le prendre au mieux, quitte à se répéter, à la bonne vieille méthode classique, par-derrière et dessous. L'épervier (son père l'a même vu en vautour) se laissera tomber comme une pierre, le soleil dans le dos. C'est Belmonte à sa dernière passe, qui se souvient du mot de son admirateur : « Il ne vous manque plus qu'une chose, maître... » et qui répond : « On fera ce qu'on pourra, amigo... »

Le soleil se voilera-t-il à ce moment-là, comme l'affirme M. Bordeaux ?

Bozon a suivi avec hésitation. Il ne sait pas ce que fait le capitaine, il essaie de comprendre, il essaie de suivre, ce n'est pas facile, il essaie de voir. Selon le récit de Bozon à Dézarrois, Guynemer tire de l'arrière sans avoir eu le temps de se placer dans la queue du Rumpler, car Bozon note enfin qu'il s'agit d'un Rumpler, une de nos vieilles connaissances, le Rumpler C IV, avion d'observation biplan et biplace, assez long et fin, moteur aux pipes d'échappement à découvert, mitrailleuse Spandau synchronisée à l'avant, mitrailleuse Parabellum sur la tourelle arrière. Le Rumpler se met en vrille et passe devant Bozon qui le tire, le manque et laisse Guynemer en terminer tandis que lui s'occupe de huit Fokker qu'il découvre soudain, montant vers eux. Bozon, dit-il, essaie de les attirer à lui, ce qui, dit-il, manque de le mettre en mauvaise posture et le conduit jusqu'à 5900 mètres où (d'après son compte rendu de vol sur feuille volante) il tire dix cartouches à bout portant sur un autre biplace, puis sa mitrailleuse s'enraye.

Dans le ciel de Poelkapelle, il fait beau pendant que l'épervier exécute une sorte de danse de mort autour du pigeon, plonge, s'établit d'abord un peu plus bas que le Rumpler puis remonte à 200 mètres de distance et en avant, au risque d'être vu par lui, mais qu'est-ce qu'un Spad et un Rumpler dans l'immensité du ciel ? D'ailleurs, que le pilote du Rumpler le voie ou ne le voie pas, trop tard pour lui, il n'aura plus le temps de rien. L'épervier, le torero, l'œil à la garde de son épée, l'œil au collimateur, comme s'il avait besoin d'un collimateur, apprécie la correction du tir pour une cible trois quarts avant, avec deux vitesses ajoutées, et, de tout près, en une seconde, lâche une rafale très courte, très sèche, avec l'impression d'avoir raté son coup. Merde. Recommencer. Cette fois, style classique. Que le Rumpler fasse ce qu'il voudra, qu'il se flanque en vrille ou s'engage en virage, le voilà en vrille et Bozon là-dedans, comme un jeune chien dans un jeu de quilles, gare-toi, père Bozon, au large ! L'épervier se retourne sur son pigeon et le replace dans sa ligne de mire. Nous sommes à 4000 mètres d'altitude, le ciel est brumeux par endroits, nuageux à d'autres, le soleil éblouit tout le sud-est, et l'émotion de l'inattendu et du combat se surajoute à la situation. Bozon a lâché Guynemer, il ne sait pas ce qui se passe, sinon que Guynemer a attaqué. Telle est la situation.

Avec ses deux lascars dont l'un disparaît presque aussitôt, Risacher s'est dirigé comme d'habitude au nord d'Ypres. Pour lui, le jeu consiste à appâter l'ennemi. Il attire à lui en effet cinq monoplaces puis trois autres, ce qui correspond aux huit Fokker de Bozon, s'écarte d'eux pour laisser Guynemer attaquer et observe : « Très loin, au-dessus de la forêt d'Houthulst, j'ai vu à ma droite un avion qui descendait en vrille. Je reconnais Guynemer aux ailes rognées de son Spad qui le rendaient plus manœuvrier. » Risacher se souvient de ce que répète Guynemer aux uns et aux autres : « Si c'est raté, tu descends en vrille... » « Je pensais que Guynemer préparait une attaque par un de ses procédés habituels, je le vois interrompre sa vrille et amorcer un piqué à quarante-cinq degrés. Je me dis "Tout va bien" et je retourne à mes chasseurs... » Risacher a envie de monter jeter un coup d'œil sur ce qui se passe mais se rappelle l'ordre transmis par Bozon : « Tu es patrouille basse... » et reste où il est, vers 700 mètres. Ensuite plus rien. C'est le calme. La visibilité n'est pas très bonne, les chasseurs ennemis ont disparu.

Dans le biplace ennemi attaqué par Guynemer et dont personne n'a identifié la marque se trouve, on le saura plus tard, le lieutenant observateur de réserve Kurt Wissemann, vingt-quatre ans. Le nom de son pilote est resté inconnu. Unité : Jasta 3. Mission : non précisée. Quand un chasseur leur tombe dessus, ils se disent, son pilote et lui, que c'est quelqu'un qui connaît drôlement son métier pour qu'ils ne l'aient pas aperçu fondre sur eux. Au point qu'un court instant, le lieutenant Wissemann se demandera si ce n'est pas le chasseur chargé de leur protection qui leur signale qu'il est là : les chasseurs ont de ces fantaisies ; ils jouent parfois, avec une sorte d'humour noir, à taquiner ceux qu'ils ont pour mission de protéger : « *Hé, l'ami, je suis là, pas d'inquiétude, je veille sur vous...* » Et ils s'écartent avec un malin plaisir non sans savoir qu'ils vous ont flanqué une sacrée trouille. Et en effet, c'est ce que croit le lieutenant de réserve Wissemann un instant, jusqu'à ce qu'il entende claquer à ses oreilles une dizaine de coups de fouet. Son pilote se retourne sur lui, ébahi, et Wissemann lui montre la direction d'où ce salaud (cette fois pas de doute, c'est un Franzmann) a disparu, car l'oiseau en question, un virtuose certainement, un as, s'est déjà évanoui dans le vaste ciel. Comment les a-t-il ratés, Dieu tout-puissant ? Ils ne savent pas encore que c'est Guynemer, et un Guynemer assoiffé de sang, rapace privé de pigeon depuis vingt jours, qui leur a volé dans les plumes. Pris d'une terreur rétrospective, le pilote coupe aussitôt les gaz, se met en cabré pour s'engager en perte de vitesse (et là, Wissemann se demande ce qui lui prend, s'il n'est pas devenu fou) car l'autre gicle de nouveau trois quarts arrière par-dessous, et Wissemann, grâce au cabré, a tout le loisir, de haut en bas, de l'arroser avec sa mitrailleuse Parabellum d'une longue rafale sans correction, juste avant le moment où son propre avion déclenche une vrille comme s'il tombait dans un gouffre.

Pendant tout le temps que son avion descend comme une feuille morte, il est impossible à Wissemann d'observer quoi que ce soit, ça tourne tellement, et lui avec. Ce qui a touché le capitaine Guynemer, c'est la foudre. Sublime, propre, pure, noble, telle qu'elle frappe quand Dieu vous aime. Un jour prochain, encore tout tremblant de joie parce qu'il viendra d'abattre son cinquième avion de la matinée, Fonck dira : « Je viens d'être la foudre, je suis moi-même foudroyé... » Et Rimbaud, n'était-il pas le feu ? Notre hidalgo n'a le temps de rien, ni de rire, ni de pousser un cri. Crier pourquoi ? Tout est dans l'ordre. Tout de même un étonnement auquel il ne s'attendait pas : une illumination si violente, si absolue qu'il n'y a plus rien à tenter.

Il lâche tout, le Spad s'épuise à grimper, puis la tête du pilote retombe sur sa poitrine. Bien qu'il soit retenu par les lanières qui l'attachent au siège, son torse s'affaisse sur le manche, le Spad s'engage subitement en vrille puis en piqué à quarante-cinq degrés, Risacher l'aperçoit puis plus rien, parce que Guynemer traverse une petite couche de brume et disparaît. A 300 mètres d'altitude peut-être, le pilote de Wissemann rétablit l'avion en vol normal et, en rase-mottes, file en direction des lignes et du terrain de la Jasta 3, plein est, tandis que Wissemann, s'interrogeant un court instant sur l'avion à cocardes, écrabouillé de tout frais et propre parmi les ruines gluantes, parfois fumantes, et les cimetières de boue liquide et funèbre du village de Poelkapelle, ne se sent plus vivre, ne sent plus son corps et n'est plus qu'une âme, une force formidable qui ne sait comment s'exprimer, comment éclater, et répète sans cesse, debout dans sa tourelle : « Ah, le beau jour ! ah ! la belle existence ! ah ! le soleil merveilleux, eh !... » dressé, furieux, manœuvrant son arme, la martelant de coups de poing : « Il ne nous a pas eus, hein, Seigneur ! Il ne nous a pas eus... »

Risacher est tranquille : pour lui, le capitaine, son maître, est en train d'en expédier un ou deux au tapis, il le laisse à ses exploits et se retourne vers ses Fokker à lui qui ont disparu comme ils ont quitté Bozon, puisque Bozon ne voit plus personne, plus de Fokker, plus de biplaces, plus de capitaine non plus, et là, revenu au-dessus de ce méli-mélo lugubre de Poelkapelle, il éprouve comme un manque, comme un creux douloureux, l'inquiétude où met la solitude : quelque chose comme dans la forêt de Bondy. Se considérant à court d'essence — le vol dure depuis près de deux heures —, il trouve une bonne raison de rentrer, vite le terrain, et, sans très bien savoir pourquoi, la queue basse. Et Risacher aussi, au petit trot, avec une bonne cinquantaine de kilomètres de ciel bleu et or au-dessus de la Flandre sinistre jusqu'à la mer étincelante, retrouve soudain comme par miracle son deuxième équipier de Marcy qui, par gestes l'interroge et semble lui dire : « Où étiez-vous ? Je vous cherche depuis le départ, ce n'est pas très gentil de m'avoir laissé en plan de cette façon-là... »

Ainsi se pose, sous un soleil éclatant, presque au milieu des dunes, devant la mer toute luisante, la patrouille basse de Guynemer, ce matin-là. Chose curieuse, l'avion de Bozon est là, et pas celui du capitaine, et Bozon est toujours dans son zinc, comme s'il n'osait pas en descendre. Risacher va faire son compte rendu au registre des vols et, en observations : « Grosse activité boche. Cinq boches sur la forêt d'Houthulst s'enfuient à notre approche. » Cinq ou huit ? Risacher en a vu cinq. Rien encore du capitaine ni de Bozon qui attend.

Le dos tourné à la mer, Brocard est debout. Muet, sombre, immobile.

Épilogue

C'est très peu de chose, finalement : les types qu'on descend, c'est bien le plus facile. Le plus difficile, ce sont les gars qu'on ne descend pas.

Heurtaux
(document du Service historique de l'Air)

On ne saura jamais rien. Aucun témoignage irréfutable ne révélera jamais pourquoi Guynemer n'est pas rentré. Car il est invulnérable et personne ne peut croire qu'il se soit fait descendre. Son mécanicien moins que personne. Un mécanicien possède la vertu de la fidélité. Il est peut-être plus inconsolable de l'avion que du pilote. Des années après, celui-là croira qu'à l'état-major on ignore tout. Il ira deux fois dans la nuit répéter à l'état-major ce qu'il sait, lui, le mécanicien : que Guynemer n'est pas rentré, et qu'il faut faire quelque chose. Comme si on pouvait. Il l'attend encore.

L'infortuné Bozon se dirige vers le bureau de l'escadrille quand il reçoit en pleine face la grosse voix bourrue, soupçonneuse, hérissée de Brocard : « *Où est Guynemer ?...* » Signe des mains de Bozon, signe d'impuissance et d'ignorance, est-ce qu'il sait ? « *Vous étiez avec lui ? Vous êtes son ailier et vous ne savez pas où il est ? Alors, qu'est-ce que vous foutez ici ?* » Brocard lui tourne le dos et entraîne à grands pas le commandant du Peuty vers le bureau de l'escadrille et le téléphone. Bozon n'ose plus bouger. « J'en entendis de dures et d'amères du patron », avouera-t-il plus tard à Dézarrois. « Je les lui pardonne. Il était atterré, ce qui n'était pas son genre. Je l'étais plus encore... »

Soudain inquiet et ne comprenant rien aux questions de Brocard, Bozon finira, tristement, songeusement, le dernier de la matinée, par se décider à griffonner trois lignes sur le registre des vols. Trois ou quatre ? Il y en a une, minuscule, qui semble vouloir dire quelque chose, mais quoi ? Ou seulement deux lignes, car la troisième a été rajoutée. A travers des chiffres d'heures incertaines, on peut deviner qu'il a attaqué un premier biplace avec Guynemer puis un deuxième, seul, plus tard, à 10 h 10, à moins que ce ne soit 10 h 20*. Pauvre Bozon, victime de l'ambiance générale, de l'engueulade de Brocard, du silence qui pèse soudain partout comme si quelque chose de grave s'était passé. Quoi ? A propos du capitaine ? Bozon ne sait rien, il ne peut dire autre chose que ce qu'il a vu, le capitaine attaquait un biplace que lui aussi a attaqué, puis huit monoplaces ont apparu venant vers lui et l'ont lâché, il a attaqué un deuxième biplace sans résultat parce que sa mitrailleuse s'est enrayée, il est revenu en vain sur les lieux du premier combat où il n'y avait plus personne, il est rentré au terrain. Bidon de cinq litres par bidon de cinq litres, les mécaniciens sont en train de refaire les pleins.

Il ne faudra pas compter sur lui pour avoir une idée de la façon dont le combat de Guynemer s'est déroulé. Personne ne lui en veut. Il faut se souvenir que, de l'avis général, assez timoré avant Guynemer, Bozon est devenu, après, déchaîné. A part Brocard peut-être, on ne décernera à Bozon que des éloges, la plupart du temps on se taira. Cependant, lorsque soixante-neuf ans plus tard, je demanderai à Risacher quelle était la valeur de Bozon en tant que pilote : « Très mauvais », répondra-t-il, et il ajoutera : « Très mauvais manœuvrier aussi. »

Question primordiale : a-t-il lâché Guynemer ? Réponse de Risacher : « Il ne l'a pas suivi. Il a fait ce que tout équipier aurait fait. » Risacher pense peut-être à son équipier de Marcy qui décolle en même temps que lui et ne suit pas. Mais aussi, comment un chef de patrouille qui plonge ou grimpe sans prévenir dans les nuages n'échapperait-il pas aux vues, si vigilantes soient-elles, de son équipier ?

Chose curieuse, qu'on soupçonne là comme pour faire diver-

* Compte rendu au registre des vols de son écriture incertaine, embarrassée de retouches, surchargée de repentirs. Cette fois, il y a quatre lignes dont une intercalaire surajoutée qu'on peut traduire ainsi : Première ligne *Attaque* (1 ou 2 ?) *Bipl. à 9 h 35*. Deuxième ligne — *Second Biplace à 10 h 20* (ou 10 h 10 croit-on pouvoir lire difficilement). Troisième ligne — *Parti avec Cne Guynemer qui n'est pas rentré*. Quatrième ligne : indéchiffrable. Dans son rapport, il reprendra ce qu'il donnera pour le texte de son compte rendu qui ne correspond pas du tout à ce qu'il a gribouillé sur le registre des vols.

sion, Bozon, dans son rapport détaillé, ne parlera pas de son second combat avec un mystérieux biplace, mais s'étendra assez longuement sur un autre combat au-dessus de Poperinghe qui se déroulera quinze jours plus tard, entre Fonck et un biplace, un Rumpler. Il orthographie différemment le nom de l'observateur, mélange tout, et personne ne saura jamais exactement ce qui s'est passé. Les récits et rapports de Bozon ne sont que de la bouillie pour les chats. On peut se demander comment le commandement de l'Aéronautique d'alors a pu se contenter d'approximations aussi vagues et de contradictions aussi flagrantes. C'était la coutume : on n'interrogeait pas les équipages. Ou très mal. Que Bozon s'embrouille et ne sache pas dire si le Rumpler qu'a attaqué Guynemer était en vrille ou en virage serré semble étonnant, car ce n'est pas du tout la même chose, mais qu'est-ce qu'un combat à quatre mille mètres d'altitude ? Ailier, vous êtes déjà à la merci de la fragilité et de l'instabilité de votre propre appareil, dans l'obligation d'observer les alentours et les lointains, votre chef de patrouille vous frôle parfois dangereusement, l'adversaire s'échappe, disparaît, revient, peut tuer, tandis que huit chasseurs ennemis grimpent vers vous... Quel crédit accorder à la réalité d'un combat tel qu'il est analysé ici ? N'oublions pas le jugement de Risacher : « Bozon est un pilote médiocre. » Bozon n'a jamais été interrogé froidement, et lui-même n'a jamais tenté de faire le récit minutieux de ce qu'il a vu. Et puis, pourquoi aurait-il sur le moment accordé à cette sortie-là une importance particulière ? C'était une sortie comme les autres, Guynemer était nerveux comme d'habitude, les adversaires ont surgi et disparu.

Les heures passent, la matinée s'avance, Brocard, envahi de plus en plus par une crainte lourde et noire, demande à l'armée française et à l'armée britannique du territoire (et le commandant du Peuty l'appuie) d'envoyer des reconnaissances en direction de toutes les chutes d'avions signalées, et s'interroge lui-même. Bozon ne sait plus que faire ni où aller, il tourne autour de son avion, il veut bien repartir chercher le capitaine, mais où ? Le capitaine fait ce qu'il veut et ne dit jamais où il va, ce n'est pas la première fois que ça lui arrive ; il a dû, comme la veille, se poser ailleurs, quelque part, comme une fleur. Pour le sergent Risacher, peu enclin à la mansuétude pour Brocard, que Brocard soit venu à Saint-Pol ce jour-là pour empêcher Guynemer de voler est faux. Selon Risacher, Brocard veut des boches à tout prix, Brocard pousse Guynemer à la mort. En fin de matinée, Brocard téléphone donc de tous les côtés. Le GQG allemand aussi, car le rapport du lieutenant Wissemann de la Jasta 3 a alerté les autorités. Wissemann prétend avoir abattu un Spad, il l'aurait suivi jusqu'à environ quinze cents mètres, l'a perdu de vue ensuite à cause de la brume et l'aurait retrouvé écrasé au sol, près du cimetière militaire allemand de Poelkapelle, et il s'agirait du Spad de Guynemer, le Spad XIII S 504 marqué d'un grand 2 entre la cigogne à ailes basses et l'empennage. Le commandement local allemand aurait envoyé une petite équipe de brancardiers, deux soldats et un caporal qui auraient sorti le pilote de la carlingue, ouvert sa combinaison puis sa veste pour y chercher ses papiers et pris sur lui, voilà le plus troublant, un portefeuille contenant une carte d'identité de pilote d'avion portant le n° 909 avec une photo en buste, vêtements de vol, casque et visage semblable à celui du pilote frappé d'une balle en plein front. Nom : Guynemer ; prénom : un tiret ; grade : sous-lieutenant ; formation : escadrille n° 3.

Brocard continue de téléphoner de tous les côtés, mais qu'est-ce que le téléphone à cette époque ? Un fil de campagne relié à un standard militaire qui obtient ce qu'il peut. Le réseau des communications avec le commandement et les observatoires, l'infanterie, les Anglais, est bien établi mais il faut du temps pour passer d'un central à l'autre, appeler le correspondant, enfoncer la fiche dans le jack d'une ligne qui n'est pas toujours en bon état, tourner la manette de la magnéto, recommencer. Le temps passe. On confirme qu'un avion s'est posé entre les lignes britanniques et allemandes, que le pilote a pu s'abriter dans un trou d'obus. L'inquiétude gagne les escadrilles, le commandement de l'armée, l'état-major de l'aéronautique du GQG lui-même, puis le commandement de l'armée britannique proche, se transforme en un état de sensibilisation presque pathologique, devient de l'exaspération puis de l'intensité dans les répliques.

Dans la zone de Langemark-Poelkapelle, de furieux tirs d'artillerie s'abattent des deux côtés. Par de bizarres recoupements ou interprétations de pensée ou par des renseignements de source incertaine, les batteries britanniques prennent pour objectif le lieu approximatif où certains supposent que l'avion de Guynemer a pu tomber. Pour les uns il s'agit de détruire l'avion et les secrets qu'il peut garder dans ses dispositifs de combat, pour les autres de protéger le pilote. Le résultat est qu'une énorme quantité d'obus flagellent de nouveau le village de Poelkapelle et tous les cimetières allemands existants (étrangement appelés « cimetières d'honneur » pour les différencier sans doute des cimetières civils, un soldat meurt au champ d'honneur). Une fois de plus sont houssinés de mitraille et retournés, au nord et au sud, les cimetières 1 et 2, mais aussi tout ce qui est à côté d'eux, pour qu'il n'y ait pas de jaloux.

De tous les terrains de chasse, des pilotes décollent pour se tuer.

A l'escadrille, l'opinion est cependant tout autre : patience, il va rentrer, il suffit d'attendre, c'est ce que tout le monde répète. L'après-midi, Bozon et Risacher décolleront ensemble à 15 h 15 pour survoler la région de Poelkapelle. Ils livreront même combat, ils reviendront à 17 heures. On ne connaît pas les réflexions qu'ils auront échangées. Rien probablement. Ils auront fouillé le sol de la région voisine de Poelkapelle, pour essayer de découvrir l'avion de Guynemer tombé quelque part et ils n'auront rien vu, mais aucune mention n'en sera transcrite sur le registre des vols. Quand je demanderai à Risacher si, ce jour-là, ils ont descendu un boche comme le compte rendu de vol le laisse entendre*, il ne pourra plus me répondre.

Pour tous, à l'escadrille, la version admise est que Guynemer a fait une fugue pour embêter Brocard et qu'il laissera Brocard mariner dans son jus le temps de déguster et d'épuiser sa rancœur. Il va se poser d'un instant à l'autre avec son avion canon réparé, et personne ne lui demandera rien.

Un curieux silence règne aussi dans l'enquête autour de la

---

* Compte rendu de vol de Bozon : *Attaquons 1 Bipl. sur Woertern approché tiré 30* (après qu'il avait probablement écrit 20) *cartouches* (...) (trois mots illisibles) *le mitrailleur paraît touché, nous le poursuivons, l'appareil pique et dégage une fumée blanche* (...) (deux mots illisibles) *interrompons le combat sur la corne ouest de la forêt d'Houthulst, apparaissent 5 mono qui nous empêchent de le suivre jusqu'au sol.*

patrouille qui a décollé en même temps que celle de Guynemer avec l'ordre, transmis par Bozon, de partir en patrouille basse, et la réflexion in petto de Risacher : « Zut, merde, tu vas faire le mouton... » On ne demande rien à Risacher parce que l'escadrille n'est commandée par personne, parce qu'on ne se soucie pas qu'il ait accompagné Guynemer en patrouille basse, parce qu'il n'est pas fait mention de cette mission sur le registre des vols, parce que ce n'est pas la première fois que cela arrive, et surtout parce que d'habitude on ne lui demande rien. Lui, de quoi se mêlerait-il s'il parlait ? Il n'est que sergent. Heurtaux qui commande l'escadrille est à l'hôpital, le lieutenant Raymond qui commande en second est en mission, à qui Risacher dirait-il ce qu'il a vu et qui n'a peut-être aucune importance ? Au capitaine de La Tour, à Deullin, à Fonck ? Sont-ils là ? Nous sommes le 11 septembre 1917, une date importante pour nous qui savons, grâce à l'Histoire, mais pour les gens de la Spad 3 et les gens de l'armée, le 11 septembre 1917 est un jour comme les autres. Pourquoi les pilotes de la 3 attacheraient-ils plus d'importance à ce jour-là qu'à un autre ? Les choses se font comme d'habitude. Quant à l'as Guynemer, répétons-le encore, ce n'est pas la première fois qu'il joue ce tour-là, il est toujours revenu, il revient toujours. Ses mécaniciens se rongent les sangs pour lui, et puis il est là : « Vous ne pensez pas à moi ? » lui dira son mécanicien en premier, en guise de reproche.

Eternelle histoire d'amour.

Quand M. Bordeaux revient à l'escadrille de Saint-Pol-sur-Mer, vers le 21 septembre, dix jours après la date fatale, il a de la peine à écarter le silence autour de lui. Tout s'est figé. On se regarde : le capitaine d'Harcourt qui commande le groupe est « une ombre mince, élégante, frêle et presque chuchotante » ; le lieutenant Raymond, qui commande l'escadrille, « figure en lame de couteau, silhouette héroïque à la don Quichotte, bourru bienfaisant, cœur d'or, paroles promptes et colorées » ; Deullin se tait, et Bozon-Verduraz, « démarche un peu massive, visage grave, sérieux, un modeste », reprend son récit et le rapetasse à son gré devant l'envoyé spécial du GQG. L'adjudant Fonck n'apparaît pas, Risacher non plus : on reste entre officiers. Est-ce que, dix jours après, quelqu'un peut encore croire que Guynemer reviendra ? Qu'on n'ait interrogé personne ou presque, le jour de la disparition, qu'on n'ait rien demandé à Risacher, s'explique. Répétons-nous jusqu'à satiété : l'As des as avait déjà fait le coup, la veille. On s'était inquiété un moment, il était chez les Belges, il revenait toujours. Il peut encore revenir. Qui sait ? Le 11 septembre, les Britanniques ont réussi à ramener le pilote de l'avion qu'on a vu tomber dans les environs de Poelkapelle : un Canadien pilotant un Spad. Donc, c'est la preuve que les hypothèses pessimistes étaient fausses.

Cependant, la veille du passage de M. Bordeaux, un message lancé chez les Anglais par un loubard de Richthofen a donné des nouvelles des aviateurs tombés récemment chez les Allemands et annoncé que le capitaine Guynemer a été abattu à Poelkapelle, le 10 septembre à 8 heures du matin. A d'autres ! Les erreurs de jour et d'heure dénoncent l'intention : l'ennemi doit vouloir exploiter un bobard diffusé par un journal étranger. On se montre une dernière photo prise par Hervet, de la 103, du Spad de Guynemer au moment où il décollait, le 11 septembre au matin. Il n'a pas l'air de quelqu'un qui s'en va pour ne plus revenir. On a cependant du mal à croire que le héros vit encore.

Le 27 septembre 1917, *La Gazette des Ardennes*, journal diffusé en français par les Allemands en zone occupée, imprimera, sous la reproduction de la carte d'identité de Guynemer, un récit des faits qui semblera bien conforme à ce qui a pu se passer. Le 11 septembre 1917, à 10 heures du matin heure française, un aviateur français s'est abattu à environ 700 mètres au nord-ouest du cimetière sud de Poelkapelle. Le sous-officier B... s'est rendu avec deux hommes à l'endroit de la chute. L'avion était un monoplace. Le pilote qu'on détacha de son siège portait la carte d'identité reproduite par le journal et qui est celle de Guynemer. Comment douter encore ? Les seuls témoins, jamais rencontrés par personne, ont été un sous-officier et deux soldats allemands du régiment 204, envoyés reconnaître l'avion tombé dans le *no man's land*. Ils auraient déclaré que cet avion avait une aile brisée et que son pilote avait reçu une balle en plein front, que l'index de sa main gauche était emporté, qu'il avait une jambe et une épaule fracturées mais que son visage intact était reconnaissable. Ils ont peut-être, comme ils l'ont dit, essayé d'emporter son corps vers le cimetière proche mais y ont renoncé à cause des salves d'artillerie qui pleuvaient autour d'eux.

Dans ce village fantôme où on ne peut survivre que dans des caves ou des abris, il n'y a plus de maisons, plus de toits, plus de rues, plus d'église, plus rien. Rien que la mort et des ruines, en attendant la prochaine offensive britannique qu'un nouveau déluge de fer et de feu précédera. Qui pourrait résister à une avalanche de fer et de feu qui va durer des jours et des jours, où seuls circulent des ombres poussant des voitures chargées de cadavres, et des rats ? Le corps du héros a-t-il été enseveli quelque part, a-t-il été laissé sur place ? L'état-major allemand savait déjà qu'il s'agissait de Guynemer. Le lendemain, 12 septembre, il n'y avait plus trace du Spad ni du pilote. Seulement de la terre labourée, des débris pulvérisés et des lambeaux de cauchemar dans la tête des survivants, et personne n'a jamais su si les brancardiers avaient survécu.

On en est revenu aux temps cruels de jadis où l'on s'acharnait à détruire l'ennemi bien au-delà de sa mort. Les obus s'abattent par habitude, car après chaque chute d'avion l'artillerie adverse pilonne ; le pilote, s'il vit, se colle au fond d'un trou et attend. Du Spad et de son pilote, les obus britanniques — encore les Anglais — ne laisseront rien. Les ailes, le fuselage, le moteur même, seront broyés. Quant au pilote, l'ennemi et nos alliés auraient broyé son âme s'ils avaient pu, et l'enfer reprenant, le lendemain et les jours suivants, toute marque, tout vestige sera à jamais effacé.

Des semaines après, il sera annoncé par l'Allemagne et par la Suisse que le capitaine Guynemer est mort ; on publiera partout sa carte d'identité, on donnera l'endroit et l'heure de sa chute et jusqu'au nom de l'officier qui l'aurait, comme un signe du destin, descendu en combat. Légende ou racontars ? Le lieutenant Kurt Wissemann, s'il existe, aurait été promu Hauptmann, capitaine, et il aurait écrit à sa mère pour lui annoncer la bonne nouvelle et la rassurer : « Ma chère mère, soyez désormais sans inquiétude à mon sujet. J'ai abattu l'aviateur français le plus adroit, le plus habile, le plus célèbre, il ne peut plus rien m'arriver... » On aurait trouvé la lettre sur son corps, et cela fait de nouveau penser au cornette de Rilke :

Ma bonne mère
Soyez sans inquiétude : je porte le drapeau...

Encore Wissemann avait-il, selon ce qui se disait, été frappé comme il devait, comme par la main des dieux, par celui qui allait succéder à la charge et à la dignité de Guynemer, Fonck en personne, qui ne s'en prévalut jamais et ne nia jamais. En fait, ce fut par deux Britanniques inconnus, qui n'avaient reçu aucune mission spéciale. Pourquoi devrait-on connaître les noms des vainqueurs des grands as ? Pourquoi serait-ce nécessaire ? Ils sont morts à leur tour, cela suffit, ces choses-là se font le plus souvent par hasard. Quelle rage à vouloir que tout se passe comme cela devrait, ou, dans le cas contraire, à expliquer comment et pourquoi cela a été différent !

Les Allemands s'excuseront de n'avoir rendu que des honneurs militaires sommaires. En novembre 1938, le colonel Hanesse, attaché de l'air à Paris, confirmera que le corps du héros a reçu les honneurs militaires. Quoi ? Une salve de mousqueterie ? Une lointaine bénédiction d'aumônier ?

Figés dans la stupeur et l'impuissance, revenons au dernier combat de notre épervier, le 11 septembre 1917.

Le sergent Risacher a pensé d'abord que Guynemer était « en train d'en descendre un ou deux », puis, se résignant à l'évidence, plus tard, qu'il avait été tiré par un pilote allemand du nom de Wolf — pourquoi Wolf? à cause de son nom qui signifie « loup » ? — qui pilotait un avion de type nouveau, un petit biplace de combat que personne ne connaissait encore. Et enfin, qu'il avait reçu une balle dans la gorge.

Dernier témoin vivant du dernier combat du héros, Risacher dit que Guynemer a eu le réflexe de l'homme mortellement atteint : il est tombé en arrière sans pouvoir couper les gaz, l'avion est donc parti en chandelle puis, à la longue, en perte de vitesse et en vrille jusqu'à ce que le pilote ballottant ait presque naturellement remis les commandes au milieu et arrêté la rotation ; ensuite, le corps appuyant sur le manche aurait fait repartir le

Spad en piqué comme Risacher l'a vu pour n'y plus prêter attention puisque vrille et piqué sont des évolutions normales pour un pilote de chasse. Le temps était brumeux, tout devenait indistinct, la lumière d'automne ajoutait aux apparences, Risacher n'enfreint pas l'ordre de rester en patrouille basse.

Au moment de la mort du Christ, le tonnerre a grondé, la foudre a jailli, le rideau du Temple s'est déchiré. Mais Guynemer n'est pas le Christ, il n'y a aucun signe dans le ciel et sur la terre, et nous ne savons rien, même par son équipier. Guynemer est le maître, il fait ce qu'il veut, n'attend jamais personne. Bozon pense qu'il a dû régler son compte au Rumpler et s'en est allé chercher fortune ailleurs sans s'occuper de savoir ce que devenait son équipier. Dans le récit de M. Bordeaux, s'ajoute cependant l'idée d'une inquiétude mortelle qui saisit Bozon et lui « serre le cœur », et dont Bozon ne dira jamais rien. Un pilote en mission aurait-il le droit d'exprimer ses sentiments ? Bozon a-t-il perdu la tête ? S'il est inquiet, n'est-ce pas parce qu'il se reconnaîtrait un peu coupable ? Coupable de quoi ? M. Bordeaux le compare à Nisus cherchant Euryale. La comparaison pouvait peut-être venir à l'esprit en ce temps-là. Elle est belle, mais ne figure plus dans les pages roses du Larousse et il faudrait se souvenir qu'au IXe livre de *L'Enéide*, Virgile fait dire à Nisus qui regrette d'avoir entraîné son ami dans une expédition fatale : « C'est moi, c'est ma faute. » Finalement tous deux sont tués ensemble.

Quand il sera évident que Guynemer ne vit plus, on se livrera à un grand carnage d'avions ennemis à titre de représailles. C'est la guerre. On ne tue pas Guynemer comme ça. On se venge, on se venge des boches ou, comme dans *Le Cid*, des Maures et de tous ceux qui vous ont offensés, la raison n'existe pas. Toute la France pleurera. Son nom sera donné à beaucoup de rues et de places publiques. Une vague énorme de littérature épique et de poésie à la noix déferle au son des trompettes guerrières. Il restera dans la mémoire de tous ceux qui auront traversé ces années de folie. Et quand l'offensive anglaise atteindra Poelkapelle, on cherchera en vain trace de son corps, de l'avion lui-même, de l'empennage, de son moteur. Autant chercher trace d'une poussière de lune. De nombreuses enquêtes suivront. Elles durent toujours. On cherche encore comment il s'est battu, comment il a pu être abattu, comment il a pu disparaître.

L'enquête la plus sérieuse a été menée par l'air-commodore Raymond Collishaw, as n° 1 de la Marine royale britannique, né à Nanaimo (Colombie britannique) le 22 novembre 1893, titulaire de soixante victoires au cours de la Première Guerre mondiale. D'Ottawa, au Canada, où il était domicilié, Collishaw vint enquêter en France, en Allemagne et en Belgique en 1967. Il a passé plusieurs jours sur les lieux où Manfred von Richthofen fut abattu, et plusieurs jours dans la région de Poelkapelle. Il s'est livré à beaucoup de recherches, il a eu accès aux archives de la Luftwaffe et à des archives privées, mais un demi-siècle après, c'est presque de l'archéologie : rares sont les témoins qui subsistent, et quelle est la valeur de leurs témoignages ?

Le tueur ne s'appelle plus Wissemann mais Wissermann. Il n'est plus dans un Rumpler mais dans un Albatros. Il n'est plus officier observateur, mais pilote en tête d'une formation de quatre avions de la Jasta 3. Il aurait vu au-dessus d'eux un Spad plongeant brutalement, se séparant de ce qu'il prit, lui, Wissermann, pour une escadrille britannique, alors que Bozon parle de huit monoplaces allemands. De son côté, Bozon l'appelle Weissmann, mais quelle valeur accorder à Bozon ? D'après les lettres de Wissermann à sa famille et d'après son rapport, le lieutenant pilote Wissermann quitte l'aérodrome de la Jasta 3 en compagnie de trois autres pilotes d'Albatros D 88 biplaces, peu différents d'allure du Rumpler, sinon par un empennage plus arrondi et un fuselage plus épais. Comme le passage d'une formation de bombardiers allemands fut signalée ce jour-là à 9 h 50 heure française*, volant à 17000 pieds (soit 5600 mètres), il est possible que Guynemer ait été attiré par eux. Ce serait par l'un d'eux qu'il aurait été atteint. Son Spad aurait alors plongé vers l'Albatros de Wissermann à 14000 pieds (soit 4600 mètres), sans tirer, Wissermann se serait dégagé, aurait mitraillé le Spad puis l'aurait suivi jusqu'à 5000 pieds (soit vers 1600 mètres), où il l'aurait perdu de vue à cause de la couche de brume. Passé

* En retard de deux heures sur l'heure allemande.

cette couche, descendu presque jusqu'au sol, il aurait vu, écrasé, le Spad en question. Il indique alors la position au Q.G. allemand et revendique la victoire qui est enregistrée en sa faveur. Par la suite, Wissermann fut tué par Hoidg et Bowman du squadron 56 du *Royal Flying Corps* alors que, d'après d'autres sources, si la victoire sur Wissermann ou Wissemann doit être attribuée au capitaine Geoggrey Hilten Bowman, on y ajoute le nom du lieutenant R. Donald T.C. Hendue, du même squadron 56.

L'air-commodore Collishaw déclare que ce jour-là, 11 septembre 1917, le G.Q.G. français envoyait l'ordre de relève de la Spad 3, ce qui expliquerait la présence à Saint-Pol-sur-Mer du commandant du Peuty. Un jour de plus, selon Collishaw, et Guynemer serait parti pour Paris. Le jugement qu'il porte sur Bozon est sévère : « *Bozon-Verduraz était responsable de la sauvegarde de Guynemer et pourtant il s'éloigna du lieu du combat pendant vingt minutes durant lesquelles nous savons que Guynemer resta dans les parages et se fit abattre.* » Bozon a déclaré qu'il avait vu huit Fokker monter vers lui, mais ne s'agissait-il pas en vérité de bombardiers Albatros ? On sait que, ce jour-là, le 5e escadron de bombardement allemand a survolé la région de Poelkapelle vers midi, mais midi de quelle heure puisque l'heure allemande est en avance sur l'heure française ? Collishaw qui n'a peut-être pas résolu tous les problèmes d'heure conclut que Guynemer s'attaqua aux bombardiers les plus en arrière, reçut une balle dans la tête et qu'ensuite ce fut son Spad qui fit le reste : piqué involontaire sur l'Albatros de Wissermann qui se colla derrière le Spad et l'abattit selon ses propres termes « d'une poignée de balles ».

Les témoignages recueillis par l'air-commodore Collishaw au cours de son enquête portent aussi sur l'endroit de la chute supposée de Guynemer. Un témoin qui parut digne de foi à Collishaw affirma, cinquante ans après, qu'il avait vu le pilote éjecté de l'avion d'une hauteur de cinquante mètres. Trois soldats allemands qui travaillaient au cimetière tout proche virent aussi l'appareil basculer et s'écraser.

Avant et après Collishaw, bien des recherches furent effectuées, même avec l'appui des services historiques français de l'Air, et bien des témoins entendus. Comme Poelkapelle était devenu un immense cimetière où les combattants des différentes armées se livraient une lutte horrible, certains acquirent la spécialité de morticoles. Le soldat qui avait la mauvaise fortune de mourir à Poelkapelle était souvent transporté d'un cimetière à un autre, où l'on se disputait son identité, sa nationalité, son grade. Systématiques comme toujours, prudents, méfiants, soucieux de leurs nationaux, les Anglais eurent leur propre cimetière à plus de cinq cents mètres au nord du village. Il y est toujours. Admirablement entretenu, recouvert d'un gazon si bien tondu qu'il ressemble à de la moquette, il y a sur chaque tombe des fleurs, en été des roses, une stèle de même hauteur et de même style avec, chaque fois que cela est possible, nom, prénom, date de naissance, grade et date de la mort, ou, pour la plupart des soldats qui reposent là, l'autre formule : *Unknown unto God*, « Inconnu sauf de Dieu ».

Il en a été de même partout dans la Flandre martyrisée. La terre a été si bouleversée par les obus, les mines et les travaux de destruction, que les corps, quand on a pu les identifier, ont été distribués un peu partout selon l'humeur et la piété des fonctionnaires militaires ou civils chargés du travail funéraire. On peut ajouter que, dans les années qui suivirent, les paysans qui découvraient des débris d'avions, de chars ou de corps dans leurs champs se hâtaient de les enfouir pour éviter que des troupes de « spécialistes » ne viennent piétiner leurs labours ou leurs récoltes. Ça continue. La Flandre, repliée sur son destin de champ de bataille éternel, pétrie d'hommes et de ferraille, reste riche de sang répandu et d'espoirs ravagés. De nos jours, on y glane seulement ce qui peut encore se monnayer : le plomb et le cuivre.

Pour Guynemer, ce dont on est sûr — mais de quoi est-on sûr ? — c'est qu'il a été vu pour la dernière fois par son équipier Bozon-Verduraz attaquant de 4200 mètres un biplace allemand qui volait vers 3000 mètres au-dessus de la région de Langemark-Poelkapelle. Depuis, ses traces sont perdues.

Les uns croient dur comme fer que le compte-rendu de Bozon est fantaisiste et faux de bout en bout, que Bozon et lui se sont égarés dans la brume et que Guynemer, en panne comme cela lui était arrivé la veille, est tombé en mer. Bozon n'aurait rien dit pour ne pas être accusé d'incapacité professionnelle. D'autres, qui furent nombreux à l'époque, refusent d'imaginer que

Guynemer ait pu être vaincu, sauf par trahison, et prétendent qu'il a été descendu par surprise, à bout portant, par Bozon lui-même « pour une histoire de jupon ». Comme si Guynemer s'intéressait à quoi que ce soit en dehors de son avion, de ses mitrailleuses et du canon qu'il attendait. Stupide ? Assurément. On se demande comment a pu naître une telle fable, comment des pilotes qui le connaissaient ont pu y accorder foi, comment l'ex-adjudant Chainat lui-même, alors capitaine commandant une division de pilotage à Avord dans les années 1930, pouvait colporter de tels ragots que j'ai entendus moi-même. Et quand on lui demandait pourquoi : « Ah ! ça... », répondait Chainat avec un geste vague et un petit rire canaille. Et si on répliquait que Guynemer se fichait pas mal des femmes et qu'il aurait abandonné la plus belle créature du monde, même Yvonne Printemps, de qui on ne savait pas qu'elle avait compté pour lui, pour un Rumpler : « Peut-être, mais pas Bozon », répliquait-il. Allons, allons, ils avaient à l'époque, même Bozon, toutes les filles qu'ils voulaient, ils avaient parfois du mal à s'en dépatouiller. « Justement... » Ils n'allaient pas se déchirer entre eux pour une chienne en chaleur. Le silence retombait. On entendait dire par Chainat que Pinsard, qui était colonel sur une base de chasse, y croyait.

D'autres enfin ne pourront jamais concevoir qu'il ait été tué. Pour cela il aurait fallu qu'il ait un vainqueur, que cet homme soit né, qu'il ait grandi, qu'il ait servi dans l'armée allemande, qu'il ait su piloter, se servir d'un collimateur et, surtout, qu'il ait été plus fort que lui qui avait l'âme la plus ardente, la plus incandescente, dans le corps le plus léger qui fût. Est-ce que le feu pèse ? Est-ce qu'on a jamais pu prendre les mesures en taille, en poids ou en n'importe quoi d'un phénomène comme celui-là ?

Pourquoi alors voudrait-on qu'il ait été abattu, qu'il ait reçu une balle dans la tête, qu'il soit mort quelque part ? Lui, mort ? Personne n'a jamais été certain qu'il s'agissait de lui. Il va revenir. On peut raconter que deux brancardiers et un chirurgien d'un régiment d'infanterie allemande l'ont relevé dans un avion à demi-écrasé. Jamais les deux brancardiers n'ont été retrouvés, jamais personne n'a pu recueillir leur témoignage, encore moins celui du chirurgien, tué quelques jours plus tard par un obus britannique. Quant à l'officier qui serait son vainqueur, on n'est même pas sûr de son nom. Et pourrait-on imaginer que le vainqueur de Guynemer soit resté inconnu ? Que cet homme-là n'ait pas été porté au pinacle, décoré, donné en exemple à tous et que son nom n'ait pas été appris par cœur dans les classes en Allemagne ?

LES monuments s'élèvent. Au Bourget, à Compiègne, à Malo-les-Bains. Les portraits se multiplient, on ne le reconnaît plus : il ressemble à Condé, à Louis XIV, son serre-tête encadre son visage comme une perruque royale. Des légionnaires se font tatouer son nom sur le dos. Cocteau l'appelle « chasseur de Walkyries », Blasco Ibañez qui, en 1919, apercevra dans un hangar un amas d'avions de Guynemer aux hélices brisées, criblés de balles et d'éclats d'obus, parlera de « chevaux harassés mais toujours invaincus », et aussi des « machines qui revenaient souvent presque agonisantes. » On exposera de nouveau un « Vieux Charles » aux Invalides. Le défilé de la foule durera des semaines. L'avion sera enseveli sous les bouquets de violettes.

Des poètes bretons éditeront pour lui un *Chant national.*

Son père se montrera la dignité même : père du Cid en quelque sorte. Sa mère se taira. Sa sœur Odette sera victime de la grippe espagnole en 1918, sa sœur Yvonne deviendra la seule gardienne de la religion du héros. Dans une lettre, elle parlera des consolations que les égards du monde peuvent apporter à la perte de son frère. Expression d'usage qui veut probablement dire que rien ne pourra jamais la consoler. Nous non plus. Mais on préfère le savoir mort et disparu que vieux, général et ne sachant où placer son argent.

A défaut de son corps, c'est son âme qu'on voudra mettre au Panthéon, après une fameuse adresse de Brocard aux députés. La cérémonie est fixée au 30 avril 1922, à une saison où un rayon de soleil réchauffe le temple. Deux jours avant, M. Guynemer père a succombé à la maladie et au chagrin. Junon et Yvonne avancent seules, tout en crêpe, comme des ombres, appuyées l'une sur l'autre. Evidemment, le fils de Mme de Cornois n'est pas là, et cependant il a déjà six ans, Mme de Cornois non plus, il ne manquerait plus que ça, et Yvonne Printemps non plus, ni Jane Renouard ni aucune des « marraines », ni même la pauvre enfant de Breuil-le-Sec, Marie-Thérèse Bocquet, ni toutes les autres qui l'ont frôlé comme de pâles étoiles, comme des Fokker peut-être. En pardessus à col de taupe et en redingue, le gouvernement grelotte sous la voûte immense, terrifiante, toute blanche d'une lumière d'au-delà. Il y a de quoi, pour les ministres, attraper la crève. Les maréchaux en grande capote et les chefs d'états-majors aux moustaches givrées ne bronchent pas, mais eux c'est leur métier. Les anciens des Cigognes entourent Brocard et le drapeau du 12e groupe d'aviation. On dévoile une palme de bronze sous un portique, les clairons sonnent, les tambours battent, la musique du 104e régiment d'infanterie joue *La Marseillaise*. M. Raymond Poincaré, président du Conseil, lit un discours fibreux. Après *La Marche héroïque* de Saint-Saëns, hommage de la Comédie-Française. Un seul vers, le dernier, a pu être retrouvé de l'ode de M. Louis Payen, chantre officiel, déclamée ce jour-là par M. Maurice Escande :

...Traversera le temps sur des ailes de gloire...

Puis nouvelle *Marche héroïque*, de Pierné.

On parlera beaucoup de cette cérémonie en famille et entre amis. On parlera beaucoup de la façon dont Pierre Fresnay, qui vient d'entrer à la Comédie-Française, déjà sociétaire à vingt-six ans, a lu aussi quelque chose. Mais quoi ? Du Bossuet ? Du Corneille ? Du Rostand ? Une autre ode de M. Payen ? Nulle relation de la cérémonie dans les journaux ne cite son nom. Les archives de la Comédie-Française n'ont gardé aucune trace de leur délégation au Panthéon. Il paraît peu vraisemblable qu'on ait confondu Pierre Fresnay avec Maurice Escande à la diction déjà ronflante, ou qu'on l'ait escamoté à cause de sa jeunesse. Dans l'esprit de tous, à Paris comme à Compiègne, tous les discours, toutes les déclamations ont été balayées par sa flamme, au point qu'on a oublié Escande. Le jour du Panthéon, Yvonne Printemps n'a pas encore quitté Sacha Guitry pour Fresnay, elle ne s'est pas glissée hors de l'hôtel de la rue Elisée-Reclus pour se fondre dans l'assistance, elle n'aurait pas osé, elle n'a d'ailleurs pas été invitée et Yvonne la sœur (peut-être pas Junon) aurait trouvé cela déplacé. Quel dommage pour ce qui fut une liaison de comètes ! Plus tard, nul autre que Pierre Fresnay ne sera plus jaloux de ce qu'Yvonne Printemps a donné à Guynemer. Un jour Fresnay s'étranglera au téléphone quand un journaliste lui demandera comment Yvonne Printemps a connu Guynemer. « Elle a porté son deuil », m'a dit Arletty. « Chaque fois qu'elle apparaissait dans les générales, un corsage, un chapeau ou un foulard dénonçaient la mort de Guynemer. » On le savait, on comprenait, on respectait sa peine. On ne dit pas cela de Jane Renouard. Quant aux autres, elles moururent avec leur amour. Parfois elles en moururent.

Alors, le Panthéon ? Eh bien, au Panthéon, il y a du marbre, des lauriers, mais pas de restes sacrés, puisque son corps n'a jamais été retrouvé. Pulvérisé, envolé, comme Mermoz, comme Saint-Exupéry. Heureusement pour lui. Comme il s'y serait ennuyé ! Pour nous aussi, ce n'est pas là qu'il faut aller. Alors où çà ? Maxim's n'est pas dans nos cordes. Dans un triste fast-food du quartier Latin ? Chez Lipp, aux Deux Magots, à La Coupole ?

Chaque année, le monument surmonté de la célèbre cigogne à ailes basses érigé par les as belges est fleuri. Chaque année, Poelkapelle attire une part de ce qui fut la chevalerie des deux dernières guerres, des fidèles de la religion de la patrie et des curieux. Les survivants des grands massacres reviennent là, comme à Verdun, réveiller dans les flonflons des fanfares populaires leur joie de vivre et les nouvelles illusions qu'ils peuvent peloter sur le sein de l'humanité. On y banquette, on pavoise les balcons, des cuivres sonnent. Le torse barré d'un brillant cordon rouge, dernier as des arènes sanglantes, un général prononce un discours vibrant et un tantinet endolori. L'orphéon — quelque harmonie royale de Flandre ou de Belgique — retentit, fouette les âmes, entraîne à sa suite des jeunes gens et des anciens combattants. Parfois la nièce de Guynemer est là. Parfois un de ses fils, un tout jeune homme, porte fièrement le fanion de l'escadrille aux ors fanés.

Paul-Louis Weiller, ni Chartoire, ni Waddington n'ont pu se déplacer. Alors quoi ? La belle pâtissière de Compiègne, les pervenches de la forêt ? Heurtaux et Risacher, les deux derniers témoins des derniers jours du héros, ne sont pas là non plus. Risacher ne peut plus marcher, et Heurtaux... Les emmènerait-on là tous deux, les porterait-on au pied du monument, que feraient-ils ? que penseraient-ils ? Risacher se rappellera que les mauvaises langues disaient de Guynemer qu'il était un mauvais pilote, un méchant tireur et qu'il n'a dû ses victoires qu'à la chance. Risacher qui sait de quel courage cette chance est faite reverra Guynemer, la veille de sa disparition, frappant à sa porte, entrant dans sa chambre, s'asseyant sur son lit, il l'entendra lui parler du métier de chasseur, il verra son avion en vrille le matin du 11 septembre 1917 dans le ciel brumeux, il pensera à Bozon, il le plaindra un peu, puis il dira comme à lui-même : « C'était un type formidable, Bozon, et d'une grande probité. » Il pensera à toutes les fois où ensemble, ils ont, comme des forcenés, battu des records pour venger Guynemer. Quand on s'apprêtait à tirer, Bozon disait toujours : « Pas encore, pas encore... », il voulait qu'on s'approche encore plus, qu'on soit à bout portant, il se souvenait des leçons de son maître. Bozon est mort en 1942, silencieux. Il se sera battu comme un lion après la disparition de Guynemer. Lui qui semblait un peu mou, il remportera dix victoires et ne dira jamais rien, sauf à Dézarrois, et Dézarrois écrira de lui : « Je me suis demandé si, dans les semaines qui suivirent, il n'a pas cherché à se faire tuer (...) après une période de prostration qui le laissa comme écrasé. »

Les drapeaux battent dans le vent puis, en hésitant et en butant sur les mots — l'émotion — un cornette lit la dernière citation du héros, il y a une minute de silence qu'une patrouille de chasse déchire. *Pon, pon-pon...* De nouveau la fanfare de Langemark, l'orphéon de Dixmude ou l'harmonie de Kirtemark attaque un requiem connu, avec des moments un peu allègres, du Schumann, du Mozart, peut-être un arrangement du *Lohengrin* de Richard Wagner pour que la légende des chevaliers du Graal se mêle à la légende du chevalier du Cygne, pendant que les enfants des écoles portent lentement, deux par deux, les couronnes de fleurs au pied du monument. Qu'ils sont blonds, les enfants de la Flandre meurtrie, pétrie de feu et de sang, qu'ils sont graves et comme les couronnes destinées au héros sont lourdes ! Ils les reposent à terre, les reprennent pour avancer, les reposent. La gloire est pesante et coûteuse, et il n'est, pour la supporter, que le sourire des anges d'une terre martyre.

C'est le vieil as belge Willy Coppens de Houthulst, qui a voulu ce rituel avec des musiques, des drapeaux, des avions, des innocents. Une fois il y eut des majorettes. Le vieil as s'en offusqua. A sa place, j'aurais souri. De belles filles à cuissardes, brandissant des roses à longue tige et les jetant au pied du mémorial, seraient pour le héros le souvenir des jours heureux où d'ardentes créatures étaient sa récompense et sa fierté. Qu'est-ce qu'une gloire si elle n'est pas célébrée aussi par le sourire des femmes, par des bouchons qui sautent et un vin pétillant ? Soleil, lustre, honneur ! Que s'y mêlent quelques larmes, voilà qui vaut peut-être pour un héros de s'en aller sans regrets.

Revenons-y une dernière fois. Dans la Première Guerre mondiale, ce n'est pas lui qui a remporté le plus grand nombre de victoires, mais le Rittmeister Manfred von Richthofen, le Baron Rouge, 80 victoires, suivi par le capitaine René Fonck, 75 victoires. Après eux, on trouve Edward Mannock, un Britannique, 73 victoires ; William Avery Bishop, un Canadien, 73 ; notre Ernst Udet familier, 62 ; notre Théo Osterkamp, qui se sont proclamés épargnés par lui, et enfin lui, 53. Qui, d'eux tous, a comme lui conquis une gloire immortelle ? Le Baron Rouge, peut-être, dans sa patrie allemande. Dans la mémoire des hommes plus que dans les monuments.

Avec la Seconde Guerre mondiale qui dura pourtant moins longtemps et fut moins meurtrière, nous atteignons des sommets vertigineux. Erich Hartmann, l'as allemand, a 352 victoires à son palmarès, et on comptera 105 pilotes allemands avec plus de 100 victoires ; 360 avec 40. Chez les Anglais et les Américains, deux avec 40, chez nous, Pierre Clostermann, notre As des as, en a 33, déjà, un monceau de carcasses fumantes, un ruisseau de sang. Et qui, parmi eux, a conquis une gloire immortelle ? Clostermann, s'il n'avait pas écrit *Le Grand Cirque*, serait peut-être oublié. Quant à Hartmann, qui s'en souvient ? Lui a-t-on élevé une pyramide dans la Luftwaffe ? De tous ceux-là, semble-t-il, seul Richthofen pourrait rivaliser avec Guynemer. Certains patriotes allemands ont chez eux l'image de Richthofen. Le grand écrivain Ernst Jünger, lui-même décoré à 22 ans comme Richthofen de l'ordre Pour le Mérite fondé par Frédéric le Grand, a, dans son cabinet de travail, le portrait de Richthofen, nu-tête, les mains dans les poches de sa tunique verte à boutons et épaulettes d'or, avec sa croix de brillants au cou et son œil féroce. « Je le regarde chaque matin, m'a dit Jünger qui a 90 ans, et je lui dis : "Il y en a encore un !" Ce dernier-là, l'ultime, c'est lui, Jünger. Et cependant le Baron Rouge n'a ni la gloire de Guynemer ni sa légende. Voilà le mot prononcé. Fonck a remporté plus de victoires que Guynemer. On lui en attribue même 125 (12 doublés, 4 triplés, 2 sextuplés), il a porté le drapeau de l'aviation au défilé de la victoire de 1918 et il n'est pas célébré dans le culte des héros. Les escadrilles ne se rassemblent pas, les tambours ne battent pas, les cuivres ne sonnent pas, la voix d'un cornette ne s'élève pas dans le vent pour lancer son nom.

Pourquoi cette différence ? Pourquoi pas, à sa place, si l'on veut des symboles, Coiffard qui remporta trente-quatre victoires en quatre mois avant de mourir ? Pourquoi pas Madon, vainqueur de Lothar, le frère de Richthofen ? Pourquoi pas Nungesser ou Navarre avec leurs noms superbes, leurs gueules, leurs culottes rouges, leurs mots terribles, leurs esclandres, leur amour de la vie, leur fin tragique et parfois romantique ? Oui, pourquoi Guynemer ? Pourquoi ce qui le touche prend-il un caractère sacré, pour lui seul et pas pour les autres ? D'où vient que les autres, si grands, si valeureux qu'ils aient été, ne nous émeuvent pas comme lui ?

Il a été plus grand que tous, plus mystérieux que Ball, aussi inquiétant que Richthofen, pas du tout arrogant, pas du tout désabusé non plus. Seul dans l'immensité du ciel vide, à cheval sur une monture de voltige sans bouclier ni gilet pare-balles ni parachute, et n'ayant pour arme qu'une mitrailleuse prête à s'enrayer et son âme. Presque étonné de se voir placé si haut par ses coups d'épée fantastiques, son mépris du danger et son ignorance des choses militaires. Les mains dans les poches, comme au collège, il ne sait pas très bien comment se tenir ni s'exprimer. Le mot le plus juste qu'aura eu Brocard dans son adresse pour que la nation lui accorde une place au Panthéon, c'est ce « Pauvre petit... » qu'il lui décoche, comme toutes les femmes qui l'ont chéri, qui surprend tellement dans un discours officiel et dans la bouche de Brocard lui-même symbole, chef qui a su engendrer des héros. Brocard est en somme son vrai père, son deuxième ou son troisième comme on voudra, si l'on ne veut pas oublier Védrines, puisque le premier reste le lieutenant démissionnaire du 20e de ligne. « Pauvre petit », répète Brocard à la fin de son adresse, ce qui prouve que le mot ne lui a pas échappé.

Le vent claque dans les drapeaux, les derniers flonflons de l'harmonie de Zonnebeke s'éloignent. Dans les tavernes la bière coule à flots et le tabac empeste. Bizarrement, on se croirait en deuil d'un frère mal connu, et qui serait tombé de Mars. On peut renifler un bon coup et, si on veut, fourgonner vaguement dans les étoiles.

Pour mettre fin à son existence inouïe, presque illégale, immatérielle et incroyable, il n'y a que cette note qu'on peut lire à la date du 12 septembre 1917 sur le carnet de comptabilité en campagne de l'escadrille n° 3, dans la colonne extrême de droite, en toutes petites lettres d'une toute petite écriture : *1 capitaine disparu.*

Table

DU MÊME AUTEUR

ROMANS

Les Chevaux du soleil, t. I, Grasset, 1968.
Une femme au nom d'étoile, t. II, Grasset, 1968.
Les Cerises d'Icherridène, t. III, Grasset, 1969.
Le Maître de la Mitidja, t. IV, Grasset, 1970.
Les Ames interdites, t. V, Grasset, 1972.
Le Tonnerre et les anges, t. VI, Grasset, 1975.
Les Chevaux du soleil, Grasset, 1980.
Le Désert de Retz, Grasset, 1978.
La Saison des Za, Grasset, 1982.

RÉCITS

Ciel et Terre, Alger, Charlot, 1943 (épuisé).
La Vallée heureuse, Charlot, Gallimard, Julliard, 1946.
Le Métier des armes, Gallimard, Julliard, 1948.
Retour de l'enfer, Gallimard, Julliard, 1953.
La Bataille dans la rizière, Gallimard, Julliard, 1953.
Le Navigateur, Gallimard, Julliard, 1954.
La Femme infidèle, Gallimard, Julliard, 1955.
Les Flammes de l'été, Gallimard, Julliard, 1956.
Les Belles Croisades, Gallimard, Julliard, 1959.
La Guerre d'Algérie, Julliard, 1960.
La Bataille de Diên Biên Phu, Julliard, 1963.
Le Voyage en Chine, Julliard, 1965.
La Mort de Mao, Christian Bourgois, 1969.
L'Amour fauve, Grasset, 1971.
Danse du ventre au-dessus des canons, Flammarion, 1976.
Pour le lieutenant Karl, Christian Bourgois, 1977.
Pour un chien, Grasset, 1979.
Une affaire d'honneur, Plon, 1984.
Beyrouth viva la muerte, Grasset, 1984.

ESSAIS

Comme un mauvais ange, Paris, Charlot, Gallimard, 1976.
L'Homme a l'épée, Gallimard, Julliard, 1957.
Autour du drame, Julliard, 1961.
Passion et mort de Saint-Exupéry, Gallimard, Julliard, 1964.
Le Grand Naufrage, Julliard, 1966.
Turnau, Sienne, 1976 (hors commerce).
Éloge de Max-Pol Fouchet, Actes Sud, 1980.
Étranger pour mes frères, Stock, 1982.

POÈMES

TROIS Prières pour des pilotes, Alger, Charlot, 1942.
Chants et prières pour des pilotes, Charlot, 1943, Gallimard, Julliard, 1947.
Sept Poèmes de ténèbres, Paris, 1957 (hors commerce).
Prière à Mademoiselle Sainte-Madeleine, Charlot, 1985.

THÉÂTRE

Beau Sang, Gallimard, Julliard, 1952.
Les Cyclones, Gallimard, Julliard, 1953.
Le Fleuve rouge, Gallimard, Julliard, 1957.
La Rue des zouaves *suivi de* Sa Majesté Monsieur Constantin, Julliard, 1970.

PAMPHLET

J'accuse le général Massu, Le Seuil, 1972.

CONTE

L'Œil de loup du roi de Pharan, Sétif, 1945 (hors commerce).

AVEC JEAN AMROUCHE

Correspondance (1937-1962).
D'une amitié, Edisud, 1985.

Cet ouvrage
composé par Charente-Photogravure
à Angoulême
a été imprimé en mars 1986
sur les presses de Pollina
à Luçon
pour les Éditions Albin Michel

Numéro d'édition : 9240
Numéro d'impression : 7911
Dépôt légal : avril 1986

Imprimé en France